U0142964

研究&方法

圖解AMOS
在學術研究之應用

第二版

An Introduction to Graphic Amos and Its Uses in Research

李茂能 著

AMOS

五南圖書出版公司 印行

初版序言

自從結構方程模式軟體 Amos 5.0 版發行之後，Amos 軟體除了繼續新增統計分析功能之外，還在操作介面、程式語法與操作方法上，出現了一些重大變動。因此，本書前三章，分別說明 Amos 5.0/ 6.0 不相容及變動之處與介紹 Amos 6.0/ 7.0 之新增功能與特色；尤其是其新增的貝氏（Bayesian）SEM，將 SEM 推向另一應用新境地。Amos 利用馬克夫鏈蒙地卡羅（MCMC）估計法，展現 SEM的新風華：適用於小樣本、可考驗自訂參數的假設、利用先驗分配解決模式中負的變異數估計值的問題、與使用貝氏插補法，建立多個插補資料集以有效處理遺漏值問題。

第四章之後，則彙整了新近 SEM 學術的新知及量表信、效度考驗的新技術。這些章節內容主在擴增SEM知能：包含 Bootstrapping 在 SEM 上的應用、貝氏 SEM 與 Bootstrapping 的相對效能分析、複核效度之應用、類別變項編碼法與迴歸分析及 SEM 分析之關係、交互作用與間接效果之分析、線性與非線性成長曲線分析、量表發展與指標建構的信、效度考驗。除了理論之深入淺出的簡單說明外，殆半透過 Amos 軟體的操作與學術研究上的實例，「從圖中學」、「從做中學」，以消弭理論與實務上之差距。文中，亦分享了 SEM 學術與測驗分析的國際新脈動：例如，Tetrad SEM、Krippendorff α、$R_{alerting-CV}$、Taras D_M、幽靈變項法、調節型中介效果、片段線性成長模式等。

本書係筆者先前「結構方程模式軟體 Amos 之簡介及其在測驗編製上之應用：Graphics & Basic」一書的延伸與進階課程，兩書具有互補功能，對於 Amos 的操作與 SEM 的運用，將更加的深入、充實與完整。近年來我國量化研究的量與質均有顯著的提升，如欲更上層樓，端賴學科領域知識的再創新與測量品質的再突破。深信本書對此學術創新與研究品質提升，能具有關鍵性的輔助角色：可以快速擴增您的學術視野及競爭力，而與國際頂尖的 SEM 學術脈動同步。因此，本書不僅是Amos 愛好者，亦是 LISREL 使用者的隨身寶典。

本書的資料蒐集、閱讀及撰寫費時三年，過程中深感眼力與體力已青春不在，但盼以個人有限的生命可以換取無限的學術價值。在本書完成之際，要特別感謝過去提攜我學術成長的許許多多師長，尤其師大郭生玉老師的即時提拔與不時鼓勵，方能奠定日後作學問的穩固基礎；而國外 University of Georgia 教心系的 Dr. Olejnik.、Dr. Huberty 與心理系的 Dr. Lautenschlager 等教授在研究方法學、應用統計學與測驗專業上之啟迪與要求，更是筆者繼志述事的專業標竿。

此外，亦要感謝正在美國 UCLA 河濱校區攻讀物理學博士學位的邱顯智先生，他的限時資料蒐集服務，讓我的文獻搜尋更有效率；亦要感謝嘉義大學數教所林姿飴、教政所吳麗華同學的原始資料及其他許許多多研究者在期刊中的論文數據，以作為本書活生生的實例論證，對於理論之應用當可不言而喻。更要感激多年來默默耕耘的內人麗雲老師，為了經營一個溫馨的家，犧牲自我、教育子女，以利筆者之寫作。當然五南圖書出版公司慨允付梓以及編輯群的多方協助，本書才得以完美呈現於讀者面前。

最後，本書之撰寫過程無不兢兢業業及殫精竭慮，但恐能力未逮或思慮不周，倘仍掛一漏萬或疏誤之處，亦盼海內、外方家同好不吝斧正，並藉此書拋磚引玉，期待更多的學者投入 SEM 學術、測驗統計學之研究，繼續解決目前學術研究及量表編製上的迷惑與難題，以利提升我國量化學術研究之價值與品質。

李茂能 謹識
於嘉義大學
2009 春

再版序言

　　秉持追求新知的理想，本書之再版，除了更正舊版書中之疏誤之處與補充說明之外，特新增混合模式一章與擴充 SEM 樣本規劃之副程式。另外，應部分任課教師之需求，本書亦提供各章之教學用 PPT 大綱，以減輕授課教師之 PPT 編輯負擔。

　　Amos 自從 16.0 版起，新增了混合模式（Mixture modeling）的統計分析功能，混合模式結合了以「人」為導向的潛在類別（latent class）模式與以「變項」為導向的潛在特質（latent trait）模式，旨在從觀察資料辨識事先無法根據觀察變項加以分組的潛在類別或次群體（subgroups）。混合模式的特例就是潛在類別分析（latent class analysis），類似於因素分析，旨在利用個體之分類闡釋觀察依變項間之潛在類別身分。混合模式最佳使用時機為當您的理論模式不適用於全部母群體（population），但卻適用於可分割的次群體時。很顯然地，混合模式目的在發掘母群之潛在異質性，以進行隱性的調節作用（交互作用）分析。例如，教育、心理學者欲了解這些隱性的母群潛在異質性，以提供適切之輔導，經濟學者欲了解這些隱性的母群潛在異質性，以提供適切之商品（市場區隔）。由此觀之，混合模式分析可以使您的研究結果更深入與精確。為迎合此需求，新版「圖解 Amos 在學術研究之應用」特增闢新的一章，專門探討混合模式的意義、相關參數估計過程、如何評估 Cluster 個數與如何利用 Amos 進行混合模式之分析。該章特以潛在側面圖分析、CFA 混合模式、SEM 混合模式、混合回歸模式與成長混合模式為例，進行 Amos 之實例操作解說與結果之剖析，具體引導讀者能在實際研究上之正確應用。

　　其次，鑒於 SEM 分析中 Power 分析比其他統計方法更重要，因為不當的樣本大小可能會危及模式之適配性解釋與結論，不少讀者殷盼新書能增訂 SEM 的樣本規劃一節。為迎合此應用上需求，筆者特擴充 SEM-POWER.xla 增益集之副程式，其中三個副程式就是提供估算「SEM 樣本大小」的副程式：第一個副程式為單一模式 SEM 樣本規劃，第二個副程式為 Nested 模式單一配對之樣本規劃，第三個為 Nested 模式之多元配對樣本規劃。至於第四個新的副程式為 Muthen's Entropy 指標之計算，係混合模式中評估潛在類別清晰度的指標，也因

Amos 並未提供此評估指標,筆者特為之撰寫一個副程式,以便利研究者之應用。

在增訂過程中,承蒙南華大學資管系陳仁義教授熱情提供效率較佳的 Noncentral Chi-square statistic 演算法(Ding, 1992)資訊,與成功大學陸偉明教授夫婦對於混合模式的統計諮詢,在此一併致謝。當然因為前一版許多讀者及研究生的熱愛支持與五南圖書公司編輯群的多方協助,本書才能精益求精,以更充實、更實用的新面貌再度問世。

最後,本書隨著 Amos 功能的增強而同步更新以切合研究者之新需求,更盼可以快速擴增您的學術視野,而與國際頂尖的 SEM 學術脈動同步。撰寫過程雖常焚膏油以繼晷,但恐能力未逮或思慮不周,倘仍掛一漏萬或疏誤之處,亦盼海內、外方家同好不吝指正。

李茂能 謹識於
嘉義大學
2011 春

AMOS 原由 SmallWaters 公司研發,從 6.0 版起即併入 SPSS 套裝軟體中。SPSS 公司於 2009 年 7 月 28 日起,由 IBM 所收購改稱 PASW。目前最新版為 AMOS 19.0,其免費試用版的下載網址:

http://www14.software.ibm.com/download/data/web/
en_US/trialprograms/G556357A25118V85.html?S_TACT=104CBW7

Contents

Contents

Contents

Chapter 10　**測量工具的編製：量表發展與指標建構**　303

Chapter 11　混合模式　397

Contents

Chapter 12 結語：繼往開來　　473

References 參考文獻　　479

Appendix 附錄　　503

Index

543

Chapter 01

Amos 5.0 與 Amos 6.0 不相容與變動之處

壹、使用者介面變動之處
貳、Amos 5.0 與 Amos 6.0 不相容之處
參、操作方法相異之處
肆、Amos 6.0 之新增四項操作功能

Amos 5.0 挾著輕鬆易學的操作介面，近幾年來更強化其內涵，使得 Amos 在 SEM 軟體界更為耀眼而獲得更多的研究者青睞。Amos 於 2005 年更新上市之 Amos 6.0，其使用者介面、Basic 程式語法及部分操作方法與 Amos 5.0 出現一些異動，使用者必須加以留神。為避免使用者在應用上之障礙及不便，特先將 Amos 5.0 與 Amos 6.0 在操作介面、程式語法與操作方法相異之處，簡介如下。

壹、使用者介面變動之處

Amos 6.0 Graphic 介面的功能表單與 Amos 5.0 Graphic 介面的功能表單上之命名，出現兩處的變動。第一是「View/Set」簡化為「View」，第二是「Model-Fit」改名為「Analyze」，請參閱圖 1-1 Amos Graphic 6.0 之使用者介面。另外，Amos 6.0 Graphic 介面的功能表單亦增列了增益集「Plugins」表單（從 Tools 表單中獨立出來），以提供研究者撰寫增益集與 6 個已事先設計好的動態連結庫，供研究者點選使用。當然撰寫增益集需要有撰寫 VB.NET 的基本能力，才能得心應手。研究者如欲了解如何利用 Amos 內建之編輯器撰寫增益集之實例，請參閱本書第二章中第六節之範例說明。

從圖 1-1 與 1-2 的功能表單來看，研究者當會發現從 Amos 6.0 起，已能捲動右側之徑路圖框，而在「Analyze」的表單中亦增加了貝氏估計法（Bayesian Estimation）與缺失資料填補（Data Imputation）兩個統計新功能。另外，從 Amos 6.0 起研究者須先點選「Plugins」下之「Standardized RMR」動態連結庫，等出現空白視窗後再執行統計分析，才能在空白視窗中顯現 SRMR 指標值，否則無法顯示 SRMR 值。

從 Amos Graphics 6.0 之「Analyze」表單知，Amos 新增貝氏估計法（Bayesian Estimation）與缺失資料填補法（Data Imputation）等統計方法，為其他 SEM 統計軟體難能望其向背。尤其是在 Graphics 模式下，研究者尚可在圖 1-3 的 VB 視窗中，編寫程式以計算及輸出自定之統計量數（例如，新的適配度指標），使得 Amos Graphics 兼具便利與彈性之要求。

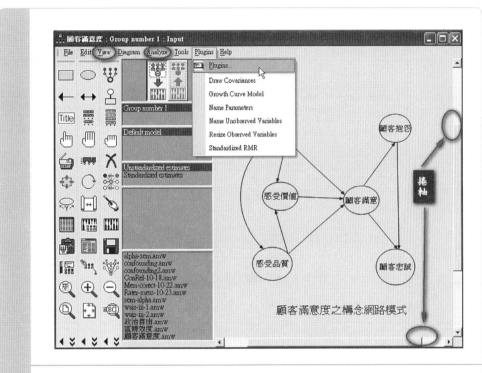

圖 1-1　**Amos Graphic 6.0** 之使用者介面

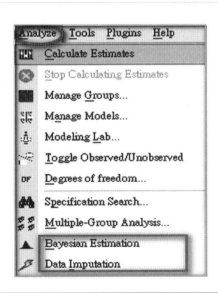

圖 1-2　**Amos Graphic 6.0**「**Analyze**」表單內容

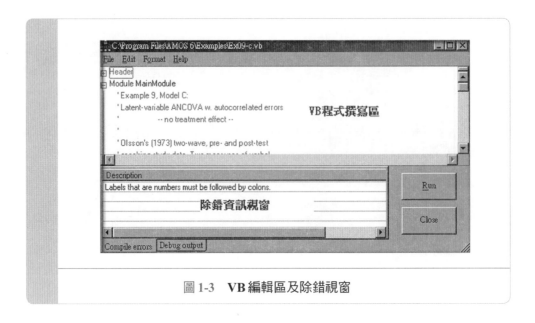

圖 1-3　VB 編輯區及除錯視窗

貳、Amos 5.0 與 Amos 6.0 不相容之處

　　部分 Amos 6.0 所儲存之 *.amw 檔案（尤其是涉及 Bayesian SEM），Amos 5.0 會出現格式不符的警訊而無法正確讀入該檔案，研究者必須在 Amos 6.0 「File」表單下的「Save As」的交談框中，在存檔類型中選取「Amos 5.0 Input File」的檔案類型進行存檔之後（參見圖 1-4），才能再由 Amos 5.0 正確的讀取。

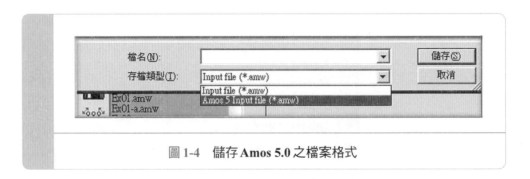

圖 1-4　儲存 Amos 5.0 之檔案格式

　　另外，在 Amos Basic 語法程式方面，Amos 6.0 已更新到 VB.NET 版本。為了避免與 VB.NET 關鍵詞的衝突，AmosEngine 類別的兩個成員：Structure 方法

與 Dir 屬性，分別更名為 Astructure 與 AmosDir，實例請參見附錄一、附錄二。另外，TmatrixID enum 與 TMtrixContents enum 的成員名稱之字首 ma 均予以取消。例如，maImpliedMoments 須簡化為 ImpliedMoments，而 maTotalEffects 須簡化為 TotalEffects。

參、操作方法相異之處

「Ctrl+B」在 Amos 5.0 中，原係 Tools→Outline 的快速鍵（Key shortcuts），在 Amos 6.0 中更動為 Analyze→Bayesian 的快速鍵，但此設定僅限於美規鍵盤之設定。其次，在 Amos 6.0 的圖框中，已無法雙擊一個物件以打開物件屬性視窗，研究者必須改按滑鼠右鍵後，在跳出視窗上面點選「Object Properties」，再進行物件屬性的設定。此外，在 Amos 6.0 介面中，研究者如需線上協助，只須將滑鼠移到相關之物件或圖像上後，按下 F1，即會顯示相關之線上協助內容。

肆、Amos 6.0 之新增四項操作功能

一、列印徑路圖前，可以預視

研究者如只需列印徑路設計圖，請在圖 1-5 中 Models 視窗下點選「Model spec」，如欲列印徑路設計圖及相關之未標準化參數估計值，請先在「Formats」視窗中點選「Unstandardized estimates」，接著在「Models」視窗中請點選「OK: Default model」；如欲印出徑路設計圖及其標準化參數估計值，則請在「Formats」視窗中點選「Standardized estimates」。

二、改良物件放大與縮小及徑路圖之捲動

Amos 6.0 使用者將滑鼠置於圖框中，即可以使用滑鼠中間之滾輪放大與縮小徑路圖，亦可用滑鼠上下或左右捲動圖框中的徑路圖（參見圖 1-6 之右側繪圖區），使得較大模式的設計更為便捷。

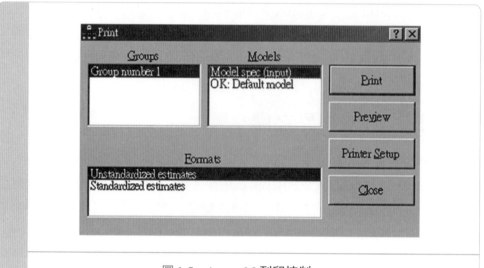

圖 1-5　**Amos 6.0** 列印控制

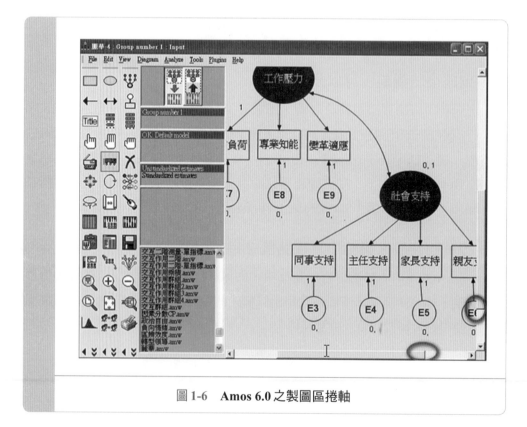

圖 1-6　**Amos 6.0** 之製圖區捲軸

三、可以同時開啟多個 Amos Graphic 視窗

　　Amos 6.0 研究者可以同時開啟兩個以上 Amos Graphic，因此可以同時開啟兩個以上之不同徑路圖，以利徑路圖間之編輯與拷貝。

四、可以拷貝全部或部分徑路圖

　　研究者如欲拷貝全部徑路圖時，可以點選「Edit」功能表單下之「Copy」，或使用「Ctrl+C」拷貝至剪貼簿。如欲拷貝部分徑路圖時，須先使用 🖐 事先點選所欲拷貝之物件後，再點選 Edit 功能表單下之「Copy」，或使用「Ctrl+C」拷貝至剪貼簿。

本章習題

1. Amos 6.0 與 Amos 5.0 在使用者介面上有哪些重大之改變？
2. Amos 6.0 新增了哪些統計功能？

02

Amos 6.0 新增功能與特色簡介

本章旨在說明 Amos 6.0 新增的功能與特色。Amos 6.0 版的最大特色是提供了貝氏 SEM 估計法、三種新的缺失資料填補法與自定增益集，增添 Amos 不少超越群倫之風華。貝氏 SEM 最適合於小樣本之分析，可不受限於大樣本理論。Lee and Song (2004) 的研究發現，只要四～五倍待估參數的樣本人數即可獲得正確可靠的參數估計值。Arhonditsis, Stow, Steinberg, Kenney, Lathrop, McBride, & Reckhow (2006) 與 Nikolov, Coull, Catalano, & Godleski (2006) 的研究亦證實 Bayesian SEM 這項優勢。

壹、貝氏估計法與馬克夫鏈模擬法

ML 估計與貝氏估計法最大差異在於 ML 估計法將模式參數值視為未知固定值，而貝氏估計法將模式參數值視為未知隨機值。因此，貝氏估計法既然將模式參數值視為未知隨機值，就必須分派給每一參數一個聯合機率分配（a joint distribution）；此聯合機率分配含有一個事前機率分配（a prior distribution）與一個事後機率分配（a posterior distribution）。

基本上，貝氏估計法乃是結合研究者在資料未蒐集前對於測量與結構模式中之待估計參數的先前信念（prior distribution）與實徵證據（likelihood of the data），以獲取估計參數的事後機率分配（posterior distribution），再進行統計推論。概念上，事後機率分配（P(θ|y)）等於 θ 之事前機率分配乘以觀察值 y 之最大概似值：posterior=prior*likelihood。本法特色乃是研究者可以明確地運用對於模式參數的先驗知識（如前人之研究或相關理論），以獲致參數估計值之事後機率分配，因而可以改善參數估計值及更適合使用於小樣本上，並可以避免不合理之模式參數值出現（如負的變異數），或進行自訂參數函數的估計與考驗。Amos 6.0 為了進行母群參數的事後機率分配之推估，會先運用最大概似法初步取得模式參數的估計值，再運用馬克夫鏈模擬法（Markov Chain Monte Carlo，簡稱 MCMC），模擬模式參數估計值的未確定性。基本上，MCMC 技術具有兩種演算型態：(1)Gibbs 漫步法：一次僅從目標條件機率密度函數（target pdf）中抽取一個參數，其餘參數保持恆定；(2)Metropolis 漫步法，則所有的參數可能同時產生變動。

Amos 6.0 所採用的 MCMC 演算法為 Metropolis 演算法。首先，從初步的參數估計值中進行產製許許多多的參數向量，以建立這些相關參數的事後機率分配，此種新 MCMC 模擬法更符合實際及解決更複雜的問題，是貝氏統計的新寵兒。上述這些 MCMC 候選參數向量的產生，是依據 $\theta^{t+1}_{candidate} = \theta^{t} + ax$ 的函數依序所產製出來的，其中 x 是常態分配的隨機向量（平均數為 0，而共變數矩陣是利用最大概似法所估計來的），而 a 是 MCMC 的微調參數（tuning parameter）。假如前後所產製出來的隨機向量相同，Amos 會加以拋棄，繼續產製下一個隨機向量，一直到所需 MCMC 樣本能滿足為止。當 Amos 獲得研究者所需的樣本數之後，會開始進行資料瘦身（thinning），以降低前後樣本間之自變相關（autocorrelation），進而降低 MC（Monte Carlo）誤差，並提高產製樣本點之代表性。瘦身方法及程序簡述如下：Amos 第一次瘦身時會保留偶數樣本點，Amos 第二次瘦身時會二中取一，Amos 第三次瘦身時會四中取一，以此類推。因此瘦身三次時，Amos 需要產製 8 個樣本才能保留一個樣本。

貳、貝氏 SEM 的 Amos 操作與解釋

啟動 Amos 貝氏 SEM，有兩種方法：

(1)拉下 Amos「Analyze」表單，點選「Bayesian Estimation」；或(2)點選圖像 ▲ 。因為在 Amos 貝氏 SEM 中必須使用原始資料進行觀察變項的平均數與截距之估計，所以進行 Bayesian SEM 時，在分析屬性視窗中，須勾選「Estimate means & intercepts」。接著，啟動 Amos 貝氏 SEM 後，會出現如圖 2-1 之 Bayesian SEM 的視窗，Amos 即會開始進行 MCMC 樣本的產製。為便利研究者運用圖 2-1 中各項功能表單下之功能，Amos 亦均以圖像型式呈現其下。因此，使用者可以點選這些圖像即可，不必再打開選單再點選相關之表單。圖 2-1 之底部係事後分配的統計摘要表，表中呈現了事後分配的估計平均數、標準誤（SE）、標準差（SD）、聚斂標準（CS）、偏態、峰度、極小值與極大值。其中標準誤，係 Monte-Carlo 的事後估計平均數的未確定性指標，當其值 SE 為 0 時即表示完全聚斂（CS=1.0）。研究者如欲建立參數的信賴區間則需使用 SD，才是表示事後平均數與真正參數值的差距。很可惜，在 Bayesian SEM 分析中，Amos 並未提供標準化的參數估計值。如有需要，研究者必須親自利用相關變項的標準差，計算標準化的參數估計值（$= b \dfrac{S_x}{S_y}$）。

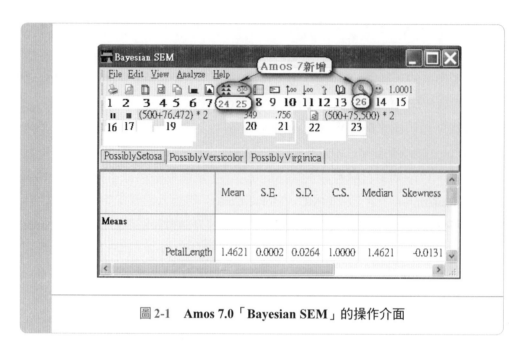

圖 2-1　**Amos 7.0「Bayesian SEM」的操作介面**

假如，您點選圖 2-1 功能表單中的「View」，即可進行各項貝氏統計量之查看與設定，請參見圖 2-2 之操作介面。這些表單功能亦出現在圖 2-1 上方的功能圖像中，他們的功能及操作方法將介紹於後，在此不贅述。換言之，研究者可以

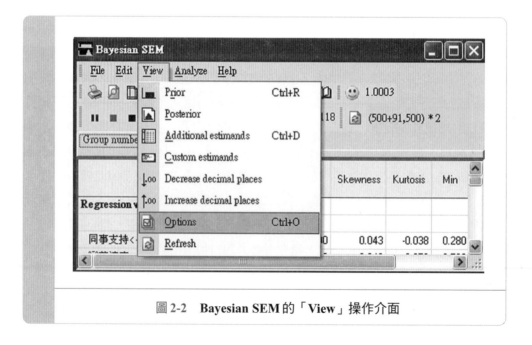

圖 2-2　**Bayesian SEM 的「View」操作介面**

不必打開圖 2-2「View」下之功能表單，直接點選圖 2-1 上方的 6～11 相關功能之對應圖像即可。

為便於使用者操作 Bayesian SEM，特在圖 2-1 的操作介面上，針對各圖像下加註數字編碼以利查考，並依編碼次序介紹 Bayesian SEM 視窗中各項功能之操作方法如下：

1. 表示列印

   列印貝氏統計分析結果。

2. 表示列印預覽

   預覽貝氏統計估計法之統計分析結果。

3. 進行列印設定

4. 進行統計量輸出、更新顯示、先驗機率與 MCMC 參數等之設定，亦可點選圖 2-2 中的「Options」功能表單點選之後，即會出現如圖 2-3「Bayesian Options」之交談視窗。「Bayesian Options」功能表單下的各項設定簡介如下：

(1)當您點選圖 2-3 之「Display」，可以進行各項統計量數之設定。

   例如，平均數、標準誤、標準差等的描述統計量。

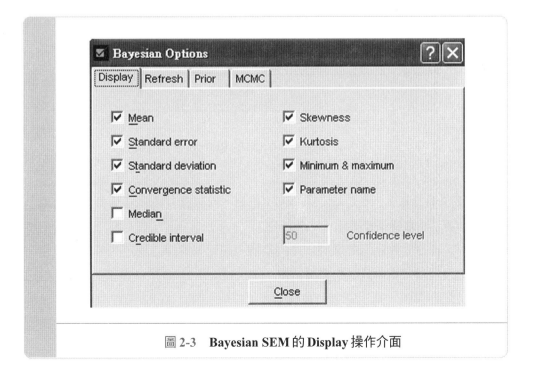

圖 2-3　**Bayesian SEM** 的 **Display** 操作介面

(2)當您點選圖 2-4 之「Refresh」，可以進行抽樣結果的統計更新之設定。

例如，您可手動設定，每隔幾個觀察值或每隔幾秒鐘就加以更新。

(3)當您點選圖 2-5 之「Prior」，可以進行參數的 Prior 設定。

在 Prior 表單上勾選「Admissibility test」，Amos 會將參數的 prior 設定為 0，可以解決非正定矩陣的問題，這與 LISREL Output 中 Ridge 常數的設定功能類似。在 Prior 表單上勾選「Stability test」，亦可將參數的 prior 設定為 0，可以解決迴歸方程式解不穩定問題。

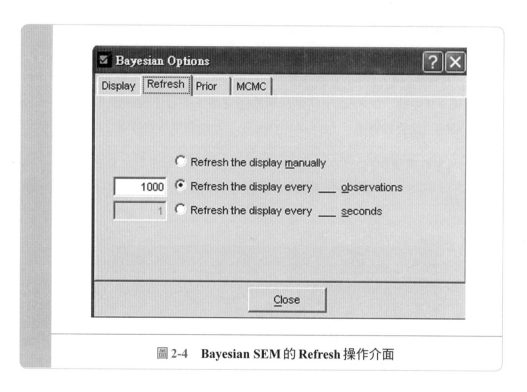

圖 2-4　**Bayesian SEM 的 Refresh 操作介面**

(4)當您點選圖 2-5 上方之「MCMC」按鈕，可以進行各項抽樣參數之設定，如圖 2-6 左側視窗所示。

圖 2-6 中所示的數據均為內定值，前兩個數據之設定，可用來設定將來及目前分析中最大樣本保留數（Max observations），當產製的資料點超越此極大值，為了降低前後樣本間之自變相關，Amos 會自動瘦身，而可能暫時會導致 CS 值再度升高；因此當您所設定之 CS 標準經過一段長時間

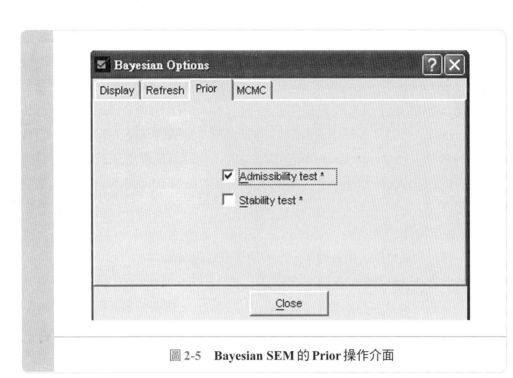

圖 2-5　**Bayesian SEM** 的 **Prior** 操作介面

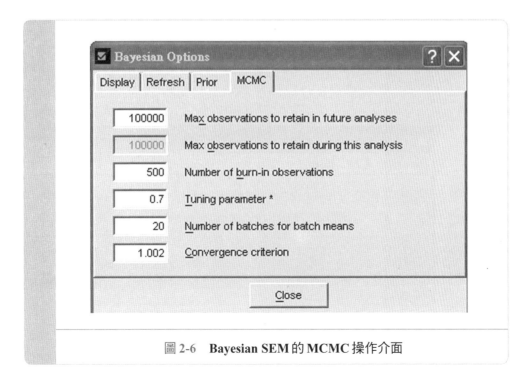

圖 2-6　**Bayesian SEM** 的 **MCMC** 操作介面

仍然無法收斂時，請試著調高此極大值之設定，否則只有降低 CS 標準了。第三個設定係用來設定拋棄樣本數（Number of burn-in observations），第四個設定係用來設定微調參數（Tuning parameter），第五個設定係用來設定樣本批組數（Number of batches for batch means），計算各批組資料間的自變相關（相關過高時，需要較多的資料產製）及 Monte Carlo 標準誤用，最後一個方框係用來設定聚斂標準（Convergence criterion），此標準設定的愈小，則資料產製的時間通常會愈久。

5. 🗐 表示拷貝

　　拷貝相關參數之事後機率分配的摘要表到剪貼簿中。

6. 🔲 觀看待估計參數的先驗機率分配

　　須先用滑鼠在功能表單「View」中點選 Prior 或圖像 🔲 後，就會出現圖 2-7 之 Prior 觀看視窗，並要求您點選所欲觀看 Prior 的估計數。接著，再移向貝氏統計分析摘要表中（如圖 2-1）的待觀看的估計參數後，按下該參數名稱，即可查看或設定該參數之先驗機率分配。更直接簡便的方式是在 Bayesian SEM 之結果輸出視窗中，按下滑鼠右鍵點選欲觀看之參數列，即會出現要求您點選事後或事前的機率分布小視窗 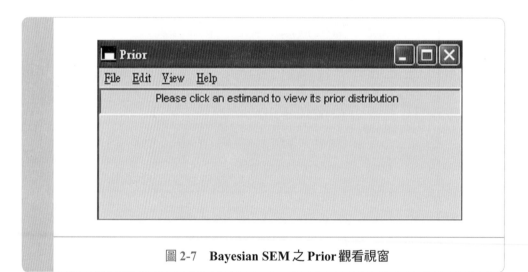 。

圖 2-7　**Bayesian SEM** 之 **Prior** 觀看視窗

　　換言之，研究者根據參數在母群中分布的既存知識、臨床觀察或專家的評估，進行各參數 Prior 統計量數之設定。Amos 中各參數內定的 Prior 為等機率（Uniform）分配，此係均分性的先驗機率分配（Diffuse prior distribution，又稱為 Non-informative Prior distribution），會導致與傳統之 SEM 分析結果相同，因為事後機率分配（P(θ | y)）等於 θ 之事前機率分配乘以觀察值 y 之最大概似值。Prior 為等機率較適合於一般的資料分析，如果研究者興趣在預測下一個事件，則最好使用其他合適之先驗分配。由圖 2-8 知，研究者除了可以選擇等機率 Uniform 或常態 Normal 之外，亦可根據先前之研究結果自定先驗機率分配，以提高正確預測力。

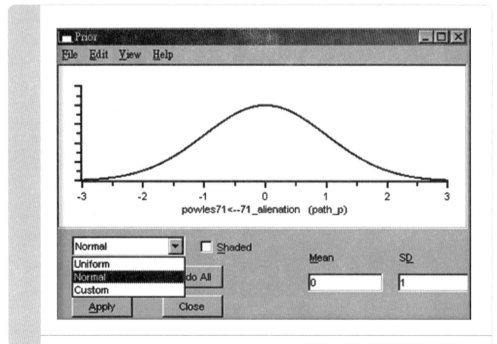

圖 2-8　**Bayesian SEM** 的操作介面：查看及設定參數之先驗機率分配

　　研究者如欲自定「參數之先驗機率分配」，研究者須先點選圖 2-8 中「Custom」選目，之後就可在圖 2-9 中拉著鉛筆之圖像到所欲更改分配型態之位置，並按下滑鼠左鍵移動鉛筆，即可繪製自定參數之分配型態。研究者如遇 path_p 之參數出現不合理之數值（如為負值），亦可手動將圖 2-9 右下角之 Lower bound，設定為 0，亦可解決不適當解（Improper solution）的問題，當然研究者也可使用圖 2-5 的設定方法讓 Amos 自動解決不適當解的問題。不過研究者對於參數之先驗機率分配的設定，應有理論或經驗之根據，否則可能導致更大的誤差。值得注意的是，隨著原始樣本之增大，先驗機率分配的影響力就逐漸下降。除非您的樣本非常的小或您的模式或先驗機率分配與資料有很顯著的矛盾，否則您會發現即使使用不同的先驗機率分配，貝氏估計值不會有很大的更動。

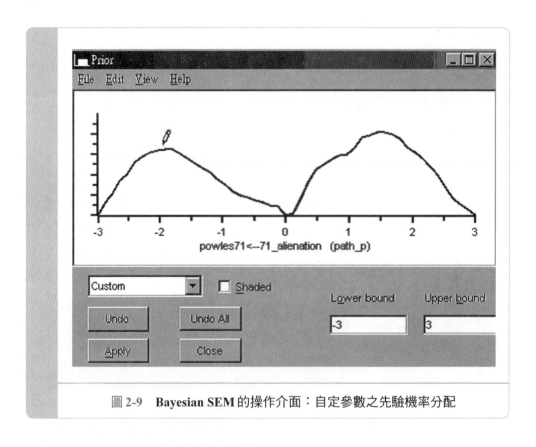

圖 2-9　**Bayesian SEM** 的操作介面：自定參數之先驗機率分配

7. 🖼️ 觀看待估計參數的事後機率分配

　　操作方法如事前機率分配，須先用滑鼠在功能表單「View」中，點選 Posterior 或圖像 🖼️ 後，再移向貝氏統計分析摘要表中欲觀看的估計參數後，按下該參數名稱即可查看，或設定該參數之事後機率分配（參見圖 2-10）。

8. ▦ 進行額外參數的估計

本功能旨在計算模式參數之外的其他參數的估計值,如直接效果的估計,估計之過程中會出現圖 2-11 與 2-12 之視窗。額外參數的估計,一次僅能顯示一種估計值於視窗中。

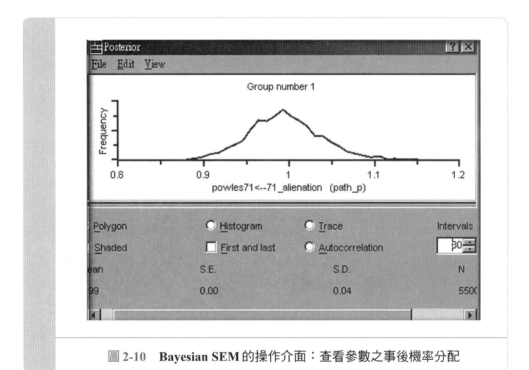

圖 2-10　**Bayesian SEM** 的操作介面:查看參數之事後機率分配

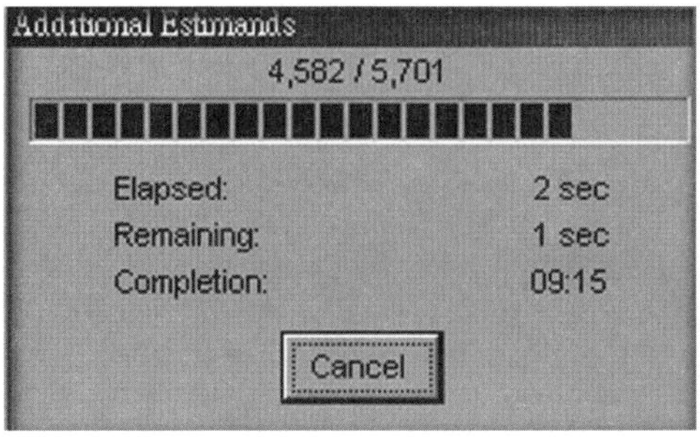

圖 2-11　額外參數估計的過程

當這個額外估計視窗出現後，即可顯示額外參數的估計結果表單，如圖 2-12 所示。

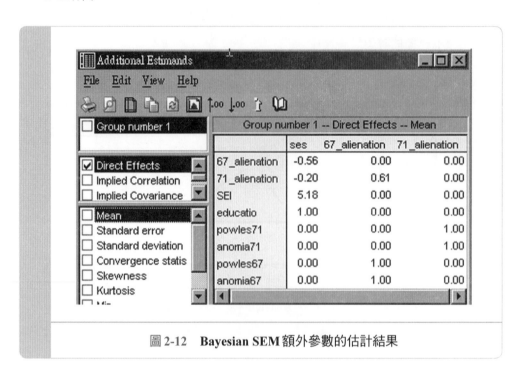

圖 2-12　**Bayesian SEM 額外參數的估計結果**

9. 利用 VB.NET 或 C# 撰寫模式參數函數，要求 Amos 估計新參數

　　過去 Amos 可以利用 Bootstrapping 技術，估計直接效果與間接效果之大小、P 值與信賴區間。在 Bayesian SEM 中則可使用如圖 2-13 之 VB.NET 程式，進行直接效果（c）與間接效果（a*b）間差異分析與統計考驗。操作時，研究者須先終止 MCMC 抽樣之後，按下 「Custom estimates」鈕，就會出現圖 2-13 之自定參數視窗，供研究者撰寫程式。圖 2-13 中第一個副程式（Public Sub），旨在宣告新估計值之名稱，下一個估計值計算函數（Public Function），則在撰寫新估計值之計算程式碼，旨在計算直接效果、間接效果、兩者間之差異值及間接效果小於 0，間接效果比直接效果小的機率。視窗程式中「Implements Iestimand」表示要實作 Estimand 的介面（interface），亦即要實際撰寫介面宣告所定義之屬性或方法的程式碼。本例子係使用 Amos 提供的實例：Example 29 作為示範，檔名為 Ex29.amw。寫完程式後，按下「Run」即可在圖 2-14 視窗中顯現統計分析結果。

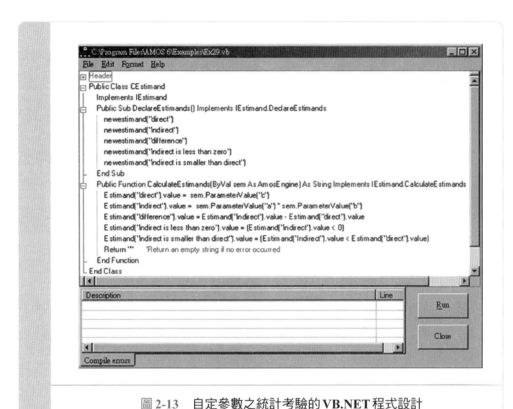

圖 2-13　自定參數之統計考驗的 **VB.NET** 程式設計

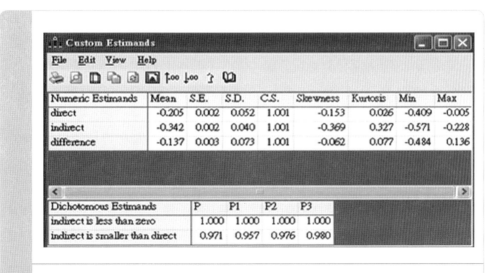

圖 2-14　**Bayesian SEM** 三個自訂估計量的邊緣事後分配

圖 2-14「Dichotomous Estimands」一行中，p1 表示前 1/3 的 MCMC 樣本中，該自訂估計值（如 indirect is less than zero 或 indirect is smaller than direct）為真之比率（例如，間接效果小於直接效果之比率為 0.957），p2 表示中間 1/3 的 MCMC 樣本中，該自訂估計值為真之比率，p3 表示後 1/3 的 MCMC 樣本中，該自訂估計值為真比率，而 P 為全體 MCMC 樣本中，該自訂估計值為真比率。在本例間接效果小於直接效果之比率為 $p = \dfrac{\#(indirect < direct)}{N_{MCMC}} = 0.975$，它與 P_1、P_3、P_3 之值亦甚為接近，表示 P 值甚為穩定，為一很好的統計估計值；而間接效果小於零之值為 $p = \dfrac{\#(indirect < 0)}{N_{MCMC}} = 1.000$，因此可很肯定地說間接效果是負值（$\bar{x} = -0.342$）。

10. ⬆₀₀ **增加小數位數**

按下此按鈕即可逐漸增加小數位數。

11. ⬇₀₀ **減少小數位數**

按下此按鈕即可逐漸減少小數位數。

12. ⬆ **Amos 版權宣告**

13. 📖 **線上協助**

研究者如須線上協助，可按下此鈕尋求線上立即說明。

14. 😊 **聚斂統計圖示**

MCMC 的聚斂是指抽樣分配的聚斂，當推論不再依賴最初樣本起始估計值時，即表示獲得聚斂，亦即我們終於獲得一個不偏事後機率分配了，研究者即可停止抽樣。聚斂統計量（CS）小於內定 1.002 時（此標準研究者可以自調），Bayesian SEM 視窗會出現笑臉 😊，否則會出現紅色的哭臉 😖。

15. 1.0000 **聚斂統計量**

CS（Convergence statistics）乃是當 MCMC 抽樣數目趨於無限大時，用來衡量降低估計數不確定性之指標。CS 等於 1 表示完美聚斂（perfect convergence），研究者可以不須再產製更多的樣本，通常如 CS 大於 1.1 時，則仍須繼續產製更多的 MCMC 樣本以降低估計數之不確定性，Amos 採取較保守的內定閾值 1.002。Amos 貝氏 SEM 功能表單上的 CS 值，代表參數中最大之 CS 值。

16. ⏸ **暫停抽樣**

按下此鍵可暫停抽樣，再按一次則會恢復抽樣。當您認為 MCMC 抽樣數達到滿意程度時，即可按下此鈕結束 MCMC 抽樣。

17. ■ 拋棄已累積的樣本，重新抽樣

18. ■ 關閉 Bayesian SEM 視窗（此功能 Amos 7.0 以後已取消）

19. (500+50,353)*256 樣本大小

圖 2-1 中 (500 + 50,353)*256 表示 Amos 曾產製了 13018368(50853*256) 個樣本，但只保留了 50,353 個樣本（式中的 *256 表示 Amos 已進行了 8 次瘦身的工作（$2^8 = 256$），因而僅保留了 1/256），式中 500 係內定 burn-in 樣本數（抽樣分配未聚斂前所拋棄的樣本數）。因為初期的樣本向量通常不是取樣於參數事後機率分配，Amos 會拋棄的前 500 個樣本，僅利用剩下來的 50,353 個樣本進行參數之事後機率的推估。

20. 63 每秒 MCMC 所產製的樣本觀察值數

21. 29 樣本接納比率

MCMC 要能有效運作，樣本接納比率最好在 0.2～0.4 之間。假如樣本接納比率低於 0.2，可調低微調參數（內定值為 0.7），假如樣本接納比率高於 0.5，可調高微調參數。

22. ⟳ 更新抽樣結果

按下此按鈕可以更新參數之事後機率分配摘要表及分配圖，以反映最新保留樣本的統計結果。

23. (500+99,500)*128 係指前次樣本更新之大小，Amos 在產製 1000（內定）個樣本後，才會更新結果。

(500 + 99,500)*128 中的 *128 表示 Amos 已在進行瘦身的工作，128 表示已瘦身 8 次（2^8）。

24. ⚌ 事後機率預測分配輸出按鈕

在貝氏 SEM 視窗中，Amos 7.0 起提供了一個觀看未知數據（如遺漏值）的事後機率預測分配的按鈕 ⚌ 。

25. ⚖ 貝氏 SEM 適配度指標

在貝氏 SEM 視窗中，按 Fit Measures 鈕 ⚖ 即可獲得適配度指標。

26. 🔧 貝氏 SEM「Adapt button」

在貝氏 SEM 視窗中，Amos 7.0 起提供了一個新的「Adapt button」鈕 🔧 ，可以自動調整 MCMC 演算法的微調參數（使之樣本之接納比率介

於 .2～.4 之間），以提高聚斂之速率。

參、MCMC 聚斂之診斷分析

Amos 提供 CS 統計量與圖表分析兩種聚斂分析之診斷方法。首先讀者應先分辨此兩種 MCMC 聚斂的意義。

第一種聚斂稱為抽樣分配之聚斂（Convergence in distribution），意指分析之樣本的確是從參數的聯合事後分配中抽取出來。由於起始樣本點可能並無法真正代表事後分配，Amos 內定拋棄起始的 500 個樣本點，這是保守的做法，大部分的問題可能不需這麼多。

第二種聚斂稱為事後摘要統計之聚斂（Convergence of posterior summaries），意指分析之樣本是否夠大而能獲得正確的事後摘要統計量（如 posterior mean）。CS 等於 1 表示完美聚斂（perfect convergence），更多的樣本亦無法再提高統計量之精確性。因此，當 CS 逼近於 1.0 時研究者就可終止樣本的產製工作。通常如 CS 大於 1.1 時，則仍須繼續產製更多的 MCMC 樣本以降低估計數之不確定性，AMOS 採取較保守的內定閥值 1.002。聚斂統計量（CS）小於內定 1.002 時，Bayesian SEM 視窗會出現笑臉，否則會出現紅色的哭臉。

除了前述之 CS 值可供診斷貝氏 MCMC 方法所得之統計量是否聚斂之外，Amos 尚提供以下幾種圖示法，協助研究者判斷抽樣分配是否已收斂：前 1/3 與後 1/3 分配一致性分析圖（參看圖 2-15～圖 2-16）、軌跡圖（或稱時間系列圖，參看圖 2-17～圖 2-18）與自變相關圖（參看圖 2-19～圖 2-20）。

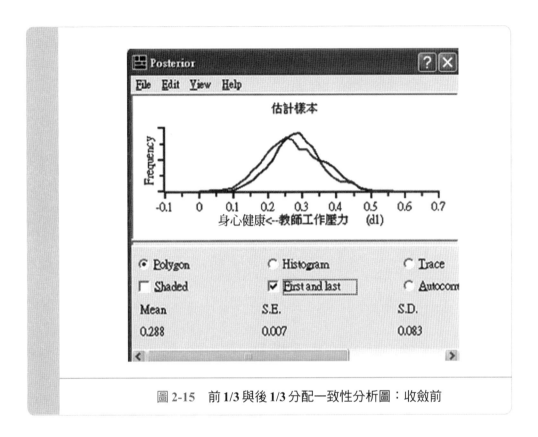

圖 2-15　前 1/3 與後 1/3 分配一致性分析圖：收斂前

　　由圖 2-15 知，抽樣分配在未收斂前，前 1/3 與後 1/3 抽樣分配之一致性，具有明顯之差異。

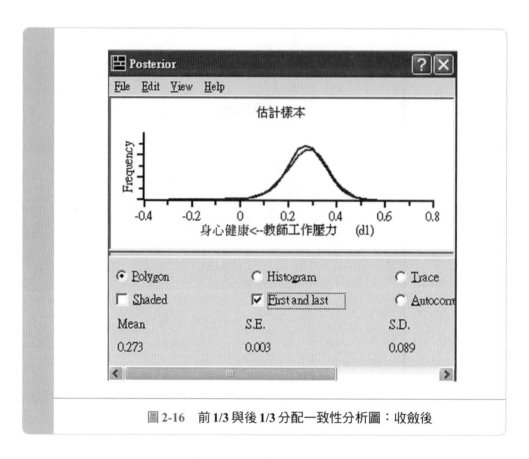

圖 2-16　前 1/3 與後 1/3 分配一致性分析圖：收斂後

　　由圖 2-16 知，當前 1/3 與後 1/3 分配曲線趨於一致時，表示該參數之事後機率分配已接近收斂。

　　由圖 2-17 知，參數軌跡圖可用來評估 MCMC 抽樣分配是否已收斂，當未收斂前該參數值之抽樣分布會有激烈之上下震動或隨意漂流的現象，但在圖 2-18 中，則無此現象。

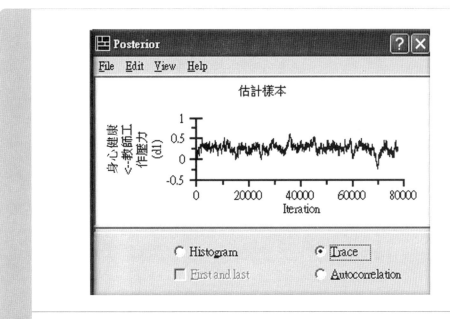

圖 2-17　**Bayesian SEM** 參數軌跡圖：收斂前

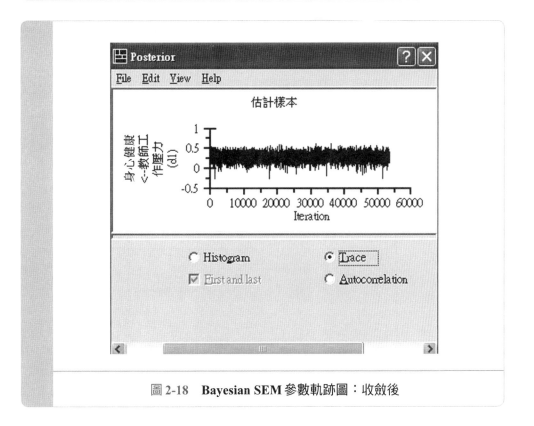

圖 2-18　**Bayesian SEM** 參數軌跡圖：收斂後

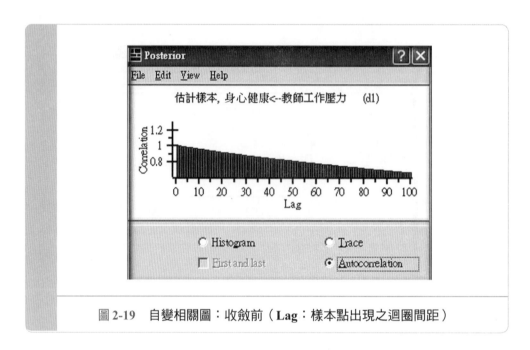

圖 2-19　自變相關圖：收斂前（**Lag**：樣本點出現之迴圈間距）

由圖 2-19 知，此參數之自變相關在 Lag 100 時（迴圈間距相差 100 的兩兩抽出樣本點間之相關），其自變相關仍未趨於 0。

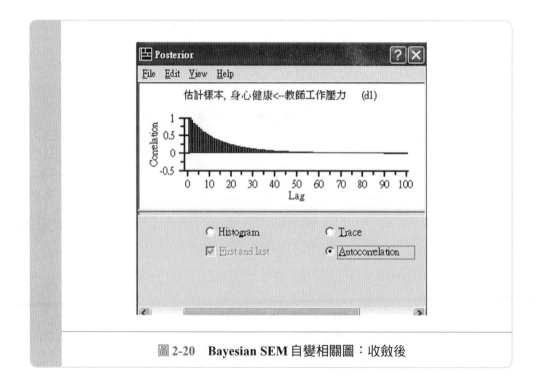

圖 2-20　**Bayesian SEM** 自變相關圖：收斂後

由圖 2-20，自變相關圖顯示在 Lag 50（迴圈間距相差 50 的兩兩抽出樣本點間之相關）之後，自變相關已接近於 0，表示 MCMC 抽樣已脫離起始點，其抽樣分配已達收斂。

肆、缺失資料填補法

由於缺失資料的刪除法（如 Listwise 或 Pairwise 刪除法）常會因樣本變小而導致抽樣誤差增大、非正定矩陣、流失有用資訊、降低統計考驗力及削弱參數估計值之正確性。因此，目前 SEM 使用者傾向於使用資料填補法。因應時勢所需，Amos 6.0 提供了三種缺失資料填補（Data imputation）方法（參見圖 2-22），以填補缺失值：

一、迴歸填補法（regression imputation）

本法乃是使用個案之非缺失值，去預測該個案之缺失值的資料，本填補法是單一固定值填補法。Amos 在取得最大概似估計值之後，會將它設定為模式之參數值，再利用線性迴歸分析進行缺失值的預測。

二、隨機迴歸填補法（stochastic regression imputation）

本法與迴歸填補法類似，除了使用觀察資料之最大概似值取得迴歸預測值後，一般常加上殘差後再填補缺失值（例如，SPSS 的迴歸填補法即可採此設定）。不過，Amos 在本填補法中，乃先根據實得觀察值建立缺失值的條件機率分配，再從缺失值的條件機率分配中隨機抽取填補值，如有需要並可產製多個填補過之完整資料集，可利用圖 2-22 視窗中「Number of completed datasets」加以設定。

三、貝氏填補法（Bayesian imputation）

本法與隨機迴歸填補法類似，但視未知的模式參數為隨機估計值而有一個相對應之機率分配（a probability distribution），而非固定之最大概似估計值。在 Amos 中貝氏填補法是透過多元填補技術（Multiple imputation）與事後模擬（Posterior simulation），每一缺失值都會使用多個（m>1）模擬值取代之，以估計這 m 個資料集之平均數、變異量與相關之 p 值或信賴區間。

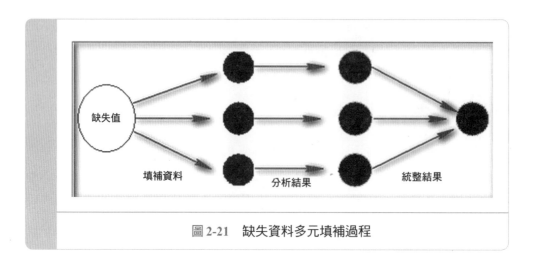

圖 2-21　缺失資料多元填補過程

由圖 2-21 知，多元填補技術涉及三個步驟：

1. 每一缺失資料點以 m 個（>1）資料點填補，這些資料點係透過 Markov 鏈技術，從缺失值的事後預測機率分配（posterior predictive distribution）中，隨機抽取 m 個獨立觀察值；

2. 利用統計分析軟體如 SAS、SPSS、Amos 等分析 m 個資料集（一般來說，5～10 個已足夠）；

3. 整合 m 個分析的結果（具體統計分析方法，請參看下節簡介及 Amos 6.0 操作手冊第 479 頁之說明）。

　　因而，含有缺失值的貝氏資料分析，涉及以下兩大工作：多元填補技術「Multiple imputation」與事後模擬「Posterior simulation」。前者，係從缺失值的事後預測機率分配（posterior predictive distribution）中，隨機抽取 m 個獨立觀察值；後者，係於缺失資料填補後，從模式參數的事後機率分配中進行隨機抽樣。研究者如有需要並可產製多個填補過之完整資料集，設定方法亦如前述隨機迴歸填補法。這些填補過之完整資料集，如欲放在一個檔案中，請在圖 2-22 中點選「Single output file」，否則請點選「Multiple output files」，將各個資料集存放於不同名稱的檔案中。如將各個資料集存放於同一個名稱的檔案中，將來欲個別分析每一資料集時，可利用 SPSS 的 Split file 功能進行檔案分割後，再進行個別資料集的統計分析。

伍、Amos 的資料填補操作步驟

在 Amos 中進行資料之填補，需要點選 Amos 介面「Analyze」下之「Data Imputation」，即會出現如圖 2-22 之設定視窗，選擇您所欲採用的資料填補方法；圖 2-22 所點選的填補方法是貝氏填補法（Bayesian imputation），按下底部「Options」按鈕，即會出現本圖之右側「Options」視窗，係供貝氏填補法演算法的參數設定：觀察值數目、自變相關之最大值、微調參數。

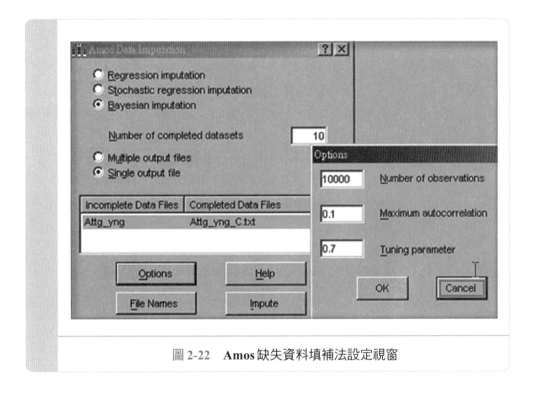

圖 2-22　**Amos** 缺失資料填補法設定視窗

在 Amos 中實際進行貝氏填補法時，須進行 MCMC 自動產製觀察值數目（100～30000）、參數間之自變相關（maximum autocorrelation, 0～1.0）及微調參數（tuning parameter, 0～1.0）等之設定，參見圖 2-22 之右側「Options」視窗。當 MCMC 觀察值達到所設定之數目後，如每一參數之自變相關低於設定值時（如 0.1），樣本之抽樣才會終止，否則會拋棄奇數樣本點後繼續抽樣。Markov 樣本鏈之自變相關過高，意味著樣本鏈鎖定在事後機率分配的某一區域內，會導致不佳變異量估計值。瘦身細節如同前述，因而 Amos 會自動進行 Markov 樣本鏈的瘦身，以降低樣本鏈的相關性。至於微調參數之設定，旨在控制前後參數估計值之變化量，微調參數愈大，前後參數估計值之變化量則愈大（內定值為 0.7）。所有相關之設定完後，按圖 2-22 中之「Impute」按鈕，Amos 即會執行資料填補與存檔之工作，存檔之檔名請用圖 2-22 中之「File Names」按鈕進行設定，以便日後統計分析之呼叫使用。

在此值得順道一提的是，Amos 在進行隨機迴歸填補法、貝氏填補法與貝氏 SEM 時，會大量使用到隨機亂數（random numbers），而此隨機亂數的選取須視隨機亂數的起始值（seed）而定。Amos 的內定值是每一次的樣本點抽樣，均使用不同的隨機亂數起始值（每次遞增 1，Increment the current seed by 1），研究者如欲獲得相同的樣本資料集（可複製前面的資料分析結果），必須使用相同的隨機亂數起始值。操作時請在 Tools 功能表單下的 Seed Manager 視窗中（參見圖 2-23），點選「Always use the same seed」。

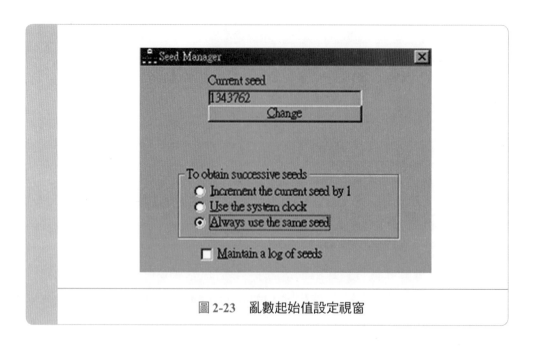

圖 2-23　亂數起始值設定視窗

至於，如何整合 m 個個別資料集的統計分析結果，過去常端靠研究者之手算，隨書所附之 MI 統計分析副程式（操作方法及步驟請參見附錄五（SEMCAI.

xla），可免去研究者手算之苦。茲以Amos 7.0操作手冊第475頁的實例，具體說明如下。假設有m = 10個迴歸分析的結果，其各個資料集的迴歸係數估計值與標準誤詳如表2-1：

表2-1 **10個個別資料集的統計分析結果**

Imputation	ML Estimate	ML Standard Error
1	1.106	0.160
2	1.080	0.160
3	1.118	0.151
4	1.273	0.155
5	1.102	0.154
6	1.286	0.152
7	1.121	0.139
8	1.283	0.140
9	1.270	0.156
10	1.081	0.157

今令 $\hat{Q}^{(1)}$ 為樣本 t 的迴歸估計值，因此 $\hat{Q}^{(1)} = 1.106$ ， $\hat{Q}^{(2)} = 1.080$，其餘以此類推。又令 $\sqrt{U^{(t)}}$ 為樣本 t 的迴歸估計值的標準誤。因此，$\sqrt{U^{(1)}} = 0.160$，$\sqrt{U^{(2)}} = 0.160$，其餘以此類推。那麼多元填補迴歸係數之估計值（the multiple-imputation estimate of the regression weight），等於這10個資料集個別迴歸係數估計值的平均數。

$$\overline{Q} = \frac{1}{m} \sum_{t=1}^{m} \hat{Q}^{(t)} = 1.172$$

至於多元填補的迴歸係數參數估計值之併組標準誤的步驟，演示如下：

(一)計算組內填補變異量的平均數

$$\overline{U} = \frac{1}{m} \sum_{i=1}^{m} U^{(t)} = 0.0233$$

(二)計算組間填補變異量

$$B = \frac{1}{m-1} \sum_{i=1}^{m} (\hat{Q}^{(t)} - \overline{Q})^2 = 0.0085$$

(三) 計算總變異量

$$T = \overline{U} + \left(1 + \frac{1}{m}\right)B = 0.0233 + \left(1 + \frac{1}{10}\right)0.0085 = 0.0326$$

(四) 計算多群組標準誤

$$\sqrt{T} = \sqrt{0.0326} = 0.1807$$

(五) 考驗迴歸係數等於 0

$$\frac{\overline{Q}}{\sqrt{T}} = \frac{1.172}{0.1807} = 6.49$$

本統計量為 t 統計量，其自由度計算公式為：

$$v = (m-1)\left[1 + \frac{\overline{U}}{\left(1 + \frac{1}{m}\right)B}\right]^2 = (10-1)\left[1 + \frac{0.0233}{\left(1 + \frac{1}{10}\right)0.0085}\right]^2 = 109$$

上述相關之統計量與其信賴區間，除了使用附錄五筆者所設計之 SEMCAI 軟體之外，尚可以利用 Schafer（2000）的 NORM2.03.exe 計算器快速的取得。其免費的下載網站：http://www.stat.psu.edu/～jls/misoftwa.html。其操作的程序簡單說明如下：

(一) 準備原始資料並依圖 2-24 格式建立之

迴歸係數在前，相關之標準誤在後，接著存入純文字檔案如 Reg.dat。

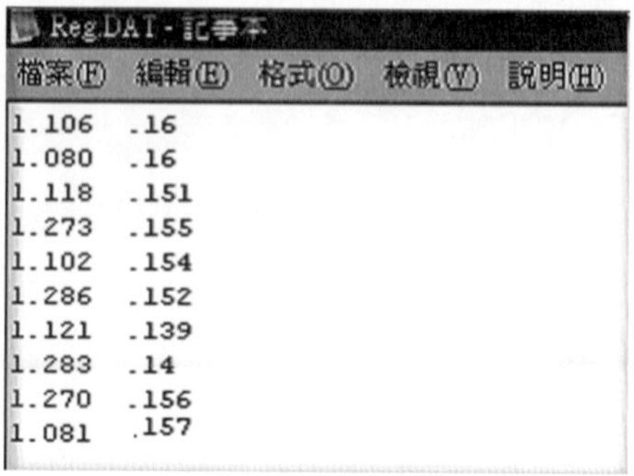

圖 2-24　原始資料檔格式

(二) 打開圖 2-25 中 Norm 程式的「Analyze」表單，點選「MI inference: Scalar」

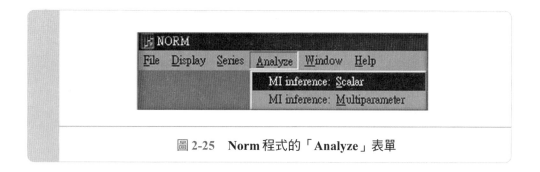

圖 2-25　**Norm** 程式的「**Analyze**」表單

當您點選「MI in ference: Scalar」之後，會出現圖 2-26 之資料檔案選用視窗。

(三) 呼叫資料檔案 Reg.dat

圖 2-26　**Norm** 程式所資料檔案的選用表單

按下圖 2-26 中之「開啟」鈕之後，會出現圖 2-27 之設定視窗。

(四) 在圖 2-27 視窗中鍵入相關之資訊

在圖 2-27 中輸入輸出檔位置及名稱、標題名稱、估計值檔案位置、建檔格式（本例為 stacked columns)、估計參數個數（Number of estimands）、填補資料集的個數（Number of imputations）正確無誤之後，並輸入參數估計值的信心水準（Confidence level，即可按下「Run」執行之。

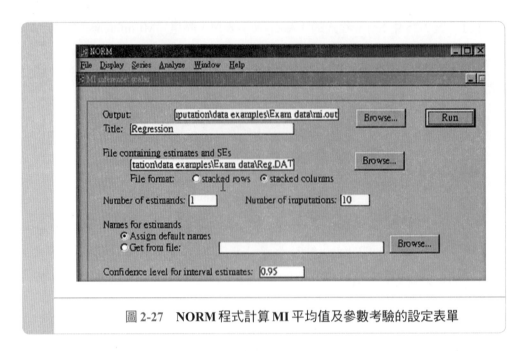

圖 2-27　**NORM** 程式計算 **MI** 平均值及參數考驗的設定表單

執行後，分析結果詳如圖 2-28 所示。

(五) 跑出的 MI 統計結果

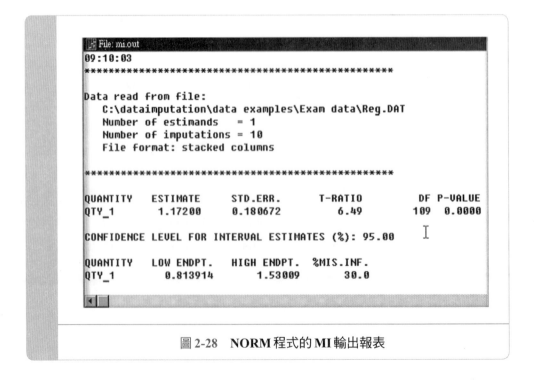

圖 2-28　**NORM** 程式的 **MI** 輸出報表

由圖 2-28 知，NORM 程式所跑出來的 MI 相關之統計量與前述手算出來的統計量幾乎完全一樣，並且能提供 t 考驗的 p 值與信賴區間。

陸、如何利用 Amos 內建之編輯器撰寫增益集（Plugins）：以 SRMR 為例

為便利研究者自訂 SEM 統計參數，Amos 允許研究者運用其內建之程式編輯器撰寫增益集（Plugins）。茲將 Amos 增益集之撰寫與執行步驟，簡述如下：

一、撰寫增益集之步驟

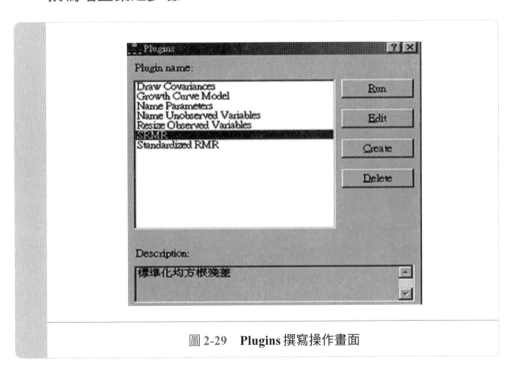

圖 2-29　**Plugins** 撰寫操作畫面

1. 拉下第一章圖 1-1 中 Amos 功能表單「Plugins」選單，點選 Plugins 選目，開啟如圖 2-29 之畫面。
2. 點選「Create」按鈕，在 Amos 內建之 VB 編輯器內（參見圖 2-30），撰寫相關程式，至於完整之程式語法範例，請參考下文所述。

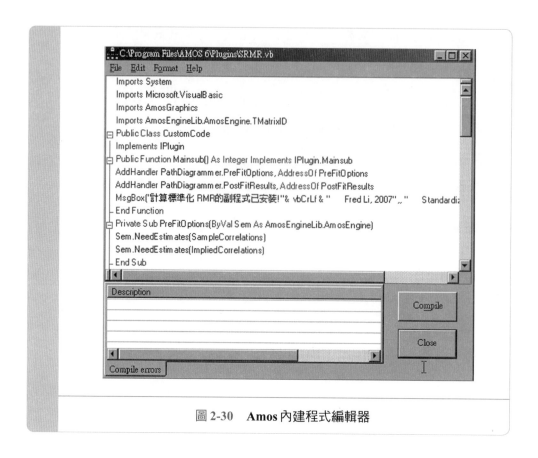

圖 2-30　　**Amos 內建程式編輯器**

3. 按圖 2-30 中「Compile」按鈕，進行 VB 程式之編譯工作，假如有語法
上之錯誤，會在 Description 視窗中出現相關之警訊，以利除錯。沒有任
何錯誤時，即可打開「File」選單進行 VB 程式存檔，最好存在 Amos 之
Plugins 目錄夾中。
4. 按下圖 2-30 中「Close」關閉 VB 編輯視窗。

二、執行自定增益集之步驟

1. 開啟如圖 2-29 之 Plugin name 視窗，在其視窗內點選「SRMR」。
2. 按下圖 2-29 中之「Run」執行鈕。
3. 接著，出現如圖 2-31 的 SRMR 增益集已安裝之訊息框，按下圖中之「確
定」鈕，表示您已可在接下來的統計分析時使用它。

圖 2-31　**SRMR** 之安裝訊息窗

4. 之後執行統計分析，在未關閉 Amos 之前都會自動顯示 SRMR 之適配度指標，如圖 2-32 所示。換言之，在新啟動的 Amos 之後均須重新啟動新的自定增益集，才能執行額外之 SRMR 統計分析。

圖 2-32　**SRMR** 之顯示視窗

三、SRMR 增益集範例程式內容

　　研究者可於圖 2-30 Amos 內建之編輯器中，撰寫增益集程式碼，以下係 SRMR 之完整程式碼內容，供研究者參考應用：

```
Imports System
Imports Microsoft.VisualBasic
Imports AmosGraphics
Imports AmosEngineLib.AmosEngine.TMatrixID
```

```
Public Class CustomCode
Implements IPlugin
Public Function Mainsub() As Integer Implements IPlugin.Mainsub
AddHandler PathDiagrammer.PreFitOptions, AddressOf PreFitOptions
AddHandler PathDiagrammer.PostFitResults, AddressOf PostFitResults
MsgBox("計算標準化 RMR 的副程式已安裝!" & vbCrLf & " Fred Li,
2007" ,, "      Standardized RMR")
End Function
Private Sub PreFitOptions(ByVal Sem As AmosEngineLib.AmosEngine)
Sem.NeedEstimates(SampleCorrelations)
Sem.NeedEstimates(ImpliedCorrelations)
End Sub
Private Sub PostFitResults(ByVal Sem As AmosEngineLib.AmosEngine,
ByVal ModelName As String,ByVal status As Integer)
Dim N As Integer
Dim i As Integer
Dim j As Integer
Dim DTemp As Double
Dim Sample(,) As Double
Dim Implied(,) As Double
Sem.GetEstimates(SampleCorrelations, Sample)
Sem.GetEstimates(ImpliedCorrelations, Implied)
N = UBound(Sample, 1) + 1
DTemp = 0
For i = 1 To N - 1
For j = 0 To i - 1
DTemp = DTemp + (Sample(i, j) - Implied(i, j)) ^ 2
Next
Next
DTemp = System.Math.Sqrt(DTemp / (N * (N + 1) / 2))
```

```
'Dtemp 代表 SRMR
'訊息視窗中輸出結果
Dim message As String
message = "Model: " & ModelName & vbCrLf
If status = 0 Then
message &= "Standardized RMR = " & DTemp.ToString("#0.0000")
Else
message &= ("The model was not successfully fitted.")
End If
MsgBox(message ,,"      標準化均方根殘差")
End Sub
Public Function Name() As String Implements IPlugin.Name
Return "SRMR"
End Function
Public Function Description() As String Implements IPlugin.Description
Return "標準化均方根殘差"
End Function
End Class
```

本章習題

1. Amos 6.0 所採用的 MCMC 演算法是什麼？其基本步驟為何？

2. 在 Bayesian SEM 視窗中，會出現(500 + 70,509)*128 之資訊，這表示 Amos 已進行幾次瘦身工作？

3. 貝氏 SEM 的使用最佳時機為何？它具有哪些優點而為 ML 估計法所無？
（提示：請閱讀 Muthén, & Asparouhov (2010) 的論文或 Arhonditsis, Stow, Steinberg, Kenney, Lathrop, McBride, & Reckhow (2006) 的論文。）

Amos 7.0 新增功能與特色簡介

壹、Bayesian SEM 已能處理次序性類別資料與截斷資料

貳、提供次序性類別資料與截斷資料的缺失值填補法

參、提供缺失值、次序性類別資料與截斷資料的事後預測機率分配

肆、增加 Hamiltonian MCMC 演算法

伍、MCMC 參數的自動調節

陸、提供貝氏模式適配度指標

柒、剪貼簿功能的改善

由圖 1-1 與 3-1 比較觀之，2006 年問世的 Amos 7.0 之使用者介面與 Amos 6.0 完全相同，但也增加了一些新的貝氏統計與資料填補功能，使其統計分析的功能更加完備。Amos 7.0 新增了七個功能，茲將各新增功能與特色逐一列述如下，以利使用者之運用：

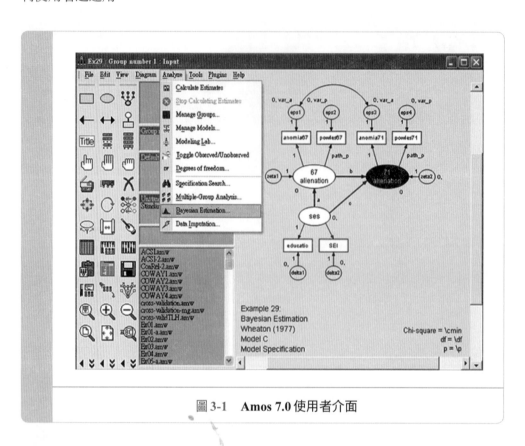

圖 3-1　**Amos 7.0 使用者介面**

壹、Bayesian SEM 已能處理次序性類別資料與截斷資料

Amos 在 7.0 版以前，只能處理等距以上屬性之變項，但從 7.0 版開始，Amos 透過 Bayesian SEM 已能處理次序性資料與截斷資料。茲將相關之處理步驟，簡介如下：

一、次序性類別資料（Ordered-categorical）的資料處理方法

茲以下列態度反應之四點量尺實例，進行資料輸入與重新編碼的說明：

SD. 非常不同意（Strongly disagree）

D. 不同意（Disagree）

A. 同意（Agree）

SA. 非常同意（Strongly agree）

表 3-1 係前述這四點量尺的次序性類別資料的原始檔案（採自 Amos 手冊中之 Ex33-a.amw），檔案中空白處係代表資料缺失。由表之內容知，每一筆原始檔案均以字串 SD、D、A、SA 等形式鍵入，此類資料在 SPSS 的資料編輯器中，必須以字串去界定變項屬性，才能輸入資料。

表3-1 次序性類別資料的原始檔案輸入

	item1	item2	item3	item4	item5	item6
1	A		SA	SD	A	A
2	A		A	SA	SA	SA
3		A	A	A	A	A
4	A	A	A			
5	D	SD			D	
6	SA	SA	A		A	A
7	A	D		A	A	
8	D	D		SD		SD
9	SA	SA	SA	A		A
10	SA	A	A	SA	SA	
11	A	A	A	A		A
12	SA	SA	A	A		A

Amos 7.0 版以前，均須針對表 3-1 中每一態度反應類別分派一個數值；例如，SD = 1, D = 2, A = 3, SA = 4。但從 Amos 7.0 起，已可利用圖 3-2 中「Tools」下之「Data Recode」，將前述之四個接連的次序性變項轉換為常態性連續性同意量尺，而且量尺的大小亦可由研究者自訂。不過使用者須先在原始資料檔連接之時，就必須於圖 3-7 中勾選「Allow non-numeric data」，以允許非數字資料的設定，才能使得「Tools」下之「Data Recode」生效，以便進行資料之重新編碼。

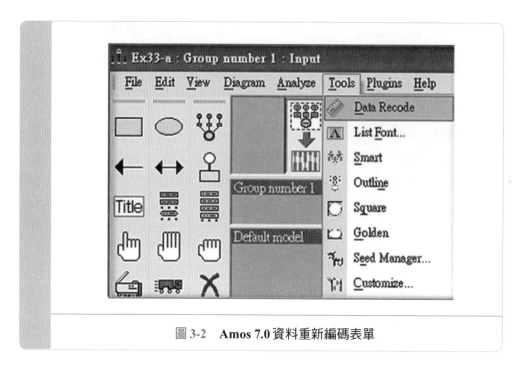

圖 3-2　**Amos 7.0 資料重新編碼表單**

　　進行原始資料的轉碼，研究者須先點開圖 3-2 功能表單「Tools」，再按下「Data Recode」即會出現圖 3-3 之資料重新編碼的操作視窗，視窗右側為經轉換後之新變項，轉換的方法可從視窗中間的選單中點選。資料轉碼規則有三：(1)No Recoding：不做轉換，(2)Customized：自訂法（只有本法研究者可在「New Value」欄位下直接更改數據，對於資料的重新編碼亦甚便捷），(3)Ordered-categorical：視外在的次序性類別指標為連續變項，Amos 會依據您的資料轉碼方法進行原始資料的轉換。圖 3-3 視窗之右上角「View Data」，係用來查看各變項之原始資料檔案。

　　假如研究者未針對各變項量尺的邊界進行界定，Amos 會自動估計這些相關的邊界值（參見圖 3-3 底部），並假定這些值是來自於標準常態分配 N(0, 1)。如欲自行界定邊界值，研究者須點選「Ordered-categorical」選目，「Details」的按鈕才會自動生效，接著點開「Details」，開啟圖 3-4 之設定視窗，進行次序性資料的轉換。轉換時研究者須先使用「Up」與「Down」按鈕，進行類別順序之設定（為符計分之方向，要先點選欲移動的選目），再進行與類別相對應的數值定義，進行數值的定義時，請在雙箭頭右側的方框中輸入選目之邊界值。注意，圖 3-3 底部顯示出，item1 之量尺類別並未按 SD、D、A、SA 之順序排列。

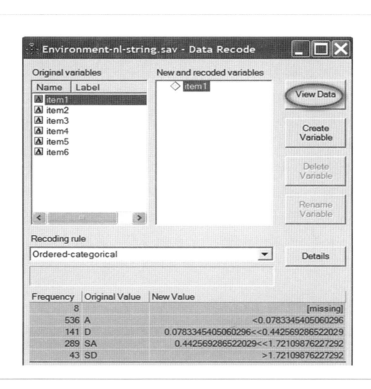

圖 3-3　資料轉碼之操作視窗

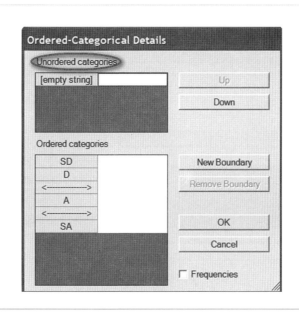

圖 3-4　次序性類別資料的細節設定視窗

　　另外，圖3-4中「Ordered-Categorical Details」視窗中，左上角的「Unordered categories」視窗，可供研究者界定缺失值變項用，使用時先在「Ordered categories」視窗中，點選缺失值選目（如SD）再利用Up按鈕，移去該視窗中。在本例中Amos將「Empty String」視為缺失值。研究者亦可利用「Up」&「Down」鍵，調整量尺類別之順序；亦可利用「New Boundary」&「Remove Boundary」增刪類別與類別間之邊界，其數值的輸入須按數值大小依序由小而大、從上而下界定之。圖3-4中「Ordered-Categorical Details」視窗中，左下角的「Ordered categories」視窗，可供研究者界定邊界值。本項新增功能對於反向計分題目的重新編碼，亦甚為便利。例如，在圖3-5中，SD與D被視為無法區分，其潛在分數為0以下，A選目的潛在分數則介於0～1之間，而SA之潛在分數則大於1以上。

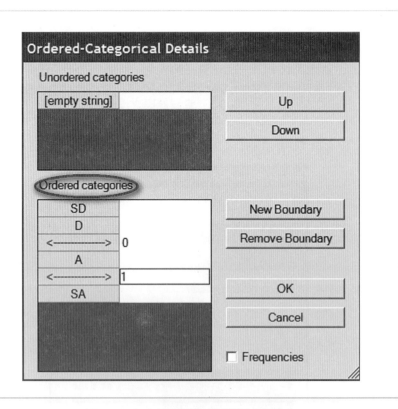

圖3-5　次序性類別資料的邊界值設定

經定義過的 Item1 新、舊變項的邊界值即可在圖 3-6 視窗左下角中顯現出來，其餘變項（Item 2～Item6），依此類推進行邊界值之設定。

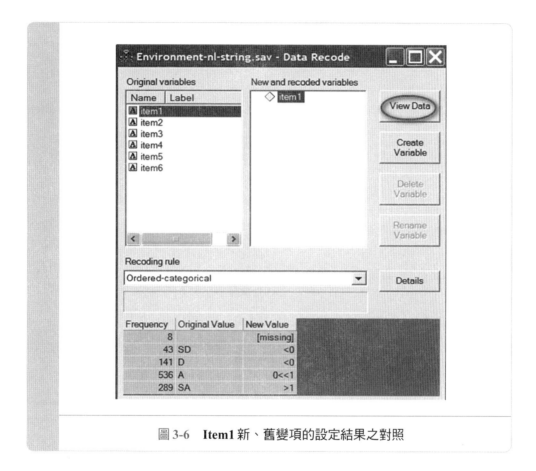

圖 3-6　**Item1 新、舊變項的設定結果之對照**

在圖 3-6 中，點選「View Data」即可同時顯現新舊變項的資料如下表 3-2，表中 0<；<1 係 A 經轉換過之潛在分數，介於 0 與 1 之間，SA 則轉換成>1，D 與 SD 則轉換成<0，即其潛在分數小於 0，而空白缺失值則以*表示之。注意此種轉換過之潛在分數，只能使用 Bayesian SEM 進行資料分析。研究者透過此種轉換過之類別資料，被視為連續性變項，就可更安心地進行因素分析等統計工作。因為這類轉換過之變項被視為連續性變項，等於邊界值之機率等於 0，因此在表 3-2 中並不使用≤或≥之不等式符號。

表3-2 新舊變項類別與分數的對照表

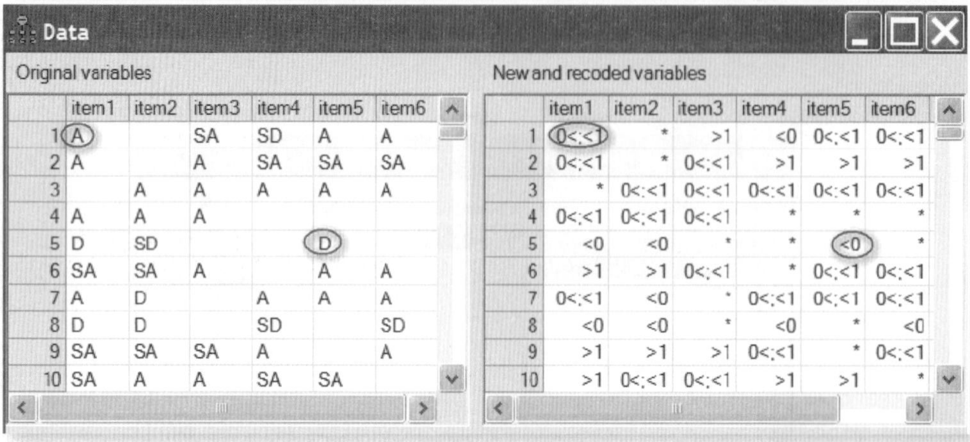

Data

Original variables

	item1	item2	item3	item4	item5	item6
1	A		SA	SD	A	A
2	A		A	SA	SA	SA
3		A	A	A	A	A
4	A	A	A			
5	D	SD			D	
6	SA	SA	A		A	A
7	A	D		A	A	A
8	D	D		SD		SD
9	SA	SA	SA	A		A
10	SA	A	A	SA	SA	

New and recoded variables

	item1	item2	item3	item4	item5	item6
1	0<;<1	*	>1	<0	0<;<1	0<;<1
2	0<;<1	*	0<;<1	>1	>1	>1
3	*	0<;<1	0<;<1	0<;<1	0<;<1	0<;<1
4	0<;<1	0<;<1	0<;<1	*	*	*
5	<0	<0	*	*	<0	*
6	>1	>1	0<;<1	*	0<;<1	0<;<1
7	0<;<1	<0	*	0<;<1	0<;<1	0<;<1
8	<0	<0	*	<0	*	<0
9	>1	>1	>1	0<;<1	*	0<;<1
10	>1	0<;<1	0<;<1	>1	>1	*

另外，此項新功能將使得Amos具有分析依變數是類別變項的能力，此種分析方法，類似於傳統的Probit模式分析。當您的依變項是二分的類別變項時，您可以嚐試一下Bayesian SEM的分析新能力。

二、截斷資料（Censored data）的建檔、填補與分析方法

截斷資料出現於某一變項之測量超過或低於某一閥值，但未知其確切之數值，僅以大於（>）、介於（<<）或小於（<）某一數據表示之。以下表3-3係七位受試者解決一個問題的時間，其中有兩位受試者未在規定的10分鐘內做完。

表3-3 截斷資料範例

受試者	解決問題的時間
1	6
2	2
3	9
4	>10
5	4
6	9
7	>10

過去於Amos 6.0中，研究者須將個案4與7視為缺失值，或者以一個武斷的值如10、11、12取代之。任何缺失值的處理方法均會或多或少增大抽樣誤

差，而武斷值的填補方法也不是一個好的方法。因此，在Amos 7.0中，研究者可依本法充分運用個案四與七的所有資訊，進行統計分析。因含有非數據資料（non-numeric data）如大於（＞）、介於（＜＜）或小於（＜）等符號，如以SPSS的資料編輯器來編輯資料時，須以字串變項設定之，才能輸入資料。此類資料在Amos中被視為次序性類別資料，因之分析此類資料只能以貝氏估計法（傳統之SEM按鈕會失效），而且在Amos資料檔案之設定時，研究者也必須在圖3-7中勾選「Allow non-numeric data」，才能進行截斷資料的相關統計分析。研究者如欲利用傳統之SEM進行此類資料之分析，可以利用下述貝氏資料填補技術將截斷的資料先行填補後，再進行統計分析。

圖 3-7　允許非數字資料分析的設定

貳、提供次序性類別資料與截斷資料的缺失值填補法

次序性類別資料與截斷資料的測量（過去常視為缺失值）可以提供一個數值變項更多的資訊。因此，Amos 7.0可以進行缺失資料、次序性類別資料與截斷資料測量之數據填補，乃是一大創舉。利用這種填補方式，非數值資料（含截斷資料）可以轉換為數值資料，以便其他無法處理非數據資料的統計方法或

軟體（如SPSS）進行資料分析。例如，研究者可以將含有截斷值的資料，利用Amos中貝氏填補法，將截斷值從事後預測分配中隨機填補後，再利用其他統計方法或軟體去分析這些產製出來的資料集，相關統計分析之步驟，請參閱前面資料填補技術之介紹。

參、提供缺失值、次序性類別資料與截斷資料的事後預測機率分配

Amos 7.0可以估計缺失值、次序性類別資料與截斷資料等之事後預測機率分配（posterior predictive distributions）。在潛在變項的模式中，有三類未知之數據：

1. 參數值及其相關之函數（例如，迴歸及相關係數）。
2. 缺失資料值。
3. 部分缺失資料值，例如，次序性類別資料與截斷資料的測量。

在貝氏統計分析中，這三種未知數據的處理方法相同。因為任何一個未知統計量數都可以事後密度函數表示之，以說明這些未知數之可能性分配。當資料數據出現缺失或部分缺失時，其事後密度函數稱為事後預測機率分配，可作為資料填補之抽樣母群。以圖3-8中SPSS資料編輯器中的數據為例，請特別注意#25 & #26號受試者在timesqr變項上的截斷資料。

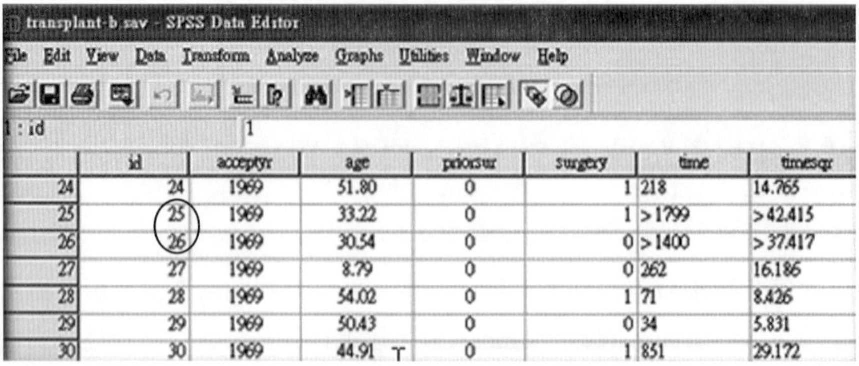

	id	acceptyr	age	priorsur	surgery	time	timesqr
24	24	1969	51.80	0	1	218	14.765
25	25	1969	33.22	0	1	>1799	>42.415
26	26	1969	30.54	0	0	>1400	>37.417
27	27	1969	8.79	0	0	262	16.186
28	28	1969	54.02	0	1	71	8.426
29	29	1969	50.43	0	0	34	5.831
30	30	1969	44.91	0	1	851	29.172

圖3-8 SPSS資料編輯器中截斷資料實例

Amos 之具體操作方法簡單說明如下：

配合 Amos 程式檔 Ex32-a.amw，在執行 Amos 7.0「Bayesian estimation」之後，於「Bayesian SEM」的功能表單中，請先點選事後預測機率分配的圖像 🌲🌲（參見圖 3-9），即會出現如圖 3-10 左上角之事後預測機率分配的視窗，接著研究者即可針對資料檔案中缺失值（在視窗中會以*呈現）或截斷值（在視窗中會以>>、<<、<<呈現）的資料點，使用滑鼠左鍵按下這些細格資料點，就可出現圖 3-10 右側之事後機率分配圖。

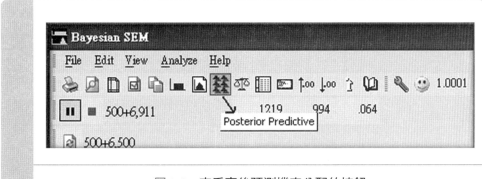

圖 3-9　查看事後預測機率分配的按鈕

例如，點選圖 3-10 中左側第#26 號受試者在 timesqr 變項上的截斷資料（在視窗中會以>>、<<呈現），即會顯示#26 號受試者存活時間的事後預測機率分配與統計結果，如圖 3-10 中右側所示。圖 3-10 底部，Amos 提供數個事後預測機率分配製圖的選項：(1)多邊圖（Polygon）；(2)陰影（Shaded）；(3)條圖（Histogram）；(4)前 1/3 與後 1/3 分配圖（First and last）；(5)追蹤（Trace）；(6)自變相關（Autocorrelation），研究者可善加利用之。

研究者如點選#25 號受試者在 timesqr 變項上的截斷資料，並改選「Polygon」即會出現如圖 3-11 所示。

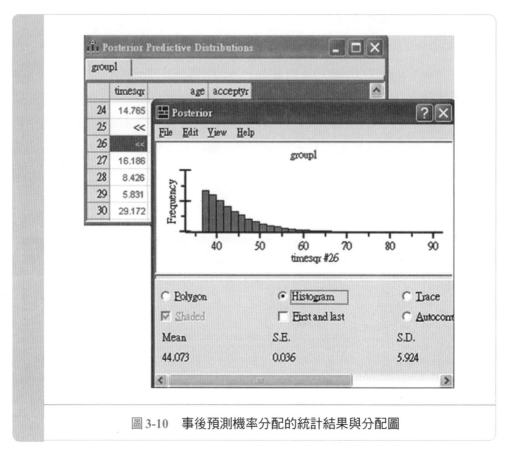

圖 3-10　事後預測機率分配的統計結果與分配圖

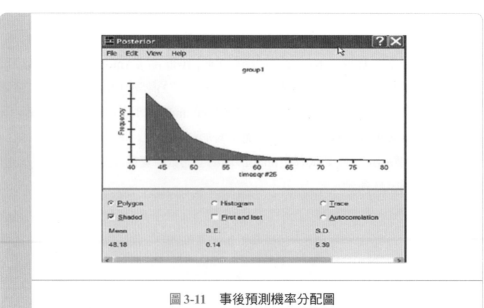

圖 3-11　事後預測機率分配圖

肆、增加 Hamiltonian MCMC 演算法

進行此項設定時，請先在 Bayesian SEM 視窗中，點選「View」下的功能表單「Options」，即會出現 Bayesian Options 視窗。Amos 7.0 除了提供 Random Walk Metropolis 演算法（又稱醉漢漫步法，因為每一步的大小及方向均為隨機）之外，尚提供 Hamiltonian MCMC 演算法（是 Gibbs 與 Metropolis 漫步法之交替運用，試圖修正隨機漫步之行徑），請參見圖 3-12。就數字資料而言，Hamiltonian MCMC 法的演算速度比 Random Walk Metropolis 法快，因為 Hamiltonian MCMC 法會加大在樣本空間的移動步伐，促使樣本間之相關較小而導致聚斂到目標母群的速度加快。當您的 prior 是「Uniform prior」且您在 Bayesian Options 視窗中點選「Stability」或/與「Admissibility」考驗時，建議選擇 Random Walk Metropolis 演算法；否則選用 Hamiltonian MCMC 法。另外，在資料填補時則請使用 Random Walk Metropolis 演算法。Hamiltonian MCMC 演算法中的 Step size（epsilon）與 Number of steps（指每一 Hamiltonian MCMC 迴圈數中的 Step size），這兩個參數都可利用 MCMC 參數的自動調節「Adapt 按鈕」，自動調整其成為合理值，通常研究者不必費心於此。

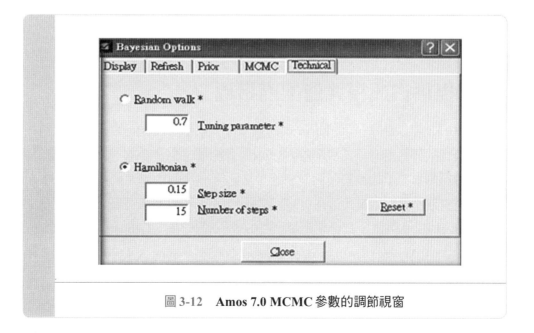

圖 3-12　**Amos 7.0 MCMC 參數的調節視窗**

伍、MCMC 參數的自動調節

　　在圖3-13中Amos 7.0提供了一個新的「Adapt button」，可以自動調整MCMC演算法的微調參數（當使用 Metropolis MCMC 法時，使之接納之比率介於0.2～0.4之間；當使用 Hamiltonian MCMC 法時，使之接納之比率介於 0.98～0.998），以提高聚斂之速率。為了改善產製效能，調節鈕會分析 MCMC 觀察值的歷史，進而更新MCMC演算法之參數。請謹慎使用它，當您按下此 MCMC 參數的微調鈕之後，前面所蒐集到的樣本會被整個拋棄，再重新抽樣起。當不須調整 MCMC 演算法的微調參數時，該按鈕會變暗而無法再運作。

圖 3-13　**Amos 7.0 MCMC 參數的自動調節與貝氏模式適配度指標按鈕**

陸、提供貝氏模式適配度指標

　　Amos 7.0可以計算 posterior predictive p 值，它是貝氏導向的 p-value，可用來進行模式的評估用。貝氏導向的 p-value，代表著未來資料的卡方值大於或等於觀察資料的卡方值的機率。一般來說，當此值小於0.05或大於0.95時，表示該模式與資料不適配；當此值在0.5期望值附近時，表示該模式為非常適配模式（Gelman et al., 1996），其合理範圍應在0.05～0.95之間（Gelman, Carlin, Stern, & Rubin, 2004; Myung, Karabatsos, & Iverson, 2005）。Song & Lee (2006) 則主張一個提議模式的 posterior predictive p 值在 0.3～0.7 之間，即為可接受之模式。就數字資料而言，Amos 7.0亦會計算 DIC（Deviance information criterion）指標，本指標乃是AIC與BIC（這兩個指標在MCMC中不易求得）之延伸，最適合於事後分配呈現多變項常態分配時，可用來進行模式間之選擇或比較，以決定哪一模式之適配度與精簡性較佳。最低 DIC 值的模式乃係最能預測與目前資料集相同結構的模式，可說是一種推論力的指標（a measure of generalizability）。本指標亦適用於非隔宿的模式（non-nested models）間之比較，是其一大特色。一般來說，DIC 大於 10 以上，意味著兩個模式間具有明確之差異性，如在 10 以下則表示兩個模式間沒有明確之差異性。在貝氏 SEM toolbar 視窗中，按 Fit Measures 鈕 即可獲得此適配度指標，參見圖 3-14。至於「Effective number of parameters」則可用來評估一個模式的複雜度，此值愈大該模式愈能與資料相適配，但卻愈不精簡。因此，一般來說 DIC 較能同時反映模式的適配度與精簡性。由此觀之，可知貝氏 SEM 的適配度評鑑似乎比傳統之 SEM 適配度評鑑單純許多。

57

圖 3-14　貝氏模式適配度指標顯示視窗

柒、剪貼簿功能的改善

Bayesian SEM 視窗中的圖文內容，也可以拷貝及貼至 Microsoft Word 文件中，且仍保留原有表格之格式設定。例如，使用者可以利用「Edit」之下的「Copy」將參數的事後次數分配圖（參見圖 3-15），貼至 Microsoft Word 文件中。

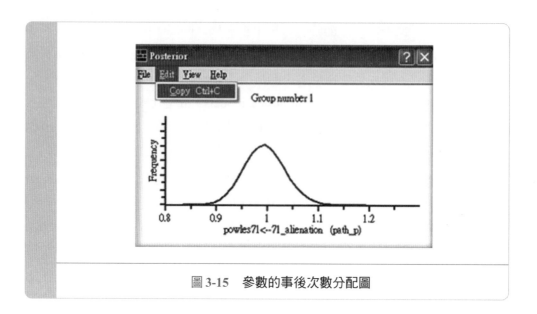

圖 3-15 參數的事後次數分配圖

本章習題

1. 請至以下網址 http://www.amosdevelopment.com/video/index.htm，觀賞有關 Ordered-categorical Data & Censored Data 等等 Amos 教學錄影片，並作筆記。

2. 何謂截斷資料（Censored data）？請問 Amos 7.0 如何進行截斷資料的分析？

3. 請利用 Amos 之「Data Recode」新功能，將表 3-1 的原始檔案（採自 Amos7.0 手冊中之 Ex33-a.amw，該檔案均以字串 SD、D、A、SA 等形式鍵入），進行資料之重新編碼，重新編碼時其邊界值依序為 1、2、3。接著再利用此轉換過之資料，進行貝氏 SEM 統計分析。請問所得之模式適配度為何？

4. Amos 7.0 所提供的 posterior predictive p 值，研究者如何進行解釋與運用？

5. 研究者蒐集了過去一年來，喝同一廠牌奶粉的 190 位嬰兒之平均每日喝奶量（毒奶粉單位：公升），並檢測其有無腎結石（b 表結石者），原始資料如圖 3-16 所示。

	毒奶粉	結石	n	結石2
1	.485	b	1.00	1.00
2	.570	b	1.00	1.00
3	.470	b	1.00	1.00
4	.535	b	1.00	1.00
5	.500	b	1.00	1.00
6	.490	a	1.00	.00
7	.510	b	1.00	1.00
8	.470	b	1.00	1.00
9	.465	a	1.00	.00
10	.500	b	1.00	1.00
11	.545	b	1.00	1.00
12	.435	a	1.00	.00
13	.475	a	1.00	.00
14	.280	b	1.00	1.00
15	.270	b	1.00	1.00
16	.555	b	1.00	1.00
17	.310	b	1.00	1.00
18	.300	b	1.00	1.00
19	.285	b	1.00	1.00
20	.360	b	1.00	1.00

圖 3-16　毒奶粉食量與結石者之原始資料

因本例之依變項係一個二分之類別變項，而預測變項為一連續變數，過去研究者會先利用 SPSS 進行 Probit 分析，輸入之相關變項參見圖 3-17 中之設定。其中變項「結石 2」為數字型變項，係文字型變項「結石」轉換而來；n 係每一組的觀察總次數（本例中只有 1 組）。SPSS 僅能分析「結石 2」變數，無法分析文字型變項「結石」，文字型變項「結石」則可以利用 Amos 進行資料分析。

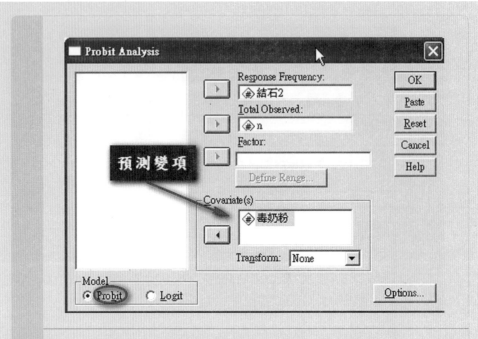

圖 3-17　毒奶粉食量與結石者之 **Probit** 分析的輸入視窗

　　按下「OK」之後，在圖 3-18 的 SPSS 的報表中可以看出，毒奶粉食量對結石之迴歸係數為 3.85492，截距為 -1.40439。由此觀之，不喝毒奶粉是不會結石的，而每日喝 1 公升的毒奶粉，必然會結石。請注意，因為 SPSS 的 Probit 模式僅分析整理過之彙整資料，如使用原始一對一的個別資料，其跑出來的自由度會不正確，因而導致 χ^2 適配度考驗不正確，但其他的參數估計結果仍然正確。

　　接著，請再利用 Amos 的 Bayesian SEM，進行分析圖 3-16 之資料，其相關之徑路模式繪製如圖 3-19 所示，圖中結石變項係一非數字型變數。因二分類別變數在此模式中，會造成模式之不可辨識，必須將殘差變異數固定為 1。因「結石」，係一文字型變項，請在檔案連結時，勾選「Allow non-numeric data」，且在分析屬性視窗中，也要勾選「Estimate means and intercepts」。

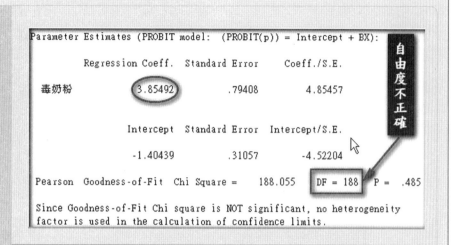

圖 3-18　毒奶粉食量與結石者之 **Probit** 分析結果

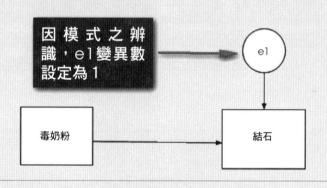

圖 3-19　毒奶粉食量與結石者之徑路模式

　　跑出結果之後，請比較一下 SPSS 與 Amos 之毒奶粉食量對結石之迴歸係數大小。兩者有重大差異嗎？另外，跑出來的模式適配度指標為 0.51（參見圖3-20），代表什麼意義？

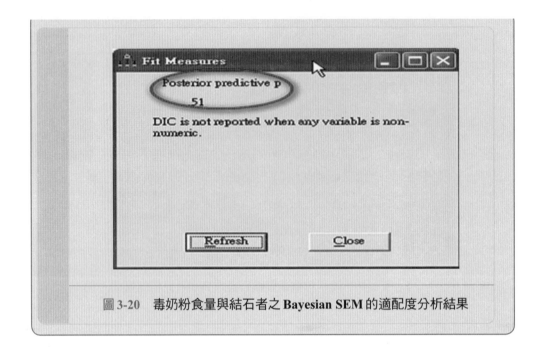

圖 3-20　毒奶粉食量與結石者之 **Bayesian SEM** 的適配度分析結果

Chapter

04

Bootstrapping 的意義及
其在模式比較上之運用

本章旨在介紹 Bootstrapping 的意義及其在 Amos 中的操作過程與應用實例分析，以利研究者在學術研究上之運用。

壹、Bootstrapping 的意義與用途

「Bootstrapping」最常用來產製參數估計值的抽樣分配，它是資料自我複製的一種方法，所謂「bootstrap samples」是指以原來的樣本為抽樣之母群，採用置還隨機抽樣從原來的樣本中抽取同一大小之樣本，如此重複抽取所得之樣本稱為「bootstrap samples」或稱為「multiple subsamples of the same size」。接著 Amos 會進行每一 Bootstrap 樣本之參數估計，最後再計算每一參數的平均值與標準誤。「Bootstrapping」不但可以計算傳統無法估計的標準誤（如 R^2），而且可以不必理會常態性、獨立性與大樣本之基本假設。因此，「Bootstrapping」可以用來估計任何統計量之標準誤。在 Amos 中進行 Bootstrapping 的統計分析，須先在分析屬性視窗中進行如圖 4-1 之參數設定。具體言之，研究者須先點選「Bootstrap」功能表單，並點選「圖 4-1 中之 Perform bootstrap」選目及所需之適配函數，本例為 Bootstrap ML，再輸入 Bootstrap 樣本數（一般來說，至少 100 以上），本例為 1000。如輸入之資料為相關或共變數矩陣，請加點「Monte Carlo（parametric bootstrap）」。研究者如欲額外輸出參數之信賴區間，請再點選「Percentile confidence intervals」。

此外，進行 Bootstrapping 的統計分析時，Amos 不允許資料中有缺失值存在，遇有缺失值時會出現圖 4-2 之警告視窗，研究者需要將缺失值之個案加以刪除或設法將缺失資料加以填補，才能順利進行 Bootstrapping 的統計分析。

貳、Bootstrapping 統計分析之實例示範

茲以吳麗華（2007）的碩士論文資料為例，說明如何利用 Amos 之「Bootstrapping」功能，來估計理論模式中各統計量之標準誤，其理論模式參見圖 4-4。該筆資料因具有部分缺失值，無法直接進行 Bootstrapping 的統計分析，研究者可使用 Amos 或 SPSS 的資料填補法，以進行缺失資料的填補。以下之 Bootstrapping 的統計分析，係根據 SPSS 的迴歸填補法所建立資料，操作時請依下列步驟：Analyze---→Missing Value Analysis---→Estimation 之設定--→Regression 之設定。研究者如欲將填補過之檔案存在不同檔案，請在圖 4-3 中點

選「Save Completed Data」，並按下File按鈕在開啟之視窗中輸入新檔名，以便存檔。

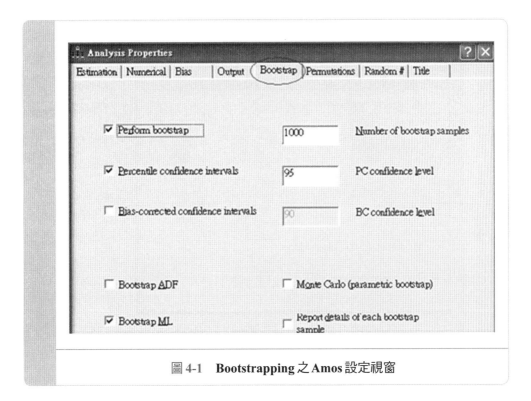

圖 4-1　**Bootstrapping** 之 Amos 設定視窗

圖 4-2　**Bootstrapping** 時缺失值之警告視窗

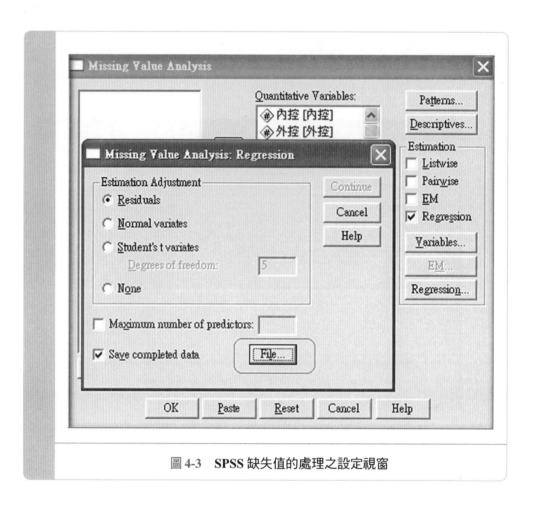

圖 4-3　**SPSS** 缺失值的處理之設定視窗

　　研究者於 Bootstrapping 分析之後，打開 Amos 之 Output 檔案，如圖 4-5 之內容。接著在左上角的第一個視窗內，點開「Estimate」選目，在「Scalars」中，點選「Regression Weights」。這些「Regression Weights」亦可在圖 4-5 左上角的第二個視窗內（Estimates/Bootstrap），點選「Estimate」選目，而獲得相同之統計結果。研究者如欲獲得 Bootstrapping 分析之迴歸係數及其相關之估計標準誤，請點選圖 4-5 左上角的第二個視窗內（Estimates/Bootstrap），點選「Bootstrap Standard Errors」選目，就會出現如圖 4-6 之 Bootstrapping 分析之迴歸係數及其相關之統計量。圖 4-6 中之 Bias 係表示兩種統計方法之差異量，亦即圖 4-5 中傳統之各參數之 Estimate 與圖 4-6 中 Bootstrapping 之各參數的 Mean 之相對應差異值。例如，第一對參數（工作壓力與社會支持之迴歸係數）之 Bias 等於 -0.001 (0.004 -

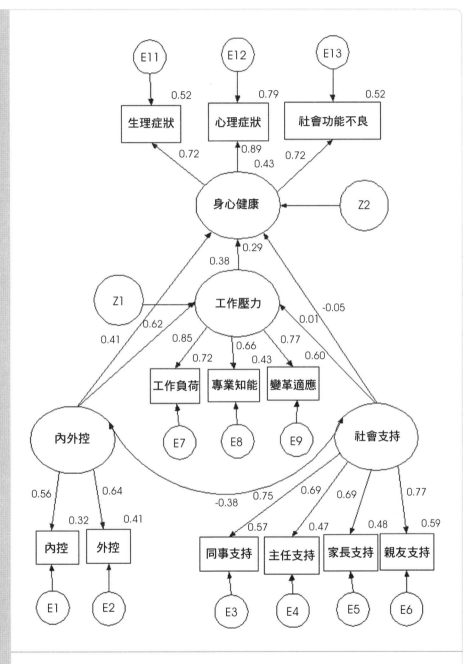

圖 4-4　吳麗華（2007）的碩士論文之 SEM 分析結果（標準化係數）

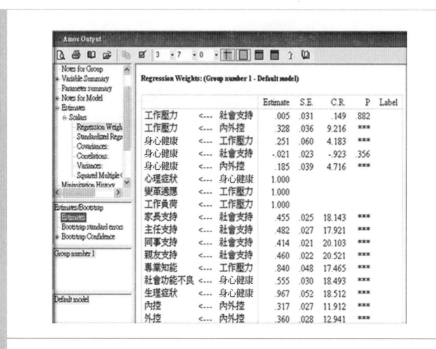

圖 4-5　傳統 **SEM** 分析之迴歸係數及其相關之統計量

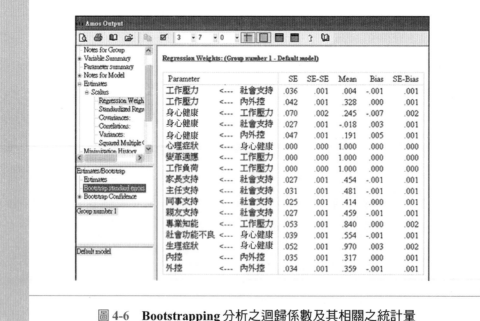

圖 4-6　**Bootstrapping** 分析之迴歸係數及其相關之統計量

0.005)。

　　注意圖 4-7 中之 R^2 係數估計值，過去傳統之 SEM 分析並無法計算這些參數估計值之標準誤。

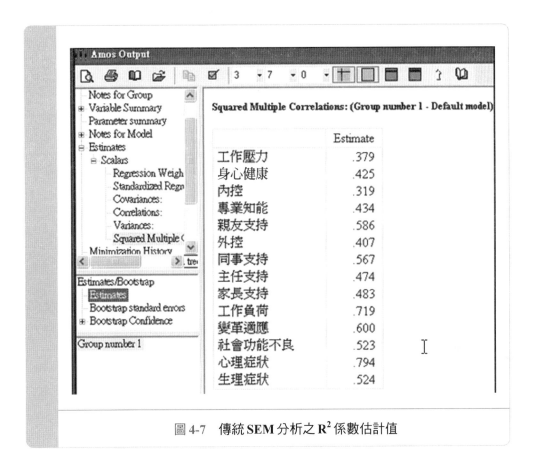

圖 4-7　傳統 **SEM** 分析之 **R^2** 係數估計值

　　注意圖 4-8 中這些 Bootstrapping 分析之 R^2 係數估計值，已可計算相關參數估計值之標準誤（SE）。另外，研究者如欲額外輸出參數之信賴區間，可再點選圖 4-1 中之「Percentile confidence intervals」（輸出結果請參見圖 4-9）。圖 4-8 中的 Bias 之意義如同前述，係指 R^2 係數估計值與 Bootstrap R^2 係數估計值間之差異。

參、Bootstrapping 在模式比較上之運用

　　根據 Linhart 與 Zucchini（1986）的模式選擇方法，Amos 使用下列四個步驟進行模式之選擇（引自《Amos 4.0 操作手冊》，pp. 369～370）：

圖 4-8　**Bootstrapping** 分析之 **R^2** 係數估計值與標準誤

圖 4-9　**R^2** 信賴區間（**0.95**）

1. 採用置還隨機抽樣，從原來的樣本（視為 bootstrap sampling 的母群）中抽取同一大小之 bootstrap 樣本；
2. 在每一 bootstrap 樣本上，進行各競爭模式的適配性分析，並計算 bootstrap 樣本與 bootstrap 母群間之適配函數（implied sample moment vs population moment）之差異值；
3. 計算前一步驟的適配函數差異值之平均數；
4. 比較各模式之平均差異值，出現最小之平均適配函數差異值，即為最佳模式。

以下將以林姿飴（2005）的三個「數常識」理論模式（五因素、四因素及四因素修正模式）為例，逐步簡介 Amos Bootstrapping 在模式比較上之應用。首先，打開 Amos 的 Bootstrapping 設定視窗，設定相關之統計方法，參見圖 4-10 之設定，請特別注意打勾處之設定。

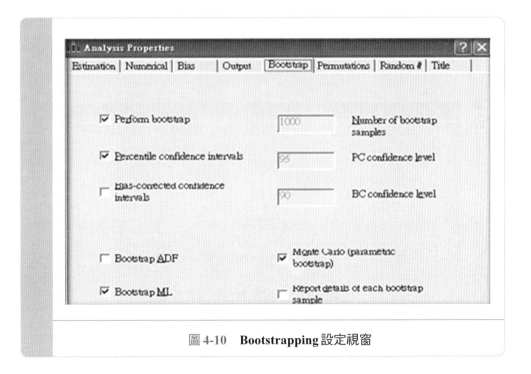

圖 4-10　**Bootstrapping** 設定視窗

如非原始資料檔案，請同時點選「Monte Carlo（parametric bootstrap）」，否則會出現圖 4-11 之警告視窗。

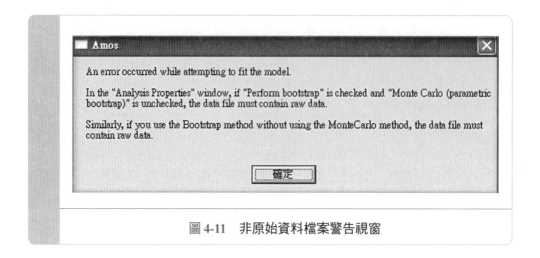

圖 4-11　非原始資料檔案警告視窗

為了讓三個理論模式均使用相同的抽樣樣本集以利比較，研究者必須在圖 4-12 之視窗內，設定相同之隨機亂數起始值。

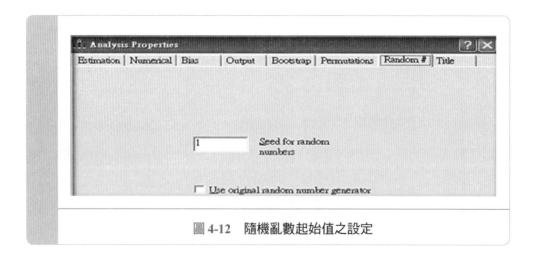

圖 4-12　隨機亂數起始值之設定

第一個數常識的模式為五因素模式，如圖 4-13 所示。

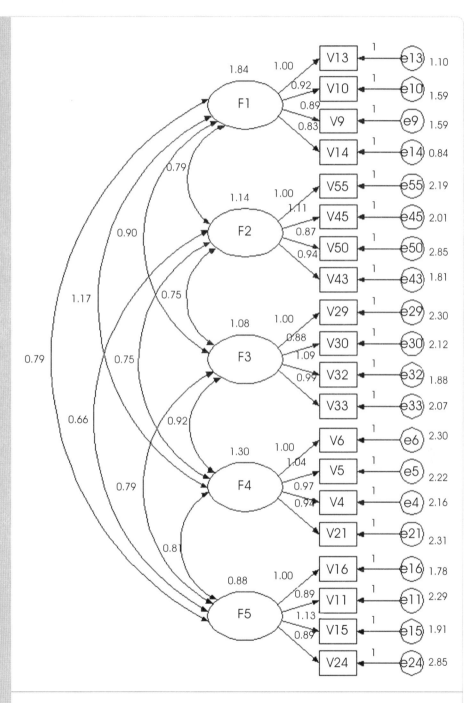

圖 4-13　數常識五因素模式：模式一

表 4-1 為模式一之 ML 極小化差異函數的分配圖（抽樣樣本隱含共變數矩陣 vs 抽樣母群共變數矩陣）。

表4-1 **模式一之 ML 極小化差異函數的分配圖**

```
                                              |------------------------------
                              680.368         |*
                              687.840         |**
                              695.312         |********
                              702.784         |**************
                              710.257         |*********************
                              717.729         |**************
                              725.201         |***********
N = 1000                      732.673         |*******
Mean = 713.957                740.145         |***
S. e. = 0.416                 747.617         |*
                              755.090         |*
                              762.562         |*
                              770.034         |
                              777.506         |
                              784.978         |*
                                              |------------------------------
```

表 4-1 係這 1000 個 bootstraps 的次數分配圖，其平均 χ^2 的值為 713.957，本統計量反映出隱含樣本動差（implied sample moment）與母群動差（population moment）間之極小化差異量。

第二個數常識的模式為四因素模式，如圖 4-14 所示。

表 4-2 為模式二之 ML 極小化差異函數的分配圖（抽樣樣本隱含共變數矩陣 vs 抽樣母群共變數矩陣）。

第三個數常識的模式為四因素修正模式（Basic 程式設計，請參見附錄二），如圖 4-15 所示，部分誤差項具有相關：e9 vs e55 & e14 vs e21。

表 4-3 為模式三之 ML 極小化差異函數的分配圖（抽樣樣本隱含共變數矩陣 vs 抽樣母群共變數矩陣）。

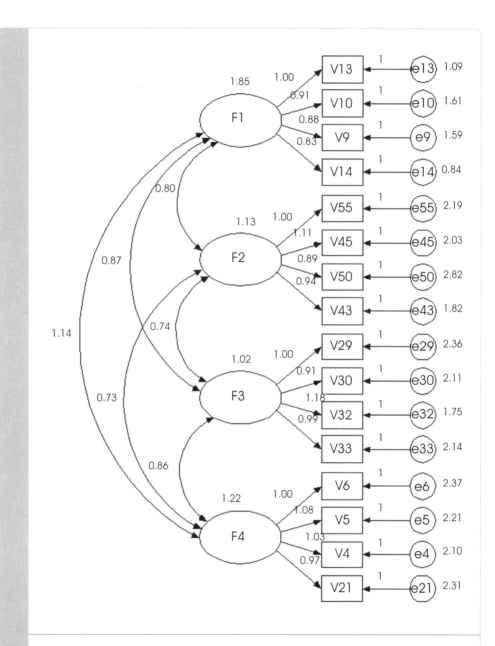

圖 4-14　數常識四因素模式：模式二

表4-2 模式二之 **ML** 極小化差異函數的分配圖

```
                                                    |----------------------------
                              469.905               |*
                              474.823               |*
                              479.741               |***
                              484.658               |*******
                              489.576               |*****************
                              494.494               |*********************
                              499.412               |****************
N = 1000                      504.330               |****************
Mean = 500.549                509.248               |***********
S. e. = 0.356                 514.166               |*******
                              519.084               |*****
                              524.002               |***
                              528.920               |**
                              533.838               |*
                              538.756               |*
                                                    |----------------------------
```

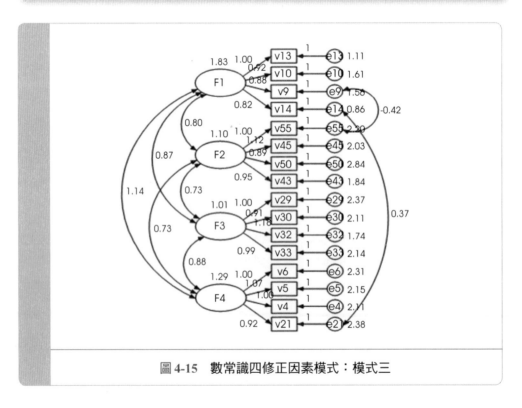

圖 4-15 數常識四修正因素模式：模式三

表4-3 模式三之 **ML** 極小化差異函數的分配圖

```
                                        |----------------------------
                              416.630   |*
                              421.629   |*
                              426.627   |**
                              431.625   |******
                              436.623   |************
                              441.621   |********************
                              446.620   |*******************
N = 1000                      451.618   |**************
Mean = 449.155                456.616   |*************
S. e. = 0.363                 461.614   |*********
                              466.613   |*****
                              471.611   |***
                              476.609   |**
                              481.607   |*
                              486.605   |*
                                        |----------------------------
```

茲將前述三個數常識之理論模式的主要適配度指標及各模式之 χ^2 平均差異值，整理如表4-4以便進行競爭模式的比較：

表4-4 三個數常識之競爭模式的比較：**Bootstrapping** 法

模式	χ^2 平均值	AIC	BCC	BIC	CAIC
1	713.957	741.559	745.07	963.13	1013.13
2	500.549	521.12	523.26	689.51	727.51
3	449.155	471.58	473.84	648.84	688.84

根據前述 Linhart 與 Zucchini（1986）的模式選擇方法，利用 Amos 的 Bootstrap 內建功能，分析結果如表 4-4 所示：就 χ^2 與適配度指標來看，很顯然的第三個理論模式為最佳之理論模式。不過，因為 χ^2 與適配度指標常無法反應模式的正確性與參數之合理性，研究者仍須注意該模式的理論依據與相關參數估計值的合理性。

本章習題

1.何謂「Bootstrapping」？

2.利用「Bootstrapping」可估計任何統計量之標準誤嗎？

3.Bootstrapping 的主要用途為何？它可以解決參數無法收斂的問題嗎（參見下圖 4-16）？

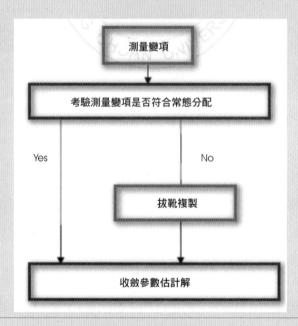

圖 4-16　**Bootstrapping** 的用途

潛在特質變化分析

　　探討研究變項的穩定性與變遷，是社會科學的研究核心之一。例如，教育學者欲探究學生學習成長的問題（Kim, Murry, & Brody, 2001; Shay, & Gomez, 2002），心理學者想了解兒童的認知發展情形（Coscia, Ris, & Succop, 2003; Greene, Way, 2005），社會學者想了解犯罪率的變化問題（Hipp, Bauer, Curran, & Bollen, 2004）。利用傳統的單變項或多變項重複量數變異數分析，進行縱貫性資料分析，通常偏向整體性的成長分析，而且亦受到一些統計基本假設上之限制。近十年來在線性結構方程模式中，出現了新的分析方法：潛在特質變化分析（latent change analysis，簡稱 LCA），而且似有逐漸受重視的趨勢。此種潛在特質變化分析，亦常見於分析酗酒、吸菸、吸毒、偏差行為、反社會行為、與家庭諮商的研究上（Windle, 2000）。

壹、潛在特質變化分析的意義與重要性

　　潛在特質變化分析，常用來探究個體內潛在特質變化的情形（Intraindividual differences in change）或這些變化的情形在個別間之差異性，有時被稱為成長曲線模式（Growth curve modeling）或潛在特質成長分析（Latent growth models）。LCA 本質上是 SEM 共變數—平均數結構分析或多層次分析（Multilevel models）的特例（參見本章習題圖 5-58），旨在利用同一受測者接受多次的測量，以分析個體內潛在特質變化平均變化的大小與型態，它可以避免傳統重複量數之球形假設（Assumption of sphericity）與測量無誤差的基本假設。一般共變數—平均數結構分析的結構迴歸模式為：

$$\eta = \alpha + B\eta + \Gamma\xi + \zeta$$

而其測量模式為：

$$y = \tau_y + \Lambda_y\eta + \varepsilon$$
$$x = \tau_x + \Lambda_x\xi + \delta$$

　　上列公式中的 τ_x，τ_y 截距向量，係反應自變項（x）與依變項（y）之測量水準的差異效果，而 α 截距向量係反應潛在變項平均數的大小，但在傳統的共變結構 SEM 分析中會將截距設定為 0（$\tau_x = 0$，$\tau_y = 0$，$\alpha = 0$）。因為 LCA 係 SEM 之特

例，亦包含測量模式與結構模式，以圖 5-5 或圖 5-6 單因子潛在特質變化分析為例（截距為 0），則只須用到測量模式：

$$y = \tau_y + \Lambda_y \eta + \varepsilon$$

將上式化成矩陣方式呈現：$\begin{bmatrix} Y_1 \\ Y_2 \\ Y_3 \\ Y_4 \end{bmatrix} = \begin{bmatrix} 0 \\ 0 \\ 0 \\ 0 \end{bmatrix} + \begin{bmatrix} 1 \\ L2 \\ L3 \\ L4 \end{bmatrix} [Time] + \begin{bmatrix} e1 \\ e2 \\ e3 \\ e4 \end{bmatrix}$，式中 Time 係時間因

子，主宰著個體本身潛在特質的變化的趨勢。上式中將各個重複量數的截距均設定為 0，可以使得隱含平均數結構全由時間因素的平均數加以決定之，亦可解決模式不可辨識的問題。至於結構模式則界定如下：

$$\tau_y = \alpha_0 + \zeta_0，\alpha_0 \text{ 為成長因素截距之期望值，}$$
$$\eta = \alpha_1 + \zeta_1，\alpha_1 \text{ 為成長因素斜率之期望值。}$$

另外，為何潛在特質的變化分析相當重要？以學校教育為例，學生進到學校接受教育，主要目的在於學習，在於成長，在於發展，與在於改變，而這些個體內及個體間學習前後的成長狀態與影響因素，正是學校效能或品質的核心指標（Willett, 1989）。

貳、Amos 的 LCA 分析徑路圖的操作

Amos 為了便利 LCA 分析者製作徑路圖，特別提供「Growth Curve Model」增益集（參見圖 5-1），其操作步驟簡述如下：

一、打開圖 5-1 之 Amos Plugins 表單，點選「Growth Curve Model」

圖 5-1　**Amos 之 Plugins 表單**

二、在圖 5-2「Growth Curve Modeling」視窗中，輸入重複測量的
　　數目後，按下 OK

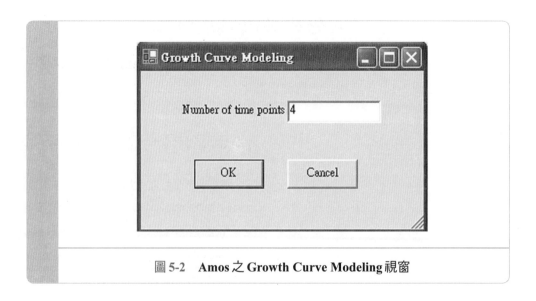

圖 5-2　**Amos 之 Growth Curve Modeling 視窗**

三、在出現的圖 5-3 預設徑路圖上，進行指標變項名稱、徑路係
　　數、潛在變項名稱等之輸入與編修

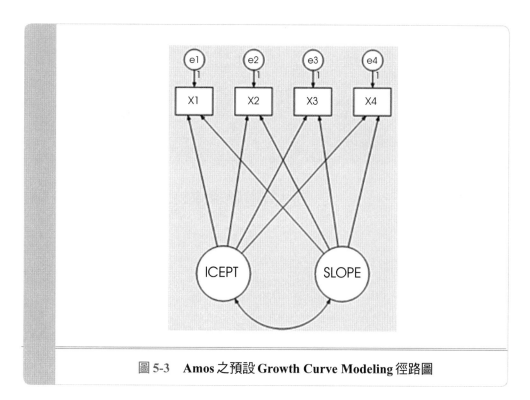

圖 5-3　　**Amos** 之預設 **Growth Curve Modeling** 徑路圖

　　圖 5-3 中，ICEPT 代表成長軌跡的截距，SLOPE 代表成長軌跡的斜率；而
x1~x4 代表重複量數的觀察值。

四、在圖 5-4 的分析屬性視窗中，點選「Estimate means and intercepts」

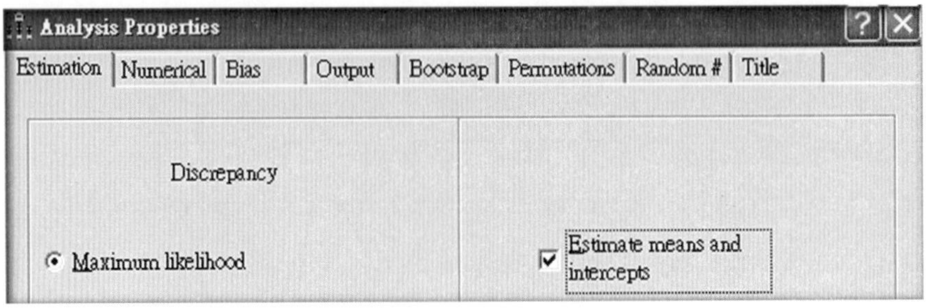

圖 5-4　分析屬性視窗

五、連接資料檔案

請在功能表單「File」下，利用「Data File」視窗設定之。

六、執行「Calculate Estimates」，進行資料分析

徑路參數設定與命名之後，請在功能表單「Analyze」之下，執行參數之估計（參見圖 1-2）。

參、LCA 在統計及研究設計上之要求

為了讓共變數—平均數結構分析中的參數能被獨一無二地加以估計出來，LCA 除了必須遵守共變數結構分析中的六大規定外，尚須符合變異數、共變數與平均數的五大運算原則（Raykov & Marcoulides, 2006）及 LCA 的基本要求。

一、共變數結構分析中參數性質的六大基本規定

1. 所有自變項的變異數為模式參數；
2. 所有自變項間的共變數為模式參數；
3. 所有連接潛在變項與相關指標的因素負荷量為模式參數；
4. 所有連接預測變項與效標的迴歸係數為模式參數；
5. 所有依變項間（或自變項與依變項間）的變異數與共變數均為模式參數。

6. 模式中每一潛在變項的測量單位須加以設定。

上述這些模式參數，除非經由研究或模式之需要加以固定或限制之外，均為等待估計的自由模式參數。另外，由於殘差項及測量誤差項被視為完全隨機的變數，因此他們的期望值均等於 0。

二、變異數、共變數與平均數的五個運算原則

1. $Cov(X, X) = Var(X)$；

2. $Cov(aX + bY, cZ + dU) = acCov(X, Z) + adCov(X, U) + bc(Y, Z) + bdCov(Y, U)$；

3. $Var(aX + bY) = a^2Var(X) + b^2Var(Y) + 2abCov(X, Y)$，假如 X, Y 具有相關；

4. $Var(aX + bY) = a^2Var(X) + b^2Var(Y)$，假如 X, Y 相關等於 0；

5. $Mean(aX \pm bY) = aMean(X) \pm bMean(Y)$。

根據這五大運算原則，即可利用模式中的參數，計算出變項的平均數、變異數與共變數。茲以圖 5-5 之單因子 LCA 模式為例，說明 Cov(Y1, Y2) 與 Var(Y1)、Var(Y2) 與模式參數的關係。利用運算原則 1～4，$Cov(Y1, Y2) = Cov (L1 \cdot Eta + e1, L2 \cdot Eta + e2) = L1L2Var(Eta)$，$Var(Y1) = (L1)^2Var(Eta) + Var(e1)$，$Var(Y2) = (L2)^2Var(Eta) + Var(e2)$。

其餘的關係，以此類推，不再贅述。根據前述共變數結構分析中參數性質的基本規定 6，將 Y1 與 Eta 的徑路係數固定為 1，而使得潛在變項的平均數等於 Y1 的平均數，亦即 Mean(Eta) = Mean(Y1)。換言之，我們將以 Y1 作為基準線，以評估後續重複量數隨著時間之改變比率。

又如，以 $Y2 = L2\eta + e2$ 為例，利用變異數、共變數與平均數的運算原則 5，Y2 的平均數可由下式求得：$Mean(Y2) = L2Mean(Eta) + Mean(e2)$，但因 Mean(e2) = 0，所以 $M(Y2) = L2Mean(Eta)$。換言之，Y2 的平均數可由潛在變項的平均數與因素負荷量 (L2) 的交乘積求得。但因 Mean(Eta) = Mean(Y1)，$M(Y2) = L2Mean(Eta)$ 的關係等於 Mean(Y2)=L2Mean(Y1)，將 Mean(Y1) 移項，可得；其餘 $L2 = \dfrac{Mean(Y2)}{Mean(Y1)}$ L3、L4 以此類推即可求得，$L3 = \dfrac{Mean(Y3)}{Mean(Y1)}$、$L4 = \dfrac{Mean(Y4)}{Mean(Y1)}$，亦即這些徑路係數為兩平均數之比值，而又均以第一次測量 Y1 之平均數當作分母。由此可知，圖 5-5 單因子 LCA 模式的精心規劃，使得因素負荷量，能夠反映出潛在特質隨著時間之改變比率。

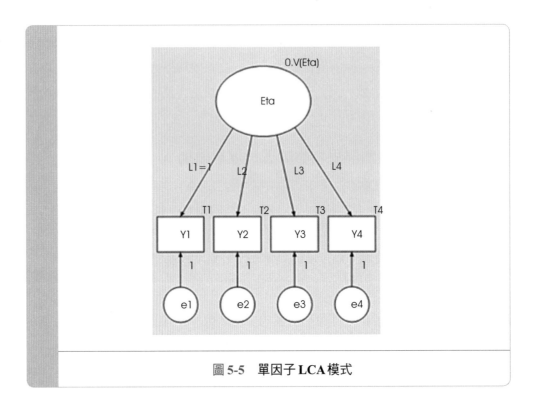

圖 5-5　單因子 **LCA** 模式

三、LCA之基本要求

在研究設計上，潛在特質成長曲線分析須符合以下幾大要求（Kline，2004）：

1. 至少要在不同時間測量三次以上；
2. 測量的變項至少要有等距測量的屬性；
3. 每次的測量須全在測同一特質，且未標準化；
4. 所有受試者在各個資料之蒐集時間點上，均須接受測量。

以下將針對單、雙因子潛在特質變化分析、雙因子潛在特質變化之共變分析與多重指標潛在特質成長模式，逐一進行簡單說明。

肆、單因子潛在特質變化分析

單因子潛在特質變化分析只涉及測量水準因子（time factor）的分析，因為此模式將時間因素視為主宰個體內潛在特質變化的主因,因而常被稱為成長曲線模式(growth curve model)。相關之徑路設計如圖5-6所示,模式中第一次測量的因素負荷量設定為1,乃是研究者希望將第一次測量當作基準點,俾便與後續測量做比較,其他的徑路係數(L2, L3, L4)則開放估計,模式中之截距均設定為0,以避免模式不可辨識。

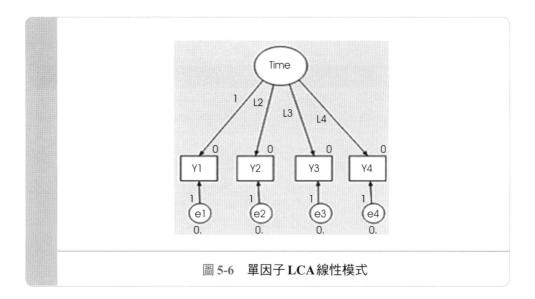

圖 5-6　單因子 LCA 線性模式

由圖 5-6 知,此單因子 LCA 線性模式的測量迴歸模式條列如下:

$$Y1 = 1.0*Time + e1;$$
$$Y2 = L2*Time + e2;$$
$$Y3 = L3*Time + e3;$$
$$Y4 = L4*Time + e4。$$

利用前述之變異數、共變數與平均數的運算原則 5,可推得:Mean(Y1) = 1.0*Mean(Time) + Mean(e1),因為 Mean(e1) = 0,所以 Mean(Y1) = Mean(Time);而 Mean(Y2) = L2*Mean(Time) + Mean(e2),亦即 Mean(Y2) = L2*Mean(Y1),移項即可推演出 L2 之徑路係數等於 $\frac{Mean(Y2)}{Mean(Y1)}$;同理可推出 L3 之徑路係數等於 $\frac{Mean(Y3)}{Mean(Y1)}$,L4 之徑路係數等於 $\frac{Mean(Y4)}{Mean(Y1)}$;反映出 L2 與 L3 之迴歸係數係兩個平

均數值之比率。換言之，L1係潛在特質的起點狀態，以第一次測量結果為起點行為，經由此特殊設計，研究者可以探究後續之重複測量與第一次測量間之改變量比率（Rate of change），以判定成長之速率是逐漸增加或減少。

圖5-7中之共變數矩陣，係單因子LCA模式之資料檔案，紀錄了118位青少年在12、13、14、15歲時之酗酒量，這個資料檔案係利用EXCEL建立之檔案，以供Amos參數估計時的呼叫。

嘉義大學國教所, Fred Li, 2007 - Lca1.xls

	A	B	C	D	E	F
1	rowtype_	varname_	Y1	Y2	Y3	Y4
2	n		118	118	118	118
3	cov	Y1	0.855			
4	cov	Y2	0.473	0.82		
5	cov	Y3	0.408	0.524	0.871	
6	cov	Y4	0.3	0.446	0.496	0.761
7	Mean		1.788	2.102	2.347	2.737

圖5-7 **單因子LCA模式之資料檔案**

資料來源：Taken from http://osu.orst.edu/dept/hdfs/papers/paper.htm

根據相關之理論，研究者可以提出LCA誤差獨立模式與LCA誤差相關模式，分別如圖5-8-1與圖5-8-2所述。統計分析結果亦如圖內之內容所示。

由圖5-8-1中，單因子LCA獨立模式之Amos分析結果得知，Age的平均數為1.80，表這群少年在12歲時的平均酗酒期望值，其酗酒之變異量為0.27；後續之重複測量與第一次測量間之改變量比率分別為1.18, 1.31, 1.51，顯示這批青少年之酗酒量逐年增加之線性關係。這批12歲～15歲青少年酗酒之期望值為：

E(Y4)	E(Y3)	E(Y2)	E(Y1)
2.70570707	2.36146613	2.12418564	1.79598256

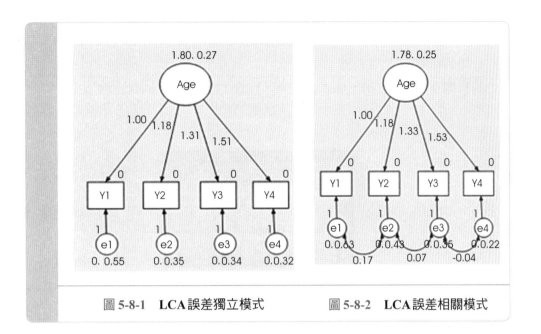

圖 5-8-1　LCA誤差獨立模式　　　　圖 5-8-2　LCA誤差相關模式

由前述之公式知，上述期望值之計算公式為：

$$E(Y1) = 1*E(Mean_{int}) \cong 1.8；$$
$$E(Y2) = 1.18*E(Mean_{int}) \cong 1.18*1.80 \cong 2.1；$$
$$E(Y3) = 1.31*E(Mean_{int}) \cong 1.31*1.80 \cong 2.4；$$
$$E(Y4) = 1.51*E(Mean_{int}) \cong 1.51*1.80 \cong 2.7。$$

這些期望值可利用Amos屬性視窗Output下的Implied moment的按鈕，輕鬆求得。

另外，經適配度考驗結果知，$\chi^2 = 17.379$，df = 5，p = 0.038，NFI = 0.899，TLI = 0.91，RMSEA = 0.145，表示本單因子線性模式與資料適配之適配度，似乎未臻理想；但如將測量誤差間之兩兩相關亦列入參數之估計（如圖5-8-2），其$\chi^2 = 5.7722$, df = 2, p = 0.0558，適配度似乎有明顯的改善，這意味著重複測量間必然具有或多或少的相關性。事實上，在重複量數的測量上，目前的狀態係由過去所決定，而目前的狀態又支配著未來的發展，必然存在著自變相關性。

另外，研究者如欲針對Y1～Y4這幾對理論平均數間之差異進行統計考驗，可以利用Amos的模式管理視窗，進行徑路係數間之等同限制設定。操作步驟簡述如下：

1. 繪製如圖 5-6 之徑路圖；
2. 打開圖 5-9 功能表的 Analyze 表單，點選「Manage Models」；

圖 5-9 模式管理視窗點選表單

3. 在圖 5-10 的 Mange Models 視窗中，進行模式之命名（L2 = L3 = L4）與相關參數之等同限制；
4. 重複步驟 3 的步驟，再建立 L2 = L3，L2 = L4，L3 = L4 等模式之命名與相關參數之等同限制，以上五個理論模式之設定結果，Amos 會顯示於如圖 5-11 右下角的小視窗內。

圖 5-10　模式管理視窗

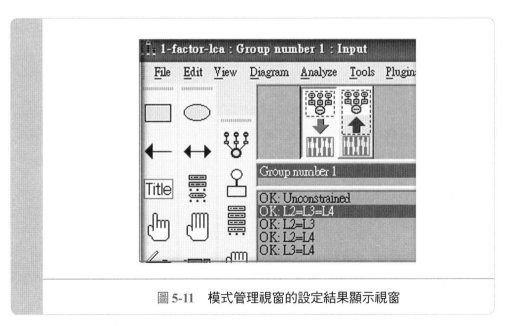

圖 5-11　模式管理視窗的設定結果顯示視窗

前述五個理論模式的 Amos 分析結果，逐一列述如表 5-1～5-3。

表5-1 Amos 報表：**Assuming model Unconstrained to be correct**

Model	DF	CMIN	P	NFI Delta-1	IFI Delta-2	RFI rho-1	TLI rho2
L2＝L3＝L4	2	51.234	0.0000	0.299	0.308	0.221	0.229
L2＝L3	1	9.851	0.0016	0.057	0.059	0.037	0.038
L2＝L4	1	51.228	0.0000	0.298	0.307	0.278	0.288
L3＝L4	1	20.283	0.0000	0.118	0.121	0.098	0.101

表5-2 Amos 報表：**Model Fit Summary**

Model	NPAR	CMIN	DF	P	CMIN/DF
Unconstrained	9	17.3788	5	0.0038	3.475
L2＝L3＝L4	7	68.6134	7	0.0000	9.801
L2＝L3	8	27.2304	6	0.0001	4.538
L2＝L4	8	68.6074	6	0.0000	11.434
L3＝L4	8	37.6626	6	0.0000	6.277

由表 5-1 之卡方考驗（$p<0.01$）與 5-3 之考驗結果 RMSEA（>0.05）來看，這五個理論模式之適配度似乎不佳，顯示出在四次的測量上，其因素負荷量配對間具有顯著差異。

表5-3 Amos 報表：主要模式適配度指標

Model	NFI Delta1	RFI rho1	RMSEA	AIC	TLI rho2	CFI
Unconstrained	0.8985	0.8782	0.1454	35.378	0.910	0.925
L2＝L3＝L4	0.5995	0.6567	0.2742	82.613	0.680	0.627
L2＝L3	0.8410	0.8410	0.1739	43.230	0.871	0.871
L2＝L4	0.5995	0.5995	0.2986	84.607	0.621	0.621
L3＝L4	0.7801	0.7801	0.2123	53.662	0.808	0.808

茲將以上這四個重複測量間平均數差異之考驗結果，整併摘要如表 5-4。表 5-4 中，χ^2、p 與 df 值係取自表 5-2，而 $\Delta\chi^2$、p 與 Δdf 值係取自表 5-1。

表5-4　各對重複測量間平均數差異考驗摘要表

徑路係數之等同限制	χ^2	df	$\Delta\chi^2$	ΔDF	p
未受限	17.379	5			
L2＝L3＝L4	68.613	7	51.235	2	0.0000
L2＝L3	27.230	6	9.851	1	0.0016
L2＝L4	68.607	6	51.229	1	0.0000
L3＝L4	37.663	6	20.284	1	0.0000

註：$\Delta\chi^2$ 係指各限制模式與未設限模式之比較

由表 5-4 知，這四個徑路係數相等的假設（相當於平均數相等之假設），均未獲得支持（p<0.01）。由 L2＝L3＝L4 設限模式與未設限模式之 $\Delta\chi^2$（＝51.235）與 df＝2 來看，以第一次測量為基準點，後續三次測量的平均數改變之比率並不相同，其餘各對平均數改變之比率亦均不相等（L2≠L3，L2≠L4，L3≠L4）。再根據前述這批 12 歲～15 歲青少年酗酒之期望值觀之，可獲致以下結論：(1)13 歲～15 歲青少年之酗酒量均顯著與 12 歲時之酗酒量不同；(2)青少年之酗酒量有逐年增加之趨勢。

伍、雙因子潛在特質變化分析

雙因子潛在特質變化分析涉及測量基線因子（level factor）的分析與改變型態因子（shape factor）的分析（邱皓政，2004）。這兩個因素又稱為起點狀態因素及改變因素（余民寧，2006），因而可以分析個別重複測量變項在潛在特質上的初始狀態之外，改變型態因子的加入尚可讓研究者去分析成長曲線是線性或非線性、成長趨勢是正向或負向。改變型態的分析主要可分為線性、片段線性與非線性三種（參見圖 5-12），檢驗的途徑主要有二：(1)圖示法；(2)一系列的適配度考驗（Curran & Hussong, 2003）。

一、線性分析

因為圖 5-13 中之初始狀態因子（Level）類似於迴歸分析中的截距，這個因素上的四次測量之因素負荷量均固定為 1，代表起始水平因子均等的影響Y1～Y4。研究者如欲探究最後一次與第一次測量間之改變差異量及比較各個測量點間之發展比率，Shape 因子之時間編碼須修改為如圖 5-13 內之徑路係數：0, L2,

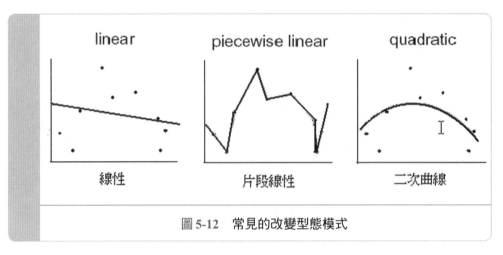

圖 5-12　常見的改變型態模式

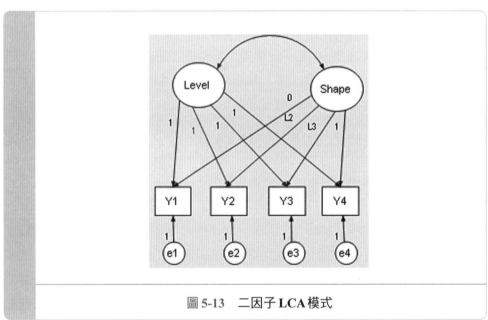

圖 5-13　二因子 LCA 模式

L3, 1，其中 L2 與 L3 係表示開放估計，以了解成長之速率是逐漸增加或減少。
圖 5-13 二因子 LCA 模式中，SHAPE 的 Y1 徑路係數設定為 0，乃是希望將時間的
原點放在 12 歲作為基準點。因此，圖 5-14 中 Level 的平均值表青少年在 12 歲時
的平均酗酒量（經測量誤差之調整）。此外，Level 與 Shape 間具有共變關係，
表示起始水平與其後線性改變間之相關。至於 Level 與 Shape 的變異量，則是代
表起始水平與其後線性改變量的個別差異情形，亦反映出這個模式是否適用於大

多數的個案。當然研究者如欲分析誤差間是否具有相關，亦可在圖5-13徑路圖中的E1～E4間加上共變關係，這是傳統ANOVA分析無法做到的。

由圖5-13知，此二因子LCA模式的測量迴歸模式可陳述如下：

$$Y1 = 1.0*Level + 0*Shape + e1 ；$$
$$Y2 = 1.0*Level + L2*Shape + e2 ；$$
$$Y3 = 1.0*Level + L3*Shape + e3 ；$$
$$Y4 = 1.0*Level + 1.0*Shape + e4 。$$

可將上列式子化成矩陣方式呈現：$\begin{bmatrix} Y1 \\ Y2 \\ Y3 \\ Y4 \end{bmatrix} = \begin{bmatrix} 0 \\ 0 \\ 0 \\ 0 \end{bmatrix} + \begin{bmatrix} 1 & 0 \\ 1 & L2 \\ 1 & L3 \\ 1 & 1 \end{bmatrix} \begin{bmatrix} Level \\ Shape \end{bmatrix} + \begin{bmatrix} e1 \\ e2 \\ e3 \\ e4 \end{bmatrix}$，式中

Level係初始狀態因子，Shape係變化比率因子。利用前述之變異數、共變數與平均數的運算原則 5，可推得：Mean(Y1) = 1.0*Mean(Level) + Mean(e1)，因為 Mean(e1) = 0，所以Mean(Y1) = Mean(Level)；而Mean(Y4) = 1.0*Mean(Level) + 1.0*Mean(Shape) + Mean(e4)，亦即Mean(Y4) = Mean(Y1) + Mean(Shape)，移項Mean(Shape) = Mean(Y4)−Mean(Y1)。有了Mean(Y1) = Mean(Level)與Mean(Shape) = Mean(Y4)−Mean(Y1)的關係公式，再利用Mean(Y2) = 1.0*Mean(Level) + L2*Mean(Shape) + Mean(e2)，即可推演出L2之徑路係數等於 $\dfrac{Mean(Y2) - Mean(Y1)}{(Mean(Y4) - Mean(Y1))}$；同理，L3之徑路係數等於 $\dfrac{Mean(Y3) - Mean(Y1)}{(Mean(Y4) - Mean(Y1))}$，反映出L2 & L3之迴歸係數係兩個平均數差異值（gain score or change score）之比率，如此設計可以有效地將初始效應從後續之特質改變量中分離開來。換言之，Level係潛在特質的起點狀態，以第一次測量結果為起點行為，而Shape係潛在特質在終點時的改變狀態，以第四次測量結果為終點行為。經由此特殊設計，研究者可以探究後續之重複測量與第一次測量間之改變量比率，並判定成長之速率是逐漸增加或減少。

二因子LCA模式之分析，將仍延用圖5-7之資料，該檔案係有關118位青少年在12、13、14、15歲時之酗酒量，這個資料檔案係利用EXCEL建立之檔案，以便Amos之呼叫。將圖5-13之二因子LCA模式與圖5-7資料檔案相互連結後，利用Amos分析的結果，如圖5-14所示。

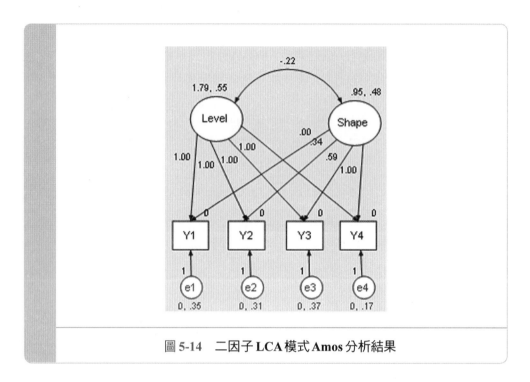

圖 5-14　二因子 LCA 模式 Amos 分析結果

　　圖 5-14 中係數係二因子 LCA 模式 Amos 分析結果，Level 的平均數為 1.79，表這群少年在 12 歲時的平均酗酒量，其酗酒之變異量為 0.55；而 SHAPE 的平均數為 0.95，表 12 歲與 15 歲青少年酗酒之平均差異量，因為 Mean(Shape) = Mean(Y4)−Mean(Y1) = 2.74-1.79 = 0.95；Shape 的徑路係數分別為 0, 0.34, 0.59, 與 1，亦反映出酗酒量與年齡之線性關係，顯示這批青少年之酗酒量逐年增加。這批 12 歲～15 歲青少年酗酒之期望值為：

Y4	Y3	Y2	Y1
2.73705688	2.34250719	2.10812658	1.78516002

　　上述期望值之計算公式為：$E(Y1) = 1*E(Mean_{int}) + E(Mean_{shape})At \cong 1.79 + 0.95*0 \cong 1.79$，以此類推，$E(Y2) = 1.79 + 0.95*0.34 \cong 2.108$，$E(Y3) = 1.79 + 0.95*0.59 \cong 2.34$，$E(Y4) = 1.79 + 0.95*1 \cong 2.737$。

　　將 Y1～Y4 之期望平均數圖示如圖 5-15，亦反映出酗酒量與年齡之線性關係。

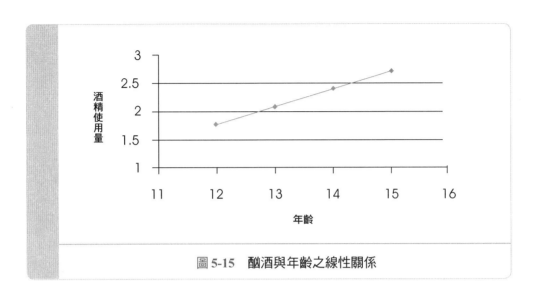

圖 5-15　酗酒與年齡之線性關係

　　另外，根據 $\chi^2 = 2.46$，df = 3，p = 0.4832，NFI = 0.9857，CFI = 1.0000，RMSEA = 0.0000，亦表二因子線性模式與資料相當適配。

　　研究者如欲探究在各年齡間（12～15）酗酒量的平均改變量，Shape 相關之時間編碼須修改為如圖 5-16 內之線性徑路係數：0, 1, 2, 3；注意以 0 為起始值的編碼設計，會使 Level 因素的平均數等於 Y1 的期望值。

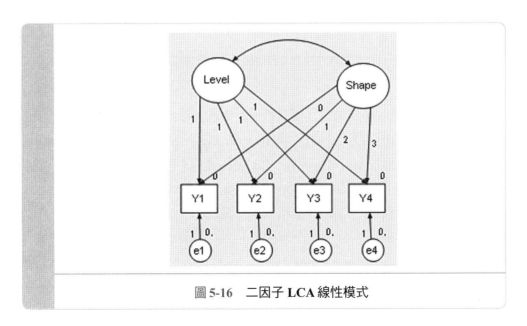

圖 5-16　二因子 LCA 線性模式

假如將圖 5-16 中 Shape 的前兩個徑路係數設定為 0,1，其餘的係數則開放估計之（參見圖 5-16-1），可以探究後續之重複測量與第一次測量間之改變量跟最先兩次測量間改變量的相對比率；例如：$L3 = \dfrac{Mean(Y3) - Mean(Y1)}{Mean(Y2) - Mean(Y1)}$，$L4 = \dfrac{Mean(Y4) - Mean(Y1)}{Mean(Y2) - Mean(Y1)}$。

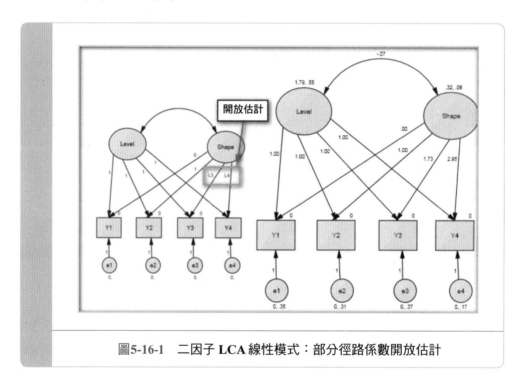

圖5-16-1　二因子 LCA 線性模式：部分徑路係數開放估計

以圖 5-16 為例，利用前述之變異數、共變數與平均數的運算原則 5，可推得：Mean(Y1) = 1.0*Mean(Level) + 0*Mean(Shape) + Mean(e1)，因為 Mean(e1) = 0，所以Mean(Y1) = Mean(Level)，亦即 Level 的平均數等於 Y1 的期望值；而 Mean(Y2) = 1.0*Mean(Level) + 1.0*Mean(Shape) + Mean(e2)，亦即Mean(Y2) = 1*Mean(Y1) + 1*Mean(Shape)，移項 Mean(Shape) = (Mean(Y2)−Mean(Y1))/1；Mean(Y3) = 1.0*Mean(Level) + 2.0*Mean(Shape) + Mean(e3)，亦即 Mean(Y3) = Mean(Y1) + 2.0*Mean(Shape)，Mean(Y4) = 1.0*Mean(Level) + 3.0*Mean(Shape) + Mean(e4)，亦即 Mean(Y4) = Mean(Y1) + 3.0*Mean(Shape)。同理移項類推，Mean(Shape) = (Mean(Y2)−Mean(Y1))/1 = (Mean(Y3)−Mean(Y1))/2 = (Mean(Y4)−

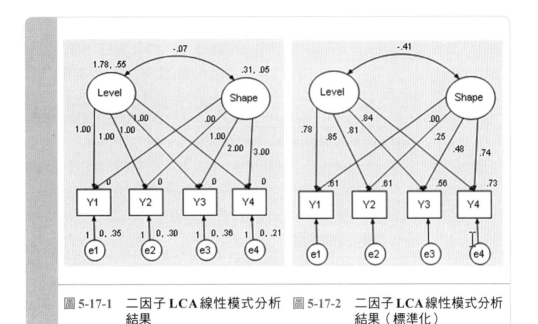

圖 **5-17-1** 二因子 **LCA** 線性模式分析　圖 **5-17-2** 二因子 **LCA** 線性模式分析
結果　　　　　　　　　　　　　結果（標準化）

Mean(Y1))/3（假如圖 5-16 的理論模式正確無誤的話）。由此可知，Shape 之平
均值反映出在各年齡間酗酒量的平均改變量（=0.31，以第一次做比較之平均差
異），大約以 0.31 之速度增加，而此改變差異的變異量為 0.05，顯示此個別間之
改變量差異不大，此成長模式適用於所有受試者，請參閱圖 5-17-1 中 Shape 的平
均數（0.31）與變異數（0.05）。在圖 5-17-2 中 Level 與 Shape 的相關係數為 -0.41
來看，整體而言初期之酗酒量愈高者，其後續幾年的酗酒改變比率似乎較小，呈
現負相關現象。

　　至於個體的線性潛在特質在某一時間點上的變化分析 Y_{it}，則須借助於下列 3
個個體迴歸方程式：

$$Y_{it} = a_t + \lambda_0 Level_i + \lambda_t Shape_i + \varepsilon_{it}$$
$$Level_i = \overline{Level} + \zeta_{li}$$
$$Shape_i = \overline{Shape} + \zeta_{si}$$

　　式中 λ_0 係起點狀態因子 Level 的 basis function（改變軌跡的基本形式），全部
設定為 1，λ_t 係型態因子 Shape 的 basis function（代表與時間有關的分數，通常加以
固定或部分估計之），α_t 係各指標之截距，因每一時間點上僅有一個指標，全部設

定為 0，ζ_{1i} 與 ζ_{si} 係個體與 Level 及 Shape 平均數之離均差。當整體性的 LCA 分析不適配時，個體的線性潛在特質在某一時間點上的變化分析，就顯得格外的重要。

二、片段線性成長模式

片段線性成長模式（Piecewise growth modeling），外觀看起來像曲線成長軌跡，但它可被分割成幾個線性成長區段，我們稱之為片段線性成長模式。今設有一研究者欲探討小學一到五年級學生之學習壓力成長趨勢，經實際觀察發現小學生之學習壓力從 1～3 年級呈現緩慢的成長，但從 3～5 年級則呈現陡升的現象。因此，該研究者提出以下圖 5-18 之片段線性成長模式之徑路圖（改編自 MPLUS 範例 6-11），以考驗本模式之適配度。

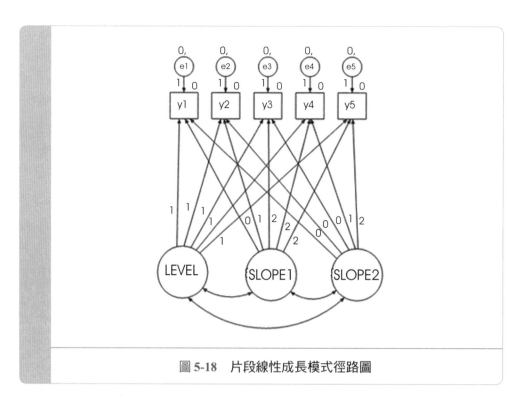

圖 5-18 片段線性成長模式徑路圖

利用前述之變異數、共變數與平均數的運算原則 5，可推得：Mean(Y1) = 1.0*Mean(Level) + 0*Mean(Slope1) + 0*Mean(Slope2) + Mean(e1)，因為 Mean(e1) = 0，所以 Mean(Y1) = Mean(Level)，亦即 Level 的平均數等於 Y1 的期望值；而 Mean(Y2) = 1.0*Mean(Level) + 1*Mean(Slope1) + 0*Mean(Slope2) + Mean(e2)，亦

即 Mean(Y2) = 1*Mean(Y1) + 1*Mean(Slope1)，移項 Mean(Slope1) = (Mean(Y2)−Mean(Y1))/1；Mean(Y3) = 1.0*Mean(Level) + 2*Mean(Slope1) + 0*Mean(Slope2) + Mean(e3)，亦即 Mean(Y3) = Mean(Y1) + 2.0*Mean(Slope1)；Mean(Y4) = 1.0*Mean(Level) + 2*Mean(Slope1) + 1*Mean(Slope2) + Mean(e4)，亦即 Mean(Y4) = Mean(Y1) + 2*Mean(Slope1) + 1*Mean(Slope2)；Mean(Y5) = 1.0*Mean(Level) + 2*Mean(Slope1) + 2*Mean(Slope2) + Mean(e4)，亦即 Mean(Y5) = Mean(Y1) + 2*Mean(Slope1) + 2*Mean(Slope2)。研究者利用以上之公式，即可求得Y1～Y4的期望值。

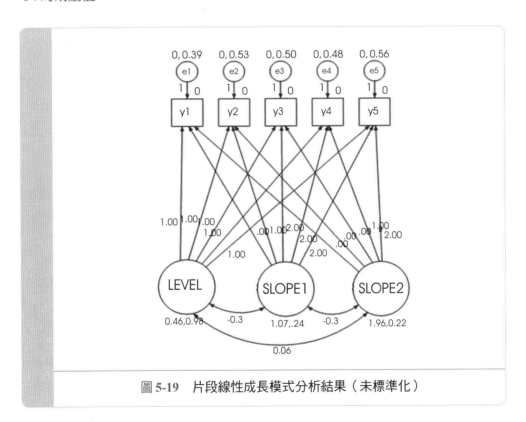

圖 5-19 片段線性成長模式分析結果（未標準化）

由圖 5-19 知，小學在一年級時，學習壓力之平均數為 0.46，變異量為 0.98，反映出小學生剛入學時之學習壓力個別差異很大。再由 Slope1 的平均數為 1.07 爬升到 Slope2 的平均數 1.96 來看，顯現出後期小學生壓力陡升之現象。

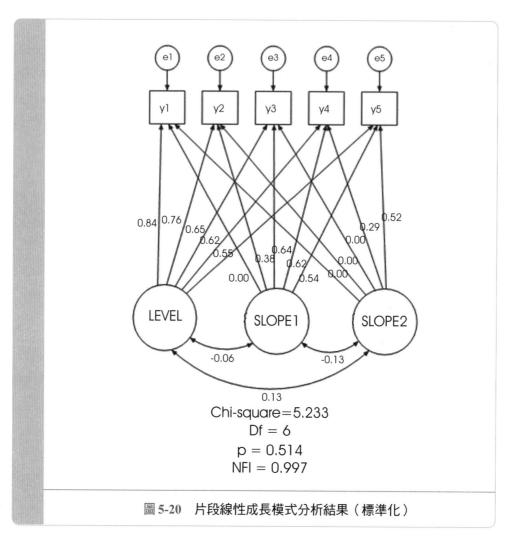

圖 5-20　片段線性成長模式分析結果（標準化）

再由圖 5-20 及表 5-5 中的適配度指標來看，本模式是非常適配的（p=0.514, NFI=0.997, RMSEA=0.0000）。

表5-5　**Baseline Comparisons**

Model	NFI Delta1	RFI rho1	RMSEA	IFI Delta2	TLI rho2	CFI
Default model	0.9967	0.9945	0.0000	1.0005	1.0008	1.0000

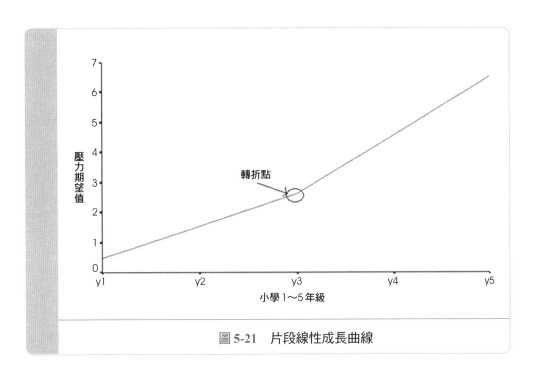

圖 5-21　片段線性成長曲線

　　假如模式適配度佳，則上述 $\overline{Y_1} \sim \overline{Y_5}$ 的平均數期望值（計算方法請參照前節說明）：0.4622、1.5336、2.6050、4.5623、6.5196，會接近於實際觀察值：0.4432, 1.5841, 2.5949, 4.5354, 6.5351。茲將 Amos 的統計分析報表，摘要如表 5-5～表 5-10。研究者可以利用平均數期望值，繪製如圖 5-21 片段線性成長曲線，在小學 3 年級時，曲線出現轉折的現象。由圖 5-21 成長曲線亦反應出：小學生之學習壓力從 1～3 年級呈現緩慢的成長，從 3～5 年級則呈現陡升的現象。

表5-6 **Standardized Regression Weights**

			Estimate
y1	<---	LEVEL	0.8450
y2	<---	LEVEL	0.7630
y3	<---	LEVEL	0.6504
y4	<---	LEVEL	0.6246
y5	<---	LEVEL	0.5503
y1	<---	SLOPE2	0.0000
y5	<---	SLOPE1	0.5429
y4	<---	SLOPE1	0.6162
y3	<---	SLOPE1	0.6416
y2	<---	SLOPE1	0.3764
y1	<---	SLOPE1	0.0000
y2	<---	SLOPE2	0.0000
y3	<---	SLOPE2	0.0000
y4	<---	SLOPE2	0.2946
y5	<---	SLOPE2	0.5191

表5-7 **Means**

	Estimate	S. E.	C. R.	P
LEVEL	0.4622	0.0515	8.9674	***
SLOPE1	1.0714	0.0298	35.9804	***
SLOPE2	1.9573	0.0304	64.3674	***

表5-8 **Covariances**

			Estimate	S. E.	C. R.	P
LEVEL	<-->	SLOPE1	−0.0291	0.0492	−0.5917	0.5540
SLOPE2	<-->	SLOPE1	−0.0309	0.0261	−1.1851	0.2360
LEVEL	<-->	SLOPE2	0.0594	0.0362	1.6427	0.1004

表5-9 **Correlations**

			Estimate
LEVEL	<-->	SLOPE1	−0.0599
SLOPE2	<-->	SLOPE1	−0.1349
LEVEL	<-->	SLOPE2	0.1279

表5-10　**Variances**

	Estimate	S. E.	C. R.	P
LEVEL	0.9846	0.1011	9.7376	***
SLOPE2	0.2191	0.0417	5.2520	***
SLOPE1	0.2396	0.0368	6.5038	***
E1	0.3944	0.0760	5.1897	***
E2	0.5251	0.0431	12.1787	***
E3	0.5013	0.0675	7.4232	***
E4	0.4832	0.0478	10.1036	***
E5	0.5587	0.1035	5.3959	***

三、非線性分析

　　雖然當時間之間距較短，線性模式的分析較精簡，但當時間之間距較長時，常必須使用非線性模式來正確描述成長之軌跡。非線性模式常見的有二次函數（quadratic function）與指數函數（exponential function）。以下將以高三學生聯考前四個月的壓力指數的例子，介紹如何利用Amos來進行二次多項式（Quadratic polynomial）的非線性潛在特質變化分析。本實例的資料係500位高三學生聯考前四個月（Y1～Y4）的壓力指數的平均數、共變數矩陣（參見圖5-22）。

	rowtype_	varname_	y1	y2	y3	y4
1	n		500.0000	500.0000	500.0000	500.0000
2	cov	Y1	1.9355	.	.	.
3	cov	Y2	1.1762	2.9113	.	.
4	cov	Y3	1.3057	3.2881	7.9597	.
5	cov	Y4	1.6380	4.9559	12.4795	24.9473
6	Mean		.5164	2.0875	4.6185	8.2396

圖 5-22　高三學生聯考前四個月的壓力指數的平均數、共變數矩陣

　　圖 5-23 之徑路圖設計，係二因子 LCA 的非線性模式，圖中 Level 因子係截距，所有相關之徑路係數均設定為 1，表示任何受試者在四次的重複測量上，截距均為常數固定值。圖中 Slope1 因子係線性斜率，代表與每一重複測量相關之時間，線性斜率被設定為 0，表示測量之起點。圖中 Slope2 因子係二次曲線斜率，為線性斜率的平方值（參見圖 5-26 中參數限制之設定）。

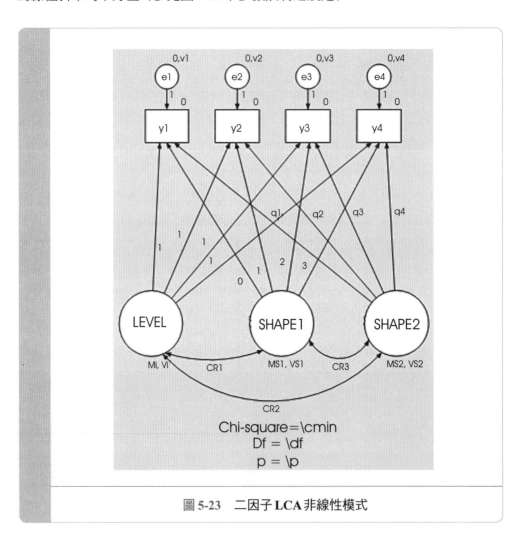

圖 5-23　二因子 LCA 非線性模式

　　為進行線性模式與非線性模式間之統計考驗，研究者可借用圖 5-25 的 Amos 之模式管理視窗，讓 Amos 自動為您進行 χ^2 差異值之考驗。

　　圖 5-24 右側中之 Linear model 與 Quadratic model 之設定，係利用 Amos 之圖

5-25 與圖 5-26 的模式管理視窗，在該視窗中參數受限的方框中，進行相關參數之設定。在 Linear model 中，必須將 Quadratic model 中之相關參數全部設定為 0（如斜率 q1~q4）。

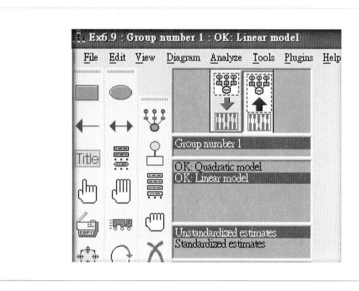

圖 5-24　**Amos** 之 **LCA** 線性與非線性模式的設定

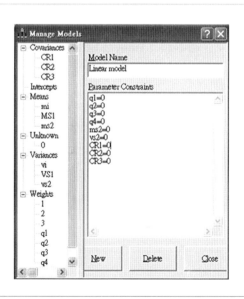

圖 5-25　**Amos** 之 **LCA** 線性模式設定

在 Quadratic model 中，必須將 Quadratic model 中之斜率參數（q1～q4）設定為 0, 1, 4, 9，係 Linear model 中斜率 0, 1, 2, 3 之平方值，參見圖 5-26。

圖 5-26　**Amos 之 LCA 線性二次方模式設定**

由圖 5-27 之分析結果知，本實例的線性分析時，出現 Y3 之誤差變異量為負（−0.17）的情形，此乃模式界定錯誤所造成的非正定矩陣的實例。因此，非正定矩陣的出現，可能意味著這些高中學生的前壓力成長變化具有非線性的趨勢。根據 $\chi^2 = 333.158$，df = 6，p = 0.000，亦反映線性模式與資料的不適配性（注意，非正定矩陣的參數與適配指標，因無法正確估計在此不列出）。

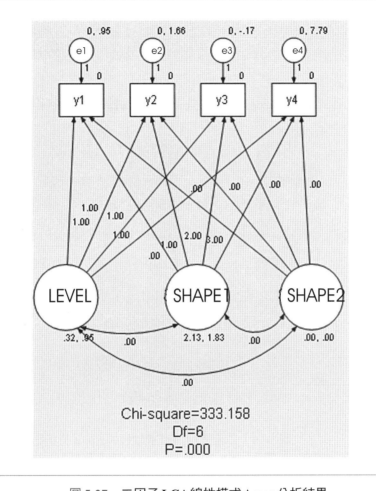

圖 5-27　二因子 **LCA** 線性模式 **Amos** 分析結果

　　由圖 5-28 之二因子 LCA 非線性模式 Amos 分析結果知，本資料之二次多項式模式與資料具有極佳之適配性（$\chi^2 = 0.472$，df = 1，p = 0.492，NFI = 0.9996，GFI = 1.000，RMSEA = 0.0000），非正定矩陣的現象亦不復見，反映出模式界定正確的重要性。

　　根據 Amos 的報表，以下將線性與非線性模式差異考驗結果摘要如表 5-11。

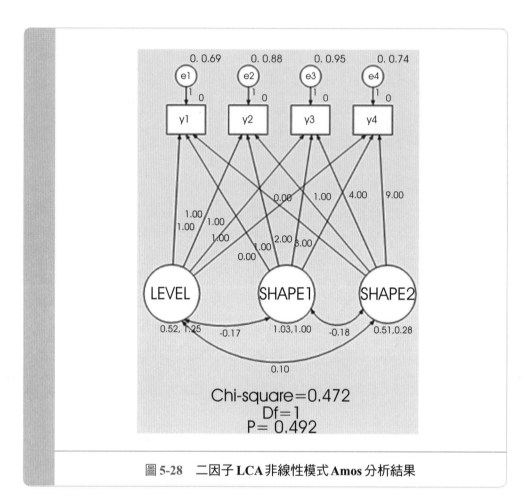

圖 5-28　二因子 LCA 非線性模式 Amos 分析結果

　　由表 5-11 知，非線性與線性模式間具有顯著差異（p<0.01），顯示出高中生之聯考壓力與時間之接近聯考具有二次曲線關係。

表5-11　線性與非線性模式差異考驗摘要表

模式	χ^2	df	ΔDF	p
線性	333.158	6		0.0000
非線性	0.472	1		0.492
$\Delta\chi^2$	332.686		5	0.0000

表5-12　Amos 報表：**Model Fit Summary**

Model	NFI Delta1	RFI rho1	RMSEA	TLI rho2	CFI
Quadratic model	0.9996	0.9977	0.0000	1.0026	1.0000
Linear model	0.7289	0.7289	0.3306	0.7325	0.7325

表5-13　Linear model 之期望值（**Implied means**）

E(Y4)	E(Y3)	E(Y2)	E(Y1)
6.7212	4.5873	2.4534	0.3195

　　另外，根據圖 5-27 中得相關統計量，上述線性期望值之計算公式為：$E(Y1)$ $= 1*E(Mean_{int}) + E(Mean_{linear})A_t \cong 0.32$，以此類推，$E(Y2) = 0.32 + 2.13*1 \cong 2.45$，$E(Y3) = 0.32 + 2.13*2 \cong 4.58$，$E(Y4) = 0.32 + 2.13*3 \cong 6.72$。

表5-14　Quadratic model 之期望值

E(Y4)	E(Y3)	E(Y2)	E(Y1)
8.2343	4.6392	2.0682	0.5214

　　再根據圖 5-28 中得相關統計量，上述非線性期望值之計算公式為：$E(Y1)$ $= 1*E(Mean_{int})+E(Mean_{shape})A_t + E(Mean_{Quadratic})(A_t)^2 \cong 0.52 + 1.03*0 + 0.51*0^2 \cong$ 0.52，以此類推，$E(Y2) = 0.52 + 1.03*1 + 0.51*1^2 \cong 2.06$，$E(Y3) = 0.52 + 1.03*2$ $+ 0.51*2^2 \cong 4.63$，$E(Y4) = 0.52 + 1.03*3 + 0.51*3^3 \cong 8.2$。

　　根據表 5-13 與表 5-14 之期望平均數，繪製如圖 5-29 之線形圖，從此圖亦反映出二次曲線模式與線性模式間具有明顯之差異，此趨勢圖正反映出前面統計考驗之結果：二次曲線模式較符合高中生之聯考壓力的成長趨勢。

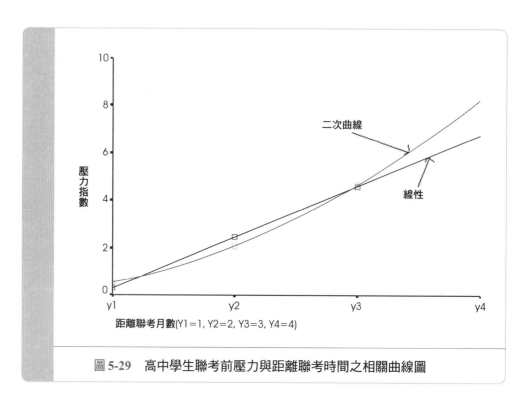

圖 5-29 高中學生聯考前壓力與距離聯考時間之相關曲線圖

陸、雙因子潛在特質變化之共變分析

前述之潛在特質變化模式成立的話，研究者亦可加入調節變項或共變項，以更進一步探討有什麼變項或因素會影響潛在特質的成長，這是一種有條件的潛在特質變化之共變分析（Conditional latent change modeling）。此種設計模式可以讓研究者，決定哪些變項會影響個別成長曲線的截距與斜率。此類之潛在特質變化分析稱為潛在特質變化之共變分析。圖 5-30 係 275 位青少年連續四年（Y1～Y4）接受每月吸菸量測量之共變數矩陣，第一次測量時該批青少年從 13～16 歲都有，當第四次吸菸測量時，該批青少年的年紀介於 17～20 歲。吸菸量的測量係五點量尺，1 表從未吸菸，5 表每天抽 1 根以上；而性別之編碼，男生登錄為 1，女生登錄為 0。為符合線性關係，圖 5-30 之共變數矩陣中 Age 與 Gender 的共變數與變異數係經對數轉換而得。

	A	B	C	D	E	F	G	H
1	rowtype_	varname_	Y1	Y2	Y3	Y4	gender	age
2	n		275	275	275	275	275	275
3	cov	Y1	1.776					
4	cov	Y2	1.624	1.98				
5	cov	Y3	1.451	1.604	1.885			
6	cov	Y4	1.265	1.46	1.556	1.899		
7	cov	gender	-0.0373	-0.00897	-0.00982	-0.03554	0.245	
8	cov	age	0.47	0.452	0.404	0.308	-0.0347	1.068
9	mean		2.2582	2.4655	2.5273	2.6945	0.4255	0.14236

圖 5-30　潛在特質變化之共變分析資料

資料來源：Taken from http://osu.orst.edu/dept/hdfs/papers/paper.htm

在本例中，研究者不僅對青少年在 13～16 歲之間吸菸行為的趨勢感興趣，對於影響吸菸行為的因素亦深感興趣。因此，研究者提出性別與年齡兩個相關因子，將這個因素加入潛在特質成長模式中，參見圖 5-31 之徑路設計。加入這兩個預測變項的原因有二：

第一、研究者懷疑女性在初期較少吸菸，而導致後期比男性低的吸菸成長率。

第二、研究者懷疑在研究的初期，年紀較大者的吸菸量本來就比較大，但對後期之吸菸行為並無影響。

利用前述之變異數、共變數與平均數的運算原則 5，可推得：Mean(Y1) = 1.0*[Mean(Level) + G0*Mean(Gender) + A0*Mean(Age)] + 0*[Mean(Shape) + G1*Mean(Gender) + A1*Mean(Age)] + Mean(e1)，因為 Mean(e1) = 0，所以Mean(Y1) = 1.0*[Mean(Level) + G0*Mean(Gender) + A0*Mean(Age)]。以此類推；Mean(Y2) = 1.0*[Mean(Level) + G0*Mean(Gender) + A0*Mean(Age)] + 1.0*[Mean(Shape) + G1*Mean(Gender) + A1*Mean(Age)] + Mean(e1)；Mean(Y3) = 1.0*[Mean(Level) + G0*Mean(Gender) + A0*Mean(Age)] + 2.0*[Mean(Shape) + G1*Mean(Gender) + A1*Mean(Age)] + Mean(e1)；Mean(Y4) = 1.0*[Mean(Level)

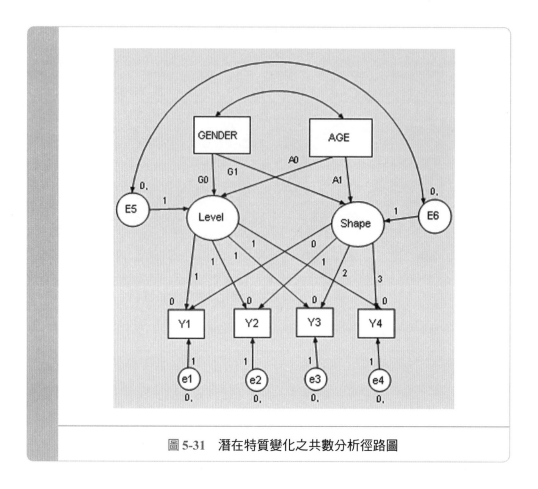

圖 5-31 　潛在特質變化之共數分析徑路圖

+ G0*Mean(Gender) + A0*Mean(Age)] + 3.0*[Mean(Shape) + G1*Mean(Gender) + A1*Mean(Age)] + Mean(e1)。研究者利用以上之公式，即可求得 Y1～Y4 的期望值。

　　圖 5-31 之模式中，E5 是性別的變異量，E6 是年齡的變異量，並假設這兩者之間具有相關。另外，性別與年齡變項加入模式中作為截距與斜率的預測指標，而且這兩個預測變項係不隨時間改變或改變緩慢的共變項（time-invariant covariates）。此模式為二層次之迴歸分析，第一階是 Level 與 Shape 對指標變項（Y1～Y4）的迴歸分析，第二階是 Gender 與 Age 對潛在變項（Level 與 Shape）的迴歸分析。本模式假設這兩個共變項 Gender 與 Age，透過潛在變項間接影響觀察指標，亦即假定共變項與觀察指標間之直接效果為 0，完全為中介效果。因此，圖 5-31 之模式乃是一種成長預測模式。

　　由圖 5-32 知，該批青少年初期的平均吸菸量為 2.23 根／每月，男生不管在

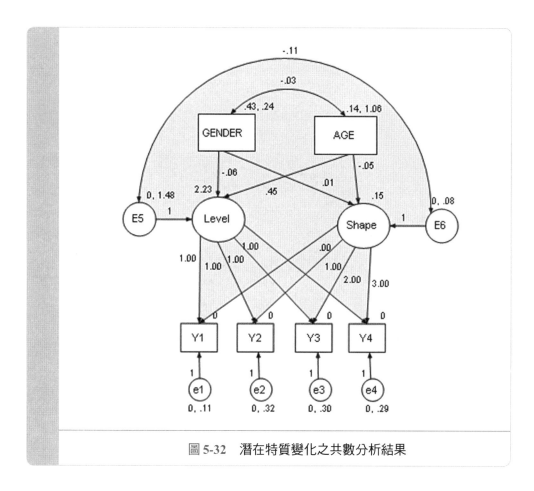

圖 5-32　潛在特質變化之共數分析結果

初期的吸菸量及後期之吸菸量改變比率均與女生無異（$\lambda = -0.0643, 0.0077$ 均未達 0.05 顯著差異水準，p 值分別為 0.6743, 0.8552，參見表 5-19），每年平均以 0.15 根增加。

Y4	Y3	Y2	Y1
2.6949	2.5526	2.4102	2.2678

因而性別並不是影響青少年吸菸行為的主要因素。不過，年齡對於截距（Level）的影響力甚大（$\lambda=0.4457, P=0.000$），亦即每增加一歲就多抽 0.45 根香菸，反映出第一次測量時，年齡愈大的青少年吸菸量愈大，與其後之吸菸改變量亦具有顯著關係，但效果值不大（$\lambda = -0.0459, p = 0.0234$）。從圖 5-33 中的標

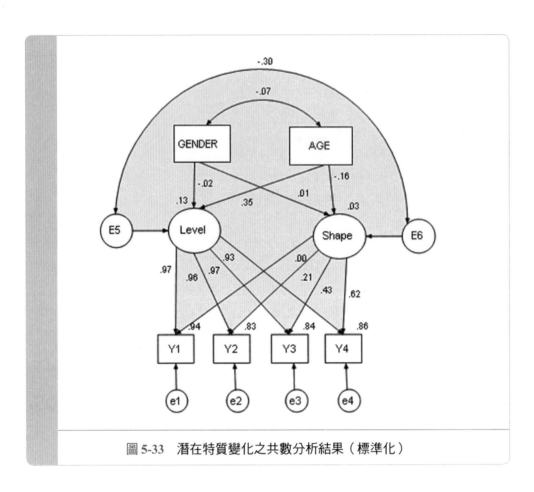

圖 5-33　潛在特質變化之共數分析結果（標準化）

準化係數相對大小知，性別不是吸菸量的重要影響因素，而年齡對於初測吸菸量較具預測力。表 5-15 到表 5-20 係 Amos 的統計分析結果，摘述於後供參考。

表5-15　潛在變項期望值

	Estimate	S. E.	C. R.	P
Level	2.2317	0.1013	22.0384	***
Shape	0.1456	0.0278	5.2344	***

表5-16　共變項估計值

			Estimate	S. E.	C. R.	P
AGE	<-->	GENDER	−0.0346	0.0309	−1.1203	0.2626
E5	<-->	E6	−0.1053	0.0314	−3.3531	***

表5-17 相關係數估計值

			Estimate
AGE	<-->	GENDER	−0.0678
E5	<-->	E6	−0.3037

表5-18 變異數估計值

	Estimate	S. E.	C. R.	P
AGE	1.0641	0.0909	11.7047	***
GENDER	0.2441	0.0209	11.7047	***
E5	1.4826	0.1391	10.6606	***
E6	0.0812	0.0128	6.3239	***
e1	0.1100	0.0456	2.4099	0.0160
e2	0.3190	0.0358	8.9224	***
e3	0.2990	0.0358	8.3638	***
e4	0.2854	0.0573	4.9769	***

表5-19 迴歸係數估計值

	Estimate	S. E.	C. R.	P	Label
Level <--- GENDER	−0.0643	0.1540	−0.4176	0.6763	G0
Shape <--- GENDER	0.0077	0.0423	0.1825	0.8552	G1
Level <--- AGE	0.4457	0.0737	6.0447	***	A0
Shape <--- AGE	−0.0459	0.0203	−2.2666	0.0234	A1

表5-20 模式適配度摘要表

Model	NPAR	CMIN	DF	P	NFI Delta1	RFI rho1	RMSEA	TLI rho2	PCFI	CFI
Default model	18	13.8071	9	0.1294	0.9873	0.9788	0.0442	0.9925	0.5973	0.9955

　　假如共變項與觀察指標間具有直接效果,而且研究之旨趣在於獲得一個不偏估計值的模式,Stoel、Wittenboer 與 Hox(2004)推薦使用直接效果模式,尤其當前述之成長預測模式被推翻時,以避免偏差的統計估計值、模式界定錯誤或無法收斂的問題。此直接效果模式如圖 5-34。

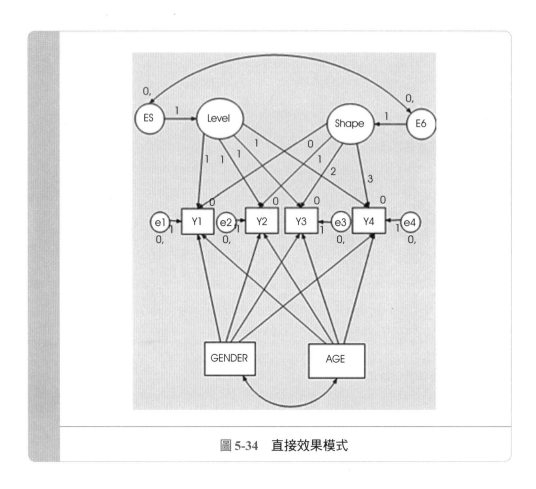

圖 5-34　直接效果模式

　　綜上所述，在進行成長曲線分析時，時間編碼關係著相關徑路係數或時間潛
在因素平均數之解釋，研究者須配合自己的研究旨趣，進行貼切之時間編碼設計
（Biesanz,Deeb-Sossa, Papadakis, Bollen, Curran, 2004）。另外，SEM 成長曲線模
式亦可進行跨領域分析（Willett & Sayer, 1996）及加入中介變項、調節變項與延
伸到多變項模式（Curran & Hussong, 2003），SEM 可謂多才多藝。

柒、多重指標潛在特質成長模式

一、意義

　　前述之潛在特質成長模式，在每一測量的時間點上均只有一個測量指標，如果在每一測量的時間點上均有多個測量指標時，一般的研究者可能會予以加總而成立一新變項。不過，Bandalos（2002）指出此種題組分析法（item parceling）可能導致偏差的參數估計值，尤其當每一測量點上的多個測量指標違反單一向度（unidimensionality）假設時。比較好的做法是將每一測量點上的多個測量指標視為出自於潛在因子或建構，而針對這些一階潛在因子進行成長模式分析。Hancock, Kuo, Lawrence（2001）稱之為二階成長模式（second-order growth modeling）。事實上此種模式有許多不同名稱，例如，多重指標潛在特質成長模式（multiple indicator latent growth model, Chang, 1988），潛在變項縱貫式曲線模式（latent variable longitudinal curve model, Tisak & Meredith, 1990）、與曲線因子模式（factor-of-curves model, McArdle, 1988）。此種二階測量模式有一基本假設：縱貫性測量不變性之假設（measurement invariance across time or longitudinal measurement invariance），意指這些多重指標在不同的時間測量點上，均在測同一特質，通常會檢驗其因素負荷量與截距是否相等。

二、理論基礎

為具體說明多重指標潛在特質成長模式的基本內涵，茲以美國教育統計中心所贊助的1988年全國性縱貫性研究資料為例，利用Amos製作如圖5-35之美國791位女學生自我概念的線性成長模式（引自Hancock, Kuo, & Lawrence, 2001）。該研究旨在探究學生在8年級、10年級、12年級時，他們自我概念的發展情形。該問卷含有三個有關自我概念的問題：

A. 整體而言，我感覺身心愉快。

D. 我覺得我是一個有價值的人。

H. 整體而言，我對自己感到滿意。

圖5-35中44A、44D、44H等即表示在測量前述三個自我概念的觀察指標。

由圖5-35亦知，此二階二因子LCA模式含有一階的三個因素：SC8，SC10，SC12及二階的截距與成長因素：Level與Shape。利用圖5-35中相關之參數代碼，各指標的一階測量迴歸模式：$Y = \tau + \Lambda\eta + \varepsilon$，可具體陳述如下：

44A = 0 + 1*SC8 + E1；由此關係可推知44A指標之期望值會等於SC8的期望值；同理，其餘指標的一階測量迴歸模式為：

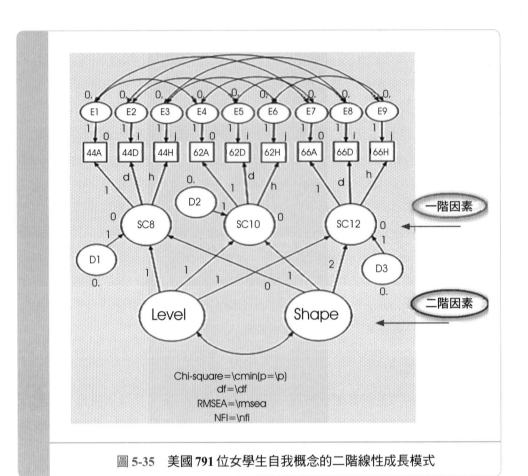

圖 5-35　美國 **791** 位女學生自我概念的二階線性成長模式

$$44D = I + d*SC8 + E2 ；$$

$$44H = J + h*SC8 + E3 ；$$

$$62A = 0 + 1*SC10 + E4 ；$$

$$62D = I + d*SC10 + E5 ；$$

$$62H = J + h*SC10 + E6 ；$$

$$66A = 0 + 1*SC12 + E7 ；$$

$$66D = I + d*SC12 + E8 ；$$

$$66H = J + h*SC12 + E9 ；$$

而其二階測量之迴歸模式：

$$SC8 = 1*LEVEL + 0*SHAPE + D1 ；$$ 由此關係可推知 Level 的期望值會等於

SC8或44A指標的期望值;同理,

$$SC10 = 1*LEVEL + 1*SHAPE + D2;$$
$$SC12 = 1*LEVEL + 2*SHAPE + D3。$$

利用上述之公式,即可計算出指標變項與潛在變項的期望值。這些相關變項的SEM平均數結構之理論模式,透露出以下五項參數限制要點:

1. 該成長模式為線性,所以Shape的相關徑路係數分別設定為0,1,2。
2. 第一個測量指標設定為第一階因素的量尺指標,其他的相對應指標的徑路係數設定為相等(例如:d,h),以符合斜率測量不變性之基本假設。
3. 在不同測量點上的相對應指標的誤差設定為相關(例如:E1,E4,E7間具有相關)。
4. Level與Shape設定為具有相關。
5. 除了第1,4,7指標(其截距均設定為0)之外,在不同測量點上的相對應指標的截距均設定為相等(例如:i,j),以符合截距測量不變性之基本假設。

三、實例解說:單樣本二階多重指標潛在特質成長模式

以下茲以Ingelet等人(1994)美國教育統計中心所贊助的1988年全國性縱貫性研究資料為例(引自Hancock, Kuo, & Lawrence, 2001),簡介如何運用Amos分析多重指標潛在特質的成長模式。

該研究涉及791位女學生與764位男學生,這些學生被要求以四點量尺:1~4(非常不同意~非常同意),回答上述自我概念之問題,分數愈高自我概念愈強。該研究中女學生之相關矩陣與描述統計等資料,摘要於圖5-36的Excel表單中。

進行單樣本二階潛在特質成長模式的分析,首先須在Amos之徑路圖設計視窗中,建構如同圖5-35之理論模式後,再利用Amos的Data Files視窗連接圖5-36之資料檔案後,就可執行SEM統計分析,而獲得如圖5-37之結果。

由圖5-37底部之統計考驗結果知,提議之線性成長模式與女學生之自我概念資料適配度極佳($\lambda^2 = 35.382$,P = 0.063,RMSEA = 0.025,NFI = 0.993)。請注意截距因素Level的變異估計值0.2555(z = 3.04,p = 0.0023),反映出這些女學

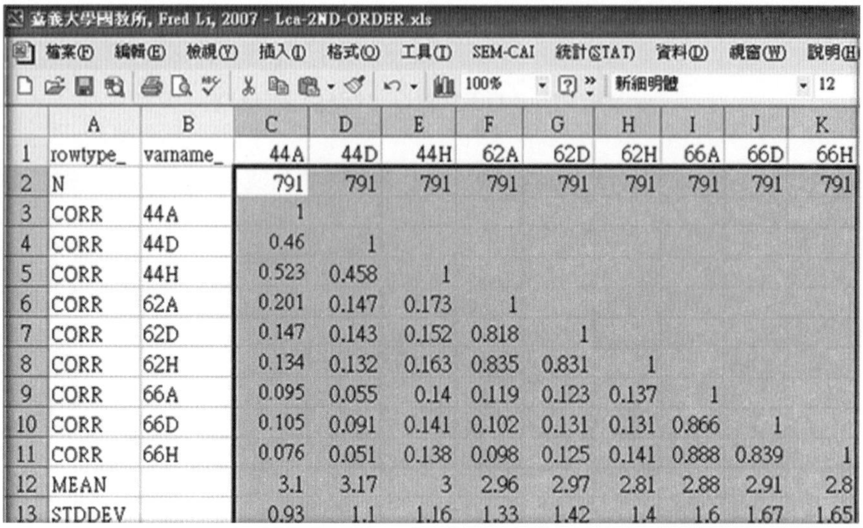

	A	B	C	D	E	F	G	H	I	J	K
1	rowtype_	varname_	44A	44D	44H	62A	62D	62H	66A	66D	66H
2	N		791	791	791	791	791	791	791	791	791
3	CORR	44A	1								
4	CORR	44D	0.46	1							
5	CORR	44H	0.523	0.458	1						
6	CORR	62A	0.201	0.147	0.173	1					
7	CORR	62D	0.147	0.143	0.152	0.818	1				
8	CORR	62H	0.134	0.132	0.163	0.835	0.831	1			
9	CORR	66A	0.095	0.055	0.14	0.119	0.123	0.137	1		
10	CORR	66D	0.105	0.091	0.141	0.102	0.131	0.131	0.866	1	
11	CORR	66H	0.076	0.051	0.138	0.098	0.125	0.141	0.888	0.839	1
12	MEAN		3.1	3.17	3	2.96	2.97	2.81	2.88	2.91	2.8
13	STDDEV		0.93	1.1	1.16	1.33	1.42	1.4	1.6	1.67	1.65

圖 5-36　美國 791 位女學生自我概念的相關矩陣資料

生之自我概念，在初測時即存在著顯著個別差異；而初測之後自我概念的成長比率變異（0.0751）在個別間並無顯著差異（p = 0.1683）。因為Level的期望值等於44A指標的期望值，所以圖中Level的自我概念的起始值3.10即等於44A指標的樣本平均數。這些女學生之自我概念，在初測之後呈現成長比率顯著下降之現象（–0.1216，z = –4.3882，p = 0.000），讀者從表5-21各指標的理論平均數就能輕易地看出來（從3.1024降到2.7452）。

表5-21　各指標在 8、10、12 年級的理論平均數

66H	66D	66A	62H	62D	62A	44H	44D	44A
2.7452	2.8918	2.8593	2.8704	3.0153	2.9808	2.9957	3.1387	3.1024

但這只就一般平均值來看，並不能說全部的女學生都是如此。如從ShapeV的變異數（0.0751）觀之，將之開平方根得到標準差為 0.274，此值比成長因素的平均數還大，反映出可能尚有一些女學生的自我概念，在初測之後呈現顯著上升。

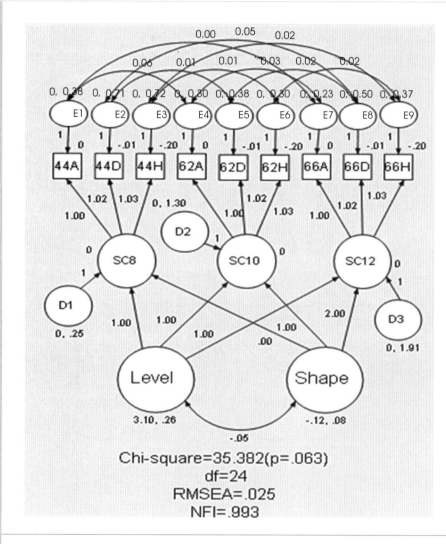

圖 5-37　美國 **791** 學生自我概念的線性成長模式的 **Amos** 分析結果

　　另外，由圖 5-38 知，這些女學生自我概念之初測水準與之後自我概念的線性成長關係，並未具有顯著之相關（$r = -0.35$，$z = -0.865$，$p = 0.3870$）。

　　表 5-22 與表 5-23 係圖 5-37 徑路圖中的一階因子對各指標徑路係數與截距之顯著性考驗結果，為符合縱貫式測量之不變性基本假設，請注意表中標籤一樣（例如 d，h，i，j）的估計值均相同。

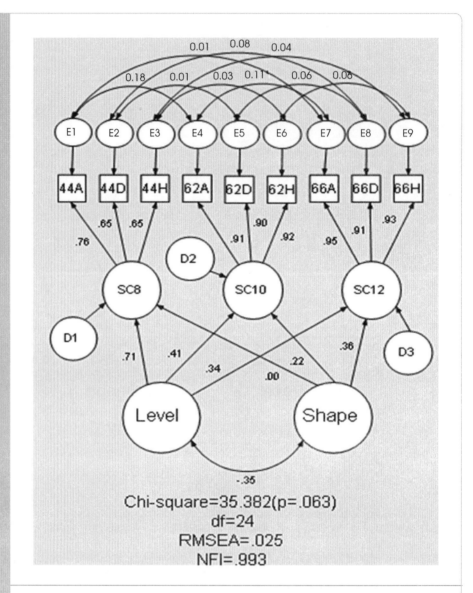

圖 5-38 美國 791 位女學生自我概念的線性成長模式的 Amos 分析結果（標準化）

表5-22　一階因子對各指標之迴歸係數摘要表

			Estimate	S. E.	C. R.	P	Label
44D	<---	SC8	1.0156	0.0163	62.1999	***	d
44H	<---	SC8	1.0304	0.0156	66.1868	***	h
62A	<---	SC10	1.0000				
62D	<---	SC10	1.0156	0.0163	62.1999	***	d
62H	<---	SC10	1.0304	0.0156	66.1868	***	h
66A	<---	SC12	1.0000				
66D	<---	SC12	1.0156	0.0163	62.1999	***	d
66H	<---	SC12	1.0304	0.0156	66.1868	***	h

表5-23　各指標之截距摘要表

	Estimate	S. E.	C. R.	P	Label
44D	−0.0121	0.0522	−0.2325	0.8161	i
44H	−0.2011	0.0497	−4.0496	***	j
62D	−0.0121	0.0522	−0.2325	0.8161	i
62H	−0.2011	0.0497	−4.0496	***	j
66D	−0.0121	0.0522	−0.2325	0.8161	i
66H	−0.2011	0.0497	−4.0496	***	j

125

四、實例解說：多樣本二階多重指標潛在特質成長模式

　　多樣本二階多重指標潛在特質成長模式在組間的不變性考驗，可以用來比較二階成長因子的相關參數估計值。本實例仍沿用 Ingel 等人（1994）美國教育統計中心所贊助的 1988 年全國性縱貫性研究資料（引自 Hancock, Kuo, & Lawrence, 2001），簡介如何運用 Amos 分析雙樣本多重指標潛在特質的成長模式。該研究涉及 791 位女學生與 764 位男學生，這些學生被要求以四點量尺：1～4（非常不同意～非常同意），回答自我概念之問題，分數愈高自我概念愈強。該研究男學生之相關矩陣與描述統計等資料，摘要於圖 5-39 的 Excel 表單中，至於該研究女學生之相關矩陣與描述統計等資料，則已摘要於圖 5-36 的 Excel 表單中。

	A	B	C	D	E	F	G	H	I	J	K
1	rowtype_	varname_	44A	44D	44H	62A	62D	62H	66A	66D	66H
2	N		764	764	764	764	764	764	764	764	764
3	CORR	44A	1								
4	CORR	44D	0.36	1							
5	CORR	44H	0.514	0.51	1						
6	CORR	62A	0.114	0.09	0.034	1					
7	CORR	62D	0.069	0.11	0.04	0.81	1				
8	CORR	62H	0.075	0.1	0.049	0.78	0.745	1			
9	CORR	66A	0.009	0.08	0.047	0.21	0.193	0.193	1		
10	CORR	66D	-0.01	0.07	0.048	0.2	0.213	0.206	0.925	1	
11	CORR	66H	0.014	0.09	0.078	0.2	0.198	0.203	0.938	0.936	1
12	MEAN		3.38	3.28	3.26	3.14	3.08	2.9	2.72	2.62	2.56
13	STDDEV		0.76	1.1	0.91	1.26	1.36	1.43	2.12	2.15	2.1

圖 5-39　美國 **791** 位男學生自我概念的相關矩陣資料

以下簡介多樣本二階潛在特質成長模式的Amos操作步驟：

(一) 繪製如圖5-40之徑路圖

繪製此徑路圖須考慮以下之假設與限制：

1. 假定成長模式為線性，所以Shape的相關徑路係數分別為0, 1, 2。
2. 第一個測量指標設定為第一階因素的量尺指標，其他的相對應指標的徑路係數設定為相等（如d, h之相同標籤），以符合測量不變性之基本假設。
3. 在不同測量點上的相對應指標的誤差設定為相關（例如E1, E4, E7間具有相關）。
4. Level與Shape設定為具有相關。
5. 除了第1, 4, 7指標（其截距均設定為0）之外，在不同測量點上的相對應指標的截距設定為相等（如i, j之相同標籤）。

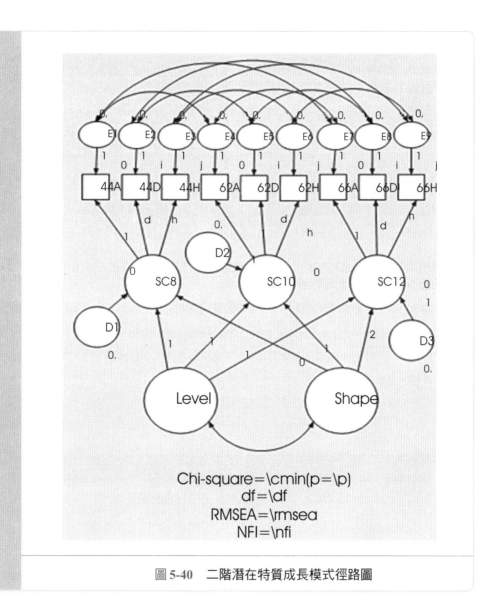

圖 5-40　二階潛在特質成長模式徑路圖

(二) 利用功能表單「Analyze」下之組別管理視窗「Manage Groups」建立男女生群組

建立不同群組時，使用者須在圖 5-41 與圖 5-42 中「Group Name」下界定群組之名稱。

圖 5-41　女生組　　　　　圖 5-42　男生組

(三) 利用功能表單「Analyze」下之多群組視窗「Multiple-Groups Analysis」（參見圖 5-43），設定相關參數之標籤。

　　因為此二階潛在特質成長模式只涉及測量模式，因而只需在圖 5-43 的視窗中，勾選「Measurement weighted」與「Measurement intercepts」兩項，其他結構參數部分則不予勾選。按下「OK」之後，Amos 就會自動將待估計之參數加以命名，參見圖 5-44 與圖 5-45。

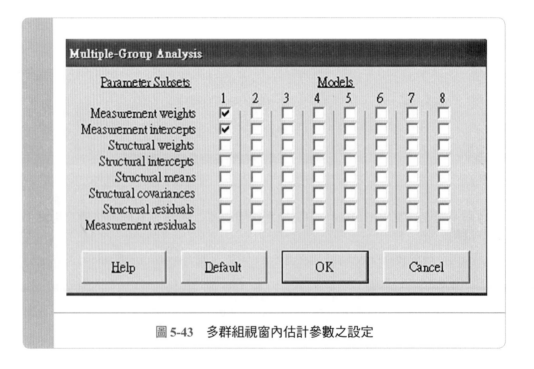

圖 5-43　多群組視窗內估計參數之設定

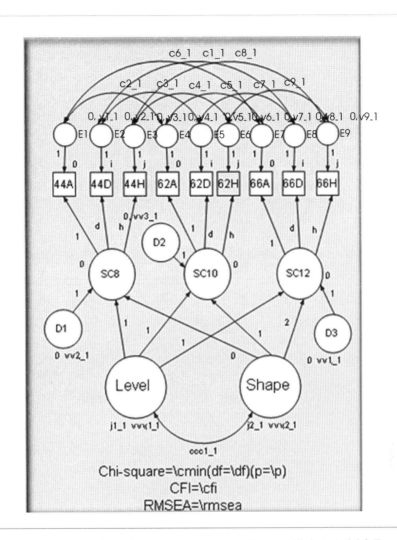

圖 5-44　多樣本二階多重指標潛在特質成長模式：女生編碼

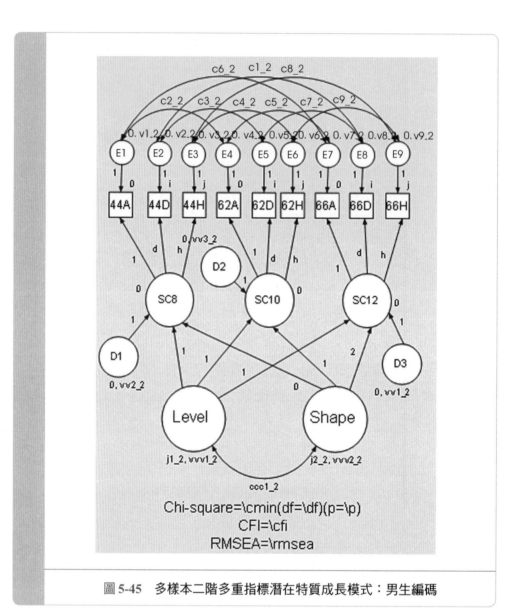

圖 5-45　多樣本二階多重指標潛在特質成長模式：男生編碼

(四) 利用功能表單「File」下之「Data Files」連接雙樣本之資料檔。

　　當上述圖 5-36 與圖 5-39 之資料檔案建立後，按下 Amos『FILE』下之『DATA FILES』，出現圖 5-46 之視窗後，點選『File Name』讀入如 Excel 資料編輯器所建檔的資料。當男、女生待分析的資料檔名稱出現在此視窗之中，即表示 Amos 已可將徑路圖與此資料檔相互連接，以便進行統計分析。

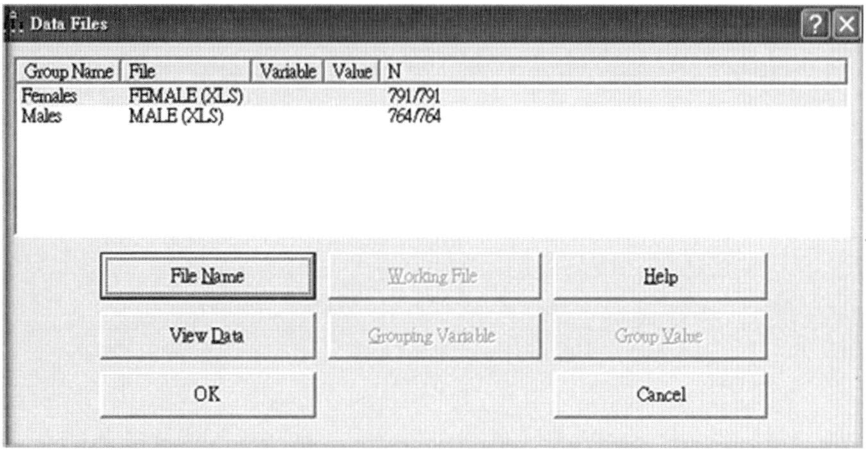

圖 5-46　男女生資料檔之連接

(五)利用功能表單「View」下之「Analysis Properties」中，點選「Output」設定相關之輸出統計量。

　　研究者如需要 Amos 輸出標準化參數估計值與組別間參數之差異性考驗值，需在圖 5-47 分析屬性視窗內勾選「Standardized estimates」與「Critical ratios for differences」。

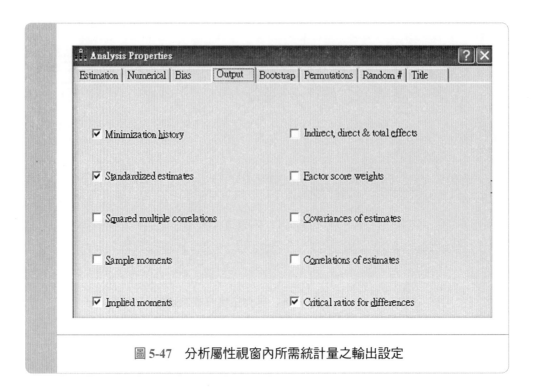

圖 5-47　分析屬性視窗內所需統計量之輸出設定

(六) 在「Analyze」下點選「Calculate Estimates」，執行統計分析與解釋。

　　請注意圖 5-48 與表 5-36 之截距因素 Level 的變異估計值 0.2566（z = 3.0546，p = 0.0023），反映出女學生之自我概念在初測時即存在著顯著個別差異；而初測之後自我概念的成長比率變異（0.0759）在個別間並無顯著差異（z = 1.3892，p = 0.1648），已如前述不再贅述。從圖 5-48 底部的顯著性考驗（χ^2 = 124.123，df = 52, CFI = 0.993, RMSEA = 0.030）與適配度指標可推知，本模式的適配度尚佳。如依據 Steiger（1988）的校正建議，上式的 RMSEA = 0.042。他建議在多樣本上 RMSEA 須加以校正：將原本所獲得之 RMSEA*$\sqrt{k}$（k 代表組別數），亦即 0.0299*$\sqrt{2}$ = 0.042。

　　由圖 5-49 與表 5-35 知統計考驗結果知，男生之截距因素 Level 的變異估計值 0.0794（z = 1.1114，p = 0.2664），反映出這些男學生之自我概念，在初測時個別間之變異即不大；而初測之後自我概念的成長比率變異（0.2364，z = 3.6202，p = 0.000），在個別間具有顯著差異。

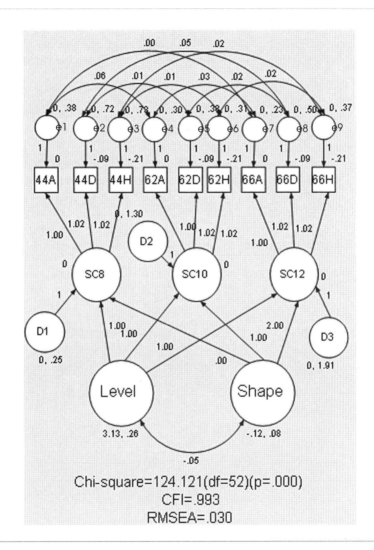

圖 5-48　多樣本二階多重指標潛在特質成長模式分析結果：女生

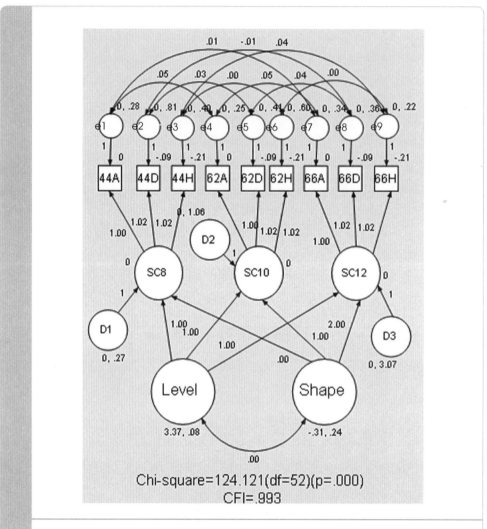

圖 5-49　多樣本二階多重指標潛在特質成長模式分析結果：男生

　　表 5-24 的數據，係利用 Amos 針對各主要參數間之差異性考驗（Critical Ratios for Differences Between Parameters，CR 值考驗，請利用「分析屬性視窗」中下的 Output 視窗中進行設定）。因此 CR 值部分 Amos 報表很長，不易在一頁中完全呈現，僅摘述重要結果與評論如下：

　　1. CR(J1−1 vs J1−2) = 6.44，反映出男學生的截距因子的平均數 3.373 顯著高於女學生的截距因子的平均數 3.127（p<0.05），兩者差異之效果值

表5-24　男女生在截距與斜率上之平均數與顯著性考驗

		Estimate	S. E.	C. R.	P	Label
女生	Level	3.1268	0.0298	104.9911	***	j1_1
	Shape	−0.1216	0.0277	−4.3849	***	j2_1
男生	Level	3.3729	0.0255	132.0156	***	j1_2
	Shape	−0.3105	0.0342	−9.0666	***	j2_2

為 0.597 （ $= \dfrac{|3.3729 - 3.1268|}{\sqrt{\dfrac{791*0.257 + 764*.0.79}{791 + 764}}}$ ，依據 Cohen（1988）之定義，約為

中效果值），亦即一般而言男學生在 8 年級時之自我概念比女學生約高出半個標準差。

2. CR(J2−1 vs J2−2) = −4.29，反映出男學生的成長因子的平均數 −0.310 顯著高於女學生的成長因子的平均數 −0.122（p<0.05），兩者差異之效果值

為 0.478 （ $= \dfrac{|-.3105 - (-.1216)|}{\sqrt{\dfrac{791*0.076 + 764*0.236}{791 + 764}}}$ ，依據 Cohen（1988）之定義，約為中

效果值），亦即一般而言，男學生之自我概念在 10 與 12 年級時，比女學生之自我概念的下降比率快約半個標準差。

至於截距因子與成長因子間在男女組別間之相關差異性（CR(CCC1−1 vs CCC1−2) = 0.57）及變異之差異性（CR(VVV1−1 vs VVV1−2) = −1.61，CR(VVV2−1 vs VVV2−2) = 1.89）均未達 0.05 之顯著水準。

由表 5-25 之結果知，這些男學生之自我概念，在初測之後呈現成長比率顯著下降現象（−0.3105, z = −9.07，p = 0.000），讀者從表 5-25 各指標的理論平均數就能輕易地看出來。但這只就一般平均值來看，並不能說全部的男學生都是如此。如從 Shape 的變異數（0.2364）觀之，將之開平方根得到標準差為 0.486，反映出可能尚有一些男學生的自我概念，在初測之後呈現顯著上升。

由表 5-26 之結果知，這些女學生之自我概念，在初測之後呈現成長比率顯著下降現象（−0.1216，z = −4.3882，p = 0.000），讀者從表 5-26 各指標的理論平均數就能輕易地看出來。但這只就一般平均值來看，並不能說全部的女學生都是如此。如從 Shape 的變異數（0.0759）觀之，將之開平方根得到標準差為 0.275，此值比成長因素的平均數還大，反映出可能尚有一些女學生的自我概念，在初測之後呈現顯著上升。

表5-25 男學生之自我概念在各階段多重指標的理論平均數

66H	66D	66A	62H	62D	62A	44H	44D	44A
2.6083	2.7220	2.7520	2.9257	3.0391	3.0624	3.2432	3.3562	3.3729

表5-26 女學生之自我概念在各階段多重指標的理論平均數

66H	66D	66A	62H	62D	62A	44H	44D	44A
2.7429	2.8565	2.8836	2.8672	2.9807	3.0052	2.9916	3.1049	3.1268

為讓讀者更清楚掌握住前述徑路圖中的相關參數估計值及其相關的統計考驗結果，茲將Amos的統計輸出結果亦呈現在以下表5-27～表5-36之表格中。請注意表中各參數的標籤（label）如果相同（例如d, h, i, j），亦即這些參數進行了等同限制。因此，這些相關之參數估計值均相等。

表5-27 **Regression Weights: (Males-Unconstrained)**

			Estimate	S. E.	C. R.	P	Label
44D	<---	SC8	1.0213	0.0104	98.1990	***	d
44H	<---	SC8	1.0224	0.0097	105.1256	***	h
62A	<---	SC10	1.0000				
62D	<---	SC10	1.0213	0.0104	98.1990	***	d
62H	<---	SC10	1.0224	0.0097	105.1256	***	h
66A	<---	SC12	1.0000				
66D	<---	SC12	1.0213	0.0104	98.1990	***	d
66H	<---	SC12	1.0224	0.0097	105.1256	***	h

表5-28 **Regression Weights (Females - Unconstrained)**

			Estimate	S. E.	C. R.	P	Label
44D	<---	SC8	1.0213	0.0104	98.1990	***	d
44H	<---	SC8	1.0224	0.0097	105.1256	***	h
62A	<---	SC10	1.0000				
62D	<---	SC10	1.0213	0.0104	98.1990	***	d
62H	<---	SC10	1.0224	0.0097	105.1256	***	h
66A	<---	SC12	1.0000				
66D	<---	SC12	1.0213	0.0104	98.1990	***	d
66H	<---	SC12	1.0224	0.0097	105.1256	***	h

表5-29 **Intercepts: (Males-Unconstrained)**

	Estimate	S. E.	C. R.	P	Label
44D	−0.0885	0.0343	−2.5829	0.0098	i
44H	−0.2052	0.0321	−6.4033	***	j
62D	−0.0885	0.0343	−2.5829	0.0098	i
62H	−0.2052	0.0321	−6.4033	***	j
66D	−0.0885	0.0343	−2.5829	0.0098	i
66H	−0.2052	0.0321	−6.4033	***	j

表5-30 **Intercepts: (Females-Unconstrained)**

	Estimate	S. E.	C. R.	P	Label
44D	−0.0885	0.0343	−2.5829	0.0098	i
44H	−0.2052	0.0321	−6.4033	***	j
62D	−0.0885	0.0343	−2.5829	0.0098	i
62H	−0.2052	0.0321	−6.4033	***	j
66D	−0.0885	0.0343	−2.5829	0.0098	i
66H	−0.2052	0.0321	−6.4033	***	j

表5-31 **Covariances: (Males)**

			Estimate	S. E.	C. R.	P	Label
Level	<-->	Shape	−0.0041	0.0540	−0.0763	0.9392	ccc1_2
E2	<-->	E8	−0.0065	0.0246	−0.2631	0.7925	c1_2
E1	<-->	E4	0.0465	0.0165	2.8241	0.0047	c2_2
E2	<-->	E5	0.0252	0.0267	0.9455	0.3444	c3_2
E3	<-->	E6	0.0004	0.0232	0.0166	0.9868	c4_2
E4	<-->	E7	0.0495	0.0173	2.8660	0.0042	c5_2
E1	<-->	E7	0.0094	0.0166	0.5648	0.5722	c6_2
E5	<-->	E8	0.0435	0.0198	2.1951	0.0282	c7_2
E3	<-->	E9	0.0396	0.0171	2.3179	0.0205	c8_2
E6	<-->	E9	−0.0016	0.0201	−0.0783	0.9376	c9_2

表5-32 **Covariances: (Females)**

			Estimate	S. E.	C. R.	P	Label
Level	<-->	Shape	−0.05	0.06	−0.87	0.38	ccc1_1
E2	<-->	E8	0.05	0.03	1.94	0.05	c1_1
E1	<-->	E4	0.06	0.02	3.28	0.00	c2_1
E2	<-->	E5	0.01	0.02	0.37	0.71	c3_1
E3	<-->	E6	0.01	0.02	0.62	0.53	c4_1
E4	<-->	E7	0.03	0.02	1.92	0.06	c5_1
E1	<-->	E7	0.00	0.02	0.25	0.80	c6_1
E5	<-->	E8	0.02	0.02	1.18	0.24	c7_1
E3	<-->	E9	0.02	0.02	0.80	0.42	c8_1
E6	<-->	E9	0.02	0.02	1.02	0.31	c9_1

表5-33 **Correlations: (Males)**

			Estimate
Level	<-->	Shape	−0.0301
E2	<-->	E8	−0.0120
E1	<-->	E4	0.1764
E2	<-->	E5	0.0435
E3	<-->	E6	0.0008
E4	<-->	E7	0.1721
E1	<-->	E7	0.0305
E5	<-->	E8	0.1125
E3	<-->	E9	0.1348
E6	<-->	E9	−0.0044

表5-34 **Correlations: (Females)**

			Estimate
Level	<-->	Shape	−0.3476
E2	<-->	E8	0.0882
E1	<-->	E4	0.1829
E2	<-->	E5	0.0175
E3	<-->	E6	0.0308
E4	<-->	E7	0.1190
E1	<-->	E7	0.0156
E5	<-->	E8	0.0571
E3	<-->	E9	0.0384
E6	<-->	E9	0.0557

表5-35　**Variances: (Males)**

	Estimate	S. E.	C. R.	P	Label
Level	0.0794	0.0715	1.1114	.2664	vv1_2
Shape	0.2364	0.0653	3.6202	***	vv2_2
D3	3.0692	0.2431	12.6260	***	w1_2
D1	0.2729	0.0742	3.6765	***	vv2_2
D2	1.0566	0.0766	13.7938	***	vv3_2
E1	0.2828	0.0229	12.3479	***	v1_2
E2	0.8090	0.0476	17.0100	***	v2_2
E3	0.3978	0.0280	14.1995	***	v3_2
E4	0.2463	0.0247	9.9707	***	v4_2
E5	0.4144	0.0310	13.3609	***	v5_2
E6	0.5972	0.0387	15.4278	***	v6_2
E7	0.3363	0.0249	13.4891	***	v7_2
E8	0.3611	0.0264	13.6786	***	v8_2
E9	0.2171	0.0219	9.9228	***	v9_2

表5-36　**Variances: (Females)**

	Estimate	S. E.	C. R.	P	Label
Level	0.2566	0.0840	3.0546	0.0023	vv1_1
Shape	0.0759	0.0546	1.3892	0.1648	vv2_1
D3	1.9131	0.1722	11.1068	***	w1_1
D1	0.2533	0.0856	2.9582	0.0031	vv2_1
D2	1.30	0.0829	15.7370	***	vv3_1
E1	0.38	0.0303	12.5047	***	v1_1
E2	0.72	0.0452	15.8634	***	v2_1
E3	0.7277	0.0457	15.9246	***	v3_1
E4	0.3017	0.0238	12.6904	***	v4_1
E5	0.3818	0.0273	14.0098	***	v5_1
E6	0.3092	0.0246	12.5603	***	v6_1
E7	0.2314	0.0232	9.9870	***	v7_1
E8	0.4973	0.0330	15.0840	***	v8_1
E9	0.3723	0.0283	13.1766	***	v9_1

捌、Amos Basic 程式

　　茲將本章第五、六節相對應之 Basic 語法程式撰寫如下，以供研究需要者參考應用。從 Amos 17.0 起，研究者亦可在功能表單「Tools」下，利用「Write a Program」之副程式（參見附圖 5-50），將設計好之徑路圖直接轉換成 Basic 語法程式，對於學習 Basic 語法程式的撰寫，甚有助益。

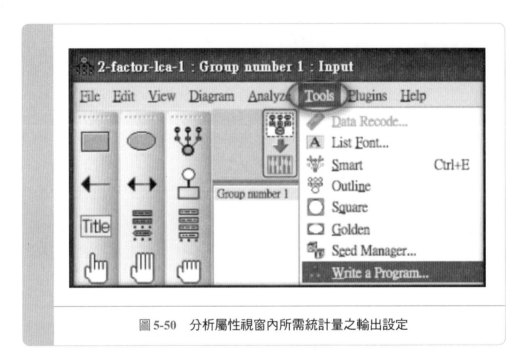

圖 5-50　分析屬性視窗內所需統計量之輸出設定

一、雙因子潛在特質變化分析

```
#Region "Header"
Imports System
Imports System.Diagnostics
Imports Microsoft.VisualBasic
Imports AmosEngineLib
Imports AmosGraphics
Imports AmosEngineLib.AmosEngine.TMatrixID
Imports PBayes
```

```
#End Region
Module MainModule
      Public Sub Main()
            Dim Sem As AmosEngine
            Sem = New AmosEngine
            Sem.TextOutput
            AnalysisProperties(Sem)
            ModelSpecification(Sem)
            Sem.FitAllModels()
            Sem.Dispose()
      End Sub
```

```
      Sub ModelSpecification(Sem As AmosEngine)
            Sem.ModelMeansAndIntercepts
            Sem.GenerateDefaultCovariances(False)
            Sem.BeginGroup("C:\Program Files\SPSSInc\Amos18\Examples\
            English\Lca1.xls", "Sheet1")
                  Sem.GroupName("Group number 1")
                  Sem.AStructure("Y4 = (0) + (1) e4 + (1) Level + (1) Shape")
                  Sem.AStructure("Y3 = (0) + (1) e3 + (1) Level + (L3) Shape")
                  Sem.AStructure("Y2 = (0) + (1) e2 + (1) Level + (L2) Shape")
                  Sem.AStructure("Y1 = (0) + (1) e1 + (1) Level + (0) Shape")
                  Sem.AStructure("Shape <--> Level")
                  Sem.Mstructure("Level")
                  Sem.Mstructure("Shape")
            Sem.Model("Default model", "")
      End Sub

      Sub AnalysisProperties(Sem As AmosEngine)
            Sem.Iterations(50)
```

```
                Sem.InputUnbiasedMoments

                Sem.FitMLMoments

                Sem.Standardized

                Sem.Smc

                Sem.SampleMoments

                Sem.ImpliedMoments

                Sem.Seed(1)

        End Sub

    End Module
```

二、雙因子潛在特質變化之共變數分析

```
        #Region "Header"

        Imports System

        Imports System.Diagnostics

        Imports Microsoft.VisualBasic

        Imports AmosEngineLib

        Imports AmosGraphics

        Imports AmosEngineLib.AmosEngine.TMatrixID

        Imports PBayes

        #End Region

        Module MainModule

            Public Sub Main()

                Dim Sem As AmosEngine

                Sem = New AmosEngine

                Sem.TextOutput

                AnalysisProperties(Sem)

                ModelSpecification(Sem)

                Sem.FitAllModels()

                Sem.Dispose()

            End Sub
```

```
Sub ModelSpecification(Sem As AmosEngine)
    Sem.ModelMeansAndIntercepts
    Sem.GenerateDefaultCovariances(False)
    Sem.BeginGroup("C:\Program Files\SPSSInc\Amos18\Examples\
    English\Lca1.xls", "Sheet2")
    Sem.GroupName("Group number 1")
    Sem.AStructure("Level = () + (G0) GENDER + (A0) AGE + (1) E5")
    Sem.AStructure("Y4 = (0) + (1) Level + (3) Shape + (1) e4")
    Sem.AStructure("Y3 = (0) + (2) Shape + (1) Level + (1) e3")
    Sem.AStructure("Y2 = (0) + (1) Shape + (1) Level + (1) e2")
    Sem.AStructure("Y1 = (0) + (1) Level + (0) Shape + (1) e1")
    Sem.AStructure("Shape = () + (G1) GENDER + (1) E6 + (A1) AGE")
    Sem.AStructure("E6 <--> E5")
    Sem.AStructure("AGE <--> GENDER")
    Sem.Mstructure("GENDER")
    Sem.Mstructure("AGE")
    Sem.Model("Default model", "")
End Sub


Sub AnalysisProperties(Sem As AmosEngine)
    Sem.Iterations(50)
    Sem.InputUnbiasedMoments
    Sem.FitMLMoments
    Sem.Standardized
    Sem.Smc
    Sem.SampleMoments
    Sem.ImpliedMoments
    Sem.Seed()
End Sub
End Module
```

本章習題

I.概念題

Curran（1997）為了探究兒童反社會行為的發展對日後學業表現、犯罪、酗酒、過動等的影響，並欲了解兒童性別及家庭文化刺激與支持的預測效能，乃進行一縱貫式兒童反社會行為的研究，他提出圖 5-50 之理論模式並獲得相關迴歸係數之統計考驗結果：如圖 5-50 及表 5-37 所示。請根據此結果回答下列相關之問題：

1. Curran 所提出的理論模式與資料相適配嗎？
2. 男、女童的反社會行為在第一次測量時具有顯著之差異嗎？
3. 男、女童的反社會行為在其後幾次測量時的改變比率具有顯著之差異嗎？

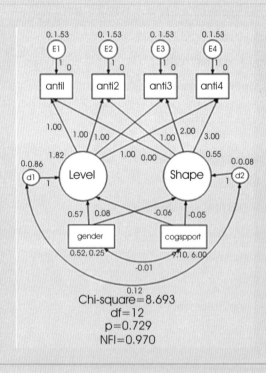

圖 5-50 兒童反社會行為的發展模式

資料來源：Data taken from http://www.duke.edu/~curran

表5-37　**Regression Weights**

			Estimate	S. E.	C. R.	P
Shape	<---	gender	0.0791	0.0841	0.9403	0.3470
Level	<---	cogspport	−0.0626	0.0382	−1.6378	0.1015
Shape	<---	cogspport	−0.0452	0.0172	−2.6370	0.0084
Level	<---	gender	0.5716	0.1875	3.0486	0.0023

表5-38　**Implied Means**

cogspport	gender	anti4	anti3	anti2	anti1
9.0995	0.5249	2.0837	1.9072	1.7308	1.5543

表5-39　**Intercepts**

	Estimate	S. E.	C. R.	P
Level	1.8240	0.3740	4.8773	***
Shape	0.5465	0.1678	3.2573	0.0011

4. 初期具有較高家庭文化刺激與支持的兒童，日後其反社會行為呈現遞減或遞增之現象？

5. 根據上述表5-37至表5-39 Amos 的相關報表，計算這四次測量結果的期望值。

提示：

Mean(Anti1) = [Mean(Level) + Mean(gender)*(0.5716) + Mean(Cogspport)*(−0.0626)] + [0*(Mean(Shape) + Mean(Gender)*(0.0791) + Mean(Cogspport)*(−0.0452))] + Mean(E1)

II.應用題

1. 表5-40之體重相關矩陣，係小孩子分別在5、7、9、11、13歲時與母親懷孕前，所測得體重的相關係數與平均數。為了取得小孩子在五歲時體重的估計值，研究者必須把時間的原點放在五歲。因此，時間編碼時要將各階段年齡減掉5歲。假設該理論模式為線性時，為了保留原來測量體重的兩年間距，相關之 Lumbda 矩陣設計如下：

表5-40　小孩體重（3～13歲）與母親懷孕前體重之相關係數矩陣（N=155）

體重	1	2	3	4	5	6
1.Child at age 5	—					
2.Child at age 7	0.7947	—				
3.Child at age 9	0.7264	0.8569	—			
4.Child at age 11	0.6405	0.7866	0.8651	—		
5.Child at age 13	0.6025	0.7447	0.7968	0.8981	—	
6.Mother	0.1592	0.2891	0.3550	0.4175	0.4296	—
M	39.5480	55.3160	72.3350	96.2520	119.1030	127.1670
SD	6.1096	11.1546	17.8567	26.9084	33.4412	21.2030

資料來源：Weight is given in pounds (1 lb.=0.45 kg).Baler, Keck, Mott, & Qoinlan (1993)

$$A = \begin{bmatrix} 1 & 0 \\ 1 & 2 \\ 1 & 4 \\ 1 & 6 \\ 1 & 8 \end{bmatrix}$$

(1)請考驗5～9歲間，孩子的體重成長是否呈現直線成長關係？

(2)請考驗5～13歲間，孩子的體重成長是否呈現二次曲線關係？

　提示：二次曲線關係的徑路及係數設計，如圖5-51之設計。

(3)假如研究者對於九歲時小孩體重的估計值較感興趣，研究者就必須把時間的原點放在九歲。因此，時間編碼時要將各階段年齡減掉9歲。假設該理論模式為線性時，為了保留原來測量體重的兩年間距，相關之Lumbda矩陣重新設計如下：

$$A = \begin{bmatrix} 1 & -4 \\ 1 & -2 \\ 1 & 0 \\ 1 & 2 \\ 1 & 4 \end{bmatrix}$$

請考驗此理論模式，並與(1)之考驗結果做一比較，其成長軌跡會因不同編

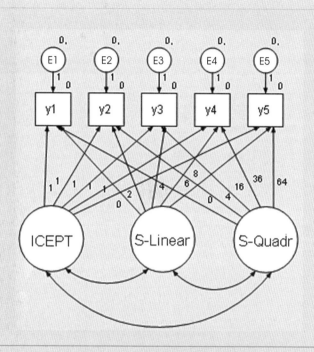

圖5-51　二次曲線的體重成長模式

碼方式而不同嗎？

2. 以下圖5-52、圖5-54、與圖5-56資料（取自Willett & Sayer, 1996）係
根據NCDS（National Child Development Study）的縱貫式跨領域研究
（Cross-domain analysis of change over time），該研究針對英國兒童在
出生時，被診斷為健康兒童（n = 514）及帶有氣喘（n = 437）與心臟病
兒童（n = 72），之後他們在7歲（入學年度）、11歲、16時，在閱讀
（Reading）與數學（mathematics）上之線性成長之資料，分別建檔於
圖5-52～5-56中。

請根據以下三個數據：圖5-53、圖5-55、與圖5-57的分析結果，回答下列問
題：

(1)Level1 與 Level2 間具有高度相關，其意涵為何？

(2)為何學童在入學的第一年時，不管閱讀或是數學較好的學童，他們在其後
的學業表現卻呈現較差的成長速率？

健康兒童

	A	B	C	D	E	F	G	H
	rowtype_	varname_	R7	R11	R16	M7	M11	M16
1								
2	mean		56.97	54.28	53.78	56.72	54.87	55.01
3	cov	R7	972.18					
4	cov	R11	583.33	823.82				
5	cov	R16	519.94	683.15	824.68			
6	cov	M7	431.75	369.76	371.11	773.68		
7	cov	M11	542.41	564.72	574.97	430.86	775.3	
8	cov	M16	448.83	504.99	549.05	380.74	563.86	764.4
9	n		514	514	514	514	514	514

圖 5-52　健康兒童閱讀與數學之共變數矩陣

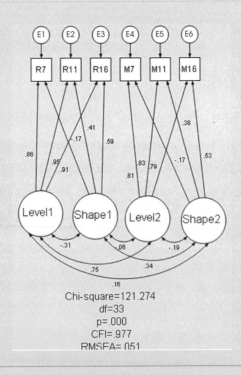

Chi-square=121.274
df=33
p=.000
CFI=.977
RMSEA=.051

圖 5-53　健康兒童閱讀與數學之線性成長模式

(3)Shape1 與 Shape2 間具有中度相關，其意涵為何？

(4)這個線性成長模式的假設成立嗎？為什麼？

(5)驗證一下三組學童在閱讀或是數學的期望值是否正確（參照表 5-41～表 5-43）。

(6)請考驗一下這三組兒童在閱讀與數學之成長模式是否相同（Amos 多群組分析）。

表5-41 **Implied Means (Healthy-Default model)**

M16	M11	M7	R16	R11	R7
54.7458	55.2240	56.6302	53.6375	54.4709	56.9216

氣喘兒童

嘉義大學國教所, Fred Li, 2007 - Lca-cross-domain.xls

檔案(F) 編輯(E) 檢視(V) 插入(I) 格式(O) 工具(T) SEM-CAI 統計(STAT) 資料(D) 視窗(W)

100% 新細明體

	A	B	C	D	E	F	G	H
1	rowtype_	varname_	R7	R11	R16	M7	M11	M16
2	mean		55.12	56.47	57.15	58.58	54.08	53.63
3	cov	R7	986.71					
4	cov	R11	548.25	802.96				
5	cov	R16	520.82	657.57	849.52			
6	cov	M7	481.1	372.74	381.45	800.32		
7	cov	M11	566.74	567.08	531	442.87	788.15	
8	cov	M16	463.27	494.04	546.13	349.44	589.6	819.31
9	n		437	437	437	437	437	437

圖 5-54 氣喘兒童閱讀與數學之共變數矩陣

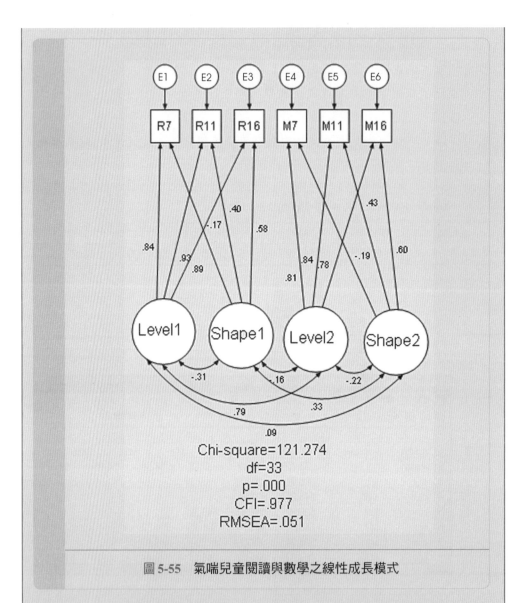

圖5-55 氣喘兒童閱讀與數學之線性成長模式

表5-42 **Implied Means(Asthma-Default model)**

M16	M11	M7	R16	R11	R7
53.2589	54.5772	58.4538	57.0741	56.5717	55.0942

心臟病兒童

	A	B	C	D	E	F	G	H
1	rowtype_	varname_	R7	R11	R16	M7	M11	M16
2	mean		53.05	43.81	44.06	49.89	45.38	46.72
3	cov	R7	1155.83					
4	cov	R11	559.29	819.39				
5	cov	R16	573.27	709.01	943.51			
6	cov	M7	535.72	287.82	299.72	809.11		
7	cov	M11	608.91	580.76	541.5	421.66	773.57	
8	cov	M16	478.83	460.77	555.56	358.34	559.24	743.41
9	n		72	72	72	72	72	72

圖 5-56　心臟病兒童閱讀與數學之共變數矩陣

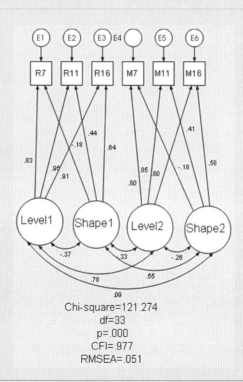

Chi-square=121.274
df=33
p=.000
CFI=.977
RMSEA=.051

圖 5-57　心臟病兒童閱讀與數學之線性成長模式

表5-43　Implied Means(Seizures-Default model)

M16	M11	M7	R16	R11	R7
45.7330	46.7027	49.5543	42.8949	45.3714	52.6538

3. 以下表 5-44 係荷蘭 679 位學童的學業成就動機（含 x 與 y 兩個指標）
在 4 個不同時間所測得之資料，請回答下列問題：

(1)畫出二階多重指標線性成長模式徑路圖與進行適配度考驗。

(2)進行縱貫性測量不等性（longitudinal measurement invariance）考驗。

(3)解釋分析結果。

表5-44　Sample means snd covariance matrix of academic motivation N=679

	Language							
	x_1	y_1	x_2	y_2	x_3	y_3	x_4	y_4
	3.604	3.640	3.518	3.248	3.443	3.209	3.446	3.241
x_1	0.881							
y_1	0.531	0.763						
x_2	0.213	0.228	0.850					
y_2	0.260	0.282	0.551	1.069				
x_3	0.166	0.239	0.268	0.337	1.059			
y_3	0.259	0.315	0.359	0.453	0.631	1.106		
x_4	0.204	0.231	0.262	0.336	0.403	0.427	1.121	
y_4	0.216	0.275	0.287	0.399	0.367	0.514	0.720	1.101

資料來源：Driessen, Van Langen, & Vierke, 2000

4. 請閱讀 Bollen & Curran（2006）專書第六章「LCA 多群組分析」，該章提出 LCA 參數組間之等同限制的六大分析順序，說明這六大分析模式的基本意義與用途。

5. 成長模式的理論基礎可為 SEM 模式與 HLM 模式，兩者殊途同歸，請根據模式徑路圖 5-58 與參閱程式比較對照圖 5-59 分析與比較兩個模式之異同。提示：參考細讀 Willett & Bub, 2005 的文章。

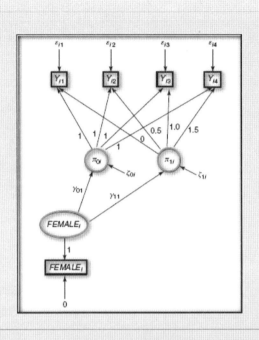

圖 5-58　徑路設計圖

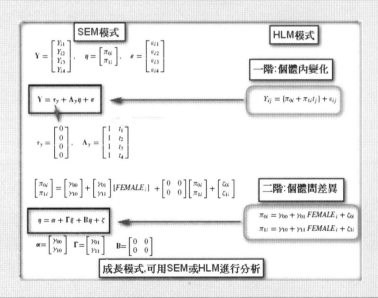

圖 5-59　成長模式：SEM & HLM的途徑

6.請研讀楊志堅、劉心筠、楊志強（2004）對於縱貫研究以潛在成長模式分析之樣本數與檢定力之論文，學會如何查表決定潛在成長模式分析之樣本規劃。

06

Amos Bayesian SEM 與 Bootstrapping 之應用與 相對效能分析

　　本章旨在利用實徵資料，具體說明 Bayesian SEM 與 Bootstrapping 在 Amos 中的操作過程，並分析兩者在不同樣本大小上之相對效能。茲以吳麗華（2007）的碩士論文為例，她利用過去的理論與文獻，建立國小級任教師之內外控信念、社會支持、教師工作壓力與身心健康的關係模式如圖 6-1。圖中所含的徑路係數係由傳統的 SEM 分析所計算出來的未標準化係數。

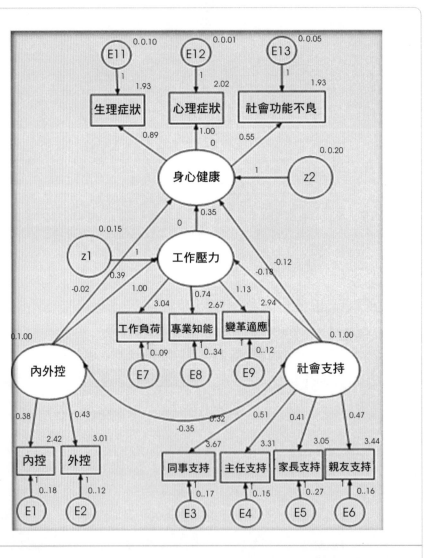

圖 6-1　內外控信念、社會支持、教師工作壓力與身心健康的關係模式

該模式內含有四個測量模式,各個測量模式的基本設定說明如下:

一、外因潛在變項「內外控信念」

外因潛在變項「內外控信念」係由二個外因觀察變項加以測量,包含內控與外控分量表,為解決「內外控信念」量尺未確定性之問題,乃將「內外控信念」潛在變項之變異量設為 1,以便估計各個觀察變項之參數估計值。

二、外因潛在變項「社會支持」

外因潛在變項「社會支持」係由四個外因觀察變項加以測量,包含同事支持、主任支持、家長支持與親友支持等分量表,為解決「社會支持」量尺未確定性之問題,乃將「社會支持」潛在變項之變異量設為 1,以便估計各個觀察變項之參數估計值。

三、中介潛在變項「教師工作壓力」

中介潛在變項「教師工作壓力」係由三個內因觀察變項加以測量,包含有工作負荷、專業知能與變革適應等分量表,為解決「教師工作壓力」量尺未確定性之問題,乃將工作負荷指標的因素負荷量設為 1。

四、內因潛在變項「身心健康」

內因潛在變項「身心健康」係由三個內因觀察變項加以測量,包含:生理症狀、心理症狀與社會功能不良等分量表,為解決「身心健康」量尺未確定性之問題,乃將「心理症狀」指標的因素負荷量設為 1。

以下將根據此理論模式與實際所蒐集之資料,簡介如何利用 Amos 的 Bayesian SEM,進行統計分析。此外,並比較在不同樣本大小上,Bayesian SEM 與 Bootstrapping 兩種參數估計法的效能,以評估 Bayesian SEM 與 Bootstrapping 在不同樣本上之相對效能。

壹、貝氏 SEM 參數估計誤差與抽樣樣本大小之關係

吳麗華(2007)的原始抽取樣本數為 630,在以下實徵模擬研究中將被視為研究之母群體,以研究貝氏 SEM 參數估計誤差與抽樣樣本大小之關係。筆者利

用 SPSS 的資料隨機抽取程序，分別從原始之母群（N = 630）中各約抽取 10%、20%、30% 的樣本，作為 Bayesian SEM 分析的原始樣本。SPSS 的資料隨機抽取的程序，簡單說明如下：

1. 點開 Data 下之「Select Cases」；
2. 點選「Random Sample of Cases」；
3. 點開「Sample」；
4. 在「Approximately % of all cases」中輸入抽取 %，接著按下繼續與 OK，即會在原始資料檔案中產生一 filter_$（0/1）之變項；
5. 利用 SPSS 資料填補功能，填補缺失值（Amos bootstrapping 不允許資料含有缺失值）；
6. 進行存檔。當您在 Amos 中利用 Data Files 呼叫此 SPSS 檔案時，Amos 就會利用此 filter_$ 之變項，僅過濾出此 filter_$ 變項值為 1 的個案，納入資料分析。

在進行 Bayesian SEM 時，必須先在分析屬性視窗中 Estimation 下勾選「Estimate means & intercepts」，接著打開「Analyze」表單下的「Bayesian Estimation」。點選它時，會出現如第二章中圖 2-1 之 Bayesian SEM 的視窗，Amos 即會開始進行 MCMC 樣本的產製。在執行 Bayesian SEM 時，如果出現 Bayesian SEM 經過很長一段時間仍然無法達到理想的聚斂標準（尤其是樣本較小時），研究者可以按下暫停鈕，試著修正估計參數的 Prior，尤其 CS 值較大者（如將 prior 由等機率分配改為常態分配），亦可加速各參數估計值的聚斂。以下將依樣本之抽取比率逐一說明貝氏 SEM 參數估計誤差與樣本大小之關係。

一、抽出約 10% 之樣本（n = 59）

在執行 Bayesian SEM 當中，Amos 會自動提供 CS 統計量，以供診斷各參數之估計值是否已聚斂。CS 等於 1 表示完美聚斂（perfect convergence），此時更多的樣本亦無法再提高估計統計量之精確性。因此，當 CS 逼近於 1.0 時，研究者就可終止樣本的產製工作。通常如 CS 大於 1.1 時，則仍須繼續產製更多的 MCMC 樣本，以降低估計數之不確定性，而 Amos 則採取較保守的內定閾值 1.002。聚斂統計量（CS）小於內定 1.002 時，Bayesian SEM 視窗會出現笑臉 🙂，否則會出現

紅色的哭臉 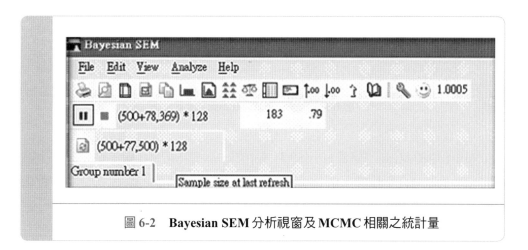，在本例中 CS 值等於 1.0005，遠小於內定閾值的 1.002。因此，在圖 6-2 中視窗會出現笑臉 。

　　圖 6-2 左下方中（500 + 78,369）*128 表示 Amos 曾產製了 78,869*128 個參數樣本點，但只保留了 78,369 個樣本（式中的*號後之 128 表示 Amos 已進行了 7 次瘦身的工作（$2^7 = 128$），因而僅保留了 1/128），式中 500 係內定 burn-in 樣本數（抽樣分配未聚斂前所拋棄的樣本數）。因為初期的樣本向量通常不是取樣於參數事後機率分配，Amos 會拋棄前 500 個樣本，僅利用剩下來的 78,369 個樣本進行參數之事後機率的推估。

圖 6-2　Bayesian SEM 分析視窗及 MCMC 相關之統計量

　　當您對 Bayesian SEM 分析結果滿意時，即可按下圖 6-2 之暫停鈕 ，查看或列印如表 6-1 的各參數估計值之摘要表。摘要表的內容輸出，研究者可以自訂。自訂時，請開啟 Bayesian SEM 分析表單中的 Options，即會出現圖 6-3 之 Options 視窗，並在該視窗中點選所需之統計量數。表 6-1 的輸出內容: Mean、Standard deviation、Convergence Statistics、0.95 Credible interval，即是勾選圖 6-3 中選項的各項統計摘要表。

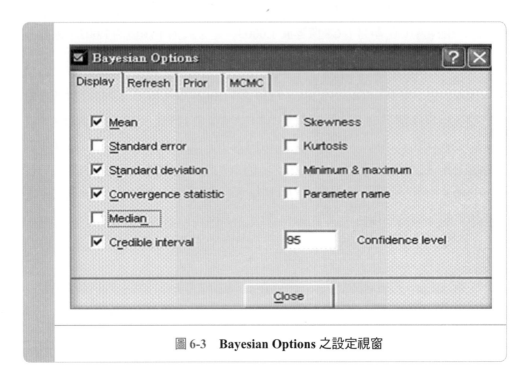

圖 6-3　**Bayesian Options** 之設定視窗

　　表 6-1 中的 Mean，係當 N = 59 時，由 78,369 個 MCMC 樣本點所計算出來的各參數估計值之平均數，S. D. 係各參數估計值之標準差，C. S. 則係各參數估計值之聚斂統計值，而 95% Lower bound 與 95% Upper bound 係各參數估計值的 0.95 上下信賴區間。

二、抽出約 20% 之樣本（n = 138）

　　以下係當 N = 138 時，貝氏 SEM 統計分析的結果，執行過程與方法如同前述。在本例中 CS 值等於 1.0013，遠小於 Amos 內定閥值的 1.002。因此，在圖 6-4 右上方中視窗會出現笑臉 😊 。

表6-1　**Bayesian SEM 分析之各參數估計值的摘要表（N = 59）**

Regression weights	Mean	S. D.	C. S.	95% Lower bound	95% Upper bound
家長支持 <--社會支持	0.445	0.103	1.000	0.251	0.656
主任支持 <--社會支持	0.543	0.094	1.000	0.365	0.736
同事支持 <--社會支持	0.335	0.080	1.000	0.181	0.497
親友支持 <--社會支持	0.500	0.090	1.000	0.329	0.686
身心健康 <--工作壓力	0.294	0.324	1.001	-0.364	0.894
專業知能 <--工作壓力	0.689	0.138	1.000	0.420	0.961
身心健康 <--社會支持	-0.134	0.106	1.000	-0.345	0.069
社會功能不良 <--身心健康	0.547	0.067	1.000	0.418	0.680
生理症狀 <--身心健康	0.881	0.100	1.000	0.688	1.083
工作壓力 <--社會支持	-0.174	0.142	1.000	-0.412	0.130
身心健康 <--內外控	0.005	0.222	1.000	-0.419	0.482
工作壓力 <--內外控	0.460	0.148	1.000	0.215	0.770
內控 <--內外控	0.380	0.094	1.000	0.198	0.569
外控 <--內外控	0.427	0.097	1.000	0.242	0.624

161

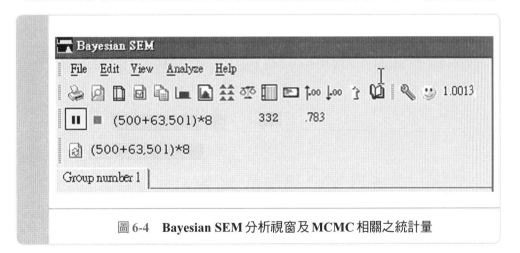

圖 6-4　**Bayesian SEM 分析視窗及 MCMC 相關之統計量**

　　圖6-4左下方中，（500 + 63,501）*8表示Amos 曾產製了 64,001*8 個參數樣本點，但只保留了 63,501 個樣本（式中的*8 表示Amos 已進行了三次瘦身的工作，因而僅保留了 1/8），式中 500 係內定 burn-in 樣本數（抽樣分配未聚斂前所拋棄的樣本數）。按下暫停鈕後，研究者即可查看如表 6-2 的 Bayesian SEM 分析結果。

表6-2　**Bayesian SEM分析之各參數估計值的摘要表（N = 138）**

Regression weights	Mean	S. D.	C. S.	95% Lower bound	95% Upper bound
家長支持<--社會支持	0.491	0.066	1.001	0.362	0.627
主任支持<--社會支持	0.521	0.065	1.001	0.394	0.652
同事支持<--社會支持	0.434	0.044	1.001	0.352	0.523
親友支持<--社會支持	0.466	0.048	1.000	0.374	0.562
身心健康<--工作壓力	0.300	0.175	1.001	-0.066	0.617
專業知能<--工作壓力	0.642	0.106	1.001	0.441	0.858
身心健康<--社會支持	0.132	0.071	1.001	0.004	0.288
社會功能不良<--身心健康	0.607	0.059	1.001	0.495	0.731
生理症狀<--身心健康	0.933	0.103	1.001	0.737	1.142
工作壓力<--社會支持	-0.077	0.078	1.001	-0.220	0.084
身心健康<--內外控	0.312	0.111	1.001	0.122	0.560
工作壓力<--內外控	0.312	0.085	1.000	0.153	0.488
內控<--內外控	0.394	0.061	1.001	0.280	0.519
外控<--內外控	0.395	0.060	1.001	0.282	0.514

　　表 6-2 中的 Mean，係當 N = 138 時，由 63,501 個 MCMC 樣本點所計算出來的各參數估計值之平均數，其中 S. D. 係各參數估計值之標準差，C. S. 則係各參數估計值之聚斂統計值，而 95% Lower bound 與 95% Upper bound 係各參數估計值 0.95 之上下信賴區間。

三、抽出約 30% 之樣本（N = 201）

　　在本例中，N = 201，Bayesian SEM 分析視窗中的 CS 值等於 1.0002，遠小於 Amos 內定閾值的 1.002。因此，在圖 6-5 右上方中視窗會出現笑臉 。

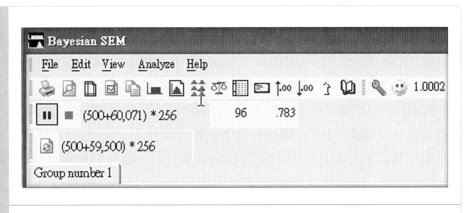

圖 6-5　**Bayesian SEM 分析視窗及 MCMC 相關之統計量**

　　圖 6-5 左下方中，（500 + 60,071）*256 表示 Amos 曾產製了 60,571*256 個參數樣本點，但只保留了 60,071 個樣本（式中的*256 表示 Amos 已進行了八次瘦身的工作，因而僅保留了 1/256），式中 500 係內定 burn-in 樣本數（抽樣分配未聚斂前所拋棄的樣本數）。表 6-3 係當 N = 201 時，Bayesian SEM 的統計分析結果。

表6-3　**Bayesian SEM 分析之各參數估計值的摘要表（N = 201）**

Regression weights	Mean	S. D.	C. S.	95% Lower bound	95% Upper bound
家長支持 <-- 社會支持	0.478	0.052	1.000	0.377	0.582
主任支持 <-- 社會支持	0.484	0.054	1.000	0.379	0.593
同事支持 <-- 社會支持	0.394	0.040	1.000	0.317	0.473
親友支持 <-- 社會支持	0.399	0.043	1.000	0.316	0.485
身心健康 <-- 工作壓力	0.230	0.195	1.000	-0.198	0.514
專業知能 <-- 工作壓力	0.726	0.088	1.000	0.555	0.903
身心健康 <-- 社會支持	-0.004	0.062	1.000	-0.110	0.130
社會功能不良 <-- 身心健康	0.580	0.053	1.000	0.479	0.688
生理症狀 <-- 身心健康	0.877	0.088	1.000	0.708	1.055
工作壓力 <-- 社會支持	-0.017	0.068	1.000	-0.137	0.134
身心健康 <-- 內外控	0.228	0.129	1.000	0.044	0.520
工作壓力 <-- 內外控	0.379	0.073	1.000	0.250	0.540
內控 <-- 內外控	0.346	0.049	1.000	0.250	0.444
外控 <-- 內外控	0.413	0.053	1.000	0.311	0.518

表6-3中的Mean，係由當N = 201時，78,369個MCMC樣本點所計算出來的各參數估計值之平均數，其中S. D.係各參數估計值之標準差，C. S.則係各參數估計值之聚斂統計值，而95% Lower bound與95% Upper bound係各參數估計值之0.95上下信賴區間。

圖6-6中的數據係在三種樣本大小（N = 59，N = 138，N = 201），各參數之估計平均值（B～D欄位）、各參數之母數（N = 630，E欄）、及各參數在三種樣本大小上的估計誤差（F～H欄位），這些數據將供SPSS製作圖6-7與6-8時，等待呼叫之變項資料。

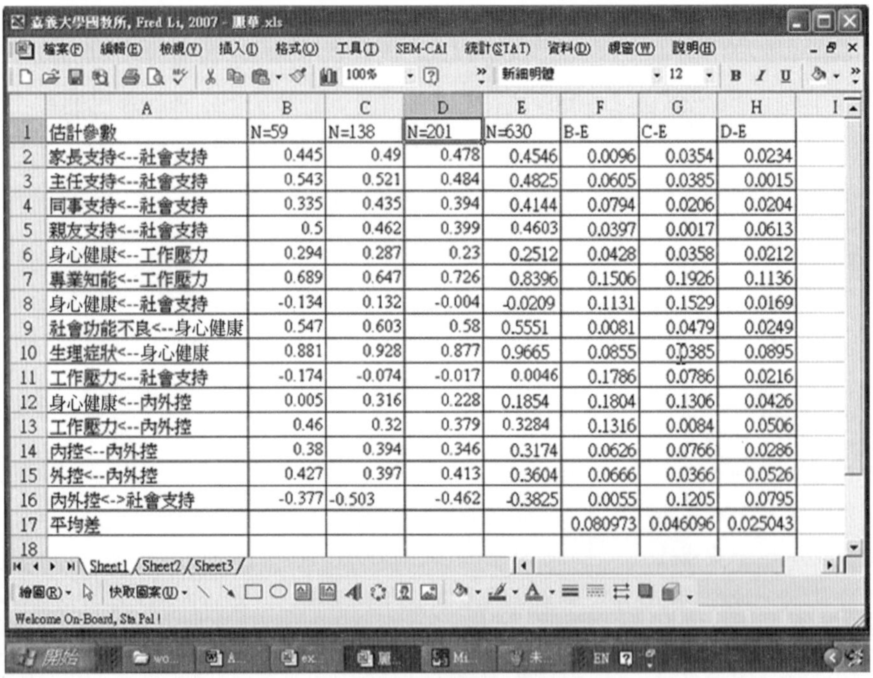

	A	B	C	D	E	F	G	H
1	估計參數	N=59	N=138	N=201	N=630	B-E	C-E	D-E
2	家長支持<--社會支持	0.445	0.49	0.478	0.4546	0.0096	0.0354	0.0234
3	主任支持<--社會支持	0.543	0.521	0.484	0.4825	0.0605	0.0385	0.0015
4	同事支持<--社會支持	0.335	0.435	0.394	0.4144	0.0794	0.0206	0.0204
5	親友支持<--社會支持	0.5	0.462	0.399	0.4603	0.0397	0.0017	0.0613
6	身心健康<--工作壓力	0.294	0.287	0.23	0.2512	0.0428	0.0358	0.0212
7	專業知能<--工作壓力	0.689	0.647	0.726	0.8396	0.1506	0.1926	0.1136
8	身心健康<--社會支持	-0.134	0.132	-0.004	-0.0209	0.1131	0.1529	0.0169
9	社會功能不良<--身心健康	0.547	0.603	0.58	0.5551	0.0081	0.0479	0.0249
10	生理症狀<--身心健康	0.881	0.928	0.877	0.9665	0.0855	0.0385	0.0895
11	工作壓力<--社會支持	-0.174	-0.074	-0.017	0.0046	0.1786	0.0786	0.0216
12	身心健康<--內外控	0.005	0.316	0.228	0.1854	0.1804	0.1306	0.0426
13	工作壓力<--內外控	0.46	0.32	0.379	0.3284	0.1316	0.0084	0.0506
14	內控<--內外控	0.38	0.394	0.346	0.3174	0.0626	0.0766	0.0286
15	外控<--內外控	0.427	0.397	0.413	0.3604	0.0666	0.0366	0.0526
16	內外控<->社會支持	-0.377	-0.503	-0.462	-0.3825	0.0055	0.1205	0.0795
17	平均差					0.080973	0.046096	0.025043
18								

圖6-6　貝氏SEM參數估計平均值及其在不同樣本上之平均差

圖6-6中變項B-E，表示相關參數估計值在樣本N = 59與母群N = 630上的差異值，其餘變項C-E與D-E，同此定義。由圖6-6底部最後一行之三個不同平均誤差來看，整體觀之，三個參數平均差均在0.081以下，而Bayesian SEM參數估

計誤差的平均差隨著樣本的增大而逐漸變小。

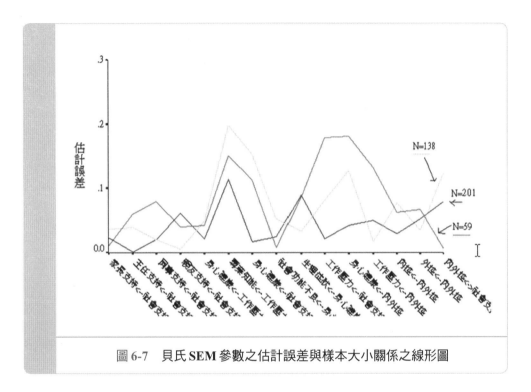

圖 6-7　貝氏 SEM 參數之估計誤差與樣本大小關係之線形圖

　　另外，由圖 6-7 上三個不同樣本之誤差曲線整體觀之，N = 201 的曲線所代表的各參數估計值之誤差（與母數之差距）最小，而 N = 59 的曲線所代表的各參數估計值之誤差（與母數之差距）最大，亦顯現出樣本愈大其參數之估計誤差則愈小。這意味著，雖然 Bayesian SEM 較適合於小樣本上之資料分析，但是所使用之樣本仍然不可過小。值得注意的是，工作壓力對專業知能上之參數估計誤差出現異常的反應型態，而且其參數估計誤差亦最大。

　　研究者如欲將圖 6-7 的線形圖轉換成條圖，亦可利用 SPSS 之圖形編輯器或利用 SPSS 之條圖定義視窗，即可轉換成圖 6-8 的貝氏 SEM 參數估計誤差與樣本大小關係之條圖。讀者從此條圖，當能更清楚分辨出各參數在不同樣本上之估計誤差大小。一般來說，B-E（N = 59）的條件下，估計誤差最大，而 D-E（N = 201）的條件下，估計誤差最小。

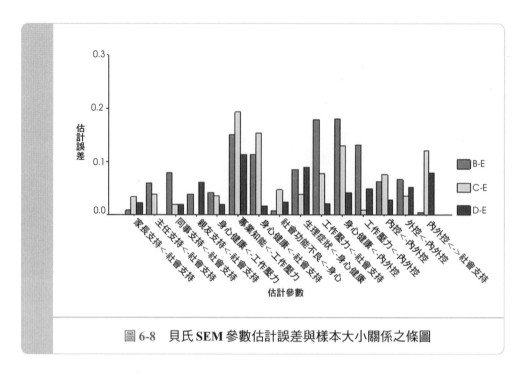

圖 6-8　貝氏 SEM 參數估計誤差與樣本大小關係之條圖

前述圖 6-7 之線形圖與圖 6-8 之條圖，係利用 SPSS 的統計圖下之線形圖製作出來的，製作的步驟簡述如下：首先，點選如圖 6-9 之「複線圖」，並點選個別觀察值數值。接著按下定義按鈕，即會出現圖 6-10 線形圖之定義視窗。

在圖 6-10 線形圖之定義視窗中，研究者須將曲線所欲代表的變數，輸入於線形圖表示視窗中，並輸入類別軸變項，最後按下確定即可。

貳、Bootstrapping 之參數估計誤差與抽樣樣本大小之關係

以下之實徵模擬研究，旨在研究 Bootstrapping 參數估計誤差與抽樣樣本大小之關係。如同前述，仍利用 SPSS 的資料隨機抽取程序，分別從原始之母群（N = 630）中各約抽取 10%、20%、30% 的樣本，作為 Bootstrapping 分析的原始樣本。進行 Bootstrapping 時，必須先在圖 6-11 之分析屬性視窗中 Bootstrap 下勾選「Perform Bootstrap」、「Bias-corrected Confidence Intervals」（並輸入信心水準 95%）與「Bootstrap ML」，並輸入 Number of bootstrap samples，接著點選「Analyze」表單下的「Calculate Estimates」。

圖 6-9　線形圖型態之選擇視窗

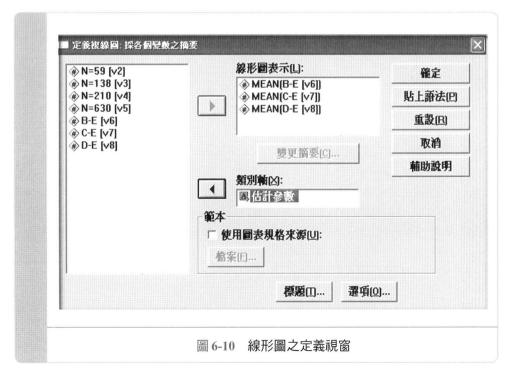

圖 6-10　線形圖之定義視窗

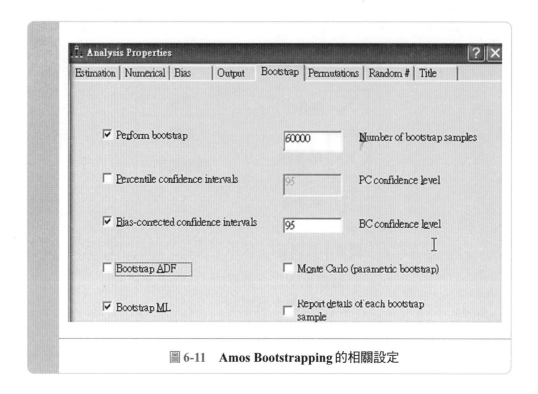

圖 6-11　**Amos Bootstrapping** 的相關設定

一、當 N = 59 時

　　Amos Bootstrapping 的分析，在分析的屬性視窗中設定完後，按照正常的 SEM 執行程序，即可獲得如表 6-4 之分析結果。

表6-4 **Bootstrapping** 分析之各參數估計值的要表（N = 59）

Parameter			Estimate	Lower	Upper
工作壓力	<---	社會支持	-0.1807	-0.4068	0.1071
工作壓力	<---	內外控	0.4047	0.0524	0.6779
身心健康	<---	工作壓力	0.3248	-1.0533	1.1371
身心健康	<---	社會支持	-0.1218	-0.4699	0.1273
身心健康	<---	內外控	-0.0116	-0.6525	0.6080
心理症狀	<---	身心健康	1.0000	1.0000	1.0000
變革適應	<---	工作壓力	1.0000	1.0000	1.0000
工作負荷	<---	工作壓力	1.0000	1.0000	1.0000
家長支持	<---	社會支持	0.4112	0.1985	0.7410
主任支持	<---	社會支持	0.5071	0.2465	0.6973
同事支持	<---	社會支持	0.3135	0.0576	0.4839
親友支持	<---	社會支持	0.4635	0.2238	0.6630
專業知能	<---	工作壓力	0.6961	0.2763	1.0996
社會功能不良	<---	身心健康	0.5499	0.3950	0.7111
生理症狀	<---	身心健康	0.8842	0.7151	1.1313
內控	<---	內外控	0.3793	0.1769	0.5669
外控	<---	內外控	0.4247	0.2710	0.5963
內外控	<-->	社會支持	-0.3534	-0.6650	0.0874

二、當 N = 138 時

Amos 的操作方法如同前述，表 6-5 係當 N = 138 時，Bootstrapping 分析之結果。

表6-5 **Bootstrapping** 分析之各參數估計值的摘要表（**N = 59**）

Parameter			Estimate	Lower	Upper
工作壓力	<---	社會支持	-0.0857	-0.2410	0.0804
工作壓力	<---	內外控	0.2949	0.1336	0.4685
身心健康	<---	工作壓力	0.3290	-0.1277	0.6870
身心健康	<---	社會支持	0.1134	-0.0133	0.2854
身心健康	<---	內外控	0.2778	0.1064	0.6056
心理症狀	<---	身心健康	1.0000	1.0000	1.0000
變革適應	<---	工作壓力	1.0000	1.0000	1.0000
工作負荷	<---	工作壓力	1.0000	1.0000	1.0000
家長支持	<---	社會支持	0.4751	0.3566	0.6006
主任支持	<---	社會支持	0.5040	0.3679	0.6281
同事支持	<---	社會支持	0.4211	0.3303	0.5098
親友支持	<---	社會支持	0.4490	0.3485	0.5368
專業知能	<---	工作壓力	0.6440	0.4139	0.9284
社會功能不良	<---	身心健康	0.6030	0.4524	0.7568
生理症狀	<---	身心健康	0.9306	0.7208	1.1743
內控	<---	內外控	0.3929	0.2617	0.5108
外控	<---	內外控	0.3970	0.2583	0.5269
內外控	<-->	社會支持	-0.4865	-0.7175	-0.2128

三、當 N = 201 時

Amos 的操作方法如前，表 6-6 係當 N = 201 時，Bootstrapping 分析的結果。

表6-6　**Bootstrapping** 分析之各參數估計值之摘要表（**N = 201**）

Parameter			Estimate	Lower	Upper
工作壓力	<---	社會支持	-0.0317	-0.1497	0.1127
工作壓力	<---	內外控	0.3556	0.2312	0.5028
身心健康	<---	工作壓力	0.2746	-0.1374	0.5489
身心健康	<---	社會支持	-0.0159	-0.1347	0.1138
身心健康	<---	內外控	0.1951	0.0268	0.4615
心理症狀	<---	身心健康	1.0000	1.0000	1.0000
變革適應	<---	工作壓力	1.0000	1.0000	1.0000
工作負荷	<---	工作壓力	1.0000	1.0000	1.0000
家長支持	<---	社會支持	0.4680	0.3686	0.5640
主任支持	<---	社會支持	0.4748	0.3420	0.5864
同事支持	<---	社會支持	0.3857	0.2926	0.4676
親友支持	<---	社會支持	0.3908	0.3013	0.4708
專業知能	<---	工作壓力	0.7263	0.5428	0.9183
社會功能不良	<---	身心健康	0.5802	0.4515	0.7066
生理症狀	<---	身心健康	0.8776	0.7144	1.0511
內控	<---	內外控	0.3467	0.2366	0.4510
外控	<---	內外控	0.4164	0.3059	0.5234
內外控	<-->	社會支持	-0.4452	-0.6493	-0.2048

　　圖 6-12 中的數據係在三種樣本大小（N = 59，N = 138，N = 201），各參數之估計平均值（B～D 欄位）、各參數之母數（N = 630，E 欄）及各參數在三種樣本大小上的估計誤差（F～H 欄位），這些數據將供 SPSS 製作圖 6-13 之 Bootstrapping 的估計誤差與樣本大小關係之線形圖。

	A	B	C	D	E	F	G	H
1	估計參數	N=59	N=138	N=201	N=630	B-E	C-E	D-E
2	家長支持<--社會支持	0.4112	0.4751	0.468	0.4546	0.0434	0.0205	0.0134
3	主任支持<--社會支持	0.5071	0.504	0.4748	0.4825	0.0246	0.0215	0.0077
4	同事支持<--社會支持	0.3135	0.4211	0.3857	0.4144	0.1009	0.0067	0.0287
5	親友支持<--社會支持	0.4635	0.449	0.3908	0.4603	0.0032	0.0113	0.0695
6	身心健康<--工作壓力	0.3248	0.329	0.2746	0.2512	0.0736	0.0778	0.0234
7	專業知能<--工作壓力	0.6961	0.644	0.7263	0.8396	0.1435	0.1956	0.1133
8	身心健康<--社會支持	-0.1218	0.1134	-0.0159	-0.0209	0.1009	0.1343	0.005
9	社會功能不良<--身心健康	0.5499	0.603	0.5802	0.5551	0.0052	0.0479	0.0251
10	生理症狀<--身心健康	0.8842	0.9306	0.8776	0.9665	0.0823	0.0359	0.0889
11	工作壓力<--社會支持	-0.1807	-0.0857	-0.0317	0.0046	0.1853	0.0903	0.0363
12	身心健康<--內外控	-0.0116	0.2778	0.1951	0.1854	0.197	0.0924	0.0097
13	工作壓力<--內外控	0.4047	0.2949	0.3556	0.3284	0.0763	0.0335	0.0272
14	內控<--內外控	0.3793	0.3929	0.3467	0.3174	0.0619	0.0755	0.0293
15	外控<--內外控	0.4247	0.397	0.4164	0.3604	0.0643	0.0366	0.056
16	內外控<->社會支持	-0.3534	-0.4865	-0.4452	-0.3825	0.0291	0.104	0.0627
17	平均差					0.079433	0.041439	0.025556

圖6-12 **Bootstrapping參數估計平均值及其在不同樣本上之平均差**

由圖6-12底部最後一行之三個不同平均誤差整體觀之，三個參數平均差均在0.0795以下，而Bootstrapping參數估計誤差的平均差隨著樣本的增大，其參數估計誤差之平均差則逐漸變小，圖6-13的線形圖亦顯示出趨勢：樣本愈大，誤差愈小。此種反應型態與前述之Bayesian SEM非常相似。

誠如Marcoulides與Schumacker（1996）所言，Bootstrapping（或Bayesian SEM）並非小樣本問題的萬靈丹，我們不能期望利用Bootstrapping（或Bayesian SEM）就能滿意的解決樣本過小而不具代表性的問題，適度且具代表性的樣本大小仍是SEM分析時基本要求。

參、傳統SEM之參數估計誤差與抽樣樣本大小之關係

圖6-14中的資料，係傳統SEM參數估計平均值及其在不同樣本上之平均誤差

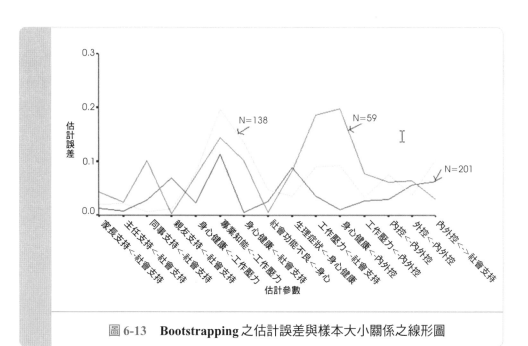

圖 6-13　**Bootstrapping** 之估計誤差與樣本大小關係之線形圖

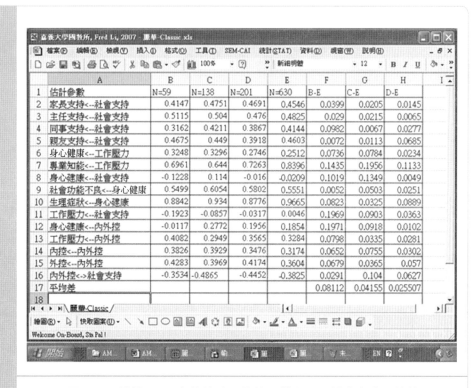

圖 6-14　傳統 **SEM** 參數估計平均值及其在不同樣本上之平均差

　　根據圖 6-14 的數字資料，可圖示如圖 6-15，均反映出，在抽出樣本為 20% 時，估計誤差在工作壓力對專業知能的估計參數上出現偏高現象而在抽出樣本為 10% 時，社會支持對工作壓力的估計參數與內、外控對身心健康的估計參數上亦出現偏高現象，這可能反映出測量誤差、受試者有無認真作答及抽樣誤差的問題。

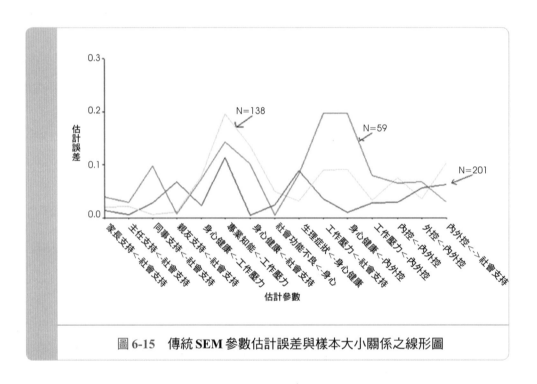

圖 6-15　傳統 SEM 參數估計誤差與樣本大小關係之線形圖

肆、貝氏 SEM 與 Bootstrapping SEM 之相對效能分析

表6-7　三種統計方法在不同樣本上之平均誤差

	N = 59	N = 138	N = 210
傳統 SEM	.08097	.04609	.02504
貝氏 SEM	.07943	.04144	.02556
Bootstrapping	.08122	.04155	.02551

　　根據圖6-7、圖6-13與圖6-15中的線形圖比較分析知，三種統計方法之平均誤差的型態相當類似，再由表6-7之平均誤差統計量來看，三種統計方法之平均誤差的實質差異型態亦很類似。當樣本逐漸增大時，三種統計方法之平均誤差的分析結果愈趨於一致。值得注意的是，當樣本愈小時，貝氏 SEM 的估計誤差為最小。因此，Bayesian SEM 與 Bootstrapping SEM 的效能不相上下；而且參數估計誤差與抽樣樣本大小成反比，抽樣百分比愈大者，其參數之估計誤差愈小。這似乎意味著 Bayesian SEM 的應用雖然可以降低參數之估計誤差，但仍然不能忽視樣本大小的問題。換言之，由 Bayesian SEM 與傳統 SEM參數估計誤差與樣本大小關係之線形圖加以一一對比分析可以發現，不管樣本大小，其各參數之曲線輪廓在 Bayesian SEM 與傳統 SEM 上非常類似。原本在原始抽取樣本上的參數估計誤差較大者，在 Bayesian SEM 上，其參數估計誤差仍然較大；例如，工作壓力對專業知能的估計參數、社會支持對工作壓力的估計參數與內外控對身心健康的估計參數。這反映出，測量工具的效能與受試者是否有認真作答或原始抽樣要具有代表性的重要性，利用 Bayesian SEM 或 Bootstrapping的資料複製方法並無法有效改善抽樣誤差的缺陷。綜合觀之，Bayesian SEM 或Bootstrapping雖然被認為較適合於小樣本上之應用，以降低參數之估計誤差，但測量工具之信效度與樣本之大小、代表性仍然會嚴重影響參數的正確估計。尤其原始的抽取樣本如果太小或不具有代表性，不管是 Bayesian SEM 或 Bootstrapping似乎均無法有效改善參數估計值的正確性。

本章習題

1. 簡述 Bayesian SEM 與 Bootstrapping SEM 的使用時機。
2. 比較說明 Bayesian SEM 與 Bootstrapping SEM 的相對效能。

Chapter

07

複核效度之意義與
應用實例

　　本章旨在介紹複核效度（cross-validation）及其在 SEM 上的應用分析。Hoyle 與 Panter（1995）曾呼籲在所有的 SEM 分析上，皆應進行效度複核的研究以檢驗模式的正確性、預測力與推論性，尤其是經過事後修正的理論模式。MacCallum 等人（1992）針對心理學雜誌上的 SEM 模式研究中，經過修正後有無進行效度複核，結果發現鮮少研究者進行效度複核，而 Holbert 與 Stephenson（2002）針對溝通科學的 SEM 論文評析，發現幾乎沒有研究者進行效度複核，這些研究發現值得其他領域的研究者警惕。

壹、複核效度的意義與策略

　　複核效度是指測量的結果具有跨樣本（或跨情境）的有效性，通常用來檢驗理論模式之穩定性、推論性及抽樣之代表性。在結構方程模式中，一個理想模式在不同樣本（通常來自同一母群）上出現的一致程度，即稱之為模式的複核效度。假如該結構方程模式（尤其是測量模式）代表的是一個測量工具的因素結構，所得的結果即為測量工具的複核效度。由此觀之，SEM 複核效度類似於複製研究（replications）。複核效度的考驗，依照 MacCallum、Roznowski、Mar 與 Reith（1994）引自 Bentler（1980）的定義，效度複核的主要策略有三：

1. **寬鬆複核取向**（loose replication strategy）

　　效度樣本僅須維持與估計模式相同的因素結構設定，參數無須進行任何等同設定，所有的參數均開放估計。

2. **適中複核取向**（moderate replication strategy）

　　指效度樣本的部分參數必須套用估計樣本的參數數據，也就是說效度模式中的部分參數必須進行樣本間等同限制。此取向，一般慣用的策略亦有三種：

　　(1)固定因素負荷量，其餘全部開放估計，

　　(2)固定加權係數，只開放估計變異數或共變數，

　　(3)固定結構係數，只開放估計測量誤差及殘差之變異數或共變數。

3. **嚴謹複核取向**（tight replication strategy）

　　嚴謹複核策略不只兩個樣本之間具有完全相等的模式設定，同時對等參數的數值也完全設定為相等，無須進行任何參數的估計。嚴格來說，將測量誤差及殘差之變異數或共變數進行等同之限制，常是不切實際的做法，因為

各個樣本間必然會有或多或少的變異量。因此，固定因素負荷量與結構係數，是較務實的做法。

貳、複核效度統計分析程序

根據 Cudeck 與 Browne（1983）的做法，SEM 複核效度的步驟主要有二：

首先，將樣本切割為兩個樣本，利用多樣本模型分析針對同一個假設模式進行估計，其中一個樣本稱為估計樣本（calibration sample），另一個樣本則為效度樣本（validation sample）。假如這兩個樣本的角色互換，就是效度雙複核（double cross-validation）的考驗。其次，在估計樣本上進行 SEM 模式參數之估計後，將所得之參數估計值，套入先前在估計樣本上所使用的模式中（因此不須進行任何參數之估計），進行理論模式在效度樣本上之考驗。值得一提的是，此分析的適配差異函數值會等於複核效度指標（cross-validation index, CVI_k），其計算公式為：

$$CVI_k = F|S_b, \Sigma \hat{\lambda}_{k|a}|$$

$\Sigma \hat{\lambda}_{k|a}$ 表示 a 樣本之參數估計值套入 k 模式的 b 樣本中；因此，此 CVI_k 係一種雙樣本的 CVI 指標。

除了 CVI_k 指標之外，Browne 與 Cudeck（1989）又提出利用單一樣本估計出來的 ECVI（Expected cross-validation index）指標，ECVI 指標係指所提議之模式在另一獨立樣本上的可能適配程度。ECVI 亦可用來評估 non-nested 模式，以選擇較佳之模式，通常希望 ECVI 的值愈小愈好。Amos 亦提供此指標，其計算公式為 ECVI=Fmin*(2q)/(N-1)，q 代表帶估計之參數數目，當 q=0 時（不估計任何參數），ECVI=Fmin。由此公式可推知，影響複核效度的因素包含模式品質、因素負荷量大小、模式複雜度（參數個數）、樣本大小與抽樣代表性。例如，測量模式較佳時或愈簡單的模式在較小樣本上，其複核效度通常會較佳；而愈複雜的模式在較大的樣本上，其複核效度會較佳（MacCallum, Roznowski, Mar & Reith, 1994; Whittaker & Stapleton, 2006）。通常複核效度指標的值會大於估計樣本所得的差異函數值，因為估計樣本之參數值解永遠會比在效標樣本上來得更適配。至於複核效度的統計方法與檢驗對象摘要如下，以供研究者參考：

表7-1 複核效度的檢驗方法與對象

複核策略	檢驗對象	統計方法
寬鬆取向	因素結構	個別 SEM 分析、$\Delta\chi^2$ 分析
適中取向	結構+部分參數	多群組恆等性分析，ECVI 法
嚴謹取向	結構+全部參數	多群組恆等性分析，ECVI 法

參、複核效度的不同形式與內容

複核效度會因母群之異同與模式之多寡，而有不同的檢驗內涵（邱皓政，2004；黃芳銘，2004），參見表 7-2。

表7-2 複核效度的不同形式與內容

模式數目	效度樣本來源	
	相同母體	不同母體
單一模式	模式穩定性	效度延伸性
多重模式	模式選擇性	效度類推性

前述 Cudeck 與 Browne（1983）的複核效度做法，即為模式穩定性（Model stability）的典型做法。這是一般研究者最感興趣的，也是最基本的焦點。模式穩定性成立了，在不同母群上進行效度延伸性（Validity extension）之考驗才有意義。同樣地，多重模式選擇性（Model selection）成立了，在不同母群上進行模式效度類推性（Validity generalization）之考驗才有意義。複核效度在多重模式的檢驗，旨在於模式的選擇，這是複核效度的另一用途。至於單一模式的統計分析方法，最常用的是 $\Delta\chi^2$ 分析，多重模式的統計分析方法，最常用的是多群組恆等性分析與 ECVI 比較法。

肆、Amos 應用實例分析與解釋

茲以吳麗華（2007）的碩士論文為例，說明如何進行測驗工具之複核效度考驗。考驗之方法除了利用「Manage Models」視窗之參數設限外（具體操作步驟請參考筆者（2006）之專書第九章），尚可利用以下兩種較省力的方法，進行測驗工具之複核效度考驗。

第一種，首先建構理論模式如圖 7-1 及利用「Manage Groups」視窗建立兩個群組：估計樣本與效度樣本，如圖 7-2。接著，移動滑鼠游標指向任一待估計之

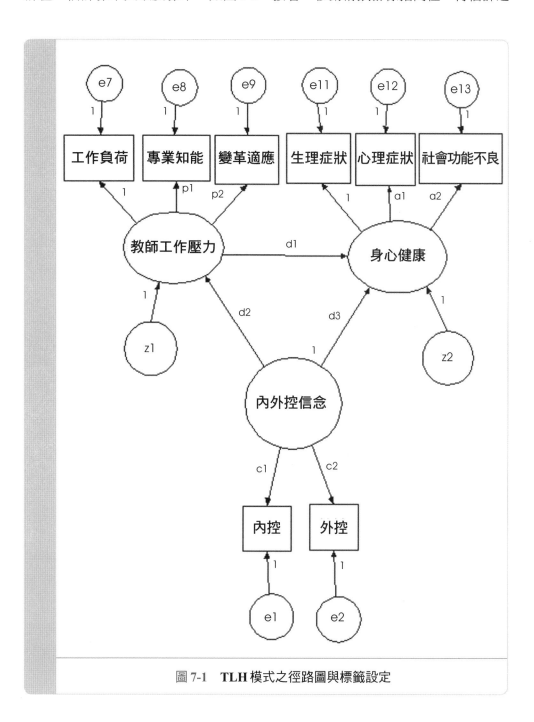

圖 7-1　TLH 模式之徑路圖與標籤設定

徑路（如教師工作壓力與專業知能之徑路物件），並按下滑鼠右鍵，即會出現圖 7-3 之物件屬性表單，接著點選此物件表單，就會出現圖 7-4 之物件屬性視窗，在此視窗中的「Regression weight」下，標註徑路名稱如 p1，並點選圖 7-4 之物件屬性視窗中的「All groups」，標註完畢之後同法再繼續其他參數徑路之名稱標註。點選物件屬性視窗中的「All Groups」，代表其他組的標籤亦是仿此標籤設定，因而可省去其他組參數標籤等同之設定工作，請參見完成圖 7-1。

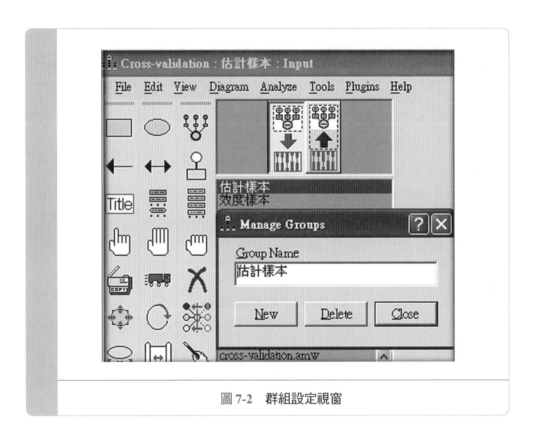

圖 7-2　群組設定視窗

　　第二種方法，係使用圖 7-5 之 Amos 多群組分析視窗，進行測驗工具之複核效度考驗，此種考驗途徑最為便捷，Amos 會依照您的模式設計，自動進行從最寬鬆到最嚴苛的組間參數等同之限制。

圖 7-3　物件屬性選目表單　　　　　　圖 7-4　物件屬性視窗

圖 7-5　**Amos** 多群組分析選目

　　點選圖 7-5 之多群組分析選目之後,即會自動出現圖 7-6 之多群組等同限制之設定視窗,可省去組間參數標籤相同之設定,表中之五個可能模式的內在設定，研究者亦可做增刪。例如，研究者如不須進行測量誤差等同的限制，就可將第 5 模式下的「∨」利用滑鼠右鍵點去。按下 OK 之後，Amos 即會開始進行多群組等同限制之分析。

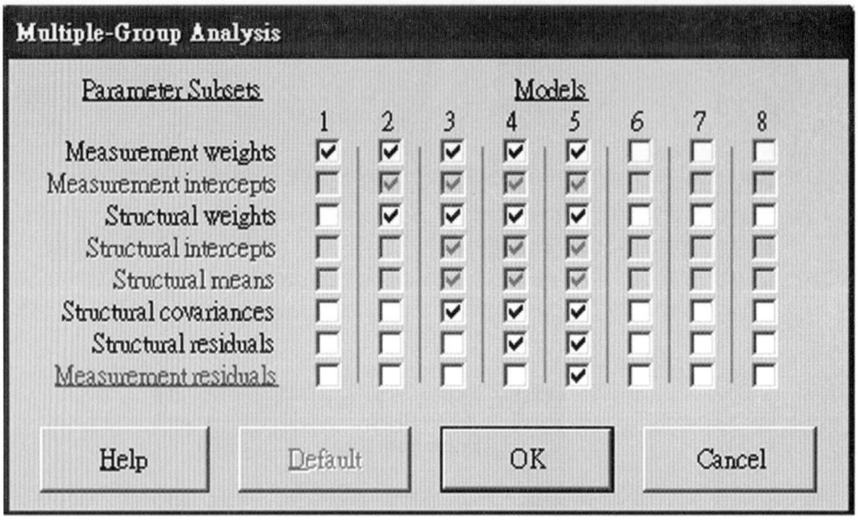

圖 7-6　**Amos 多群組分析之自動設定視窗**

　　為讓讀者先了解 TLH 模式在估計樣本及效度樣本上之適配情形，特先將第一種分析方法之 Unconstrained 模式所得結果，呈現於圖 7-7 與 7-8 徑路中，並將相關之統計分析結果摘要如表 7-3 所示。

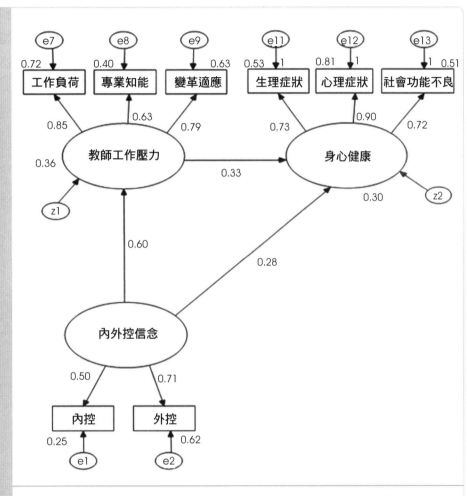

圖 7-7　**TLH 模式之徑路圖與標準化參數估計值（參數估計樣本）**

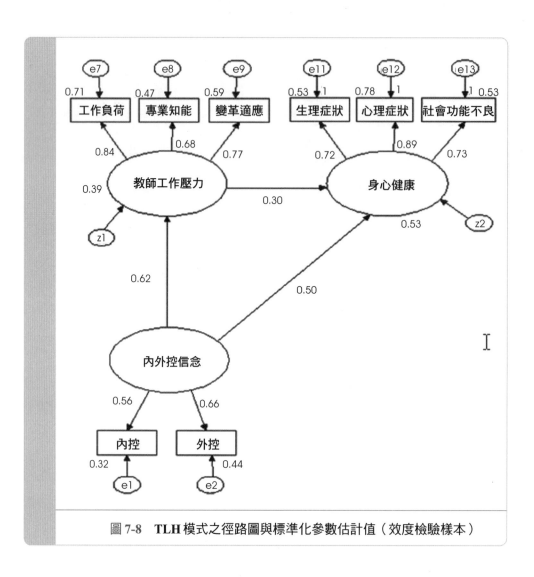

圖 7-8　TLH 模式之徑路圖與標準化參數估計值（效度檢驗樣本）

表7-3　**TLH 模式在參數估計樣本與效度檢驗樣本之整體模式適配度評鑑（N=315）**

指標名稱		適配標準	參數估計樣本	適配判斷	效度檢驗樣本	適配判斷
絕對適配指標	χ^2	χ^2愈小愈好 p 值至少大於＝0.05	19.828 df＝17 p＝0.28	是	32.582 df＝17 p＝0.01	否
	GFI	GFI>0.9 時，適配度佳	0.984	是	0.975	是
	AGFI	AGFI>0.9 時，適配度佳	0.967	是	0.946	是
	SRMR	SRMR<0.8 時，適配度佳	0.030	是	0.033	是
	RMSEA	RMSEA<0.05 良好適配 RMSEA<0.08 可接受門檻	0.023	是	0.054	是
	ECVI	ECVI 落入彼此之信賴區間內， 模式適配度佳	ECVI＝0.184 LO90＝0.175 HI90＝0.233	是	ECVI＝0.225 LO90＝0.185 HI90＝0.289	否
增值適配指標	NFI	NFI≥0.9 時，適配度佳	0.977	是	0.965	是
	TLI	TLI≥0.9 時，適配度佳	0.994	是	0.972	是
	CFI	CFI>0.95 時，適配度佳	0.997	是	0.983	是
	RFI	RFI>0.9 可接受 RFI≥0.95 時，適配度佳	0.962	是	0.942	是
精簡適配指標	PNFI	PNFI>0.5 時，適配度佳	0.593	是	0.586	是
	PGFI	PGFI>0.5 時，適配度佳	0.465	否	0.460	否
	AIC	AIC 愈小，適配度佳。	57.828	／	70.582	／
	CMIN/DF	CMIN/DF<1 過度適配， CMIN/DF>3 模式適配度不佳， 最好介於 1～3 之間	1.166	是	1.917	是

　　由圖 7-7、7-8 與表 7-3 的結果可知，不管「參數估計樣本」或「效度檢驗樣本」上，其徑路係數及 χ^2 值，從視覺上之判斷來看，其實質上的差異並不大，相關之適配指標的數值實質上的差異也不大。基本上這是構念型態上的等同考驗，旨在考驗因素個數或型態在組間是否相同。如欲利用較嚴謹之統計方法，可根據 Cudeck 與 Browne（1983）的寬鬆考驗做法，將所得之相對應參數估計值套入先前在估計樣本上所使用的模式中（亦即手動鍵入參數估計值，請參見圖 7-9），以檢驗在效度樣本上的適配度。執行結果獲得 F_{min}=0.105，df=36，χ^2=32.892，p=0.617，並證實了 F_{min}=ECVI=0.105。請注意圖 7-9 的理論模式上，並沒有任何參數需要重新估計，研究者旨在考驗該理論模式的參數值在新樣本上之適配度。

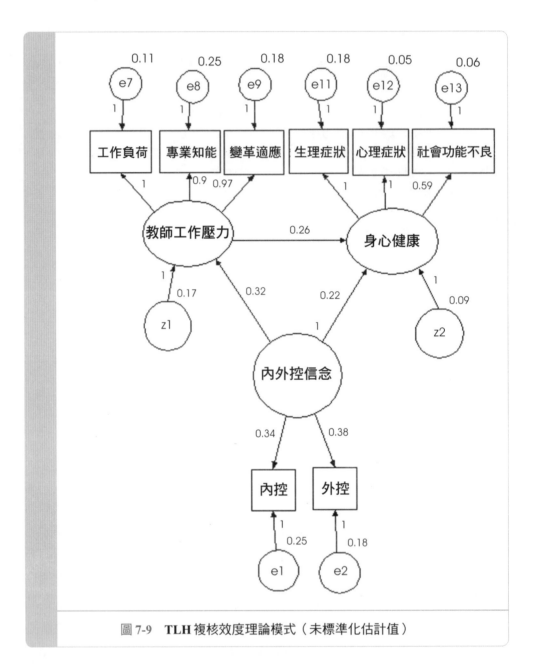

圖 7-9　**TLH 複核效度理論模式（未標準化估計值）**

　　另外，由於估計樣本數與效度樣本數相同，因此研究者亦可以進行這兩個樣本上之 χ^2 差異統計考驗，分析結果得：

　　$\Delta_{\chi^2}=32.892-19.828=13.064$，$\Delta_{df}=36-17=19$，p>0.05。因此，兩者之 χ^2 差異未達 0.05 之顯著水準，顯示出此 TLH 模式就因素型態上來說，不管從視覺上或

統計考驗來說均具有穩定的複核效度。至於其測量模式及結構模式之更嚴苛不變性考驗，亦可利用前述之多群組分析（參見圖 7-6），進一步考驗分析如下。

表7-4 **TLH 模式在參數估計樣本（N=315）與效度檢驗樣本（N=315）上之模式穩定性評鑑**

模式	參數	卡方	自由度	p值	RMSEA	NFI	ECVI (0.90 CI)
①未設限	38	52.41	34	0.023	0.029	0.971	0.204 (0.179～0.242)
②因素負荷量相等	32	58.40	40	0.030	0.027	0.968	0.195 (0.169～0.234)
③結構係數相等	29	61.36	43	0.034	0.026	0.966	0.190 (0.163～0.230)
④結構殘差相等	27	65.46	45	0.025	0.027	0.964	0.190 (0.162～0.231)
⑤測量殘差	19	72.56	53	0.038	0.024	0.960	0.176 (0.147～0.218)
②-①最鬆		5.99	6	0.424		0.003	
③-②		2.96	3	0.398		0.002	
④-③		4.10	2	0.128		0.002	
⑤-④最苛		7.10	8	0.526		0.004	

表 7-4 係為 Amos 多群組分析之摘要表。由表 7-4 上半部各個模式的p值（均小於 0.05）看來，雖然並無法接受虛無假設（模式與資料相適配），但 RMSEA 值均小於 0.05，NFI 均大於 0.95，ECVI 值亦均落在彼此的 0.90 信賴區間之內。再從表7-3 底部設限與未設限模式間之比較結果知，TLH 模式在參數估計樣本與效度檢驗樣本在構念型態（p=0.424）、構念層次量尺（p=0.398）、結構係數（p=0.128）與殘差變異量上（p=0.526）均具有組間不變性，而且NFI值亦均小於 0.05，符合Little（1997）之建議標準。因此，TLH 模式之穩定性通過了從最寬鬆到最嚴苛條件的統計考驗。

另外，由於 LISREL 在計算極小化函數及輸入之共變數矩陣是否為不偏估計值與Amos 的處理方法略有不同，假如研究者欲使Amos 與 LISREL 的分析結果相同，請進行以下的校正工作。

第一，在圖 7-10 分析屬性視窗「Estimation」內勾選「Emulisrel6」，此項

設定僅影響多群組的 SEM 分析，單群組分析完全不受影響，因為此時 χ^2 的計算為 $(N-G)F_{min}$（G 表組別數）。由此觀之，當您的極小化函數值 F_{min} 甚小時，「Emulisrel6」的影響力即不大了。

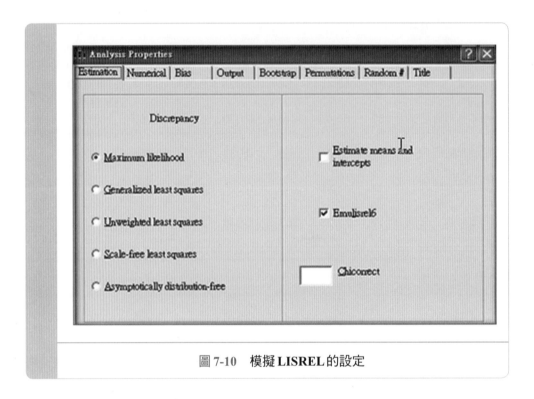

圖 7-10　模擬 **LISREL** 的設定

　　第二，在圖 7-11 分析屬性視窗「Bias」下，Covariances supplied as input 與 Covariances to be analyzed 的小視窗內均勾選「Unbiased」，亦即所輸入的共變數矩陣與待分析的共變數矩陣均為不偏估計值（分母除以 N-1）。經過這兩個步驟之處理，Amos 與 LISREL 或 EQS 的分析結果將完全相同。不過，當樣本逐漸增大時，不經上述之校正三個軟體間之分析差異，亦將漸趨於緩和。

　　綜合以上描述統計與推論統計來看，TLH 模式進行效度複核考驗之結果，「參數估計樣本」與「效度檢驗樣本」不管在內在結構模式適配度複核，所獲得的參數估計值，或在整體模式適配度複核，所獲得的適配度評鑑指標，實質上的差異都不大，且再經 χ^2 差異值之統計考驗亦未達 0.05 之顯著水準。因此，TLH 模式具有良好的複核效度，此模式相當穩定，具有可推論性。這亦反映出 TLH 之測量工具的表現極具穩定性，可有效用於相同母群的其他樣本上，亦即反應了極佳的樣本代表性。

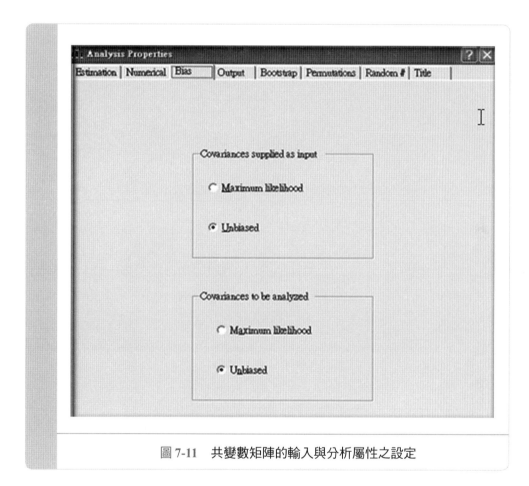

圖 7-11　共變數矩陣的輸入與分析屬性之設定

本章習題

1. 效度複核的策略有哪些？
2. 利用 Amos 進行效度複核，有哪些方法？

08

迴歸分析與變異數分析、SEM 分析的關係

因為變異數分析是迴歸分析的特例，而迴歸分析又是SEM分析的特例，乃特闢此章分析迴歸分析與變異數分析、SEM分析間之關聯性，以利研究者利用Amos進行平均數結構分析或迴歸分析。不論利用迴歸分析進行傳統變異數分析（ANOVA）或SEM進行迴歸分析，如遇自變項或預測變項是類別變項，均須先將類別變項進行編碼之工作。以下將以此主軸透過實例，說明與比較在迴歸分析或SEM分析中，類別變項編碼（Coding）的三種主要方法。據此以說明變異數分析、迴歸分析、SEM分析間之關係。

壹、虛擬編碼的意義與用途

虛擬編碼（Dummy Coding）之編碼方法係將所屬類組編為1，非所屬類組（當作控制組）編碼為0。最適用於有好幾個實驗組跟控制組的比較，各組樣本大小相等或不相等均適用。以下先以林清山（2002，頁396）的三種教學方法（電視、編序、啟發）的學習成績資料為例，利用SPSS建構資料檔如圖8-1所示：

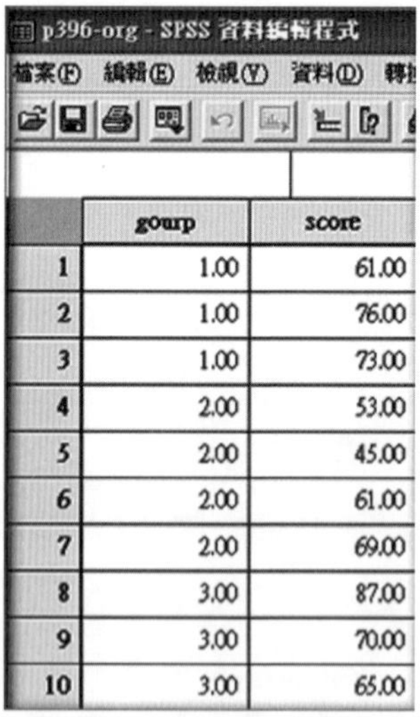

	gourp	score
1	1.00	61.00
2	1.00	76.00
3	1.00	73.00
4	2.00	53.00
5	2.00	45.00
6	2.00	61.00
7	2.00	69.00
8	3.00	87.00
9	3.00	70.00
10	3.00	65.00

圖8-1 SPSS所建構的資料檔

如果研究者利用傳統之ANOVA分析結果摘要如表8-1：分析的結果，發現三種教學方法（電視、編序、啟發）的學習成績，並無顯著差異（F = 2.772，p =

0.130，$\alpha = 0.05$）。

表8-1 三種教學方法之變異數分析摘要表

變異數同質性檢定

SCORE

Levene 統計量	分子自由度	分母自由度	顯著性
0.335	2	7	0.726

變異數分析

SCORE

	平方和	自由度	平均方和	F檢定	顯著性
組間	564.000	2	282.000	2.772	0.130
組內	712.000	7	101.714		
總和	1276.000	9			

　　表 8-2 則係利用虛擬編碼格式，將圖 8-1 之資料結構重新建構之新檔案。針對一個 g 組之類別變項加以編碼時，通常只需要 g-1 個虛擬變項，如表 8-2 中的 Group1 與 Group2。例如，最後一組啟發組的資訊，已可由 Group1 與 Group2 變項加以定義。很顯然地，啟發組的編碼在 Group1 與 Group2 變項上均為 0，表示它係用來作為控制組。

表8-2 虛擬編碼格式之資料檔

GROUP	Y	Group1	Group2
電	61	1	0
視	76	1	0
組	73	1	0
編	53	0	1
序	45	0	1
組	61	0	1
	69	0	1
啟	87	0	0
發	70	0	0
組	65	0	0

　　研究者如以表 8-2 之虛擬編碼之資料，以 Group1 與 Group2 變項為預測變項，以 Y 為效標，利用 SPSS 進行線性迴歸分析，可獲得如表 8-3 的結果。分析的結果亦發現三種教學方法（電視、編序、啟發）的學習成績，並無顯著差異（F = 2.772，p = 0.130，α = 0.05）。讀者不難發現變異數分析與迴歸分析所得的結果與結論都完全相同。以表 8-3 的未標準化係數，可建構以下之迴歸方程式：Y = 74-4Group1-17Group2。式中，當 Group1 與 Group2 均為 0 時，Y = 74，係控制組：啟發組的平均數。

表8-3　利用 SPSS 迴歸分析之摘要表

變異數分析[b]						
模式		平方和	自由度	平均平方和	F檢定	顯著性
1	迴歸	564.000	2	282.000	2.772	0.130[a]
	殘差	712.000	7	101.714		
	總和	1276.000	9			

a.預測變數：（常數），GROUP1, GROUP2
b.依變數：SCORE

係數[a]						
模式		未標準化係數		標準化係數		
		B 之估計值	標準誤	Beta 分配	t	顯著性
1	（常數）	74.000	5.823		12.709	0.000
	GROUP2	−17.000	7.703	−0.737	−2.207	0.063
	GROUP1	−4.000	8235	−1.62	−0.486	0.642

a.依變數：SCORE

　　根據表 8-2 之虛擬編碼格式資料，就可建構出如圖 8-2 的 Amos 迴歸徑路圖。接著，進行檔案連結時亦以此檔案為連結標的。注意，進行 Amos 之迴歸分析時，必須先在分析屬性視窗中勾選「Estimate means & intercepts」，以便進行平均數結構分析。

　　Amos 的迴歸分析結果，如圖 8-3 所示。利用此徑路圖中的相關參數估計值，就可建構出以下之迴歸方程式：$Y=74-4Group_1-17Group_2$。本例為三組間之比較，故只需兩個虛擬變項，$Group_1$ 與 $Group_2$。因第三組為控制組，上式中之截距：『74』為控制組之平均數。$Group_1$ 之迴歸係數『−4』為第一組平均數與控制

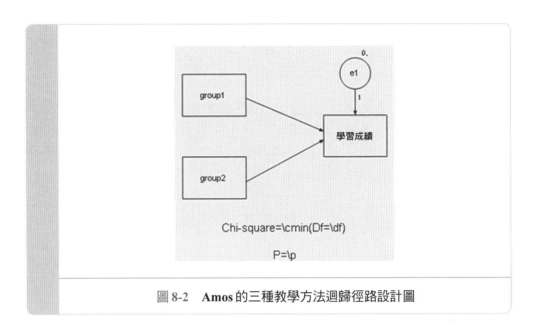

圖 8-2　Amos 的三種教學方法迴歸徑路設計圖

組平均數之差（70–74），此迴歸係數的 t 考驗等於 SPSS 中事後考驗 LSD 法的考驗結果；而 $Group_2$ 之迴歸係數『 -17 』為第二組平均數與控制組平均數之差，因此，第二組之平均數為 57。又從圖 8-4 中 $Group_1$ 與 $Group_2$ 之相關（ -0.53 ）可推知，$Group_1$ 與 $Group_2$ 之多重比較係非正交比較。

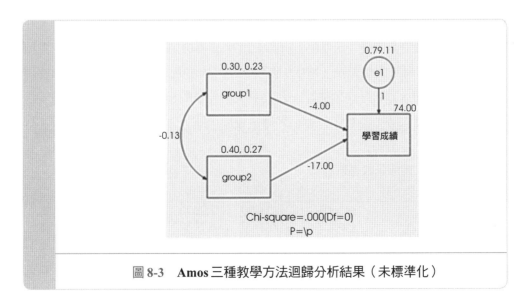

圖 8-3　Amos 三種教學方法迴歸分析結果（未標準化）

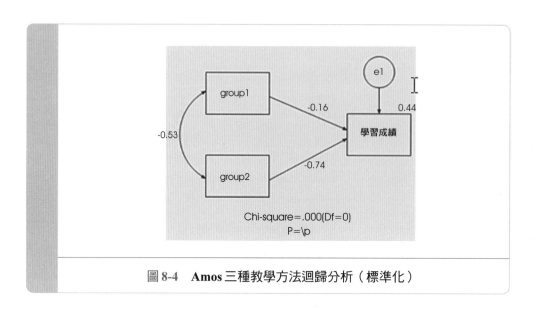

圖 8-4　**Amos** 三種教學方法迴歸分析（標準化）

　　另外，研究者可以利用圖 8-4 中之 R^2（=0.442）進行 ANOVA 式的 F 考驗，計算公式及結果為：$F=\dfrac{.442/df_1}{(1-.44)/df_2}=\dfrac{.422/2}{.558/7}=2.772$。再利用 SPSS 之內建函數，可以求出 p=1−CDF.F(2.772, 2, 7)=0.1298≅0.13。此項分析結果與前述之 SPSS 的 ANOVA 分析結果完全相同。此項分析結果，驗證了變異數分析是迴歸分析的特例。

　　請注意表 8-4 的迴歸係數的 CR 考驗結果與表 8-3 底部的未標準化係數的 t 考驗結果，兩者略有出入（例如，第二組平均數與控制組平均數之差異考驗結果在這兩種方法上就完全不同：p=0.063，t=−2.207；p=0.0123，CR=−2.5025），主要原因係 Amos 使用最大概似法（ML）進行參數估計，而 SPSS 的迴歸分析係使用最小平方法（OLS）進行參數估計，因此導致不一致的標準誤（SE）。不過，當樣本趨近於無限大時，兩者之分析結果應當趨於一致。

表8-4　**Amos** 之迴歸係數考驗

			Estimate	S. E.	C. R.	P
score	←	group1	−4.0000	7.2623	−0.5508	0.5818
score	←	group2	−17.0000	6.7932	−2.5025	0.0123

　　以下為了考驗 Group1 與 Group2 對於學習成績的迴歸係數是否為 0（等同於在變異數分析中，考驗組間平均數是否相同之考驗），乃將其相對應之迴歸係數

設定為 0，參見圖 8-5。考驗結果亦發現三種教學方法（電視、編序、啟發）的學習成績，各平均數間並無顯著差異（$\chi^2 = 5.251$，df = 2，p = 0.072，$\alpha = 0.05$）。將卡方值（5.251）除以 2 等於 2.63，這與變異數分析摘要表中的 $F_{(2, 7)} = 2.772$ 相差不大。當分子的自由度趨於無限大時，兩者之數值及相對應之 p 值應合而為一（Li & Martin, 2002; Johnson & Balakrishnan, 1995）。由此可知，Amos 的平均數結構分析與傳統之變異數分析，當樣本很大時，其統計分析結果並無二致。因為 χ^2 分配是 F 分配的極限分配，當分子的自由度趨近於無限大時（亦即樣本很大時），兩者之分配趨近於一致。這兩個分配的關係猶如常態分配與 t 分配之關係。這兩個分配的關係可由右式推得：

$$\frac{\chi^2}{df} = F_{(df, \infty)}$$（Johnson & Balakrishnan, 1995）

式中 df 為分母的自由度，∞ 處為分子的自由度；更精確的兩者對價關係請參看 Li 與 Martin（2002）文中的修正公式。由以上之實證說明，可知變異數分析、迴歸分析與 SEM 間具有不可分的關係，變異數分析是迴歸分析的特例，而迴歸分析又是 SEM 分析的特例。不過，一般的研究常是使用有限的樣本，χ^2 與 F 統計量間勢必有些出入。事實上，在 SEM 上應用 χ^2 統計量時，樣本亦須夠大才能使（N−1）F_{ML} 或（N−1）F_{GLS} 逼近於 χ^2 分配。但 N 過大或過小（如<50）亦會使 χ^2 的統計考驗力過強或過弱（參見 p. 268; Bollen, 1989）。因此，您可能已發現本研究（N=10）之 χ^2 的 p 值（=0.072）比 F 統計的 p 值（=0.130）還小，即反映了此現象。由此觀之，研究者在進行 SEM 分析時，進行適當之樣本規劃不可等閒視之，可參考應用本書所附之 SEM 樣本規劃之軟體，明智的決定一個不會過大或過小的樣本人數。

另外，請注意圖 8-5 上學習成績的截距 66（$= \frac{(70 \times 3) + (57 \times 4) + (74 \times 3)}{10}$）為加權總平均數。

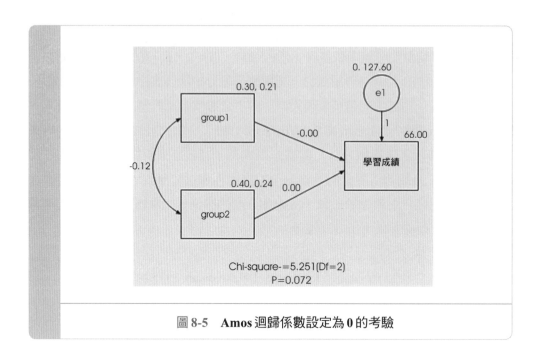

圖 8-5　　**Amos 迴歸係數設定為 0 的考驗**

貳、效果值編碼的意義與用途

　　效果值編碼（Effect Coding）係所屬類組編為1，非所屬類組編為0，但最後一組的編碼為 −1。效果值編碼的使用最適用於無法決定何組為參照組，且欲進行正交或非正交之多重比較，以反映出處理效果之大小。當運用於不等組時，方程式的截距等於各組平均數的未加權總平均數。茲將效果值編碼格式列舉於表 8-5 中。

表8-5　效果值編碼格式之資料檔

Group	Y	Group1	Group2
電	61	1	0
視	76	1	0
組	73	1	0
編	53	0	1
序	45	0	1
組	61	0	1
	69	0	1
啟	87	−1	−1
發	70	−1	−1
組	65	−1	−1

表8-6　利用 SPSS 迴歸分析之摘要表

變異數分析[b]						
模式		平方和	自由度	平均平方和	F檢定	顯著性
1	迴歸	564.000	2	282.000	2.772	0.130[a]
	殘差	712.000	7	101.714		
	總和	1276.000	9			

a.預測變數：（常數），GROUP2, GROUP1
b.依變數：SCOFE

係數[a]						
		未標準化係數		標準化係數		
模式		B 之估計值	標準誤	Beta 分配	t	顯著性
1	（常數）	67.00	3.219		20.816	0.000
	GROUP1	3.000	4.654	0.206	0.645	0.540
	GROUP2	−10.000	4.340	−0.735	−2.304	0.055

a.依變數：SCORE

由表 8-6 底部之未標準化係數，可知 Y=67+3Group1−10Group2。式中截距：『67』（$=\frac{(70+57+74)}{10}$）為未加權總平均數。Group1 之迴歸係數『+3』為第一組平均數與總平均數之差（70−67），亦即第一組的處理效果；Group2 之迴歸係數『−10』為第二組平均數與總平均數之差（57−67），亦即第二組的處理效果。

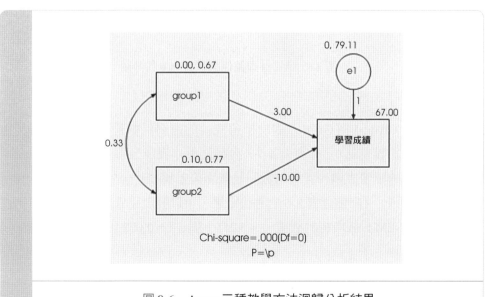

圖 8-6　**Amos 三種教學方法迴歸分析結果**

本編碼法，其迴歸係數反應出處理效果之大小，與前法之迴歸係數之意義不同。本例為三組間之比較，故只需兩個效果值變項，Group1 與 Group2。又從圖 8-6 中 Group1 與 Group2 之共變數（0.33）可推知，Group1 與 Group2 之多重比較係非正交比較。

表8-7　**Amos 之迴歸係數考驗**

			Estimate	S. E.	C. R.	P
score	←	group1	3.0000	4.1046	0.7309	0.4648
score	←	group2	−10.0000	3.8276	−2.6126	0.0090

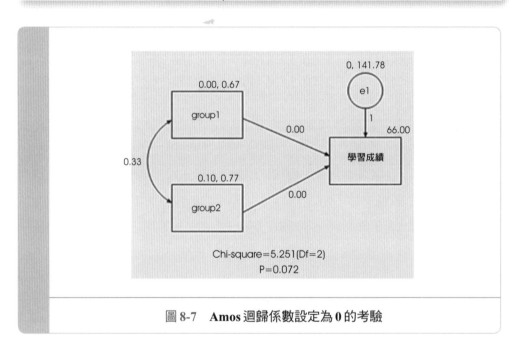

圖 8-7　**Amos 迴歸係數設定為 0 的考驗**

為了考驗 Group1 與 Group2 對於學習成績的迴歸係數是否為 0，乃將其相對應之迴歸係數設定為 0，參見圖 8-7。考驗結果亦發現三種教學方法（電視、編序、啟發）的學習成績，各平均數間並無顯著差異（$\chi^2 = 5.251$，df = 2，p = 0.072，$\alpha = 0.05$）。與前述圖 8-5 之考驗結果，可以發現不管是使用虛擬編碼或效果值編碼，SEM 分析所得的 χ^2 值（= 5.251）與 p（= 0.072）值均完全相同。

參、正交編碼的意義與用途

以表 8-8 中的 3 個組別為例，正交編碼（Orthogonal Coding）係各對應元素的交乘積和為 0：D = $n_1C_1 + n_2C_2 + n_3C_3$。當不等組時，正交比較須符合 $\sum_{i=1}^{I} n_i C_{1i} C_{2i} = 0$，式中 ni = 第 i 組人數，$C_1i$=第一個比較中第 i 組的比較係數，$C_2i$=第二個比較中第 i 組的比較係數。正交編碼的適用時機：當研究者只對平均數的正交比較感興趣時，而其迴歸係數的統計考驗亦等於正交比較的顯著性考驗。因此，F 考驗與組間平均數均等之考驗可以同時進行。例如，研究者如對第一組平均數與第二組平均數之差異及對第一、二組加權平均數與第三組平均數間之差異感興趣，可以考慮規劃正交編碼，此種格式之資料檔如表 8-8 所示。具體言之，第一對比較 D1 = (3)(4) + (4)(−3) + (3)(0) = 0，第二對比較 D2 = (3)(−12) + (4)(−12) + (3)(28) = 0；而這兩對比較之各對應元素的交乘積和亦等於 0：(3)(4)(−12) + (4)(−3)(−12) + (3)(0)(28) = 0，因此這兩對比較為正交比較。

表8-8 正交編碼格式之資料檔

Group	Y	Group1	Group2
電	61	4	−12
視	76	4	−12
組	73	4	−12
	53	−3	−12
編	45	−3	−12
序	61	−3	−12
組	69	−3	−12
啟	87	0	28
發	70	0	28
組	65	0	28

圖 8-8 係利用正交編碼之資料，進行 Amos 分析的結果。

由圖 8-8 與表 8-9 底部之未標準化係數，可知 Y = 66+1.857Group1+0.286Group2。本例為三組間之比較，故只需兩個編碼變項，Group1 與 Group2。第一組平均數 70，可由 66+4*1.857+(−12)*0.286 求得。上式中截距：『66』為加權總平均數。Group1 之迴歸係數『+1.857』為第一組平均數與第二組平均數之比較

表8-9 利用 SPSS 迴歸分析之摘要表

變異數分析[b]						
模式		平方和	自由度	平均平方和	F 檢定	顯著性
1	迴歸	564.000	2	282.000	2.772	0.130[a]
	殘差	712.000	7	101.714		
	總和	1276.000	9			

a.預測變數：（常數），GROUP2, GROUP1
b.依變數：SCOFE

係數[a]						
		未標準化係數		標準化係數		
模式		B 之估計值	標準誤	Beta 分配	t	顯著性
1	（常數）	66.00	3.189		20.694	0.000
	GROUP1	1.857	1.100	0.476	1.688	0.135
	GROUP2	0.286	0.174	0.464	1.642	0.145

a.依變數：SCORE

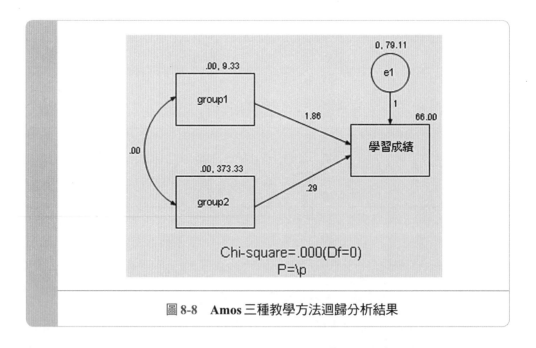

圖 8-8　Amos 三種教學方法迴歸分析結果

(4*1.857−(−3)*1.857=13，為兩組平均數之差），其 t 考驗結果即為兩組平均數的差異考驗結果。Group2 之迴歸係數『+0.286』為第一、二組加權平均數與第三組平均數之比較（$-12*0.286-(28)*0.286 = -11.44$）：$= \dfrac{70 \times 3 + 57 \times 4}{7} - 74 = 62.57 - 74$。又從圖 8-8 中之 Group1 與 Group2 之相關（=0），再度驗證了 Group1 與 Group2 之多重比較係正交比較。

表8-10 Amos 之迴歸係數考驗

			Estimate	S. E.	C. R.	P
score	←	group1	1.8571	0.9705	1.9137	0.0557
score	←	group2	0.2857	0.1534	1.8620	0.0626

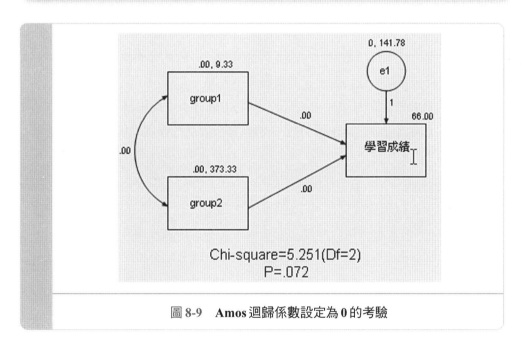

圖 8-9　Amos 迴歸係數設定為 0 的考驗

　　為了考驗 Group1 與 Group2 對於學習成績的迴歸係數是否為 0，乃將其相對應之迴歸係數設定為 0，參見圖 8-9。考驗結果，亦發現三種教學方法（電視、編序、啟發）的學習成績，各平均數間並無顯著差異（$\chi^2 = 5.251$，$df = 2$，$p = 0.072$，$\alpha = 0.05$）。分析結果與前述圖 8-5 與圖 8-7 之考驗結果，可以發現不管是虛擬編碼、效果值編碼或正交編碼方法，SEM 分析所得的 χ^2 值（= 5.251）與 p（= 0.072）值均完全相同。

　　由以上之分析結果與關係可推知以下結論：

1. 不管是使用虛擬編碼、效果值編碼或正交編碼方法，SEM 分析所得的 χ^2 值（＝5.251）與 p（＝0.072）值均相同。

2. χ^2 與 F 分配間具有密切關係：χ^2 分配是 F 分配的極限分配，當分子的自由度趨近於無限大時，兩者之分配趨近於一致。這兩個分配的關係猶如常態分配與 t 分配之關係 $\chi^2 = df * F_{(df, \infty)}$，式中 df 為分母的自由度，$\infty$ 處為分子的自由度。以虛擬編碼的實例來看，將卡方值（5.251）除以 2 ＝ 2.63 與變異數分析摘要表中的 $F_{(2, 7)}$＝2.772 甚為接近，當分子的自由度趨於無限大時，兩者之數值及相對應之 p 值應合而為一。由此可知，Amos 的平均數結構分析與傳統之變異數分析，當樣本很大時，其統計分析結果並無二致。

3. Amos 進行參數估計時，通常使用最大概似法，而 SPSS 的迴歸分析係使用最小平方法進行參數估計，因此可能導致不一致的標準誤，而產生不一致的統計分析結果或結論，尤其當樣本不大時。

4. 類別變項的編碼方法，在迴歸分析與 SEM 分析中均扮演著非常關鍵的角色，毋庸置言，它是學習 SEM 多群組分析與交互作用分析的必備知能。

本章習題

1. 以圖 8-1 中的資料為例，利用虛擬編碼、效果值編碼與正交編碼方法，進行第二組與第三組間平均數的比較，他們的結論會完全相同嗎？

2. 試著利用 Amos 進行傳統之共變數分析（ANCOVA），結果會有不同嗎？

09

交互作用效果與間接
效果之考驗

　　研究者在探討雙變項間之關係時，如果忽視變項間之關係是否因另一重要變項而產生調節、抑制或中介作用，常會導致膚淺、扭曲或錯誤的結論。因此，熟悉調節或中介作用的探究方法，乃是學術研究者的必備能力。欲進行交互作用效果與間接效果考驗，須先釐清調節變項與中介變項之異同，這兩個名詞常被研究者混為一談，以致產生錯誤之迷思。

　　調節變項（Moderation variables，如圖 9-1-a 中的 X2）是一種起始變項，也是一種次級自變項，他會使得原本的自變項（X1）對於依變項（Y）的效果，因調節變項（X2）而產生交互作用現象（interact with the effect of an IV on the outcome DV），此種交互作用分析，通常使用迴歸分析考驗交互作用項（如 x1*x2 兩個調節變項之乘積）。

　　中介變項（Mediating variables, X2）在圖 9-1-b 中則充當 X1 的果及 Y 的因，具有雙重角色（act as the casual link or path between IV and DV）。由圖右側 9-1-b 知，X1 對 Y 的關係具有直接效果（徑路 c）與間接效果（經由 a、b 徑路），將直接效果與間接效果加總在一起即為 X1 對 Y 的總效果。此種中介效果之分析，通常使用淨相關考驗、利用階層式迴歸分析，將中介變項先放入迴歸方程式中考驗之，或使用 SEM 考驗間接效果。

　　簡言之，調節變項的分析，即為交互作用效果的分析，可以告訴我們「什麼時候」自變項會影響依變項；而中介變項的分析，即為間接效果考驗的分析，可以告訴我們「為什麼」自變項會影響依變項或自變項「如何」影響依變項。

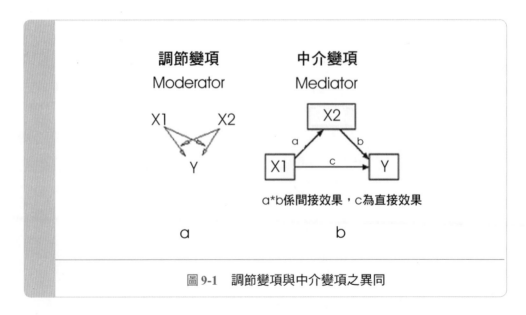

圖 9-1　調節變項與中介變項之異同

以下本章節中，首先將討論如何進行交互作用效果之考驗，接著深入分析直接與間接效果之各種考驗方法，最後論及條件式中介效果（conditional indirect effect）之考驗方法，文末並舉一實例，印證說明各種中介效果之分析。

壹、交互作用效果之考驗方法

交互作用效果的統計考驗，其方法異常多元，可以歸納如表9-1（整理自 Jonsson, 1998; Ping, 1995 & 1996; Schumacker & Marcoulides, 1998；陳順宇，2007；余民寧，2006）。

表9-1 交互作用效果的主要統計考驗方法摘要表

變項屬性	類別	連續
類別	1.傳統的 two-way ANOVA 2.Dummy/Effect coding SEM 3.Dummy/Effect coding 迴歸法	1.多群組SEM 2.Dummy/Effect coding SEM 3.Dummy/Effect coding 迴歸法
連續	1.多群組 SEM 2.Dummy/Effect coding SEM 3.Dummy/Effect coding 迴歸法	1.指標交乘積直接估計法（Indicant product approach）：Kenny & Judd法 2.兩步驟法：Ping's 2-step 法與 Jonsson's 2-step 因素分數法

由表9-1可知，交互作用效果的統計考驗方法，常須視變項的屬性而定。調節變項或自變項如為類別變項，可先轉換成虛擬／效果變數法（Dummy/Effect variables），使用兩個變項相乘積，以產製交互作用項。調節變項與自變項如皆為連續變項，須視交乘積項的屬性是觀察變項或潛在變項而定，如為潛在變項可採Kenny與Judd（1984）的做法：增加另一潛在變項當作交互作用因子，該因子的測量指標為兩個潛在變項下各觀察指標的交乘積項。

另一可行方法是：先評估測量模式及計算兩個潛在變項下各受試者的因素分數，接著計算各受試者在兩個潛在變項下的因素分數乘積的交互作用因子之分數，最後進行這參個潛在變項的迴歸分析，這是Jonsson's雙步驟（2-step）因素分數法（Schumacker & Marcoulides, 1998）。

至於Ping's雙步驟（2-step）法，則可分為單指標法（single indicator approach）與多元指標法（multiple product indicator approach）。其雙步驟的交互

作用分析必須經過兩個階段的統計分析,第一階段為測量模式之 CFA 分析,而第二階段為全模式的 SEM 分析。多元指標法遇到指標很多時顯相當繁瑣,首先須估計線性潛在變項指標的因素負荷量與誤差變異量,利用線性潛在變項指標間的交乘積建立非線性指標,並利用第一階段測量模式所得的估計值計算這些非線性指標的因素負荷量與誤差變異量,以作為第二階段結構模式中非線性指標的因素負荷量與誤差變異量(當作常數);最後,在第二階段整個結構模式中,估計潛在變項間的線性與非線性關係(Ping, 1996)。

如果遇到指標很多時,研究者可改用 Ping 的單指標法,本法在計算交互作用項時,先將各潛在變項下的指標加總成一新變項,接著利用兩個加總變項的積作為交互作用項,最後進行模式分析與考驗。此種模式分析,交互作用參數的估計途徑也有兩種:(1)交互作用項當作自由參數變項,直接進行參數估計,但本法目前只能透過 SAS Proc Calis 或 LISREL 8 以上才能執行;(2)交互作用當作固定參數變項,做法如同前述多元指標法,利用第一階段測量模式所得的估計值計算這些非線性指標的因素負荷量與誤差變異量,以作為第二階段結構模式中的固定常數(Ping, 1995)。

一般而言,當兩個交互作用的變項均為類別變項時,使用傳統的二因子(2-way)變異數分析,應是最為便捷;而在其餘表 9-1 中的情境下,研究者會發現交乘積法進行交互作用分析,不必分割樣本較為精簡;但多群組 SEM 分析法則較具彈性且可避免多元共線性問題及變項須具常態性的基本假設,尤其當交互作用項具有類別變項時,多群組 SEM 分析法更為適用;如果交互作用係潛在變項,因素分數法應是最合理的選擇(Joreskog, 1998)。

另外,為了避免多元共線性(multicollinearity)的發生與交互作用結構參數的偏估,筆者建議將所有自變項與依變項(交互作用項除外)化成離均差分數(mean-centering),或化成因素分數後,再進行交互作用分析。

因為交互作用效果的統計考驗方法相當多,為節省篇幅,本書將僅就虛擬變數法、多群組 SEM 法、Jonsson's 因素分數法與 Ping 的單指標 2-step 法,各舉一實例說明交互作用之分析方法。讀者如欲更詳細而具體的應用實例,請參閱 Schumacker 與 Marcoulides(1998)的專書,該書中論及更多的交互作用分析方法。

一、虛擬／效果變數法

此種分析法較適合於分析雙變項均為類別變項或只有一變項為類別變項時，如果雙變項均為連續變項，請參考 Jonsson's 因素分數法與 Ping 的單指標 2-step 法，進行交互作用分析。

(一) 雙變項均為類別變項

本例將採效果編碼法（Effect coding，參見圖 9-2 的高低壓力組二變項），進行二因子（gender 與高低壓力組 2）變異數分析，如感興趣研究者亦可採虛擬編碼法，分析進行。傳統之變異數分析結果如表 9-2 所示，顯示出交互作用未達 0.05之顯著水準（F = 0.327，p = 0.568）。

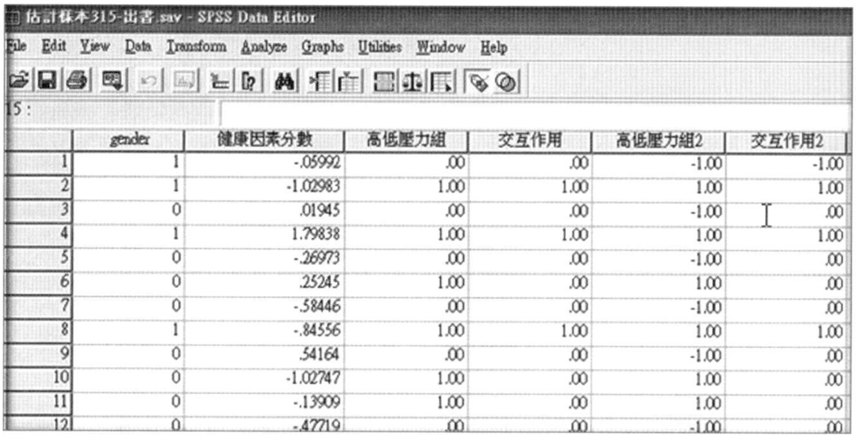

	gender	健康因素分數	高低壓力組	交互作用	高低壓力組2	交互作用2
1	1	-.05992	.00	.00	-1.00	-1.00
2	1	-1.02983	1.00	1.00	1.00	1.00
3	0	.01945	.00	.00	-1.00	.00
4	1	1.79838	1.00	1.00	1.00	1.00
5	0	-.26973	.00	.00	-1.00	.00
6	0	.25245	1.00	.00	1.00	.00
7	0	-.58446	.00	.00	-1.00	.00
8	1	-.84556	1.00	1.00	1.00	1.00
9	0	.54164	.00	.00	-1.00	.00
10	0	-1.02747	1.00	.00	1.00	.00
11	0	-.13909	1.00	.00	1.00	.00
12	0	-.47719	.00	.00	-1.00	.00

圖 9-2　SPSS5 之 gender & 高低壓力變項交互作用分析之原始資料

由表 9-2 結果知，性別與高低壓力之交互作用效果，並未達顯著水準（$p = 0.568 > \alpha = 0.05$）。

研究者如改用 Amos 進行分析，此交互作用之徑路圖設計與分析結果，如下圖 9-3 與表 9-3 所示，顯示出交互作用亦未達 0.05 之顯著水準（CR = 0.5744，p = 0.5657）。

表9-2	傳統二因子變異數分析摘要表 Dependent Variable：健康因素分數				
Source	Type III Sum of Squares	df	Mean Square	F	Sig.
Correct Model	45.442ᵃ	3	15.147	17.541	0.000
Intercept	0.117	1	0.117	0.135	0.714
gender	0.081	1	0.081	0.093	0.760
高低壓力組 2	36.585	1	36.585	42.367	0.000
gender*高低壓力組 2	0.282	1	0.282	0.327	0.568
Error	268.558	311	0.864		
Total	314.00	315			
Corrected Total	314.000	314			

a. R Squared = 0.145 (Adjusted S Squared = 0.136)

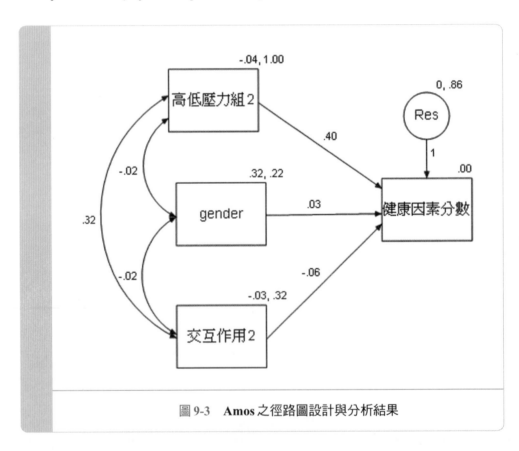

圖 9-3　Amos 之徑路圖設計與分析結果

圖 9-3 之分析模式係「Effect coding」SEM 的分析方法，本質上它是線性迴

歸分析，相關之徑路係數考驗，請參見表9-3。

表9-3 Amos 徑路圖中之迴歸係數報表

			Estimate	S. E.	C. R.	P
健康因素分數	<---	高低壓力組2	0.3996	0.0631	6.3350	***
健康因素分數	<---	gender	0.0345	0.1123	0.3070	0.7589
健康因素分數	<---	交互作用2	-.0645	0.1123	-0.5744	0.5657

由以上之分析比較可知，透過 SPSS 與 SEM 之兩種不同分析途徑，殊途同歸，交互作用效果之結果與結論完全相同。

(二) 有一變項為連續變項

以吳麗華（2007）的「工作壓力與身心健康」關係之研究為例，研究者欲探討者兩個潛在變項之因果關係會不會因性別而有差異。因身心健康與工作壓力均為潛在變項，而性別為一指標變項。因此，需要建立性別與工作壓力的交互作用項（交乘積項），較簡便的做法是先估計身心健康與工作壓力的因素分數，再計算性別（化為虛擬變項）與工作壓力的因素分數間之交互作用效果。

圖 9-4　SPSS 壓力因素分數之操作過程

圖 9-4 係利用 SPSS 副程式「Factor Analysis」，進行因素分數之計算過程：首先將「工作壓力」的指標變項，按入因素分析的變項視窗中，接著打開「Score」之視窗，於打開的因素分數設定視窗中，勾選「Saved as variables」，以便將壓力因素分數在 SPSS Data Editor 中建檔（參見圖 9-5），並於「Method」中勾選一因素分數的計算方法，在本例中，係勾選「Anderson-Rubin」法。「身心健康」的因素分數，亦同法複製之。

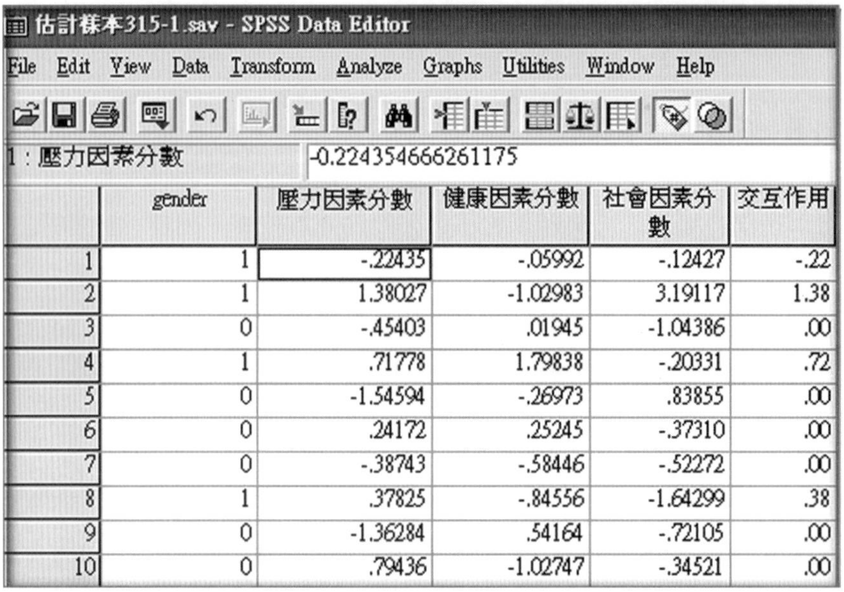
估計樣本315-1.sav - SPSS Data Editor

File Edit View Data Transform Analyze Graphs Utilities Window Help

1：壓力因素分數 -0.224354666261175

	gender	壓力因素分數	健康因素分數	社會因素分數	交互作用
1	1	-.22435	-.05992	-.12427	-.22
2	1	1.38027	-1.02983	3.19117	1.38
3	0	-.45403	.01945	-1.04386	.00
4	1	.71778	1.79838	-.20331	.72
5	0	-1.54594	-.26973	.83855	.00
6	0	.24172	.25245	-.37310	.00
7	0	-.38743	-.58446	-.52272	.00
8	1	.37825	-.84556	-1.64299	.38
9	0	-1.36284	.54164	-.72105	.00
10	0	.79436	-1.02747	-.34521	.00

圖 9-5 **SPSS Data Editor 中之壓力因素分數**

圖 9-5 中之交互作用項之分數，係性別（化為虛擬變項）與工作壓力分數的交乘積。接著，利用 SPSS 進行迴歸分析，所得結果如表 9-4，顯示出交互作用未達 0.05 之顯著水準（$t = -0.374$，$p = 0.709$）。本法係利用 Dummy coding 迴歸分析法，進行交互作用項之分析。

表9-4 **SPSS** 迴歸分析之報表

Modal		Unstanardized Coefficients		Standardized Coefficients		
		B	Std. Error	Beta.	t	Sig.
1	(Constant)	−0.022	0.062		−0.358	.7200
	gendar	0.066	0.110	0.031	0.598	0.550
	壓力因素分數	0.440	0.063	0.440	6.953	0.000
	交互作用	−0.041	0.109	−0.024	−0.374	0.709

資料來源：a. Dependent Variable：健康因素分數

　　假如研究者改用Amos進行交互作用效果之分析，其徑路圖之設計與參數之估計值如圖9-6所示。這些徑路參數之統計考驗結果如表9-5，顯示出性別與工作壓力之交互作用，亦未達0.05之顯著水準（CR = −0.3758，p = 0.7071）。

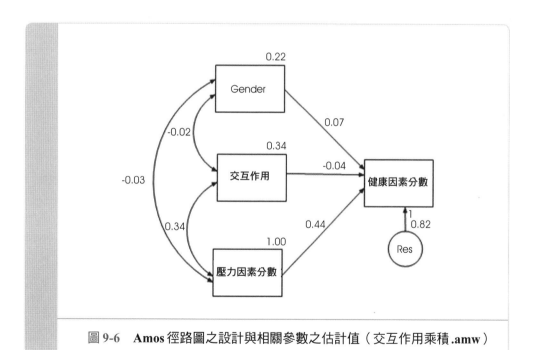

圖9-6　**Amos** 徑路圖之設計與相關參數之估計值（交互作用乘積 .amw）

表9-5	Amos 徑路圖中之迴歸係數報表		Estimate	S. E.	C. R.	P
健康因素分數	<---	壓力因素分數	0.4402	0.0630	6.9866	***
健康因素分數	<---	Gender	0.0661	0.1099	0.6011	0.5477
健康因素分數	<---	交互作用	−0.0406	0.1080	−0.3758	0.7071

　　由以上之分析比較可知，透過 SPSS 與 SEM 之兩種不同分析途徑，殊途同歸，性別與工作壓力之交互作用效果之結論完全相同。

二、多群組 SEM 法

　　研究者可以利用因素分數模式或原始分數模式，進行多群組 SEM 分析。首先，研究者需要利用 Amos 的多群組「Manage Group」功能，設定男生與女生兩個組別，在男生的徑路圖中之徑路參數命名為 b1，在女生的徑路參數則命名為 b2，男女生之徑路圖如圖 9-7 所示。

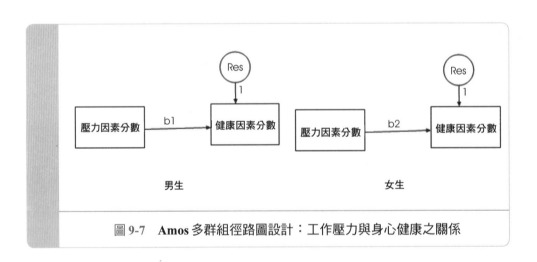

圖 9-7　**Amos 多群組徑路圖設計：工作壓力與身心健康之關係**

　　多群組設定成功之後，Amos 之主畫面就會出現如圖 9-8 右側之男、女生組別之設定。其次，利用 Amos「Manage Model」之功能，在限制模式（Equal slope）中，進行參數等同之設定：b1 = b2，如圖 9-9 所示。

　　Amos 參數之等同之設定後，Amos 之主畫面就會出現如圖 9-8 右側之 Unconstrained 與 Equal slope 兩個理論模式之設定。欲觀看這兩個模式之比較

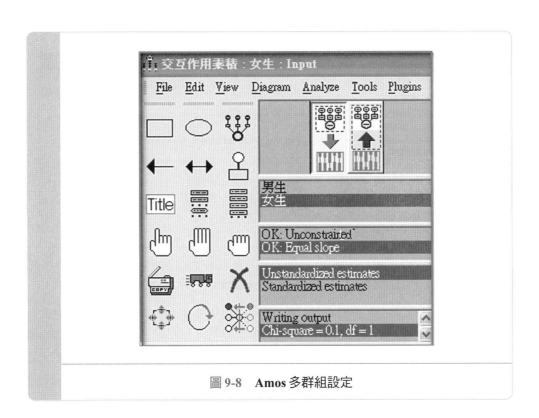

圖 9-8　**Amos 多群組設定**

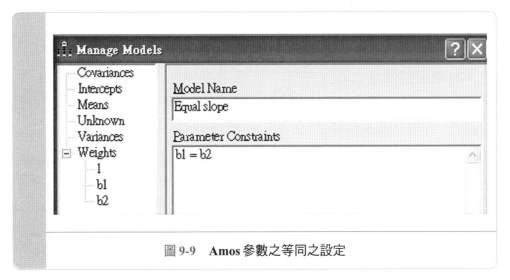

圖 9-9　**Amos 參數之等同之設定**

結果，請點開圖 9-10 左側視窗中的「Model Comparison」之後，結果會出現在圖 9-10 右側視窗中。

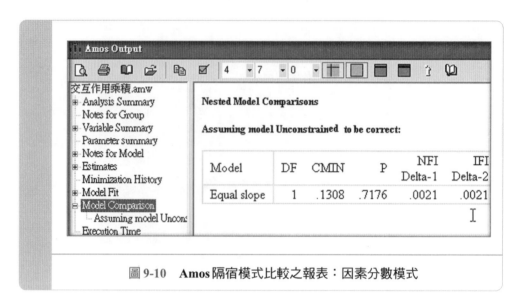

圖 9-10　Amos 隔宿模式比較之報表：因素分數模式

由圖 9-10 所示，所得之結果亦發現工作壓力與身心健康之關係，不因男女生性別而有差異（$\chi^2 = 0.1308$，df = 1，p = 0.7176）。

其次，研究者如欲利用原始分數，進行多群組 SEM 分析，首先建立如圖 9-11 之原始指標與潛在變項之徑路圖，並進行組間徑路係數之等同限制（限制過程如同前述），所得的結論亦與前述之結果相同（$\chi^2 = 0.8018$，df = 1，p = 0.3706），參見圖 9-12 所示。

三、因素分數法

跟 Ping 的雙步驟法相比，Jonsson's 雙步驟因素分數法比較簡便，首先評估測量模式及計算兩個潛在變項下各受試者的因素分數，接著計算各受試者在兩個潛在變項下的因素分數乘積的交互作用因子之分數，最後進行這參個潛在變項的迴歸或 SEM 分析。進行雙步驟因素分數交互作用效果之檢驗，須先考驗整個測量模式是否有效（旨在考驗單向度之基本假設），如果無效那麼整個非線性之分析模式亦將是無效的。假如測量模式有效，而又無證據顯示有交互作用，研究者最好還是使用線性模式（Jonsson, 1998）。以下仍以吳麗華（2007）的工作壓力與身心健康關係之研究為例，研究者如欲探討這三個潛在變項：工作壓力、社會支持與身心健康間整體測量模式之適配性，可繪製如圖 9-13 之徑路圖，結果如表 9-6 所示。

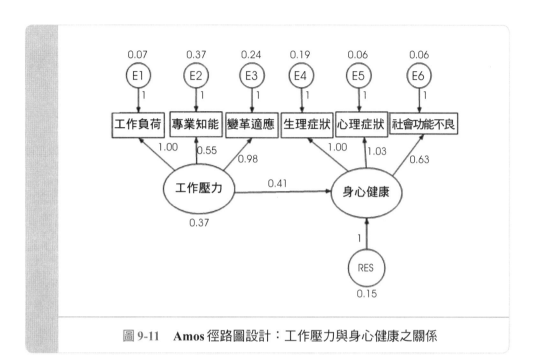

圖 9-11　**Amos** 徑路圖設計：工作壓力與身心健康之關係

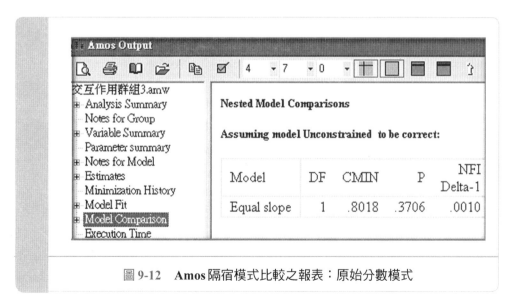

圖 9-12　**Amos** 隔宿模式比較之報表：原始分數模式

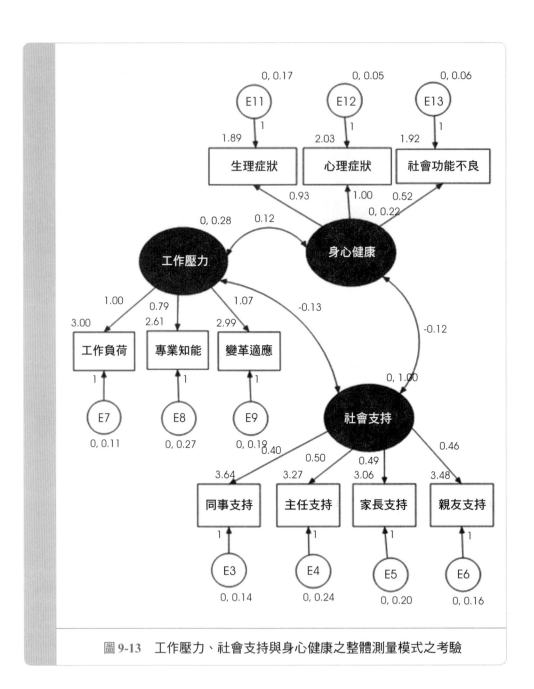

圖 9-13　工作壓力、社會支持與身心健康之整體測量模式之考驗

工作壓力、社會支持與身心健康之整體測量模式之考驗結果如表9-6所示。

表9-6 **Amos**整體測量模式考驗之輸出報表

CMIN

Model	NPAR	CMIN	DF	P	CMIN/DF
Default model	33	74.4235	32	0.0000	2.3257
Saturated model	65	0.0000	0		
Independence model	20	1257.8075	45	0.0000	27.9513

Baseline Comparisons

Model	NFI Delta1	RFI rho1	IFI Delta2	TLI rho2	CFI
Default model	0.9408	0.9168	0.9654	0.9508	0.9650
Saturated model	1.0000		1.0000		1.0000
Independence model	0.0000	0.0000	0.0000	0.0000	0.0000

RMSEA

Model	RMSEA	LO 90	HI 90	PCLOSE
Default model	0.0650	0.0458	0.0844	0.0955
Independence model	0.2930	0.2791	0.3070	0.0000

由圖9-13之結果顯示,整體測量模式,雖不盡完美但尚屬有效(χ^2 = 74.4235,df = 32,p = 0.0000,CFI = 0.9650,RMSEA = 0.0650)。因此,可繼續使用潛在變項的因素分數,進行交互作用效果的分析。交互作用項係利用壓力因素分數與社會支持因素分數之交乘積,參見圖9-14中SPSS的資料檔案的交互作用3變項。

由圖9-15與表9-7中Amos之分析結果知,交互作用未達0.05顯著水準(CR = 1.1676,p = 0.2430);研究者如利用SPSS進行迴歸分析,其結果如表9-8所示,交互作用亦未達 0.05 顯著水準(t = 1.162,p = 0.246),所得之結論亦完全相同。

估計樣本315_1.sav - SPSS Data Editor

File Edit View Data Transform Analyze Graphs Utilities Window Help

1 : gender 1

	壓力因素分數	健康因素分數	社會因素分數	交互作用	高低壓力組	交互作用2	交互作用3
1	-.22435	-.05992	-.12427	-.22	-1.00	-1.00	.03
2	1.38027	-1.02983	3.19117	1.38	1.00	1.00	4.40
3	-.45403	.01945	-1.04386	.45	-1.00	1.00	.47
4	.71778	1.79838	-.20331	.72	1.00	1.00	-.15
5	-1.54594	-.26973	.83855	1.55	-1.00	1.00	-1.30
6	.24172	.25245	-.37310	-.24	1.00	-1.00	-.09
7	-.38743	-.58446	-.52272	.39	-1.00	1.00	.20
8	.37825	-.84556	-1.64299	.38	1.00	1.00	-.62
9	-1.36284	.54164	-.72105	1.36	-1.00	1.00	.98
10	.79436	-1.02747	-.34521	-.79	1.00	-1.00	-.27
11	2.56539	-.13909	.32422	-2.57	1.00	-1.00	.83

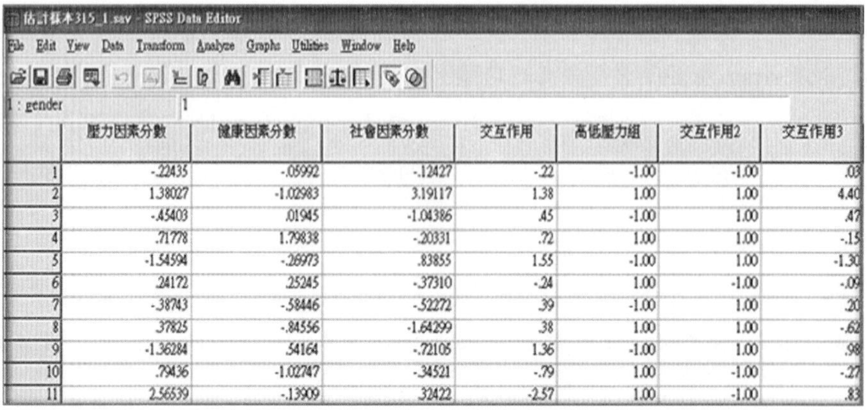

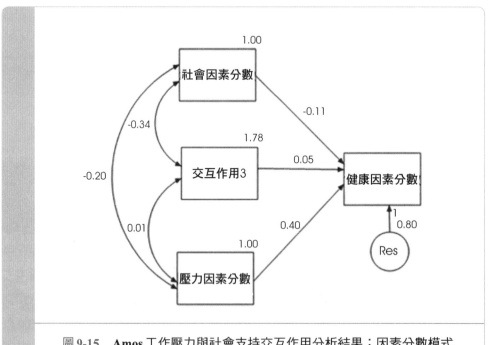

圖 9-14　**SPSS** 資料檔案：工作壓力、社會支持與身心健康之因素分數

圖 9-15　**Amos** 工作壓力與社會支持交互作用分析結果：因素分數模式

表9-7　Amos 因素分數模式之輸出報表

			Estimate	S. E.	C. R.	P
健康因素分數	<---	壓力因素分數	0.4021	0.0517	7.7804	***
健康因素分數	<---	社會因素分數	−0.1053	0.0534	−1.9716	0.0487
健康因素分數	<---	交互作用 3	0.0457	0.0392	1.1676	0.2430

表9-8　SPSS 交互作用之迴歸分析結果：因素分數模式

	Unstandardized Coefficients		Standardized Coefficients		
Model	B	Std. Error	Beta.	t	Sig.
1(Constant)	0.009	0.051		0.181	0.857
壓力因素分數	0.402	0.052	0.402	7.743	0.000
社會因素分數	−0.105	0.054	−0.105	−1.962	0.051
交互作用 3	0.046	0.039	0.061	1.162	0.246

a. Dependent Variable：健康因素分數

四、Ping 的單指標雙步驟法

在本法的示範中，仍沿用吳麗華（2007）的研究資料，參見圖 9-16 中的變項與相關資料，前面四個變項（同事支持～親友支持）係社會支持因子，接著 3 個變項（工作負荷～變革適應）係壓力因子，其次三個變項（生理症狀～社會功能不良）係健康因子，最後則為交互作用項。Ping 的單指標雙步驟法，在計算交互作用項前，除了交互作用項之外，最好將所有自變項與依變項化為離均差分數後（參見圖 9-16），再將各潛在變項下所屬的指標加總平均作為一新變項，接著利用兩個加總平均變項的積作為交互作用項。以第一個受試者為例，其交互作用之分數等於0.01435 =「((0.36 − 0.27 − 0.86 + 0.36)/4)*((0.17 + 0.06 − 0.65)/3)」。前述之資料轉換及交互作用項的建立是 Ping 的單指標雙步驟法的先導工作。

接著，研究者須評估測量模式之適配性及潛在變項之向度（dimensionality），模式適配及單向度之假設符合後，根據測量模式所的之參數估計值，計算交互作用項的因素負荷量與誤差變異量，這是 Ping 的單指標雙步驟法的第一步驟必須完成的工作。根據模式適配及單向度之評估指標，由圖 9-18 底部 X（代表工作壓力）、Z（代表社會支持）與 XZ 之信度（reliability）分別為 0.7979、0.8232 與 0.6755，而 Amos 測量模式之適配度指標（參見圖 9-17 中之GFI = 0.952，CFI = 0.947，RMSEA = 0.102），反映出模式之適配性及單向度之假設，尚差強人意。

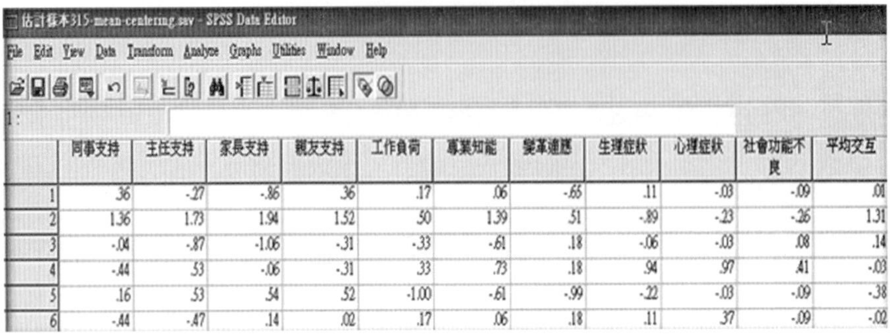

估計樣本315-mean-centering.sav - SPSS Data Editor

	同事支持	主任支持	家長支持	親友支持	工作負荷	專業知能	變革適應	生理症狀	心理症狀	社會功能不良	平均交互
1	.36	-.27	-.86	.36	.17	.06	-.65	.11	-.03	-.09	.01
2	1.36	1.73	1.94	1.52	.50	1.39	.51	-.89	-.23	-.26	1.31
3	-.04	-.87	-1.06	-.31	-.33	-.61	.18	-.06	-.03	.08	.14
4	-.44	.53	-.06	-.31	.33	.73	.18	.94	.97	.41	-.03
5	.16	.53	.54	.52	-1.00	-.61	-.99	-.22	-.03	-.09	-.38
6	-.44	-.47	.14	.02	.17	.06	.18	.11	.37	-.09	-.02

圖9-16 **SPSS資料檔案：工作壓力、社會支持與身心健康之離均差分數**

假如單一構念的測量模式不適配的話，那麼利用X與Z在測量模式中的估計值，所間接計算出來XZ的因素負荷量與誤差變異量，將與包含XZ交互作用項的全模式中的估計值具有差異，而導致偏估，結構模式的適配度亦會因而下降。萬一X、Z在測量模式與結構模式中的估計值不相同（例如，第一或第二個小數位應相等），研究者應利用全模式中的估計值重新再計算交互作用項的因素負荷量與誤差變異量，並重新評估X、Z在測量模式與結構模式中的估計值之等同性。如此重新分析一、二次，應能達到精確之要求。請比較圖9-17與圖9-20中，工作壓力（X）及社會支持（Z）的徑路係數之等同性。

因為Amos目前並無法直接進行交互作用項的參數估計，所以如同前述多元指標法，研究者必須先利用第一階段測量模式（如圖9-17所示）的估計值，換算這個非線性指標的因素負荷量與誤差變異量，以作為第二階段結構模式中的固定常數。換算這個交互作用項的因素負荷量與誤差變異量，在常態性與單向度的基本假設下，所需的公式敘述如下：

1. 交互作用項的的因素負荷量為

$$\lambda_{x:z} = \Lambda_X \Lambda_Z，式中\ \Lambda_X = (\lambda_{x1} + \lambda_{x2} + \lambda_{x3})/3，$$

$$\theta_X = (\mathrm{Var}(\varepsilon_{x1}) + \mathrm{Var}(\varepsilon_{x2}) + \mathrm{Var}(\varepsilon_{x3}))/3，$$

$\Lambda_Z = (\lambda_{z1} + \lambda_{z2} + \lambda_{z3} + \lambda_{z4})/4$，$\theta_Z = (Var(\varepsilon_{z1}) + Var(\varepsilon_{z2}) + Var(\varepsilon_{z3}) + Var(\varepsilon_{z4}))/4$，

2. 交互作用項的誤差變異量為

$$\theta\varepsilon_{x:z} = \Lambda_X^2 Var(X)\theta_Z + \Lambda_Z^2 Var(Z)\theta_X + \theta_X\theta_Z \circ$$

以交互作用項的的因素負荷量為例，在工作壓力上 Λ_X=(1.0+0.77+1.04) /3=0.9367，在社會支持上 Λ_Z=(1.0+1.25+1.23+1.15)/4=1.160；帶入公式 $\lambda_{x:z}$ = 0.9367*1.160 = 1.08653。可見計算過程稍嫌繁瑣，研究者可使用 Ping's 交互作用 項參數之 Excel 計算器（Ping, 1995），參見圖 9-18。這一階段性的任務達成之 後，就可進第二階段的 SEM 分析。

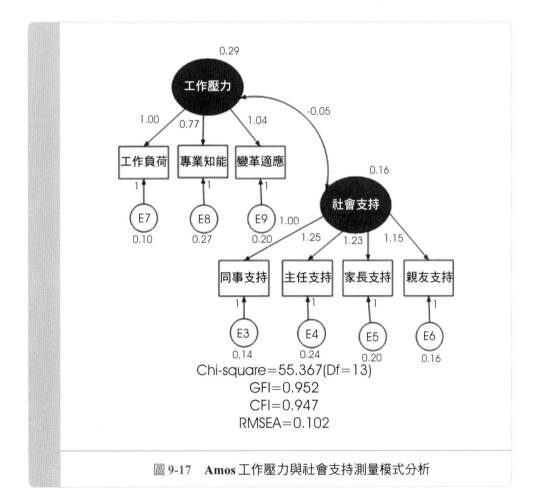

圖 9-17　Amos 工作壓力與社會支持測量模式分析

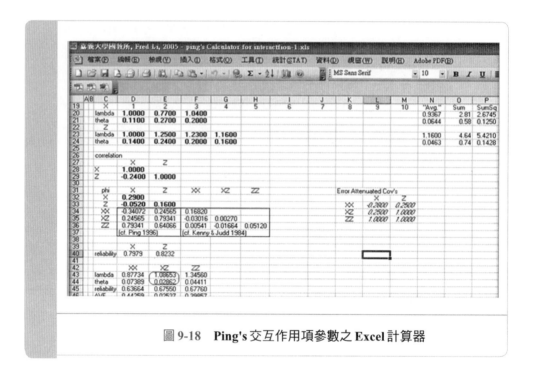

圖 9-18　Ping's 交互作用項參數之 Excel 計算器

　　由圖 9-18 知，交互作用項的因素負荷量與誤差變異量，分別為 1.08653 與 0.02862，將這兩個參數估計值帶入圖 9-19 相對應的路徑中作為常數（參見交互作用變項的標徑路係數與誤差變異量），再估計交互作用項與身心健康關係的效果值。

　　為了模式適配度與交互作用項的相關參數能獲得較穩定之結果，交互作用與工作壓力、社會支持間之共變關係在結構模式中亦應釋放進行估計，參見圖9-19 之徑路關係。

　　由圖 9-20 與表 9-9 知，工作壓力與社會支持對身心健康的交互作用效果（0.0791）未達統計上的 0.05 顯著水準（CR = 0.8223, p = 0.4109）。Ping's 單指標雙步驟模式分析所得結果與前述 Jonsson's 雙步驟因素分數模式分析之結論相同。

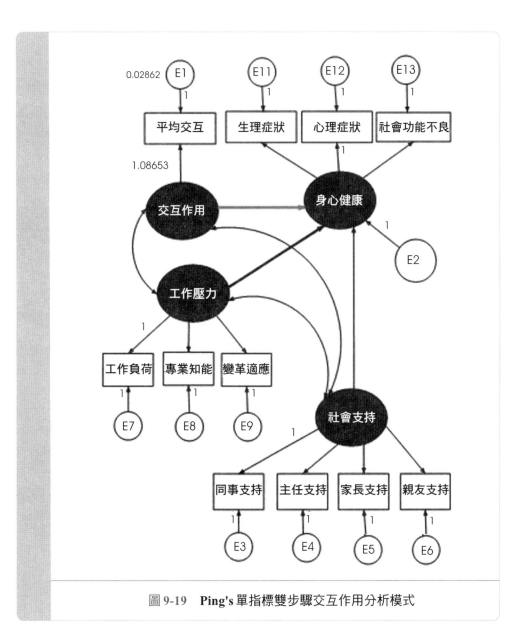

圖 9-19　**Ping's** 單指標雙步驟交互作用分析模式

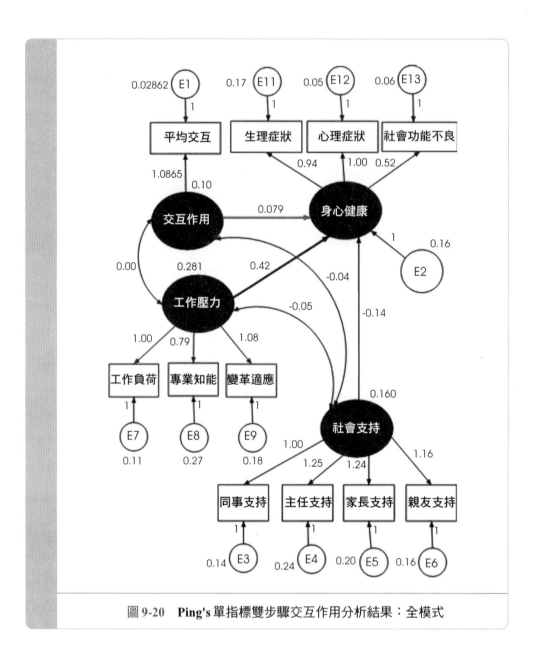

圖 9-20　Ping's 單指標雙步驟交互作用分析結果：全模式

表9-9　**Amos 徑路係數摘要表**

			Estimate	S. E.	C. R.	P
身心健康	<---	社會支持	−0.1402	0.0794	−1.7654	0.0775
身心健康	<---	工作壓力	0.4160	0.0592	7.0261	***
身心健康	<---	交互作用	0.0791	0.0962	0.8223	0.4109
生理症狀	<---	身心健康	0.9366	0.0727	12.8784	***
社會功能不良	<---	身心健康	0.5202	0.0410	12.6881	***
變革適應	<---	工作壓力	1.0772	0.0852	12.6486	***
主任支持	<---	社會支持	1.2514	0.1117	11.2068	***
專業知能	<---	工作壓力	0.7937	0.0746	10.6395	***
親友支持	<---	社會支持	1.1592	0.0986	11.7582	***
家長支持	<---	社會支持	1.2397	0.1076	11.5201	***

貳、直接效果之考驗方法

　　同樣地，直接效果之考驗亦可以透過迴歸分析與 SEM 分析，以下仍吳麗華（2007）的社會支持、教師工作壓力與身心健康關係之 SEM 提議模式為例。為了考驗它們三者間之直接效果，在徑路圖的設計階段，利用 Amos 的物件屬性視窗，特以 a 標註教師工作壓力與身心健康間之關係，以 b 標註社會支持與教師工作壓力間之關係，以 c 標註社會支持與身心健康間之關係，命名結果如圖 9-21 所示。

　　利用 Amos 執行統計分析後，社會支持、教師工作壓力、與身心健康間之直接效果與相關之統計考驗結果，顯示於表 9-10 中。由表中之相關 p 值知，徑路係數 a, b 與 c 之直接效果，均達統計上 0.05 的顯著水準（p < 0.05），拒絕了徑路係數為 0 的虛無假設，亦即它們之間均具有某種程度上的影響力。在該研究中，「社會支持量表」總分愈高，代表教師社會支持愈大；而「身心健康量表」總分愈低，代表教師身心健康愈佳；「教師工作壓力量表」總分愈高，代表教師工作壓力愈大。因此，根據此統計考驗結果，可獲得以下之結論：(1)教師社會支持愈大時，教師工作壓力就愈小；(2)教師工作壓力愈大時，教師身心健康就愈差；(3)教師社會支持愈大時，教師身心健康就愈佳。

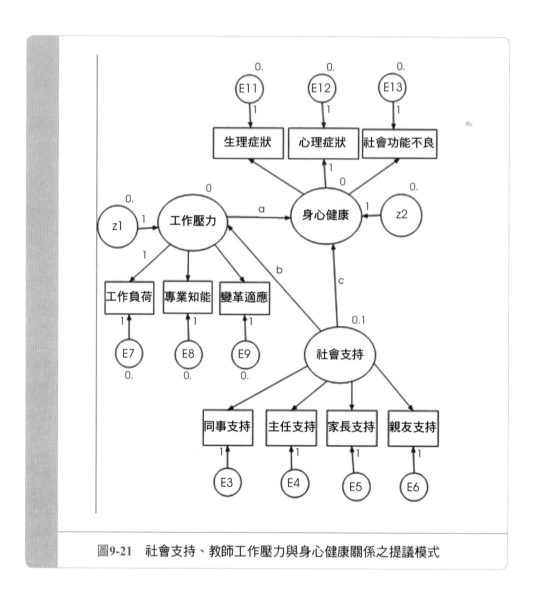

圖9-21　社會支持、教師工作壓力與身心健康關係之提議模式

表9-10　Amos 徑路係數之輸出報表：直接效果

Regression Weights. (Group unmber 1-Default model)

			Estimate	S. E.	C. R.	P	Label
工作壓力	<---	社會支持	−0.1302	0.0360	−3.6164	***	b
身心健康	<---	工作壓力	0.4114	0.0588	6.9976	***	a
身心健康	<---	社會支持	−0.0648	0.0294	−2.2026	0.0276	c

參、間接效果考驗之基本假設與流程

研究者於分析間接或中介效果值時，首先需要評估一些基本假設是否成立。例如：(1)中介變項與結果變項具有因果關係；(2)中介變項沒有測量誤差；(3)沒有遺漏任何中介變項（M）與結果變項（Y）的致因變項（variables that cause M & Y）；(4)預測變項與中介變向無交互作用（MacKinnon, Fairchild, Fritz, 2007）。上述這些假設可能不容易加以考驗，但研究者可提供理論依據或相關文獻予以支撐。

至於間接效果之考驗流程，採用最廣的、最經典的首推 Baron 與 Kenny（1986）所提的四個步驟：

1. X 與 Y 的零階相關必須具有顯著相關；
2. X 與中介變項零階相關必須具有顯著相關；
3. 中介變項與 Y 的淨相關必須具有顯著相關（排除 X 對 Y 的直接關係）；
4. 判斷中介效果是完全中介或部分中介存在。這四個步驟之細節，請參見第四節因果法，在此不贅述。

因為這四個步驟也遭受一些批評，例如：第一步驟似乎不是必要的。因此，Shrout 與 Bolger（2002）就建議利用圖 9-22 之流程進行間接或中介效果值的分析。首先，研究者須判斷到底中介變項與起始變項（X）或結果變項（Y）關係，何者關係較密切？如果中介變項與起始變項（X）關係較密切，屬近程中介效果（徑路 a 係數屬於 proximal effect，徑路 b 之係數勢必相對較小），研究者就須進行徑路 c 的估計與考驗；如果中介變項（M）與結果變項（Y）關係較密切，屬遠程中介效果（屬於 distal effect，徑路 c* 之係數勢必會較小），研究者就可跳過第一步總效果的考驗，直接跳到第二步的統計考驗。另外，當中介變項具有抑制變項之特質時，研究者會發現總效果（直接效果+間接效果）接近或等於 0。因此，當中介變項具有抑制變項之現象時，雖然總效果值不大（可能出自於直接效果與間接效果的參數估計值符號相反，亦即關係強度相若，但方向相反），但中介效果可能是存在的，因而亦可以跳過第一步之考驗，直接跳到第二步的統計考驗。最後，Shrout 與 Bolger（2002）建議使用中介效果與總效果之比值，作為中介效果強度的評估指標。

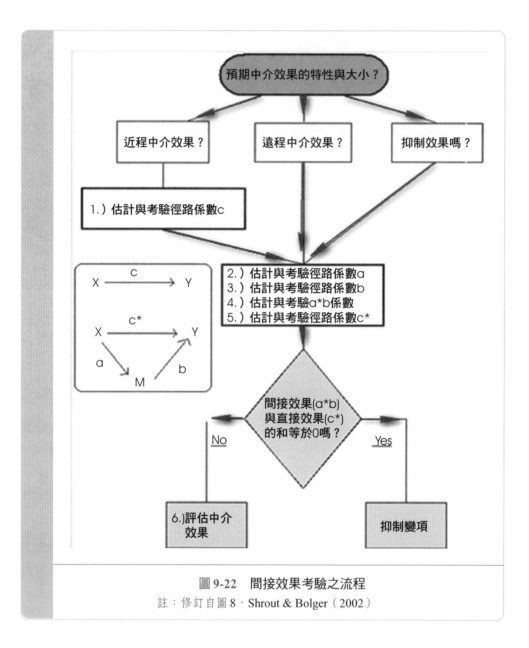

圖 9-22　間接效果考驗之流程

註：修訂自圖 8，Shrout & Bolger（2002）

　　另外，研究者如欲獲得中介效果與中介效果與直接、間接效果的信賴區間，可以利用 Amos「Analysis properties」下的「Output」按鈕，點開後勾選「Indirect，direct and total effects」，接著，勾選「Perform bootstrap」與「Percentile confidence interval」，並設定樣本複製的個數，研究者即可獲得中介效果與直接、間接效果的信賴區間。

肆、間接效果之考驗方法

綜合 MacKinnon、Lockwood、Hoffman、West 與 Sheets（2002）、Shrout 與 Bolger（2002）、James、Mulaik 與 Brett（2006）與 Cheung（2007）的歸類，中介變項效果的統計考驗方法，可細分為四類：因果法、係數差異法、係數乘積法與 Bootstrap 法，茲逐一介紹於後：

一、因果法

本考驗法又稱 Baron 與 Kenny 法，事實上係一種迴歸分析法，根據 Baron 與 Kenny（1986）的主張，欲證明間接效果，須進行以下四步驟的分析：

1. X 與 Y 的零階相關必須具有顯著相關，亦即迴歸方程式：$Y = \beta_{10} + \beta_{11}X + \varepsilon_1$，式中之整體處理效果（X）的係數 β_{11}，須達顯著水準。

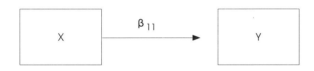

2. X 與中介變項 Me 零階相關必須具有顯著相關，亦即迴歸方程式中 $Me = \beta_{20} + \beta_{21}X + \varepsilon_2$，X 對於中介變項效果的係數 β_{21}，須達顯著水準。

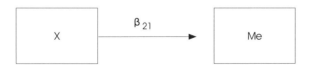

3. 中介變項 Me 與 Y 的淨相關必須具有顯著相關（排除 X 對 Y 的直接關係），亦即迴歸方程式中 $Y = \beta_{30} + \beta_{31}X + \beta_{32}Me + \varepsilon_3$，其中介變項（Me）對於依變項效果的淨迴歸係數 β_{32}（排除X的影響力），須達顯著水準，否則 Me 與 Y 間的一階相關即為虛假相關（spurious relationship）。

233

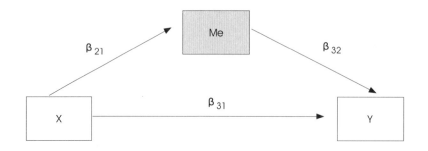

4. 當排除中介變項 Me 對 Y 的直接關係後，X 即不再與 Y 具有任何顯著相關（$\beta_{31} = 0$），我們稱之為完全中介；如果有部分中介存在時，X 與 Y 的淨相關會小於 X 與 Y 的零階相關（$\beta_{31} < \beta_{11}$）。換言之，間接效果（$\beta_{31} - \beta_{11}$）會等於 β_{21} 與 β_{32} 之乘積。

在此特別指出 Baron 與 Kenny（1986）的間接效果考驗方法與目前流行的 SEM 分析法之差異處。當研究者想利用 SEM 分析而提出完全中介效果之模式時，其所涉及之徑路圖與迴歸方程式為：

完全中介

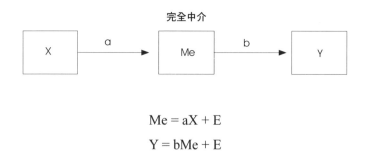

$$Me = aX + E$$
$$Y = bMe + E$$

式中，a, b 兩個迴歸係數，係分別由上述兩個獨立迴歸方程式計算而得。此完全中介模式，假設總效果不為 0，但直接效果等於 0，因此 X 與 Y 獨立無關。顯示出原有的 X 與 Y 間關係為虛假相關，中介變項才是真正的因。

當研究者想利用 SEM 分析而提出部分中介效果之模式時，須使用以下之徑路圖與迴歸方程式：

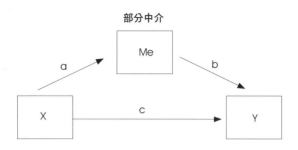

部分中介

Me

a

b

X

c

Y

$$Me=aX+E$$

式中，a 係上述迴歸方程式的迴歸係數。

$$Y=cX+bMe+E$$

式中，c, b 兩個淨迴歸係數，係由上述最後一個迴歸方程式計算而得，c 係排除 Me，b 係排除 X 後之淨迴歸係數。由此觀之，研究者所提議之模式設定：部分中介效果模式或完全中介效果模式，會影響到相關迴歸係數之計算，也影響到中介效果的計算。如果研究者係利用 Baron 與 Kenny（1986）的中介效果考驗模式，則不分「部分中介」或「完全中介」，一律假設為部分中介效果。因此，中介效果的計算方法如同 SEM 的部分中介效果模式（James, Mulaik, & Brett, 2006）。不過，當 X 是抑制變項（suppressor variable）時，即使 X 與 Y 沒有關聯性（總效果等於 0 或接近於 0），亦有可能存在中介效果（例如，間接效果與直接效果的大小相同，但關係方向相反或完全中介時）。因此，MacKinnon、Lockwood、Hoffman、West 與 Sheets（2002）認為本法統計考驗力較弱。這是因果法運用上的盲點，應用者應謹慎運用它。

二、係數差異法

本法旨在計算 X 與 Y 的零相關與 X 與 Y 的淨相關（排除 Me 對於 Y 的效果）：$r_{x,y} - r_{x,y.Me}$（以下簡稱 r–r'）。此相關係數差異的統計考驗方法有很多種，在此僅列出 Freedman 與 Schatzkin（1992）的計算公式：

$t_{N-2} = \dfrac{r - r'}{\sigma_{r-r'}}$，式中，$\sigma_{r-r'} = \sqrt{\sigma_r^2 + \sigma_{r'}^2 - 2\sigma_r\sigma_{r'}\sqrt{1 - \rho^2_{XI}}}$（$\rho_{XI}$ 表示自變項與中介變項的相關係數，δ_r 表 r 係數之標準誤，$\delta_{r'}$ 表 r' 係數之標準誤。所得之統

計量可以利用 t 分配（df = N–2）進行顯著性考驗。

當中介變項 I 與 Y 即使完全沒有關聯性，因淨相關全距的限制，亦有可能存在中介效果。這是本法運用上的限制，應用者應謹慎運用它（MacKinnon, Lockwood, Hoffman, West, & Sheets, 2002）。

三、係數乘積法

透過係數乘積的間接效果之考驗方法，主要有 Z 考驗法、幽靈變項（Phantom variable）法與 Bayesian SEM 自訂參數法。茲分別簡介如下：

(一) Z 考驗法

Z 考驗的公式：$z = \dfrac{ab}{SE_{ab}}$，亦即 z 統計量為間接效果除以其標準誤，用以考驗間接效果係數的母數為 0（即間接效果的虛無假設 H_o：$\alpha\beta = 0$）。本法常用的公式有三：

*Sobel 考驗公式

$$z-value = \frac{a \times b}{\sqrt{b^2 \times s_a{}^2 + a^2 \times s_b{}^2}}$$

*Aroian 考驗公式

$$z-value = \frac{a \times b}{\sqrt{b^2 \times s_a{}^2 + a^2 \times s_b{}^2 + s_a{}^2 \times s_b{}^2}}$$

*Goodman 考驗公式

$$z-value = \frac{a \times b}{\sqrt{b^2 \times s_a{}^2 + a^2 \times s_b{}^2 - s_a{}^2 \times s_b{}^2}}$$

其中以 Sobel（1982）的 z 考驗法最常用，S_a 表示迴歸係數 a 的標準誤，S_b 表示迴歸係數 b 的標準誤。運用本法進行 z 考驗，應用者應考慮及這些統計量在樣本不大時，可能並非標準常態分配，而造成統計考驗力不足（Mackinnon et al., 1998; Cheung, 2007）。

上述三種統計量之計算，可利用 Preacher 與 Leonardelli（2010）的網路計算器，網址為 http://www.people.ku.edu/preacher/sobel/sobel.htm. 隨書所提供之附錄三的 Amos VB.NET 程式，亦可參考使用。

　　研究者只要輸入 a 與 b 及相關之標準誤，就可立即獲得三種考驗結果，甚為便利。實例解說請參見本章第陸節之說明。

(二) 幽靈變項法

　　幽靈變項法（Rindskopf, 1984; Cheung, 2007），乃是一個沒有實質意義的變項，將它加入模式中旨在進行非線性參數之限制。研究者可以利用 LISREL 的程式特性，建立一個交互作用的幽靈變項（Phantom variable），以估計其信賴區間與進行相關之統計考驗，這是 LISREL 獨特的參數限制功能。目前 AMOS 尚未提供此幽靈變項之設計，但其 Bayesian SEM 則有類似功能。因此，以下只提供 LISREL 的程式語法與輸出的報表，並依中介變項的個數與因果關係：單一中介變項、關聯雙中介變項與無關聯雙中介變項等三類中介形式，逐一利用實際資料說明如下。

1. 單一中介變項

　　幽靈變項法，研究者須建立一幽靈變項，作為獨立變項（如同事支持）的預測變項，並將其平均數與標準差設定為 0，參見圖 9-23 的徑路設計。因此，幽靈變項的加入模式中並不會影響模式與參數之估計。本徑路設計 LISREL 會自動估計間接效果 a*b 參數。

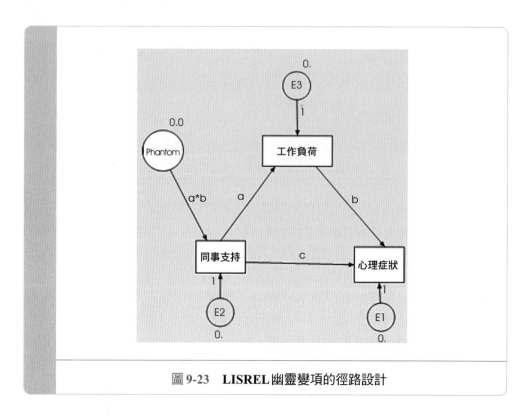

圖 9-23　**LISREL** 幽靈變項的徑路設計

茲以吳麗華（2007）的研究資料為例，LISREL 的程式語法與輸出報表，逐一條列於後。使用者如對 LISREL 程式的操作方法有疑問，請參考相關書籍，不在此贅述。

※LISREL 程式設計

TI A Phantom Var is created to test the indirect effect
DA NI = 3 NO = 315 NG = 1 MA = CM AP = 1

　! Create one additional free parameter

LA
同事支持　工作負荷　心理症狀

　!Covariance matrix

CM

0.30

−0.03　0.40

−0.04　0.12　0.27

!Means

ME

3.64　3.00　2.04

！選取變項順序，先Y後X

SE

2　3　1/

！模式規劃

MO NX=1 NY=2 BE=FU, FI GA=FU, FI PH=SY, FR PS=DI, FR TY=FI TX=FI
AL=FI KA=FI
FR BE(2, 1) GA(1, 1) GA(2, 1) AL(1) AL(2) KA(1)

!Create an interaction term

CO PAR(1)=GA(1, 1)*BE(2, 1)
PD
OU ME=ML IT=250　ND=3

上述 LISREL 程式中，CO PAR(1)係用來建立一新的待考驗參數：GA(1, 1)*BE(2, 1)，即中介效果。

　　※Lisrel 輸出結果
　　TI A Phantom Var is created to test the indirect effect
　　Covariance Matrix

	工作負荷	心理症狀	同事支持
工作負荷	0.400		
心理症狀	0.120	0.270	
同事支持	−0.030	−0.040	0.300

Means

工作負荷	心理症狀	同事支持
3.000	2.040	3.640

Parameter Specifications

BETA

	工作負荷	心理症狀
工作負荷	0	0
心理症狀	1	0

GAMMA

	同事支持
工作負荷	2
心理症狀	3

PHI

同事支持
4

PSI

工作負荷	心理症狀
5	6

ALPHA

工作負荷	心理症狀
7	8

LISREL Estimates (Maximum Likelihood)

BETA

	工作負荷	心理症狀
工作負荷	––	––
心理症狀	0.292	––
	（0.043）	
	6.780	

GAMMA

	同事支持
工作負荷	−0.100
	（0.065）
	−1.538
心理症狀	−0.104
	（0.050）
	−2.092

Covariance Matrix of Y and X

	工作負荷	心理症狀	同事支持
工作負荷	0.400		
心理症狀	0.120	0.270	
同事支持	−0.030	−0.040	0.300

Mean Vector of Eta-Variables

工作負荷	心理症狀
3.000	2.040

PHI

同事支持
0.300
（0.024）
12.510

PSI

註：This matrix is diagonal.

工作負荷	心理症狀
0.397	0.231
（0.032）	（0.018）
12.510	12.510

Squared Multiple Correlations for Structural Equations

工作負荷	心理症狀
0.007	0.145

Squared Multiple Correlations for Reduced Form

工作負荷	心理症狀
0.007	0.020

Reduced Form

	同事支持
工作負荷	−0.100
	（0.065）
	−1.538
心理症狀	−0.133
	（0.053）
	−2.511

ALPHA

工作負荷	心理症狀
3.364	1.542
（0.239）	（0.233）
14.055	6.618

ADDITIONAL PARAMETERS

PA(1)

−0.029

（0.019）

−1.500

The model is saturated, the fit is perfect!

利用前述LISREL報表中Beta與Gamma矩陣中的數據，中介效果的參數為−0.029（=−0.1*0.292），其t考驗值為−1.50（= −0.029/0.019），未達統計上的0.05顯著水準，亦即「工作負荷」變項沒有顯著的中介效果，研究者亦可使用該參數的標準誤0.019，建立0.05信賴區間：−0.029±1.96*0.019。

2. 雙中介變項（中介變項間具有因果關係）

這是單一中介變項分析的延伸，LISREL程式的撰寫非常類似，圖9-24中的內控與工作負荷皆為中介變項，而且這兩個中介變項間具有因果關係。本徑路設計LISREL會自動估計間接效果A*B*C參數。

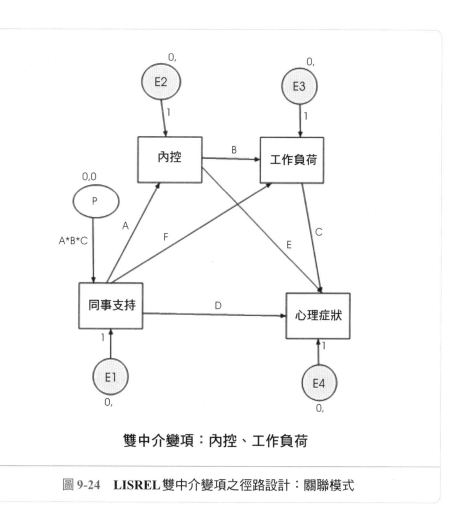

雙中介變項：內控、工作負荷

圖9-24　**LISREL雙中介變項之徑路設計：關聯模式**

　　茲以吳麗華（2007）的研究資料為例，LISREL 的程式語法與輸出報表，依序條列於後：

※LISREL 程式設計

The following lines were read from file F:\lisrel852\Indirect2.lpj:

TI To create a phantom var for testing indirect effect:2 mediators

DA NI=4 NO=315 NG=1 MA=CM AP=1

LA

內控　同事支持　工作負荷　心理症狀

CM

0.271

−0.061　0.301

0.061　−0.029　0.396

0.067　−0.036　0.116　0.270

ME

2.3833　3.6382　3.0011　2.0349

SE

內控　工作負荷　心理症狀　同事支持／

MO NX=1 NY=3 BE=SD, FI GA=FU, FI PH=SY, FR PS=DI, FR TY=FI

TX=FI AL=FI KA=FI

FR GA(1, 1) GA(2, 1) GA(3, 1) BE(2, 1) BE(3, 2) BE(3, 1)

CO PAR(1)=GA(1, 1)*BE(2, 1)*BE(3, 2)

PD

OU ME=ML IT=250 ND=4 BE=Indirect2.bes GA=Indirect2.gas

上述 LISREL 程式中，CO PAR(1) 係用來建立一新的待考驗參數：

GA(1, 1)*BE(2, 1)*BE(3, 2)，即雙中介變項中介效果。

※LISREL 輸出結果

TI To create a phantom var for testing indirect effect:2 mediators

Covariance Matrix

	內控	工作負荷	心理症狀	同事支持
內控	0.2710			
工作負荷	0.0610	0.3960		
心理症狀	0.0670	0.1160	0.2700	
同事支持	−0.0610	−0.0290	−0.0360	0.3010

Means

內控	工作負荷	心理症狀	同事支持
2.3833	3.0011	2.0349	3.6382

Parameter Specifications

BETA

	內控	工作負荷	心理症狀
內控	0	0	0
工作負荷	1	0	0
心理症狀	2	3	0

GAMMA

	同事支持
內控	4
工作負荷	5
心理症狀	6

PHI

同事支持
7

PSI

內控	工作負荷	心理症狀
8	9	10

ALPHA

內控	工作負荷	心理症狀
11	12	13

LISREL Estimates (Maximum Likelihood)

BETA

245

	內控	工作負荷	心理症狀
內控	--	--	--
工作負荷	0.2131	--	--
	(0.0686)		
	3.1048		
心理症狀	0.1751	0.2616	--
	(0.0536)	(0.0435)	
	3.2651	6.0166	

GAMMA

	同事支持
內控	-0.2027
	(0.0524)
	-3.8679
工作負荷	-0.0532
	(0.0651)
	-0.8161
心理症狀	-0.0589
	(0.0502)
	-1.1744

Covariance Matrix of Y and X

	內控	工作負荷	心理症狀	同事支持
內控	0.2710			
工作負荷	0.0610	0.3960		
心理症狀	0.0670	0.1160	0.2700	
同事支持	-0.0610	-0.0290	-0.0360	0.3010

Mean Vector of Eta-Variables

內控	工作負荷	心理症狀
2.3833	3.0011	2.0349

PHI

同事支持

0.3010

（0.0241）

12.5100

PSI

註：This matrix is diagonal.

內控	工作負荷	心理症狀
0.2586	0.3815	0.2258
（0.0207）	（0.0305）	（0.0180）
12.5100	12.5100	12.5100

Squared Multiple Correlations for Structural Equations

內控	工作負荷	心理症狀
0.0456	0.0367	0.1637

Squared Multiple Correlations for Reduced Form

內控	工作負荷	心理症狀
0.0456	0.0071	0.0159

Reduced Form

同事支持

內控　　−0.2027

（0.0524）

−3.8679

工作負荷　−0.0963

（0.0646）

−1.4913

心理症狀　−0.1196

（0.0531）

−2.2522

ALPHA

內控	工作負荷	心理症狀
3.1206	2.6865	1.0467
（0.1928）	（0.3173）	（0.2707）

16.1875	8.4660	3.8674

ADDITIONAL PARAMETERS

PA(1)

−0.0113

（0.0050）

−2.2462

BE was written to file F:\lisrel852\Indirect2.bes

GA was written to file F:\lisrel852\Indirect2.gas

　　利用前述 LISREL 報表中 Beta 與 Gamma 矩陣中的數據，中介效果的參數為 −.0.0113（=−0.2027*0.2131*0.2616），其 t 考驗值為 −2.2462（=−.0.0113/0.005），已達統計上的 0.05 顯著水準，亦即「內控」與「工作負荷」具有顯著的中介效果，研究者亦可使用該參數的標準誤 0.005，建立 0.05 信賴區間：−.0.0113±1.96*0.005。

3. 雙中介變項（中介變項間無因果關係）

　　這是單一中介變項分析的延伸，LISREL 程式的撰寫大致相同，圖 9-25 中的內控與工作負荷為中介變項，但這兩個中介變項間未具有因果關係。因此，本模式具有兩個交互作用（A*B，C*D），研究者可以估計兩個交互作用的總效果（A*B+C*D）與兩個交互作用的差異（A*B−C*D）效果。因此，本例需要兩個幽靈變項，以進行這兩個交互作用項的統計考驗。

　　仍以吳麗華（2007）的研究資料為例，LISREL 的程式語法與輸出報表，逐一條列於後：

※LISREL 程式設計

The following lines were read from file F:\lisrel852\Indirect3.LS8:

TI TO create a phantom var for testing indirect effect:2 UN-RELATED Mediators

DA NI=4 NO=315 NG=1 MA=CM AP=2

! Two additional free parameters created

LA

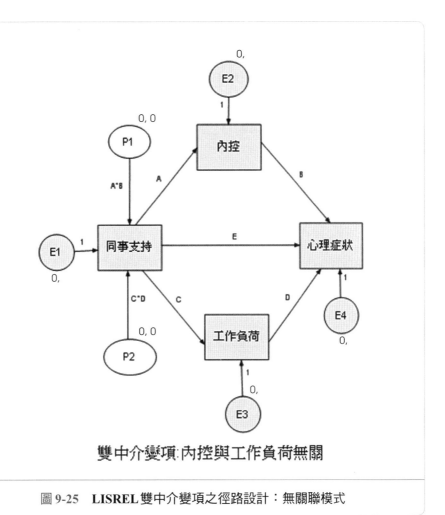

圖 9-25　LISREL 雙中介變項之徑路設計：無關聯模式

內控　同事支持　工作負荷　心理症狀

CM

0.271

−0.061　0.301

0.061　−0.029　0.396

0.067　−0.036　0.116　0.270

ME

2.3833　3.6382　3.0011　2.0349

SE

內控　工作負荷　心理症狀　同事支持／

MO NX=1 NY=3 BE=SD, FI GA=FU, FI PH=SY, FR PS=DI, FR TY=FI

TX=FI AL=FI KA=FI

FR GA(1, 1) GA(2, 1) GA(3, 1) BE(3, 2) BE(3, 1)

!Total specific effect

CO PAR(1)=GA(1, 1)*BE(3, 1)+GA(2, 1)*BE(3, 2)

! Difference between 2 specific effect

CO PAR(2)=GA(1, 1)*BE(3, 1)−GA(2, 1)*BE(3, 2)

PD

OU ME=ML IT=250 ND=4 BE=Indirect2.bes GA=Indirect2.gas

上述 LISREL 程式中，CO PAR(1)、CO PAR(2)係用來建立兩個待考驗

參數：GA(1, 1)*BE(3, 1)+GA(2, 1)*BE(3, 2)，GA(1, 1)*BE(3, 1)−GA(2,

1)*BE(3, 2)，即雙中介變項的中介效果。

※LISREL 輸出結果

TI TO create a phantom var for testing indirect effect:2 UN-RELATED

Mediators

Covariance Matrix

	內控	工作負荷	心理症狀	同事支持
內控	0.2710			
工作負荷	0.0610	0.3960		
心理症狀	0.0670	0.1160	0.2700	
同事支持	−0.0610	−0.0290	−0.0360	0.3010

　　　　　Means

內控	工作負荷	心理症狀	同事支持
2.3833	3.0011	2.0349	3.6382

TI TO create a phantom var for testing indirect effect:2 UN-RELATED

Mediators

Parameter Specifications

　　　BETA

	內控	工作負荷	心理症狀
內控	0	0	0
工作負荷	0	0	0
心理症狀	1	2	0

GAMMA

	同事支持
內控	3
工作負荷	4
心理症狀	5

PHI

同事支持
6

PSI

內控	工作負荷	心理症狀
7	8	9

ALPHA

內控	工作負荷	心理症狀
10	11	12

TI TO create a phantom var for testing indirect effect: 2 UN-RELATED Mediators Number of Iterations=0

LISREL Estimates (Maximum Likelihood)

BETA

	內控	工作負荷	心理症狀
內控	--	--	--
工作負荷	--	--	--
心理症狀	0.1751	0.2616	--
	（0.0528）	（0.0428）	
	3.3150	6.1085	

GAMMA

同事支持

內控   −0.2027

（0.0524）

−3.8679

工作負荷   −0.0963

（0.0646）

−1.4913

心理症狀   −0.0589

（0.0503）

−1.1716

Covariance Matrix of Y and X

	內控	工作負荷	心理症狀	同事支持
內控	0.2710			
工作負荷	0.0059	0.3960		
心理症狀	0.0526	0.1063	0.2649	
同事支持	−0.0610	−0.0290	−0.0360	0.3010

Mean Vector of Eta-Variables

內控	工作負荷	心理症狀
2.3833	3.0011	2.0349

PHI

同事支持

0.3010

（0.0241）

12.5100

PSI

註：This matrix is diagonal.

內控	工作負荷	心理症狀
0.2586	0.3932	0.2258
（0.0207）	（0.0314）	（0.0180）
12.5100	12.5100	12.5100

Squared Multiple Correlations for Structural Equations

	內控	工作負荷	心理症狀
	0.0456	0.0071	0.1478

Squared Multiple Correlations for Reduced Form

	內控	工作負荷	心理症狀
	0.0456	0.0071	0.0163

Reduced Form

	同事支持
內控	−0.2027
	（0.0524）
	−3.8679
工作負荷	−0.0963
	（0.0646）
	−1.4913
心理症狀	−0.1196
	（0.0526）
	−2.2739

ALPHA

內控	工作負荷	心理症狀
3.1206	3.3516	1.0467
（0.1928）	（0.2377）	（0.2832）
16.1875	14.1004	3.6958

ADDITIONAL PARAMETERS

PA(1)	PA(2)
−0.0607	−0.0103
（0.0224）	（0.0224）
−2.7102	−0.4587

利用前述 LISREL 報表，可知經由「內控」與「工作負荷」等兩個中介變項的間接總效果為：PA(1) ＝ −0.0607[＝ (−0.2027*0.1751) + (−0.0963*0.2616)]，

其 t 考驗值為 –2.7102 $\left(\dfrac{-0.0607}{0.0224}\right)$，已達統計上的 0.05 顯著水準，亦即經由「內控」與「工作負荷」等兩個中介變項，具有顯著的中介總效果。另外，經由內控與工作負荷中介變項的間接差異效果：PA(2) = –0.00103[= (–0.2027*0.1751) – (–0.0963*0.2616)]，其 t 考驗值為 –0.4587 $\left(\dfrac{-0.0103}{0.0224}\right)$，未達統計上的 0.05 顯著水準，亦即經由「內控」與經由「工作負荷」的間接效果，兩者間未具有顯著的差異。

(三) Bayesian SEM 自訂參數法

　　Amos 雖然無法使用幽靈變項法，進行中介效果值的顯著性考驗，但可利用其 Bayesian SEM 自訂參數法，進行中介效果值的顯著性考驗與計算信賴區間。請注意利用 SEM 進行中介效果值的顯著性考驗，研究者必須事先根據理論或過去的研究結果，決定所提議的中介效果模式是完全中介或部分中介。當提議模式為完全中介時，在徑路圖中就不須畫出直接效果之徑路，此時中介效果值是兩個迴歸係數的乘積；當提議模式為部分中介時，在徑路圖中就須畫出直接效果之徑路，此時中介效果值是兩個淨迴歸係數的乘積。

　　根據 James、Mulaik 與 Brett（2006）的建議：當您的提議模式為完全中介效果時，模式中（Y = β_{10} + β_{11}X + ε_1、Me = β_{20} + β_{21}X + ε_2）的兩個迴歸係數 β_{11}，β_{21} 均須達 0.05 顯著水準，但這兩個迴歸係數的交乘積值（$\beta_{11}*\beta_{21}$）及預測變項（X）與效標（Y）間相關（r_{XY}）的差異值（$\beta_{11}*\beta_{21}-r_{XY}$）不能達 0.05 顯著水準，完全中介的提議模式才能獲得支持。當您的提議模式為部分中介效果時，模式中（Y = β_{30} + β_{31}X + β_{32}Me + ε_3）的兩個淨迴歸係數(β_{31}, β_{32})均須達 0.05 顯著水準，而且預測變項對中介變項（Me）的迴歸係數（β_{21}）亦須達 0.05 顯著水準，部分中介效果的提議模式才能獲得支持。這些基本前提，乃是研究者事先須加以釐清的工作。

　　以下，介紹如何利用 Amos Bayesian SEM 計算中介效果與相關參數之統計考驗。Amos 之操作步驟，須先劃出如圖 9-26 之提議模式（徑路圖中須標註徑路參數 a, b, c）、連接資料檔、使用 Amos 的「Analyze」功能表單下之「Calculate Estimates」計算出模式中參數（a, b, c）的值。

　　其次，使用「Analyze」功能表單下之「Bayesian Estimation」執行貝氏估計法，等 Bayesian SEM 表單上出現笑臉 😊 後，按下暫停鈕 ⏸ 暫停抽樣，並按下 ⬚ 進行自訂參數的估計（Custom Estimation），等 Amo 出現自訂參數估計之程式設計視窗後，於程式設計視窗中撰寫中介效果估計值之相關程式，請參見圖 9-28 視窗中之程式設計。為便於前後不同方法間（幽靈變項法 vs Bayesian SEM 分析法）之比較，以下仍依中介變項的個數與因果關係：單一中介變項、關聯雙中介變項與無關聯雙中介變項等三類中介形式，逐一利用吳麗華（2007）的研究資料為例說明如下。

1. 單一中介變項

圖 9-26 的徑路設計，假定工作負荷僅具部分中介效果，而非完全中介效果。

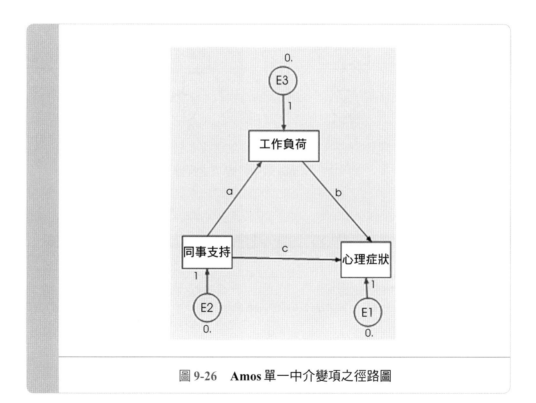

圖 9-26　**Amos 單一中介變項之徑路圖**

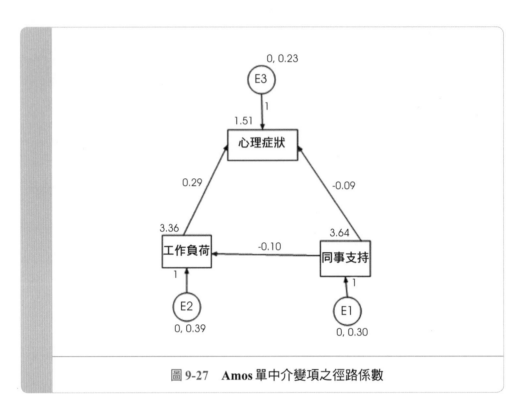

圖 9-27　**Amos** 單中介變項之徑路係數

圖 9-28　**Amos Bayesian SEM** 中介效果之程式設計：自訂參數法

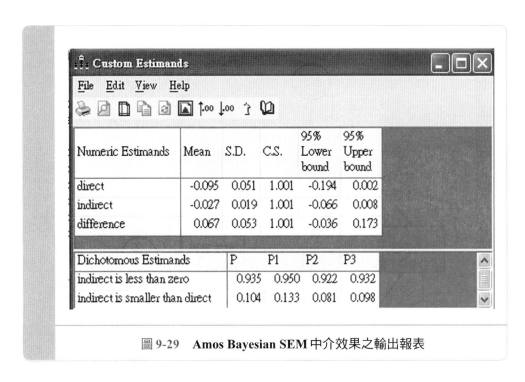

圖 9-29　**Amos Bayesian SEM** 中介效果之輸出報表

　　由圖 9-29 的報表知，中介效果的平均值為 −0.027，就全部 MCMC 樣本中，此值小於 0 的機率為 0.935，前 1/3(p1)、2/3(p2) 與後 1/3(p3) 的機率亦皆甚為接近（0.922～0.950），可見 p 值相當穩定，反映出中介效果為負的機率；而其 0.95 信賴區間為 −0.066～0.008，因信賴區間包含 0，顯示出此中介效果值未達 0.05 顯著水準。此項分析結果與前述之幽靈變項法之結果類似。至於直接效果與間接效果間的差異考驗，因 0.95 信賴區間包含 0（−0.036～0.173），亦未達 05 顯著水準。

2. 雙中介變項（中介變項有關聯）

　　這是單一中介變項分析的延伸，Amos 貝氏 SEM 程式的撰寫大致相同，圖 9-30 中的內控與工作負荷均為中介變項，且這兩個中介變項間具有因果關係，圖中相關之徑路係數分別標註為 A、B、C、D、E、F。

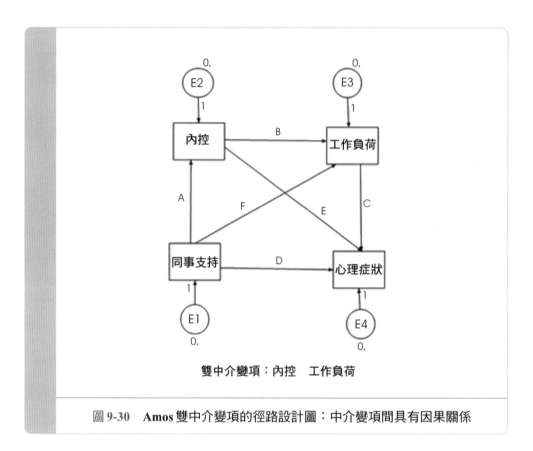

圖 9-30　**Amos 雙中介變項的徑路設計圖：中介變項間具有因果關係**

　　研究者使用 Amos 的「Analyze」功能表單下之「Calculate Estimates」計算出模式中參數的值；圖 9-31Amos 中雙中介變項的徑路係數，係 Amos 估計出來的參數值。之後，使用「Analyze」功能表單下之「Bayesian Estimation」執行貝氏估計法，等 Bayesian SEM 表單上出現笑臉 😊 後，按下暫停鈕 ⏸ 暫停抽樣，並按下 🖥 進行自訂參數的估計，等 Amos 出現自訂參數估計之程式設計視窗後，於程式設計視窗中撰寫中介效果估計值之相關程式。Amos 的相關Bayesian SEM 程式設計列述於後，以供研究者參考：

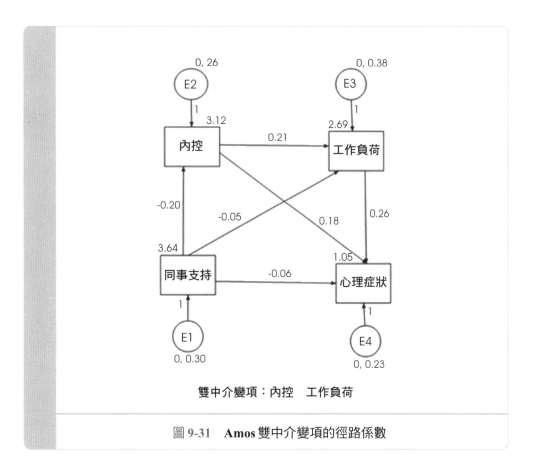

雙中介變項：內控　工作負荷

圖 9-31　**Amos** 雙中介變項的徑路係數

#Region "Header"

Imports System

Imports Microsoft.VisualBasic

Imports AmosEngineLib

Imports AmosEngineLib.AmosEngine.TMatrixID

Imports AmosExtensions.CustomEstimand

Imports PBayes

#End Region

Public Class CEstimand

    Implements IEstimand

    Public Sub DeclareEstimands() Implements IEstimand.DeclareEstimands newestimand ("直接效果")

newestimand ("間接效果")

newestimand ("difference")

newestimand ("間接效果 is less than zero")

newestimand ("間接效果 is smaller than direct")

End Sub

Public Function CalculateEstimands (ByVal sem As AmosEngine) As String Implements IEstimand.CalculateEstimands

Estimand ("直接效果").value = sem.ParameterValue ("d")

Estimand ("間接效果").value = sem.ParameterValue ("a") * sem.ParameterValue ("b")* sem.ParameterValue ("c")

Estimand ("difference").value = Estimand ("間接效果").value – Estimand ("直接效果").value

Estimand ("間接效果 is less than zero").value = (Estimand ("間接效果").value < 0)

Estimand ("間接效果 is smaller than direct").value = (Estimand ("間接效果").value < Estimand ("直接效果").value)

Return ""   'Return an empty string if no error occurred

End Function

End Class

圖 9-32 視窗內的結果，係 Amos Bayesian SEM 雙中介效果之輸出報表。

由圖 9-32 之報表知，雙中介效果的平均值為 –0.0113，就全部 MCMC 樣本中，此值小於 0 的機率為 0.9983，前 1/3(p1)、2/3(p2) 與後 1/3(p3) 的機率亦皆接近於 1（0.9978～0.9988），可見 p 值相當穩定，反映出中介效果肯定為負的；而其 0.95 信賴區間為 –0.00231～–0.0031，因不包含 0，顯示出雙中介效果值達 0.05 顯著水準。此項分析結果與前述之幽靈變項法之結果亦非常接近。至於直接效果與間接效果間的差異考驗，因 0.95 信賴區間包含 0（–0.052～0.145），亦未達 .05 顯著水準；而由其機率等於 0.174 來看，直接效果大於間接效果的機率滿高的。

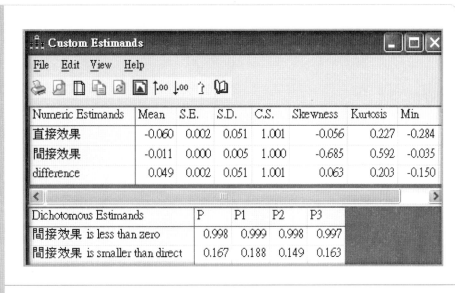

圖 9-32　**Amos Bayesian SEM** 雙中介效果之輸出報表：雙中介
有關聯模式

3. 雙中介變項（中介變項無關聯）

這是單一中介變項分析的延伸，Amos「Bayesian SEM」程式的撰寫大致相同，圖 9-33 中的內控與工作負荷為中介變項，但這兩個中介變項間未具有因果關係。因此，本模式具有兩個交互作用（A＊B，C＊D），研究者可以獲得一個交互作用的總效果與兩個交互作用的差異效果。

研究者須先使用 Amos 的「Analyze」功能表單下之「Calculate Estimates」計算出模式中參數的值。圖 9-34 Amos 中雙中介變項的徑路係數，係 Amos 估計出來的參數值。之後，使用「Analyze」功能表單下之「Bayesian Estimation」執行貝氏估計法，等 Bayesian SEM 表單上出現笑臉 😊 後，按下暫停鈕暫停抽樣，並按下 🖥 進行自訂參數的估計，等 Amos 出現自訂參數估計之程式設計視窗後，於程式設計視窗中撰寫中介效果估計值之相關程式。

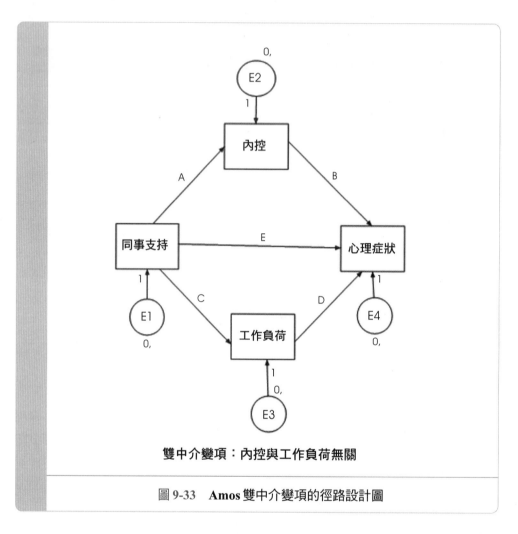

圖 9-33　**Amos** 雙中介變項的徑路設計圖

茲將 Amos 的相關 Bayesian SEM 程式設計列述於後，以供研究者參考：

#Region "Header"

Imports Systeam

Imports Microsoft.VisualBasic

Imports AmosEngineLib

Imports AmosEngineLib.AmosEngine.TMatrixID

Imports AmosExtensions.CustomEstimand

Imports PBayes

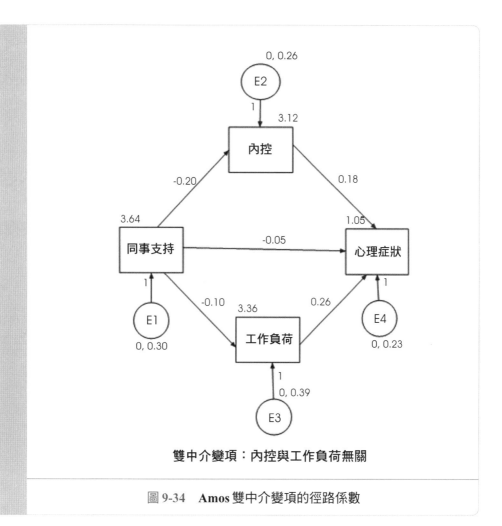

圖 **9-34** **Amos** 雙中介變項的徑路係數

#End Region

Public Class CEstimand

    Implements IEstimand

    Public Sub DeclareEstimands() Implements IEstimand.DeclareEstimands

      newestimand("direct")

      newestimand("indirect1")

      newestimand("indirect2")

      newestimand("Total Effect")

```
            newestimand("difference")
            newestimand("indirect1 is less than zero")
            newestimand("indirect2 is less than zero")
            newestimand("Total Effect is less than zero")
            newestimand("Difference is less than zero")
            newestimand("Total indirect is smaller than direct")
        End Sub
        Public Function CalculateEstimands(ByVal sem As AmosEngine) As
String Implements IEstimand.CalculateEstimands
            Estimand("direct").value = sem.ParameterValue("E")
            Estimand("indirect1").value = sem.ParameterValue("a") * sem.
ParameterValue("b")
            Estimand("indirect2").value = sem.ParameterValue("C") * sem.
ParameterValue("D")
            Estimand("Total Effect").value = Estimand("indirect1").value +
Estimand("indirect2").value
            Estimand("Difference").value = Estimand("indirect1").value –
Estimand("indirect2").value
            Estimand("indirect1 is less than zero").value = (Estimand("indirect1").
value < 0)
            Estimand("indirect2 is less than zero").value = (Estimand("indirect2").
value < 0)
            Estimand("Total Effect is less than zero").value = (Estimand("Total
Effect").value < 0)
            Estimand("Difference is less than zero").value =
(Estimand("Difference").value < 0)
            Estimand("Total indirect is smaller than direct").value =
(Estimand("Total Effect").value < Estimand("direct").value)
            Return ""        'Return an empty string if no error occurred
        End Function
    End Class
```

圖 9-35 視窗內的結果，係Amos Bayesian SEM 雙中介效果之輸出報表。由圖9-35 報表知，在無關聯模式下，雙中介總效果的平均值為 –0.062，就全部 MCMC樣本來看，此值小於 0 的機率為 0.997；而其 0.95 信賴區間為 –0.107 ～–0.019，因信賴區間不包含 0，顯示出雙中介總效果值達 0.05 顯著水準。至於雙中介差異效果的平均值為 –0.010[–0.036–(–0.026)]，此值小於 0 的機率為 0.677，其 0.95 信賴區間為 –0.057～0.037，因信賴區間包含 0，顯示出雙中介差異效果值未達 0.05 顯著水準。此項分析結果與前述之幽靈變項法之結果亦非常接近。就全部 MCMC 樣本來看，雙中介總效果值小於直接效果值的機率為 0.522。

Custom Estimands

File Edit View Help

Numeric Estimands	Mean	S.D.	C.S.	95% Lower bound	95% Upper bound
direct	-0.058	0.051	1.001	-0.159	0.039
indirect1	-0.036	0.014	1.001	-0.067	-0.011
indirect2	-0.026	0.018	1.001	-0.063	0.008
Total Effect	-0.062	0.022	1.001	-0.107	-0.019
difference	-0.010	0.024	1.001	-0.057	0.037

Dichotomous Estimands	P	P1	P2	P3
indirect1 is less than zero	0.999	0.999	0.999	1.000
indirect2 is less than zero	0.932	0.929	0.926	0.942
Total Effect is less than zero	0.997	0.998	0.997	0.996
Difference is less than zero	0.677	0.669	0.681	0.680
Total indirect is smaller than direct	0.522	0.525	0.531	0.510

圖 9-35　**Amos Bayesian SEM** 雙中介效果之輸出報表：無關聯模式

四、Bootstrap 法

Bootstrapping 的統計分析不受抽樣分配型態之限制，在電腦 CPU 速率強大的今日，Bootstrapping 的統計分析受到不少應用者的青睞。間接效果值（a*b）的 Bootstrapping 的方法道理很簡單，其 bootstrap 抽樣分配及其 a*b 之估計值，可經由下列四大步驟求得：

1. 使用原始資料當作抽樣之母群，採「置還抽樣法」從母群中隨機抽取 N 個 bootstrap 樣本點，建立一個 bootstrap 樣本；
2. 計算這個 bootstrap 樣本的 a*b 值，並將之存檔；
3. 重複步驟 1～2 若干次（如 1000 次）；
4. 利用這些 bootstrap 所得之 A*b 值，建立 a*b 之抽樣分配，並計算（α/2）*100% 與（1−α/2）*100 的百分位數與該 bootstrap 抽樣配之平均數、標準差。

研究者如欲使用 Amos 的 Bootstrap 法計算直接效果、間接效果與總效果，請參照以下步驟進行，堪稱便捷。首先，繪製所須之徑路圖與將資料檔之連接。接著點選分析屬性視窗中的「Output」，於打開的視窗中勾選「Indirect, direct & total effects」（參見圖 9-36）。

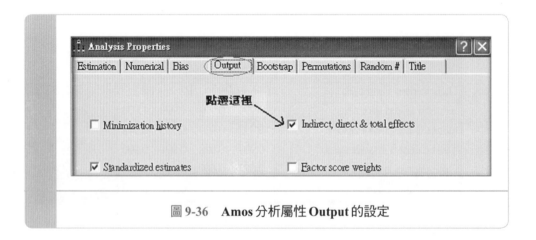

圖 9-36　Amos 分析屬性 Output 的設定

其次，再點選分析屬性視窗中的「Bootstrap」，於打開的視窗中勾選「Perform bootstrap」、「Percentile confidence intervals」、「Bias-corrected confidence intervals」與「Bootstrap Ml」（參見圖9-37）。最後點選「Calculate Estimates」，即可獲得相關之統計量。

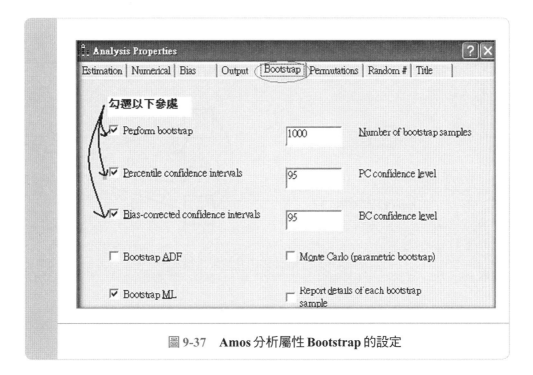

圖 9-37　**Amos 分析屬性 Bootstrap 的設定**

　　本法之 Amos 應用實例解說，請看本章第陸節之說明，不在此贅述。

伍、條件式中介效果

一、定義與類型

　　條件式中介效果也稱為條件式間接效果（conditional indirect effect），或稱為調節型中介效果（moderated mediation），指的是間接效果的大小與方向端視調節變項的某一層次或某特定數值而定（Muller, Judd, & Yzerbyt, 2005; Preacher, Rucker, & Hayes, 2007），亦即中介或間接效果的大小受到調節變項的控制。因此，條件式間接或中介效果之研究，旨在探討間接或中介效果如何發生與什麼時候會發生。Preacher、Rucker 與 Hayes（2007）整理出五個條件式中介效果的模式，最簡單的模式係自變項亦為調節變項，該模式中，X 係起始變項也是調節變項。當 X 與 M 交互作用的效果接近於 0 時，b_2 亦會接近於 0 時，此時條件式間接效果會簡化為 a_1b_1，對任何調節變項的層次或個案均為 a_1b_1。

(一) 模式一之條件式間接效果的徑路模式

如圖 9-38 所示，X 亦為調節變項：

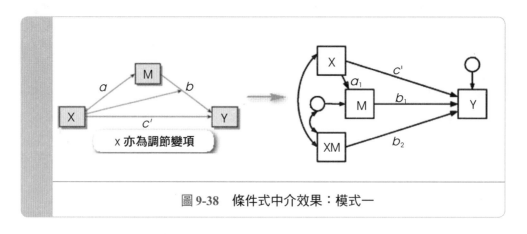

圖 9-38　條件式中介效果：模式一

此模式之相關之迴歸方程式為：

$$M = a_0 + a_1X + \text{e}$$
$$Y = b_0 + c'X + (b_1 + b_2X)\,M + \text{e}$$

其條件式間接效果的點估計為 $\hat{a}_1\,(\hat{b}_1 + \hat{b}_2X)$ ，而其二階變異誤為

$$(\hat{b}_1 + \hat{b}_2X)^2 s_{\hat{a}_1}^2 + (\hat{a}_1^2 + s_{\hat{a}_1}^2)(s_{\hat{b}_1}^2 + 2s_{\hat{b}_1 \cdot \hat{b}_2}X + s_{\hat{b}_2}^2 X^2)$$

利用上述間接效果的點估計與二階變異量，就可計算 t 值與 p 值。為便利研究者計算條件式間接效果，其餘的模式二～五之條件式間接效果的理論模式、點估計與二階變異誤（將之開根號，即為標準誤），亦摘述於(二)～(五)節中，以利研究者計算臨界比（Critical ratio）。

(二) 模式二之徑路設計

如圖 9-39 所示，徑路 a 受到 W 變項的調節：其點估計為 $(\hat{a}_1 + \hat{a}_3 W)\hat{b}_1$ ，而其二階變異誤為：

$$(\hat{a}_1 + \hat{a}_3 W)^2 s_{\hat{b}_1}^2 + (\hat{b}_1^2 + s_{\hat{b}_1}^2)(s_{\hat{a}_1}^2 + 2s_{\hat{a}_1 \cdot \hat{a}_3} W + s_{\hat{a}_3}^2 W^2)$$

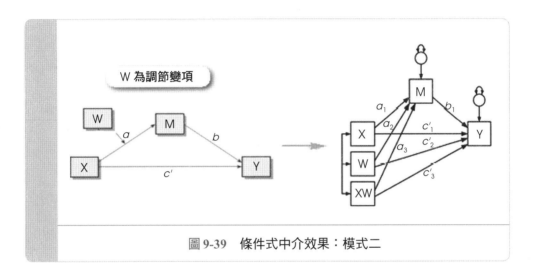

圖 9-39　條件式中介效果：模式二

(三) 模式三之徑路設計

如圖 9-40 所示，徑路 b 受到 W 變項的調節：點估計為 $\hat{a}_1 (\hat{b}_1 + \hat{b}_3 W)$ ，而其二階變異誤為：

$$(\hat{b}_1 + \hat{b}_3 W)^2 s_{\hat{a}_1}^2 + (\hat{a}_1^2 + s_{\hat{a}_1}^2)(s_{\hat{b}_1}^2 + 2s_{\hat{b}_1 \cdot \hat{b}_3} W + s_{\hat{b}_3}^2 W^2)$$

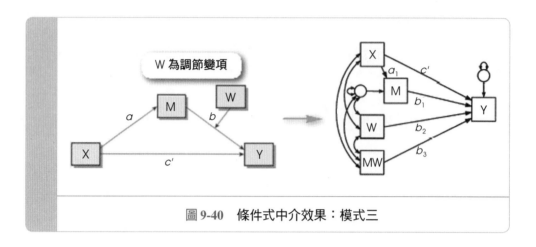

圖 9-40　條件式中介效果：模式三

(四) 模式四之徑路設計

　　如圖 9-41 所示，徑路 a 受到 W 變項的調節，徑路 b 受到 Z 變項的調節；其點估計為 $(\hat{a}_1 + \hat{a}_3 W)(\hat{b}_1 + \hat{b}_3 Z)$ ，而其二階變異誤為：

$$(\hat{a}_1 + \hat{a}_3 W)^2\,(s_{\hat{b}_1}^2 + 2s_{\hat{b}_1 \cdot \hat{b}_3} Z + s_{\hat{b}_1}^2 Z^2) + (\hat{b}_1 + \hat{b}_3 Z)^2\,(s_{\hat{a}_1}^2 + 2s_{\hat{a}_1 \cdot \hat{a}_3} W + s_{\hat{a}_3}^2 W^2)$$

$$+\ (s_{\hat{b}_1}^2 + 2s_{\hat{b}_1 \cdot \hat{b}_3} Z + s_{\hat{b}_3}^2 Z^2)(s_{\hat{a}_1}^2 + 2s_{\hat{a}_1 \cdot \hat{a}_3} W + s_{\hat{a}_3}^2 W^2)$$

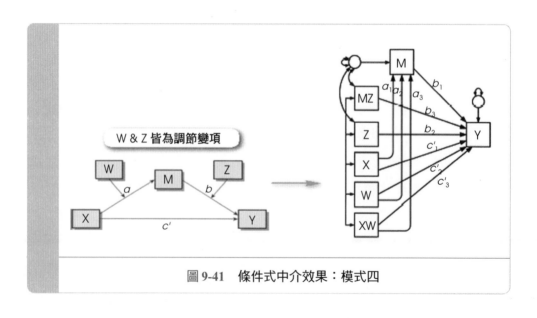

圖 9-41　條件式中介效果：模式四

(五) 模式五之徑路設計

如圖 9-42 所示，徑路 a & b 均受到 W 變項的調節：其點估計為：

$$(\hat{a}_1 + \hat{a}_3\,W)(\hat{b}_1 + \hat{b}_2\,W)\ ，\text{而其二階變異誤為：}$$

$$(\hat{b}_1 + \hat{b}_2\,W)^2\,[s_{\hat{a}_1}^2 + 2s_{\hat{a}_1\cdot\hat{a}_3}\,W + s_{\hat{a}_3}^2\,W^2] + [\hat{a}_1 + \hat{a}_3 W]^2\,[s_{\hat{b}_1}^2 + 2s_{\hat{b}_1\cdot\hat{b}_2}\,W + s_{\hat{b}_2}^2\,W^2] +$$

$$[s_{\hat{a}_1}^2 + 2s_{\hat{a}_1\cdot\hat{a}_3}\,W + s_{\hat{a}_3}^2\,W^2][s_{\hat{b}_1}^2 + 2s_{\hat{b}_1\cdot\hat{b}_2}W + s_{\hat{b}_2}^2\,W^2]$$

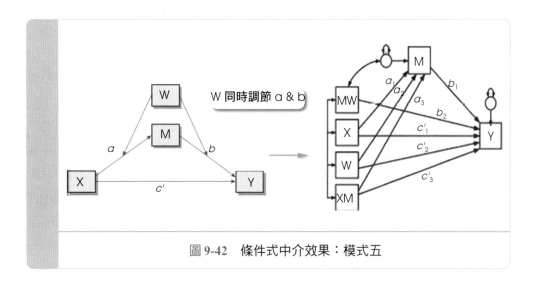

圖 9-42　條件式中介效果：模式五

另外，依照 Muller、Judd 與 Yzerbyt（2005）的主張，欲考驗調節型（或稱條件化）中介效果（moderated mediation），須跑以下三個迴歸方程式：

$$Y = \beta_{40} + \beta_{41}\,X + \beta_{42}\,Mo + \beta_{43}\,XMo + \varepsilon_4$$
$$Me = \beta_{50} + \beta_{51}X + \beta_{52} + Mo + \beta_{53}XMo + \varepsilon_3$$
$$Y = \beta_{60} + \beta_{61}X + \beta_{62}Mo + \beta_{63}XMo + \beta_{64}Me + \beta_{65}MeMo + \varepsilon_6$$

式中 Mo 代表調節變項，Me 代表中介變項。此種調節型中介效果，意指著 X 與 Y 間之間接效果的大小須視調節變項而定。欲證明調節型中介效果的存在，首先要考驗 Ho_1：$\beta_{41} = 0$；Ho_2：$\beta_{43} = 0$（請參見第一個迴歸方程式），期望能推翻 Ho_1（β_{41} 達顯著水準）；但希望能接納 Ho_2（顯示 X 與 Mo 間無交互作用），β_{43}

代表整體處理效果的交互作用。其次，在第二、三個迴歸方程式中，則期望迴歸係數 β_{53} 與 β_{64} 或 β_{51} 與 β_{65} 須達顯著水準，而符合這項期望的後果就是 β_{63}（代表淨處理效果的交互作用）會達顯著水準。

Muller、Judd 與 Yzerbyt（2005）認為除了調節型中介效果之外，尚有中介型的調節作用（mediated moderation）。欲證明中介型的調節作用的存在，首先要考驗 Ho：$\beta_{43} = 0$（請參見第一個迴歸方程式），期望能推翻 Ho（β_{43} 達顯著水準），希望 X 與 Mo 間具有整體交互作用。其次，在第二、三個迴歸方程式中，則期望迴歸係數 β_{53} 與 β_{64} 或 β_{51} 與 β_{65} 須達顯著水準，而顯示出調節作用的強度會因模式中的中介變項而降低。以下將以圖9-43的徑路係數加以說明兩者之分野所在。

調節型中介效果與中介型的調節作用最大的分野，在於 β_{43} 絕對值與 β_{63} 絕對值之差異（$|\beta_{43} - \beta_{63}|$）而定（參見圖9-43中相對應之參數），當其絕對值為0時，調節型中介效果與中介型的調節作用均不會發生，亦即僅有直接效果存在。當其絕對值大於0時，即為中介型的調節作用，此時研究者所關切的是何時會產生交互作用，亦即研究者所關切的是處理效果的交互作用，是否會因中介變項之介入而下降。當其絕對值小於0且 β_{43} 之效果等於0時，即為調節型中介效果，此時研究者所關切的是何時會產生中介效果，亦即研究者所關切的是處理變項的中介效果，是否會因調節變項而有不同。請注意，假如 β_{43} 效果等於0的基本假設加以放寬時，Muller、Judd 與 Yzerbyt（2005）認為 $|\beta_{43}| - |\beta_{63}|$ 的差異值大於0，即可稱為調節型中介效果。在此較寬鬆的定義之下，中介型的調節作用皆是調節型中介效果，但反之則不然。

二、條件式中介效果之實例解說：以第五模式為例

本應用實例取自 Petty 等人（1993）對於正負向情緒（MOOD）、正向思考（POS）、認知需求（NFC）與態度改變（ATT）關係之研究（Muller, Judd, & Yzerbyt, 2005）。他們認為正負向情緒經由中介變項正向思考對態度改變之中介效果，會因調節變項認知需求的高低而有交互作用。因此，MOOD 被視為實驗處理之自變項，ATT 被視為實驗處理之依變項，POS 被視為中介變項，NFC 被視為調節變項。他們的資料可自以下網址取得 http://www.psp.ucl.ac.be/mediation/。圖9-44 的 SPSS 資料檔中，MOODNFC、POSNFC 係交互作用乘積項。

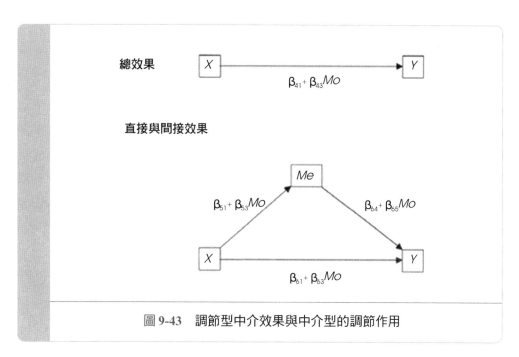

圖 9-43　調節型中介效果與中介型的調節作用

modmed.sav - SPSS Data Editor

File Edit View Data Transform Analyze Graphs Utilities Window Help

1 : OBS　1

	OBS	MOOD	NFC	MOODNFC	POS	POSNFC	ATT
1	1	-1	3.07579	-3.07579	6.25	19.2238	18.5455
2	2	-1	2.59489	-2.59489	-5.07	-13.1485	-16.9684
3	3	-1	-1.00952	1.00952	.93	-.9435	-5.9578
4	4	-1	-.43824	.43824	2.87	-1.2563	-7.2256
5	5	-1	.21788	-.21788	-16.56	-3.6081	-26.7000
6	6	-1	.43842	-.43842	-13.14	-5.7593	-24.1241
7	7	-1	-1.09646	1.09646	-.95	1.0451	-28.0378
8	8	-1	-.57737	.57737	-13.77	7.9523	-9.4845
9	9	-1	1.75978	-1.75978	-5.82	-10.2359	10.8746
10	10	-1	-.42134	.42134	.33	-.1381	18.2762

圖 9-44　SPSS 資料檔案

資料來源：Petty 等人（1993）研究資料（N=100）

研究者欲分析調節型中介效果，主要的方法有三：SPSS 線性迴歸分析，Bootstrap 法，與 SEM 分析法，以下之解說就依此分類逐一說明之。

(一) SPSS線性迴歸分析法

　　因為 Petty 等人（1993）的研究變項中，他們認為正負向情緒（MOOD）經由中介變項正向思考（POS）對態度改變（ATT）之中介效果，會因調節變項認知（NFC）需求的高低而有交互作用。因此，MOOD 被視為實驗處理之自變項（X），ATT 被視為實驗處理之依變項（Y），POS 被視為中介變項（Me），NFC 被視為調節變項（Mo）。有了這些基本概念之後，就較容易來說明如何利用 SPSS 的迴歸分析，進行前述 Muller、Judd 與 Yzerbyt（2005）的調節型中介效果分析。在建立了圖 9-44 的 SPSS 資料檔案後，就可打開如圖 9-45 SPSS 線性迴歸分析之輸入視窗，進行相關變項的鍵入，茲將分析的步驟簡介如下。

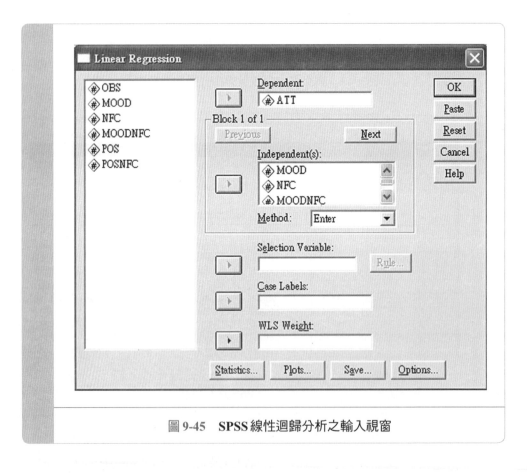

圖 9-45　SPSS 線性迴歸分析之輸入視窗

　　第一、在圖 9-45 之「Independent(s)」視窗中，放進 MOOD、NFC、MOODNFC（交互作用項）等三個預測變項，效標「Dependent」為 ATT，，以

考驗前述第一個迴歸方程式。注意此階段，未將與中介變項相關之變項（POS &
POSNFC）放入迴歸方程式中。考驗結果如表 9-11 所示。

表9-11 SPSS 迴歸分析報表：第一個迴歸方程式

Model	Unstanardized Coefficients		Standardized Coefficients		
	B	Std. Error	Beta.	t	Sig.
(Constant)	1.959	1.543		1.269	0.207
MOOD	6.814	1.543	0.408	4.415	0.000
NFC	1.268	1.135	0.106	1.117	0.267
MOODNFC	−0.691	1.135	−0.058	−0.609	0.544

a. Dependent Variable: ATT

由表 9-11 結果顯示，Mood 對於依變項（ATT）的直接處理效果達 0.05 顯
著水準（$\beta_{41} = 6.814$，$p = 0.000$），而此直接效果與認知需求變項 NFC 沒有交互
作用（$\beta_{43} = -0.691$，$p = 0.544$）。因此，這是典型調節型中介效果（prototypic
moderated mediation）的基本條件。有些研究者認為先有直接效果，才能談間接
效果。其實，當直接效果為 0 時，表示完全中介。因此，有些研究者認為此條件
並不一定需要成立。

第二、放進 MOOD、NFC、MOODNFC（交互作用項）等三個預測變項，效
標為 POS，以考驗前述 Muller、Judd 與 Yzerbyt（2005）的第二個迴歸方程式。
跑出來的結果如表 9-12 所示。

表9-12 SPSS 迴歸分析報表：第二個迴歸方程式

Model	Unstanardized Coefficients		Standardized Coefficients		
	B	Std. Error	Beta.	t	Sig.
(Constant)	0.040	0.697		0.058	0.954
MOOD	4.336	0.697	0.524	6.219	0.000
NFC	0.767	0.513	0.129	1.496	0.138
MOODNFC	1.257	0.513	0.212	2.450	0.016

a. Dependent Variable: POS

由表 9-12 結果顯示，MOOD 對於 POS 具有顯著的處理效果（$\beta_{51} = 4.336$，p

= 0.000），MOODNFC 交互作用項達顯著水準（β_{53} = 1.257，p = 0.016），符合調節型中介效果的基本要件，MOOD 中介效果的大小為中介變項 NFC 的函數。

第三、放進 MOOD、NFC、MOODNFC、POS、POSNFC 等五個預測變項，效標為 ATT，，以考驗前述第三個迴歸方程式。跑出來的結果如表 9-13 所示。

表9-13 SPSS 迴歸分析報表：第三個迴歸方程式

Model	Unstanardized Coefficients		Standardized Coefficients		
	B	Std. Error	Beta.	t	Sig.
(Constant)	1.939	1.293		1.500	0.137
MOOD	1.480	1.547	0.089	0.957	0.341
NFC	0.356	0.972	0.030	0.366	0.715
MOODNFC	−2.169	1.027	−0.181	−.2112	0.0.37
POS	1.248	0.189	0.618	6.613	0.000
POSNFC	−0.36	0.129	−0.023	−0.278	0.781

a. Dependent Variable: ATT

由表 9-13 結果顯示，MOODNFC 交互作用項達顯著水準（β_{63} = −2.169，p = 0.037），亦即排除間接效果之後其淨直接效果（residual direct effect）的大小得視 NFC 之高低而定。此外，POS 亦達顯著水準（β_{64} = 1.248，p = 0.000），與前述 β_{53} 之顯著性結果（p = 0.016）剛好符合調節型中介效果的所有基本要件。因為|−0.691|−|−2.169| = −1.478，而且 β_{43} = −0.691（p = 0.544），反映出經由 POS 的間接效果大小得視調節變項 NFC 之高低而定，這是典型之調節型中介效果的例子：研究者所關切的是處理變項的中介效果，是否會因調節變項而有所不同。

最後，研究者可以利用前述之 Freedman 與 Schatzkin（1992）公式，利用淨直接效果 1.478[−.691−(−2.169)] 進行整體調節型中介效果的統計考驗：

$$t = 1.478/\sqrt{1.135^2 + 1.027^2 - 2*1.135*1.027\sqrt{1 - .542^2}} = 1.478/.3574 = 4.136 \text{（p<.05）}$$

因此，從淨直接效果來看，可以間接看出整體調節型中介效果達到統計上的 0.05 顯著水準。

(二) Bootstrap **法**

　　由於傳統之中介效果之分析，會受到樣本大小及常態分配之限制，許多的研究者都推薦使用 Bootstrap 法（Preacher, Rucker, & Hayes, 2007）。為便利研究者使用 Bootstrap 法，進行調節型中介效果分析，他們提供以下之 SPSS Macro 程式，非常簡便。本程式在 SPSS 未關閉以前，只能執行一次。執行本程式之後，即可運用它來分析調節型中介效果。此 SPSS Macro 程式稱為 MODMED 程式（modmed.sps），研究者可於下列網址下載使用：http://www.psych.ku.edu/preacher/w。茲將部分重點程式內容摘要如下：

```
/* 本程式之版權宣告 */.
/* MODMED version 1.1, posted January 23, 2007 */.
/* Written by Andrew F. Hayes */.
/* School of Communication */.
/* The Ohio State University */.
/* hayes.338@osu.edu */.
/* This revision adds bias corrected bootstrap confidence intervals to the output */.
define MODMED (dv = !charend('/')/med = !charend('/')/dvmodel = !charend('/')/mmodel = !charend('/')
   /dvmodv = !charend ('/') !default (9999)/mmodv = !charend ('/') !default (9999)/covmat = !charend('/') !default(0)
   /varord = !charend('/') !default(2)/boot = !charend('/') !default (1)).
/* 如欲取得 1st-order 變異數, 請改用 varord = !charend('/') !default(1) */.
preserve.
set seed = random.
set length = none.
set mxloop = 10000000.
/* This section does listwise deletion */.
save outfile = 'c:\modmed.sav'.
count miss = !dv !med !dvmodel !mmodel (sysmis).
```

```
select if (miss = 0).
save outfile = 'c:\mmtemp.sav'/drop = miss.
matrix.
……中間程式從略……
end matrix.
restore.
get file = 'c:\modmed.sav'.
!end define.
/* MODMED Macro 結束 */
/* 執行 MODMED 之控制敘述 */
MODMED DV=ATT/ MED=POS /DVMODEL=POS NFC/ MMODEL=
MOOD NFC /BOOT=1000.
```

　　前述最後一行控制指令係操作本程式的關鍵指令，研究者必須了解此行程
式中的控制語法。茲將相關語法的涵義簡單說明如下：DV 表依變項，MED 表中
介變項，DVMODEL 表效標為依變項之模式，MMODEL 表效標為中介變項之模
式，BOOT 表 bootstrap 樣本數。至於「依變項模式」輸入變項之順序，依次為中
介變項，調節變項（調節中介與依變項間之關係）；「中介變項模式」輸入變項
之順序，依次為自變項，調節變項（調節中介與自變項間之關係）。因此，本行
的控制指令可知，依變項為 ATT，中介變項為 POS，「依變項模式」輸入變項之
順序，依次為中介變項 POS，調節變項 NFC，而「中介變項模式」輸入變項之順
序，依次為自變項 MOOD，調節變項 NFC，Bootstrap 樣本數為 1000。執行此程
式之後，輸出之報表如表 9-14 所示。

表9-14　**MODMED 之程式報表**

Preacher, Rucker, & Hayes Moderated Mediation Analysis

You specified model number:
5
Variables in System:
　　IV: MOOD
　　DV: ATT
Med Var: POS

Mod Var: NFC
Sample size:
100
中介變項模式（MEDIATOR VARIABLE MODEL）

	Coeff	SE	t	P>|t|
Constant	0.0404	0.6971	0.0579	0.9540
MOOD	4.3357	0.6971	6.2193	0.0000
NFC	0.7672	0.5130	1.4956	0.1380
Inter1	1.2565	0.5130	2.4496	0.0161

所得結果與表9-12中SPSS分析結果完全相同。

依變項模式（DEPENDENT VARIABLE MODEL）

	Coeff	SE	t	P>|t|
Constant	1.9394	1.2932	1.4996	0.1371
MOOD	1.4802	1.5467	0.9570	0.3410
NFC	0.3558	0.9716	0.3661	0.7151
Inter1	−2.1691	1.0270	−2.1121	0.0373
POS	1.2479	0.1887	6.6130	0.0000
Inter2	−0.0359	0.1291	−0.2785	0.7812

所得結果與表9-13中SPSS分析結果完全相同。

Interaction Terms:
Inter1: MOOD   *   NFC
Inter2: POS   *   NFC

調節型Bootstrap間接效果(−1SD, 0, +1SD)
Conditional indirect effect at specific value(s) of the moderator(s)

NFC	Boot Ind	Boot SE	Boot Z	Boot P
−1.4046	3.3640	1.6483	2.0409	0.0413
0.0000	5.3850	1.2377	4.3507	0.0000
1.4046	7.1991	2.0406	3.5280	0.0004

Moderator values listed are the sample mean and +/−1 SD

本程式不僅提供調節變項值為0及上下一個標準差的Bootstrap間接效果：5.358、7.1991、3.364，而且提供所有調節變項值的Bootstrap間接效果。
調節型Bootstrap間接效果（全部）
Conditional indirect effect at range of values of the moderator(s)

NFC	Boot Ind	Boot SE	Boot Z	Boot P
−4.8265	−2.4254	4.8135	−0.5039	0.6143
−4.4314	−1.6942	4.2676	−0.3970	0.6914
−4.0363	−0.9794	3.7777	−0.2593	0.7954
−3.6411	−0.2810	3.3407	−0.0841	0.9330
−3.2460	0.4011	2.9526	0.1358	0.8919
−2.8509	1.0668	2.6086	0.4090	0.6826
−2.4558	1.7161	2.3035	0.7450	0.4563
−2.0607	2.3491	2.0323	1.1559	0.2477
−1.6656	2.9657	1.7913	1.6556	0.0978
−1.2705	3.5659	1.5802	2.2567	0.0240
−0.8753	4.1498	1.4048	2.9539	0.0031
−0.4802	4.7173	1.2809	3.6827	0.0002
−0.0851	5.2684	1.2347	4.2671	0.0000
0.3100	5.8031	1.2937	4.4858	0.0000
0.7051	6.3215	1.4700	4.3002	0.0000
1.1002	6.8235	1.7558	3.8862	0.0001
1.4953	7.3091	2.1352	3.4232	0.0006
1.8904	7.7784	2.5947	2.9978	0.0027
2.2856	8.2313	3.1257	2.6334	0.0085
2.6807	8.6678	3.7231	2.3281	0.0199
3.0758	9.0880	4.3841	2.0729	0.0382

由本表中的數據，可看出當調節變項 NFC 的值愈小，間接效果愈小，其效果值為 0 的機率則愈高；當調節變項 NFC 的值愈大，間接效果則愈大，其效果值為 0 的機率則愈低。

Indirect effect statistics are bootstrap estimates.

Bootstrap p-values assume normal bootstrap distribution.
Bootstrap 樣本大小
本次統計分析使用了 1000 個 bootstrap 樣本點。
Number of bootstrap samples:
1000
——END MATRIX——

(三) SEM 之解法

利用 SEM 來分析條件間接效果，亦有兩種方法：Amos 徑路係數法與 Amos MCMC 法。首先，談一談第一種 Amos 徑路係數法。圖 9-46 是前述第五類型條

件間接效果模式之徑路設計，其條件間接效果的點估計（參見公式左側）與一階
變異量（不包含畫線部分）、二階變異量（參見公式右側）須利用下列公式計算
（Preacher, Rucker, & Hayes, 2007），式中 w 表調節變項的值。

$$(\hat{a}_1 + \hat{a}_3 W)$$
$$\times \ (\hat{b}_1 + \hat{b}_2 W)$$

$$(\hat{b}_1 + \hat{b}_2 W)(s_{\hat{a}_1}^2 + 2s_{\hat{a}_1 \cdot \hat{a}_3} W + s_{\hat{a}_3}^2 W^2)$$
$$+ \ (\hat{a}_1 + \hat{a}_3 W)^2 \ (s_{\hat{b}_1}^2 + 2s_{\hat{b}_1 \cdot \hat{b}_2} W + s_{\hat{b}_2}^2 W^2)$$
$$+ \ (s_{\hat{a}_1}^2 + 2s_{\hat{a}_1 \cdot \hat{a}_3} W + s_{\hat{a}_3}^2 W^2)(s_{\hat{b}_1}^2 + 2s_{\hat{b}_1 \cdot \hat{b}_2} W + s_{\hat{b}_2}^2 W^2)$$

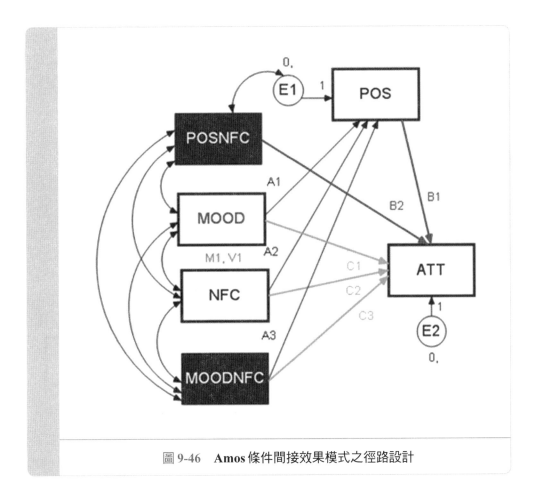

圖 9-46　Amos 條件間接效果模式之徑路設計

　　Amos 徑路係數法，須利用上述間接效果的點估計與一階變異量、二階變異
量（誤差較小），計算 z 值，手續較繁瑣，使用前述 MODMED 程式似乎較為簡
便。為了計算一階變異量與二階變異量，研究者必須在 Amos 分析屬性視窗下的

「Output」中，點選「Covariances of estimates」，以取得相關之統計量。注意執行本模式，須使用原始資料（使用離差分數）的平均數結構模式，在Amos分析屬性視窗「Estimation」下，須點選「Estimate means and intercepts」。因使用離差分數表示，以致Mood與NFC的平均數均為0；其中調節變項NFC的變異數為1.9729（參見圖9-47），故其標準差為1.405。為彰顯原變項與交互作用項間之類別，特將交互作用項之外框線條加粗，請打開Amos物件屬性視窗中的「Colors」下，針對「Text color」、「Line width」、「Fill type」等之設定，參見圖9-48。

執行Amos徑路係數法，首先，將圖9-47中相關的數據，帶入上述公式左側的點估計公式中，以求得當調節變項NFC的值，高於一個標準差1.405（亦即w=0+1.405=1.405）時的間接效果。所得之間接總效果值等於：(A1+A3*(M1 + $\sqrt{V1}$))x(B1 + B2*((M1 + ($\sqrt{V1}$) = (4.34 + 1.26*1.405)*(1.248 + −0.036*1.405) =

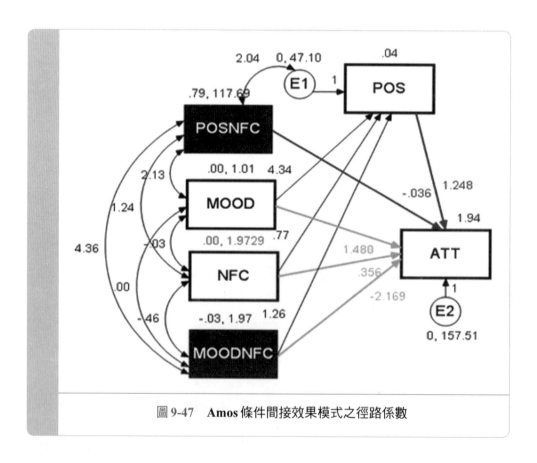

圖 9-47　Amos 條件間接效果模式之徑路係數

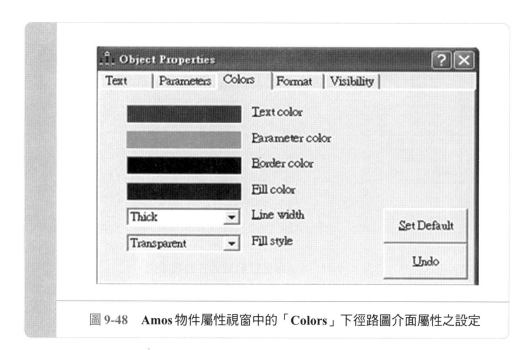

圖 9-48　**Amos** 物件屬性視窗中的「**Colors**」下徑路圖介面屬性之設定

7.317。為利於計算此數據，研究者可配合圖 9-46 中相關參數之標籤，當能順利求解。

其次，將圖 9-49 中的對角線數據，帶入上述的第五類型的公式右側中，可求得其二階變異量（NFC=+1SD）公式等於：$[1.248 + (-0.036)w]^2[0.4713 + 2(0.0019w) + 0.2551w^2] + (4.34 + 1.26w]^2[0.0338 + 2(-0.0007)w + 0.0158w^2] + [0.4713 + 2(0.0019)w + 0.2551w^2][0.0338 + 2(-0.0007)w + 0.0158w^2]$。為利於計算此數據，研究者可配合圖9-46中相關參數之標籤，當能順利求解。

最後，計算條件變異量，當 w = +1.405 時（當調節變項 NFC 的值高於一個標準差），帶入上式可求得變異量：$(1.434*0.9802) + (37.336*0.06302) + (0.9802*0.06302) = 3.820$，其標準誤為 $= \sqrt{(3.820)} = 1.955$，其間接總效果值：$(4.34 + 1.26*1.405)(1.248 + 1.405*-0.036) = 7.317$。因此 z = 7.317/1.955 = 3.74，顯示出當 w = +1.405 時，間接總效果值達 0.05 顯著水準。當 w = −1.405 時（當調節變項 NFC 的值低於一個標準差），帶入上式可得變異量：$(1.683*0.9695) + (6.603*0.06696) + (0.9695*0.066996) = 2.139$。其標準誤為 $\sqrt{(2.139)} = 1.463$，其間接總效果值：$(4.34+ 1.26(-1.405))(1.248 + (-1.405*(-0.036))) = 3.337$。因此 z = 3.337/1.463 = 2.28，顯示出當 w = −1.405 時，間接總效果值達 0.05 顯著水準。

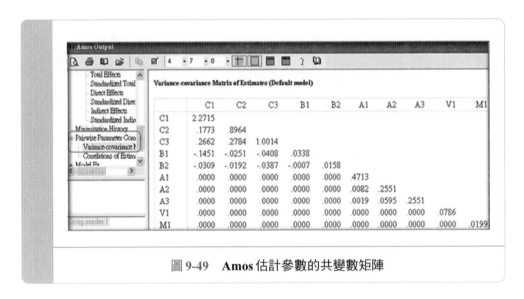

圖 9-49　**Amos 估計參數的共變數矩陣**

表 9-15 係 Amos 跑出來的直接效果報表。

表9-15　**Amos 直接效果報表**

	POSNFC	MOODNFC	NFC	MOOD	POS
POS	0.0000	1.2565	0.7672	4.3357	0.0000
ATT	−0.0359	−2.1691	0.3558	1.4802	1.2479

另外，由表 9-15 直接效果值可計算出排除間接效果之後，其淨直接效果（residual direct effect）的大小：

當調節變項 NFC 的值高於一個標準差 1.405：1.4802–2.1691*1.405 = −1.567；

當調節變項 NFC 的值低於一個標準差 1.405：1.4802–2.1691*−1.405 = 4.527。

反映出淨直接效果亦得視 NFC 之高低而定。將前述之調節間接效果與淨直接效果值，可繪製出交互作用圖 9-50。

由圖 9-50 可知，不管調節間接效果或淨直接效果，均須視 NFC 之高低而定。當調節變項 NFC 的值愈小，間接效果愈小；當調節變項 NFC 的值愈大，間接效果則愈大；而當調節變項 NFC 的值愈小，淨直接效果愈大；當調節變項 NFC 的值愈大，淨直接效果則愈小。

其次，談一談第二種 Amos MCMC 法：本法須透過 Amos 之 Bayesian SEM，其徑路圖之設計亦如 Amos 徑路係數法。並在 Bayesian SEM 自訂參數視窗中，撰

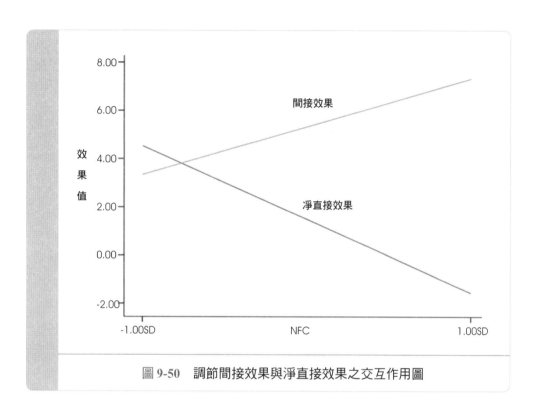

圖 9-50　調節間接效果與淨直接效果之交互作用圖

寫計算條件型間接效果與自訂參數之 MCMC 貝氏統計考驗程式，程式內容摘要如下（檔名：MODMED.VB）：

```
#Region "Header"
Imports System.MATH
Imports Microsoft.VisualBasic
Imports AmosEngineLib
Imports AmosEngineLib.AmosEngine.TMatrixID
Imports AmosExtensions.CustomEstimand
Imports PBayes
#End Region
Public Class CEstimand
    Implements IEstimand
    Public Sub DeclareEstimands() Implements IEstimand.DeclareEstimands
```

newestimand("SD")

newestimand("W1:−1")

newestimand("W2:0")

newestimand("W3:+1")

newestimand("Overall ModMed< 0")

newestimand("Overall ModMed")

newestimand("+1SD is less than zero")

newestimand("MEAN is less than zero")

newestimand("−1SD is less than zero")

End Sub

Public Function CalculateEstimands(ByVal sem As AmosEngine) As String Implements IEstimand.CalculateEstimands

Estimand("SD").value = SQRT(sem.ParameterValue("v1"))

'Conditional indirect effect at + −1SD Given a moderator

' Compute W1, W2, & W3, refer to PP. 858-859, Muller, Judd, &Yzerbyt, 2005 for detail

Estimand("W1:−1").value =(sem.ParameterValue("A1") + sem.ParameterValue("A3")*(sem.ParameterValue("M1")−Estimand("SD").value))*(sem.ParameterValue("B1") + sem.ParameterValue("B2")*(sem.ParameterValue("M1")−Estimand("SD").value))

Estimand("W2:0").value = (sem.ParameterValue("A1") + sem.ParameterValue("A3")*(sem.ParameterValue("M1")))*(sem.ParameterValue("B1") + sem.ParameterValue("B2")*(sem.ParameterValue("M1")))

Estimand("W3:+1").value = (sem.ParameterValue("A1") + sem.ParameterValue("A3")*(sem.ParameterValue("M1")+Estimand("SD").value))*(sem.ParameterValue("B1") + sem.ParameterValue("B2")*(sem.ParameterValue("M1")+Estimand("SD").value))

'See Equation 7, Muller, Judd, &Yzerbyt, 2005 for detail

'Compute total conditional indirect effect

Estimand("Overall ModMed").value = sem.ParameterValue("B1")

```
* sem.ParameterValue("A3")+ sem.ParameterValue("B2") * sem.
ParameterValue("A1")
        Estimand("Overall ModMed< 0").value = (Estimand("Overall
ModMed").value < 0)
        Estimand("+1SD is less than zero").value = (Estimand("W3:+1").
value < 0)
            Estimand("MEAN is less than zero").value = (Estimand("W2:0").
value < 0)
        Estimand("−1SD is less than zero").value = (Estimand("W1:−1").
value < 0)
        Return ""        'Return an empty string if no error occurred
    End Function
End Class
```

注意程式中部分參數值的呼叫，例如，（sem.ParameterValue（"A1"）與sem.
ParameterValue（"A3"），須與圖 9-46 中的徑路參數標籤相穩合，例如：A1～
A3，B1，B2。執行此程式後可得如圖 9-51 視窗中之結果。

根據圖 9-51 中之 MCMC 數據，SD 表 NFC 調節變項之標準差，其平均值為
1.4754，W1：−1 表低於調節變項平均數一個標準差，其 MCMC 平均間接效果為
3.2322，W2：0 表正好在調節變項之平均數，其 MCMC 平均間接效果為 5.4009，
W3：+1 表高於調節變項平均數一個標準差，其 MCMC 平均間接效果為 7.3562。
以上這些統計分析結果與前述 Bootstrapping 法之結果大致相同。根據 Muller、
Judd 與 Yzerbyt（2005）公式 7 的定義（參見程式中定義），調節型間接總效
果之平均值為 1.3984（0.95 信賴區間：−0.02943～3.2912），在所有 MCMC 的
樣本中，其間接總效果小於 0 的機率為 0.0548；而當調節變項的數值高於調
節變項平均數一個標準差時，在所有 MCMC 的樣本中，其間接效果小於 0 的
機率為 0.000，而當調節變項的數值低於調節變項平均數一個標準差時，在所
有 MCMC 的樣本中，其間接效果小於 0 的機率為 0.0111。因此，從條件型間接效
果來看，當 NFC 值較高時，其間接效果較大，當 NFC 值較低時，其間接效果則
較小。

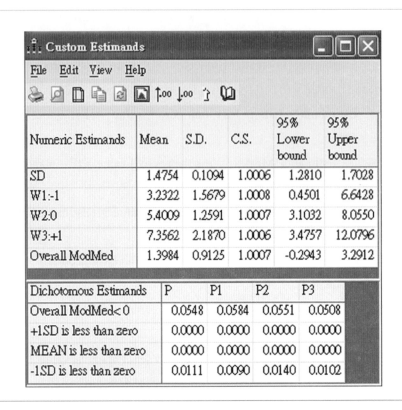

圖 9-51　Amos Bayesian SEM 輸出結果：自訂參數

陸、中介效果之實例解說

　　為讓研究者進一步具體了解，如何運用 Amos 進行各式中介效果之分析，特以吳麗華（2007）的 TSH 理論模式（參見圖 9-52），做實例之解說。以下將按(1)Sobel 間接效果之考驗；(2)Amos 之內建直接與間接效果之考驗；(3)Amos Bootstrap 之內建直接與間接效果之考驗；與(4)Amos 貝氏 SEM 自訂參數估計法之順序，逐一示範說明之。

一、Sobel 間接效果法

　　由於「社會支持」對「教師工作壓力」、「教師工作壓力」對「身心健康」等均具有顯著直接效果，故可進一步考驗「教師工作壓力」在「社會支持」與

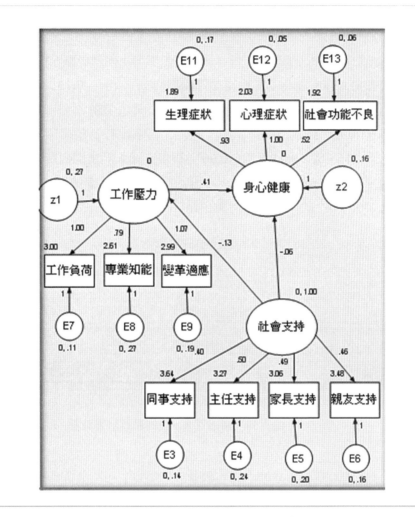

圖 9-52　TSH 模式之徑路設計圖與未標準化參數估計值

「身心健康」之間的間接效果。「教師工作壓力」在「社會支持」與「身心健康」之間是否具有顯著間接效果，研究者可以利用前述 Sobel（1982）間接效果之考驗公式進行考驗（引自 Preacher & Leonardelli, 2006）：

$$Z = \frac{a \times b}{\sqrt{b^2 \times S_a{}^2 + a^2 \times S_b{}^2}}$$

公式說明：

　　a為社會支持對教師工作壓力之未標準化徑路係數，b為教師工作壓力對身心健康之未標準化徑路係數，S_a為社會支持對教師工作壓力之未標準化徑路係數的標準誤，S_b為教師工作壓力對身心健康之未標準化徑路係數的標準誤。

　　研究者由Amos報表中之相關迴歸係數可知，$a = -0.13$、$b = 0.41$、$S_a = 0.04$與$S_b = 0.06$，代入上述間接效果之考驗公式，求得$Z = -2.94$，將Z值帶入常態分配表，即可求得近似p值。本研究為求出較為精確的p值，乃將$a = -0.13$、$b = 0.41$、$S_a = 0.04$與$S_b = 0.06$ 等數值，輸入能求出間接效果p值的軟體中（Preacher & Leonardelli, 2006），求得p值為0.0033，參看圖9-53。

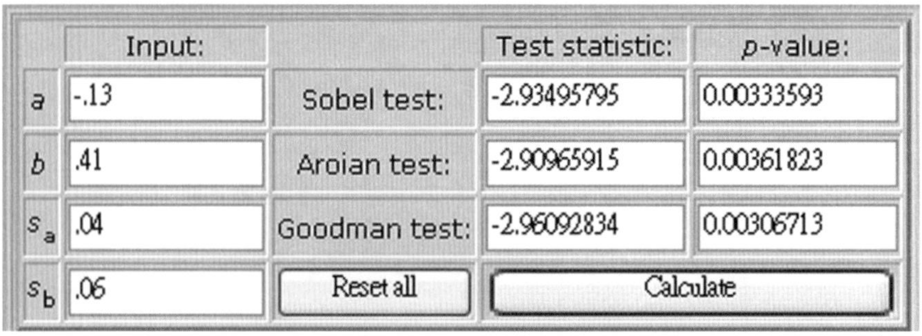

	Input:		Test statistic:	p-value:
a	-.13	Sobel test:	-2.93495795	0.00333593
b	.41	Aroian test:	-2.90965915	0.00361823
s_a	.04	Goodman test:	-2.96092834	0.00306713
s_b	.06	Reset all	Calculate	

圖9-53　間接效果 p 值的網路計算軟體

　　由於$p = 0.0033 < a = 0.05$，故「教師工作壓力」在「社會支持」與「身心健康」之間具有顯著間接效果。由於社會支持對教師工作壓力之未標準化徑路係數為−0.13，教師工作壓力對身心健康之未標準化徑路係數為0.41，可求得社會支持對身心健康之「未標準化間接效果」為−0.0535（=−0.13×..41）。此外，由於社會支持對教師工作壓力之標準化徑路係數為 −0.24，教師工作壓力對身心健康之標準化徑路係數為0.47，可求得社會支持對身心健康之「標準化間接效果」為 −0.11（=−0.24×0.47）。

二、Amos一般內建估計法

　　研究者可打開圖9-54之分析屬性視窗，點開「Output」視窗，勾選「Indirect, direct & total effects」，讓Amos自動計算總效果、直接與間接效果值之估計。

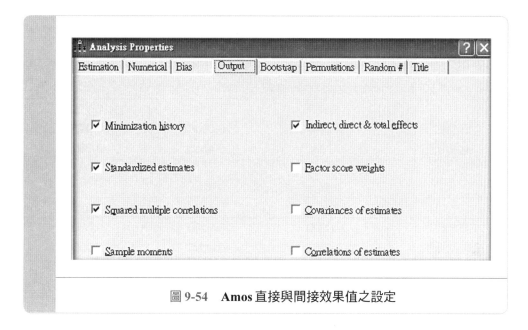

圖 9-54 **Amos 直接與間接效果值之設定**

　　以下表 9-16 係 Amos 輸出檔案中，有關總效果、直接與間接效果值之報表。
總效果等於直接與間接效果值之和，例如：社會支持對於身心健康的總效果值
為 −0.1183，等於直接與間接效果值之和（−0.0648＋−0.0535）。

表9-16 **Amos 總效果、直接與間接效果值輸出報表**

Total Effects（總效果）			
	社會支持	工作壓力	身心健康
工作壓力	−0.1302	0.0000	0.0000
身心健康	−0.1183	0.4114	0.0000

Standardized Total Effects（標準化總效果）			
	社會支持	工作壓力	身心健康
工作壓力	−0.2447	0.0000	0.0000
身心健康	−0.2521	0.4660	0.0000

Direct Effects（直接效果）			
	社會支持	工作壓力	身心健康
工作壓力	−0.1302	0.0000	0.0000
身心健康	−0.0648	0.4114	0.0000

Standardized Direct Effects（標準化直接效果）			
	社會支持	工作壓力	身心健康
工作壓力	−0.2447	0.0000	0.0000
身心健康	−0.1380	0.4660	0.0000

Indirect Effects（間接效果）			
	社會支持	工作壓力	身心健康
工作壓力	0.0000	0.0000	0.0000
身心健康	−0.0535	0.0000	0.0000

Standardized Indirect Effects（標準化間接效果）			
	社會支持	工作壓力	身心健康
工作壓力	0.0000	0.0000	0.0000
身心健康	−0.1140	0.0000	0.0000

由前述之 Amos 報表可知，Amos 不會自動提供各直接與間接效果值參數估計值的顯著性考驗，研究者如有需要則可利用以下 Amos 內建 Bootstrap 法。

三、Amos 內建 Bootstrap 法

利用 Amos 內建 Bootstrap 方法，進行直接與間接效果之考驗，不僅可以獲得 p 值，尚可獲得信賴區間。操作時，研究者須先打開分析屬性視窗中「Bootstrap」視窗（參見圖 9-55），勾選「Perform bootstrap」與「Percentile confidence intervals」或「Bias-corrected confidence intervals」。本例中，勾選了「Bias-corrected confidence intervals」，bootstrap 樣本數設定為 1000，區間之信心水準設定為 0.95。待分析的資料檔案，如為共變數矩陣而非原始資料時，研究者必須點選「Monte Carlo」（Parametric bootstrap）。

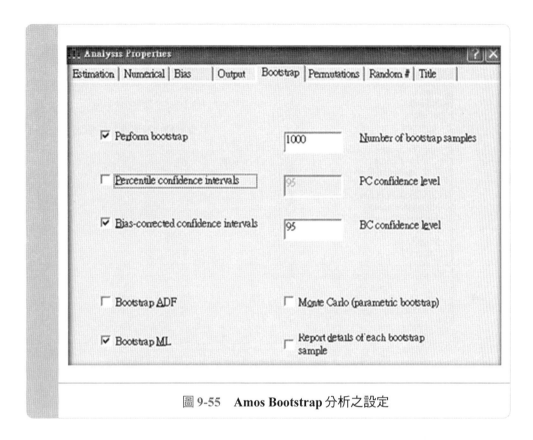

圖 9-55　**Amos Bootstrap** 分析之設定

　　執行Amos之後，等出現圖9-56之Output視窗後，在視窗之左側中，點開「Estimates」下的「Matrices」，就會出現「Total Effects」、「Direct Effect」、「Indirect Effect」等選目。當使用者點選「Indirect Effect」選目時，即可點選左側第二個小視窗中的「Bias-corrected confidence intervals」，再點選「Two-tailed Significance(BC)」，視窗右側就會出現社會支持對身心健康之間接效果（−0.0535）的顯著性考驗結果為 p = 0.015，意味著社會支持對身心健康之間接效果已達到統計上的0.05顯著水準。研究者如欲獲得相關統計量之上下信賴區間，可點選「Lower Bounds(BC)」與「Upper Bounds(BC)」。

　　當使用者點選「Direct Effect」選目時，圖9-57之視窗右側就會出現社會支持對身心健康之直接效果（0.0648）考驗結果為 p = 0.0659，意味著社會支持對身心健康之直接效果未達到統計上的0.05顯著水準；其餘社會支持對工作壓力之直接效果考驗結果為 p = 0.0209，意味著社會支持對工作壓力之直接效果（0.1302）達到統計上的0.05顯著水準；而工作壓力對身心健康之直接效果

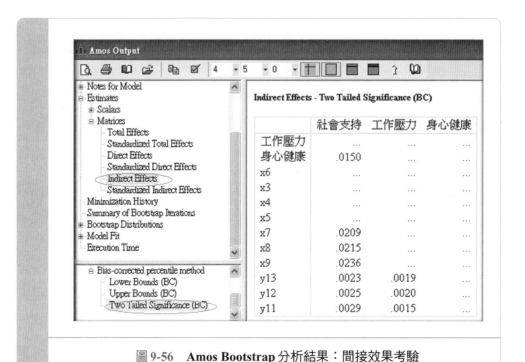

圖 9-56　**Amos Bootstrap** 分析結果：間接效果考驗

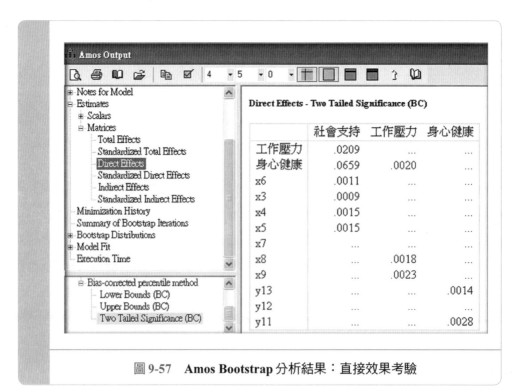

圖 9-57　**Amos Bootstrap** 分析結果：直接效果考驗

（0.4114）考驗結果為 p = 0.0020，意味著工作壓力對身心健康之直接效果亦達到統計上的 0.05 顯著水準。

當使用者點選「Total Effect」選目時，圖 9-58 之視窗右側，就會出現社會支持對身心健康之總效果（-0.1183）考驗結果為 p = 0.0025，意味著社會支持對身心健康之總效果達到統計上的 0.05 顯著水準；其餘社會支持對工作壓力之總效果（-0.1302）考驗結果為 p = 0.0209，意味著社會支持對工作壓力之總效果達到統計上的 0.05 顯著水準；而工作壓力對身心健康之總效果（0.4114）考驗結果為 p = 0.0020，意味著工作壓力對身心健康之總效果亦達到統計上的 0.05 顯著水準。

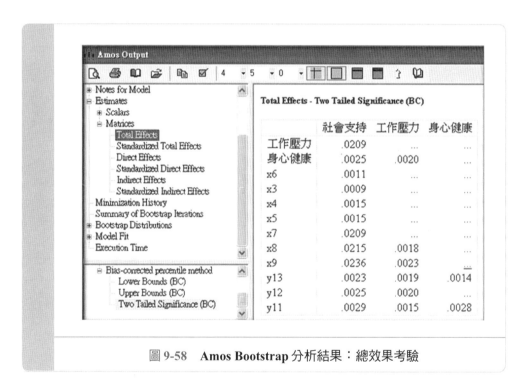

圖 9-58　**Amos Bootstrap** 分析結果：總效果考驗

四、Amos 貝氏 SEM 自訂參數估計法

使用貝氏 SEM 自訂參數估計法，透過 MCMC 步驟研究者可以考驗種各形式自訂參數（參數交乘積、參數二次式等），深具彈性。Amos 操作步驟，須先須劃出如圖 9-59 之提議模式（徑路圖中須標註徑路參數 a, b, c）、連接資料檔、使用 Amos 的「Analyze」功能表單下之「Calculate Estimates」計算出模式中參數(a, b,

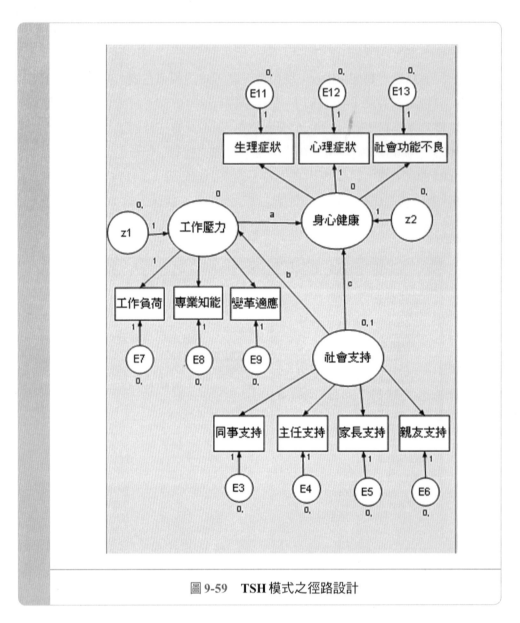

圖 9-59　**TSH 模式之徑路設計**

c)的值。其次，使用「Analyze」功能表單下之「Bayesian Estimation」執行貝氏估計法，等 Bayesian SEM 表單上出現笑臉 😊 後，按下暫停鈕 ⏸ 暫停抽樣，並按下 ▣ 進行自訂參數的估計，等 Amos 出現自訂參數估計之程式設計視窗後，於 Amos 程式設計視窗中，撰寫直接與間接效果估計值之相關程式（請參見以下程式設計：EX29.VB）。

```
#Region "Header"
Imports System
Imports Microsoft.VisualBasic
Imports AmosEngineLib
Imports AmosEngineLib.AmosEngine.TMatrixID
Imports AmosExtensions.CustomEstimand
Imports PBayes
#End Region
Public Class CEstimand
    Implements IEstimand
    Public Sub DeclareEstimands() Implements IEstimand.DeclareEstimands
        newestimand("direct")
        newestimand("indirect")
        newestimand("difference")
        newestimand("indirect is less than zero")
        newestimand("indirect is smaller than direct")
    End Sub


    Public Function CalculateEstimands(ByVal sem As AmosEngine) As
String Implements IEstimand.CalculateEstimands
        Estimand("direct").value = sem.ParameterValue("c")
        Estimand("indirect").value = sem.ParameterValue("a") * sem.
ParameterValue("b")
        Estimand("difference").value = Estimand("indirect").value –
Estimand("direct").value
        Estimand("indirect is less than zero").value = (Estimand("indirect").
value < 0)
        Estimand("indirect is smaller than direct").value =
(Estimand("indirect").value < Estimand("direct").value)
        Return ""        'Return an empty string if no error occurred
```

End Function

End Class

　　所得之 MCMC 統計量：直接與間接效果之估計值及信賴區間，請參看圖9-60。由圖9-60之數據知，間接效果 的平均值為−0.052，其0.95信賴區間為−0.089〜−0.0022，就所有MCMC樣本中，此值小於0的機率為1.0。因此，該間接效果等於0的機率為0，而達統計上0.05之顯著水準；而直接與間接效果差異的平均值為0.016，其0.95信賴區間為−0.060〜0.088（包含0），此值小於0的機率為0.331，因此未達統計上0.05之顯著水準。

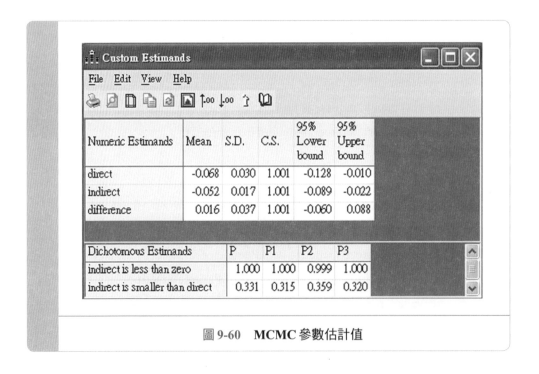

圖 9-60　MCMC 參數估計值

　　綜合前述對於間接效果之三種統計分析結果，摘要於表9-17。

表9-17　社會支持對於身心健康的間接效果摘要表

	估計值	P值
Sobel 係數乘積法	−0.0535	0.0033
Bootstrap 法	−0.0535	0.0150
Bayesian SEM法	−0.0520	0.0000

　　由上表9-17之對照分析知，Sobel 係數乘積法、Bootstrap 法與貝氏估計法，所得間接效果之估計值與P值，三者間相差不大。

本章習題

1. 調節變項與中介變項之異同點何在？有哪些統計方法可資運用？
2. 何謂幽靈變項法（Phantom variable）？在 SEM 分析中，它有何用途？
3. 圖9-61 與圖 9-62 之原始資料，係 MacKenzie 與 Spreng（1992）分析廣告對於商標是否會因高低動機而有不同效應之資料。請利用 Amos 之多群組分析方法，考驗與解釋其中介效果。

提示：首先，假設廣告與商標建構的平均數及 Gamma 係數在組間均不相等，其餘的組間參數均設定為相等，當作基礎模式。其次，假設廣告與商標

	A	B	C	D	E	F	G	H
1	ROWTYPE_	VARNAM	AD1	AD2	AD3	BRAND1	BRAND2	BRAND3
2	CORR	AD1	1					
3	CORR	AD2	0.64	1				
4	CORR	AD3	0.78	0.73	1			
5	CORR	BRAND1	0.68	0.63	0.69	1		
6	CORR	BRAND2	0.43	0.55	0.5	0.59	1	
7	CORR	BRAND3	0.65	0.63	0.67	0.81	0.6	1
8	MEAN		4.27	5.02	4.48	4.69	4.53	4.66
9	STDDEV		1.23	1.14	1.26	1.19	1.29	1.28
10	N		200	200	200	200	200	200

圖 9-61　低動機組原始資料

建構的平均數及 Gamma 係數在組間均亦相等，作為第二個考驗模式。第三個考驗模式，廣告與商標建構的平均數在組間相等，但 Gamma 係數在組間則設定為不相等。最後一個考驗模式，廣告與商標建構的平均數在組間設定為不相等，但 Gamma 係數在組間則設定為相等，參見圖 9-63 與圖 9-64 之徑路設計。

	A	B	C	D	E	F	G	H
1	ROWTYPE_	VARNAME_	AD1	AD2	AD3	BRAND1	BRAND2	BRAND3
2	CORR	AD1	1					
3	CORR	AD2	0.72	1				
4	CORR	AD3	0.76	0.74	1			
5	CORR	BRAND1	0.51	0.46	0.57	1		
6	CORR	BRAND2	0.32	0.33	0.39	0.4	1	
7	CORR	BRAND3	0.54	0.45	0.6	0.73	0.45	1
8	MEAN		4.35	4.93	4.59	4.86	4.71	4.74
9	STDDEV		1.24	1.18	1.2	1.1	1.08	1.15
10	N		160	160	160	160	160	160

圖 9-62　高動機組原始資料

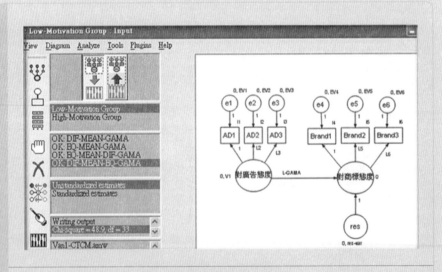

圖 9-63　低動機組徑路設計

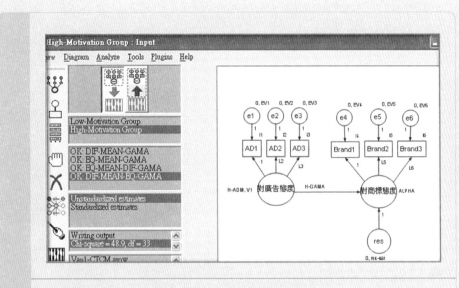

圖 9-64　高動機組徑路設計

表9-18　**Amos** 高、低動機群組理論模式比較分析

Model	NPAR	CMIN	DF	P	CMIN/DF
DIF-MEAN-GAMA	22	41.2995	32	0.1256	1.2906
EQ-MEAN-GAMA	19	50.3752	35	0.0447	1.4393
EQ-MEAN-DIF-GAMA	20	42.8723	34	0.1415	1.2609
DIF-MEAN-EQ-GAMA	21	48.8726	33	0.0370	1.4810
Saturated model	54	0.0000	0		
Independence model	24	1381.8683	30	0.0000	46.0623

測量工具的編製：
量表發展與指標建構

量表發展（Scale development）涉及效果指標（Effect indicators）的編製，而指標建構（Index construction）涉及原因指標（Causal indicators）的編製。這兩類測量工具的發展理念與過程並不全然相同，但在研究文獻上出現不少的迷思。根據 Jarvis、Mackenzie 與 Podsakoff（2003）調查 1977～2000 年間四種著名行銷雜誌（*The Journal of Consumer Research, Journal of Marketing, Journal of Marketing Research, Marketing Science*）中有關 SEM 的論文，發現就有 29% 的論文把原因指標或效果指標與建構間之因果關係弄反了。同樣地，Petter、Straub 與 Rai（2007）調查 2003～2005 年間兩種知名雜誌 *MIS Quarterly* 與 *Information System Research* 雜誌中的論文，發現亦有 30% 的論文把原因指標的建構誤為形成性指標的建構；Freeze 與 Raschke（2007）調查 2003～2006 年間知名雜誌 *MIS Quarterly* 雜誌中的論文，發現亦有 71% 的論文中未說明他們論文中所運用的建構是形成性或反映性。此種測量模式界定錯誤或根本漠視不理的迷思，值得其他領域之研究者警惕，在測量工具的發展前就需要先釐清您的構念到底是原因／形成性指標（Causal/formative indicators）的建構，或效果／反映性指標（Effect/reflective indicators）的建構。此種測量模式的界定錯誤（Measurement model misspecification）問題不只會影響到測量工具的內容效度之外，亦可能會導致結構關係的錯誤結論（Jarvis, Mackenzie, & Podsakoff, 2003）或結構徑路係數的偏估（Law & Wong, 1999），及導致偏高的第一類型錯誤（會發生在徑路方向錯誤的效果指標）或偏低的第二類型錯誤（會發生在徑路方向錯誤的原因指標）（Mackenzie, & Podsakoff, Jarvis, 2005; Freeze & Raschke, 2007; Petter, Straub, & Rai, 2007）。因此，研究者在建構 SEM 理論模式時，必須先根據實質理論與研究目的將原因指標或效果指標與建構間因果關係釐清，才能正確編製出具有信度、效度的研究工具。

壹、反映性指標與形成性指標之定義

依照 Jarvis、Mackenzie 與 Podsakoff（2003）的定義，原因指標應符合以下七大條件：(1)建構的特徵靠指標的界定；(2)指標的改變會造成建構的改變；(3)建構的改變不會造成指標的改變；(4)指標間不一定要含涉於共同主題之下；(5)某一指標值的改變並不一定會造成其他指標值之的改變；(6)刪除一個指標可能會導致建構範疇的更動；與(7)指標不須有相同的前提與後果。因而原因或形成性指標，係指觀察指標乃是潛在變項的因，涉及此類工具的發展常被稱為「指標建構」，常見於經濟學或市場行銷與管理上；而效果或反映性指標，係指觀察指標乃是反映潛在變項的效果指標，涉及此類工具的發展常被稱為「量表發展」，最常見於教育學或心理學上。

換言之，當一個心理建構是外顯指標的果時，這些外顯指標就稱為原因指標（Bollen, 1989; Jarvis, Mackenzie, & Podsakoff, 2003; MacKenzie, Podsakoff, & Jarvis, 2005）。例如圖 10-1 中，造成工作滿意的原因主要來自於：職務上的滿意、薪水上的滿意、同事上的滿意，對上司的滿意、升遷上的滿意。前述這些職務上的滿意、薪水上的滿意、同事上的滿意，對上司的滿意、升遷上的滿意等五個外顯指標即為工作滿意的原因指標（MacKenzie, Podsakoff, & Jarvis, 2005）。這五個指標並不在於測量相同之潛在構念。這個工作滿意建構的屬性，顯然常是一個多維度的建構，而這個實徵建構係由這些外顯指標的總變異量所界定。因此，外顯指標間不一定需要具有高相關，請注意在圖 10-1 中，各指標間的共變關係徑路均帶有？號，此類建構的測量特質顯然與傳統的單維度建構之基本要求不

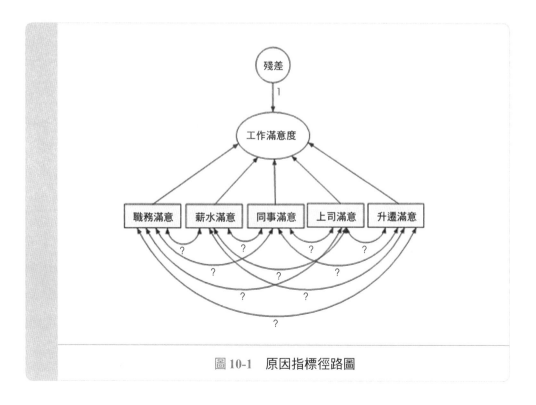

圖 10-1　原因指標徑路圖

同。利用原因指標建構出來的測量工具，在研究文獻上有時又稱之為指標（An index），而利用效果指標建構出來的測驗則稱之為量表（A scale）。因而在測量工具的發展過程當中，前者稱為指標建構，後者稱為量表發展。就單一向度而言，效果指標重視指標間之內部一致性，而原因指標的內部一致性則不重要，重要的是不能漏掉任何重要的原因指標。因此，傳統的信、效度概念（如 Cronbach α）不適用在這類指標建構的編製上（Bollen & Lennox, 1991; Jarvis, Mackenzie, & Podsakoff, 2003; MacKenzie, Podsakoff, & Jarvis, 2005; Diamantopoulos, & Siguaw, 2006）。

一般來說，研究者都希望預測變項須與效標具有密切相關，但預測變項間則不可具有高度相關。建構一個有效的原因指標，基本上偏重廣度不要把重要的預測變項遺漏了，但也不要把不重要的預測變項納進來，否則建構層次的殘差會很大。由此觀之，當此殘差很大時，可能就是反映出該建構的某些重要指標被遺漏了。當一個心理建構被視為外顯指標的因時，這些外顯指標就稱為效果指標或反映指標，亦即心理建構為外衍變項，而外顯指標為內衍變項（Bollen, 1989），而這個實徵建構係由這些外顯指標的共同變異量所界定。一個外顯指標到底是因或是果或兩者皆是，乃是研究者確定因果模式前必須先考慮的問題，因為這項決定會改變觀察指標的選擇（Petter, Straub, & Rai, 2007）。

貳、反映性指標與形成性指標之特色與相異處

反映性指標與形成性指標的編製，在建構的界定與擬題階段上，兩者並無差異，但因兩者所使用的項目分析方法不同，最後選題的結果就會有很大差異，測驗編製者不能等閒視之，以免發展出來一個統計上正確但理論上卻是錯誤的量表。以下將從相關文獻中摘要出幾個重要判定標準與相異點（Diamantopoulos, 1999, Jarvis, Mackenzie, & Podsakoff, 2003; Freeze & Raschke, 2007; Wilson, Callaghan, & Stainforth, 2007; Coltman, Devinney, Midgley, & Venaik, 2008），以利研究者分辨反映性指標測量模式（reflective indicator model）與形成性指標測量模式（formative indicator model），進而編製出理想的測驗工具。這兩種的測量模式，其數學定義是完全不同的。反映性指標與共同潛在變項（common latent variable）間的數學定義如下：

$$Y_i = \beta_{i1}X_1 + \varepsilon_i$$

式中　Y_i = 第 i^{th} 指標

β_{i1} = 徑路係數

X_1 = 潛在變項

ε_i = 指標 i 的測量誤差

至於形成性指標與組合型潛在變項（composite latent variable）間的迴歸關係，則定義如下：

$$Y = \beta_1X_1 + \cdots\beta_nX_n + \zeta$$

式中　Y = 組合變項

β_i = 迴歸係數

X_i = 指標分數

ζ = 殘差

　　根據這兩種因果方向不同的測量模式，可具體界定如圖 10-2，圖中模式甲係潛在變項模式（latent variable model），原因建構係指標的因；而模式乙係組合變項模式（composite variable model），效果建構係指標的果。

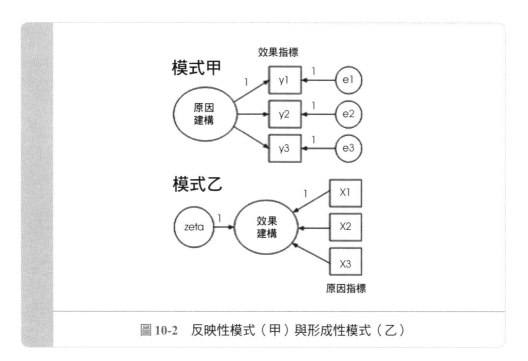

圖 10-2　反映性模式（甲）與形成性模式（乙）

據此徑路模式，將兩個測量模式之相異處摘要說明如下：

一、因果關係相反

由圖 10-2 知，反映性模式的因果關係是從建構到指標（模式甲），而形成性模式的因果關係是從指標到建構（模式乙），兩者的因果關係完全相反。因此，反映性測量模式中的指標是建構的外顯表徵，指標的改變不會造成建構意義的改變，但建構意義的改變會造成指標的改變，因為指標為建構所決定；而形成性測量模式中的指標乃是用來界定建構之特質，指標的改變會造成建構意義的改變，因為建構為指標所組成，但建構意義的改變不必然會造成指標的改變（Bollen & Lennnox, 1991）。

二、內部一致性要求不同

反映性模式中的指標間須具有共變關係，而形成性模式的指標間不一定須具有共變關係。因此，反映性模式強調共同變異量，該建構的指標須具有內部一致性（internal consistency）及信度；而形成性模式強調獨特變異量，該建構的指標間並不一定須具有內部一致性，因而通常無法進行指標間的信度評估。

三、指標特質的互換性

反映性模式中的指標因分享共同主題或內涵而具有互換的性質，指標之增減對於該建構之概念範疇或主要特質影響不大；而形成性模式中的指標因未必分享共同主題或內涵而不具有互換的性質，指標之增減會嚴重影響該建構之概念範疇。

四、測量誤差的層次不同

反映性模式中的測量誤差在指標層次，可透過共同因素分析將測量誤差抽離出來；而形成模式中的誤差項在建構層次（比較圖 10-2 中甲與乙之相異處），其指標假定無測量誤差，指標品質之評估可透過消失四分項「vanishing tetrad test」之統計分析（詳如後續說明）與指標多元共線性之檢查。

五、建構指標的前因與後果之一致性

反映性模式中的測量指標與相關之建構間須具有相同的前因與後果，因此，量表效度的評估可以透過傳統的內容效度、聚斂效度與區辨效度加以考驗；而形成模式中的測量指標與相關之建構間不一定須具有相同的前因與後果之要求（參見圖 10-26B & C），因此，量表效度的評估須透過 MIMIC（multiple indicators and multiple causes）之類的模式進行構念網路效度（nomological validity）分析。

六、建構之向度

當使用形成性指標來詮釋一個建構的各個獨特面向時，該建構一定是多向度（multi-dimensionality）的概念（Wilson, Callaghan, & Stainforth, 2007）。當指標所屬之建構僅具單一向度（uni-dimensionality），該建構大概肯定是反映性建構，假如指標所屬之建構係多向度，那麼研究者就須根據建構之實質內涵與因果特性，判別它的屬性：反映性或形成性。

研究者根據該建構之相關理論與前述之異同點，進行邏輯比較分析（a logic check）之後，就比較容易分辨建構與指標間的關係與方向，而做出比較正確的判斷。如果尚有疑慮，亦可進行四個變項為一組的消失四分項「vanishing tetrad」之共變數統計分析（Bollen & Ting, 2000），以利決定指標及建構的測量方向性：反映性或形成性，這是一種驗證性的統計分析（Wilson, Callaghan, & Stainforth, 2007）。「消失四分項」共變數統計分析與傳統之 SEM 略有不同，分析時須以四個變項為一組進行「消失四分項」考驗，例如，設有四個變數：g, h, i, j，則共有六個共變數，可以產生三組四分項：τ_{ghij}、τ_{gijh}、τ_{gjhi}。其中 τ_{ghij} 共變數積差統計量的定義如下：$\tau_{\text{ghij}} = \sigma_{\text{gh}}\sigma_{\text{ij}} - \sigma_{\text{gi}}\sigma_{\text{hj}}$。在效果指標的模式下，式中第一個交乘積項 $\sigma_{gh} = \lambda_g\lambda_h\varphi$, $\sigma_{ij} = \lambda_i\lambda_j\varphi$, $\sigma_{gh}\sigma_{ij} = \lambda_g\lambda_h\lambda_i\lambda_j\varphi^2$（$\varphi$ 表潛在變項之變異數），而式中第二個交乘積項 $\sigma_{gi} = \lambda_g\lambda_i\varphi$, $\sigma_{hj} = \lambda_h\lambda_j\varphi$, $\sigma_{gi}\sigma_{hj} = \lambda_g\lambda_i\lambda_h\lambda_j\varphi^2$；因此，$\tau_{\text{ghij}} = 0$。假如 $\tau_{\text{ghij}} = 0$，該四分項就稱為「消失四分項」，效果指標（effect-indicator）模式下（即形成性建構）的四分項應皆為消失四分項（至於為什麼會等於 0，細節請參看 p. 7, Bollen & Ting, 2000 的論文）。此種 SEM 考驗法，不僅可正式評估模式之適配度（傳統之適配度指標大都無法進行正式的統計考驗），且不需要估計參數，因此費時較少。而且，此種消失四分項考驗方法，尚可評估一些不可辨識的模式，及考驗傳統 SEM 無法考驗的非隔宿模式（但須 tetrad-nested：一個模式的隱含四分項為另一模式四分項的次集合，參見文末習題 8 例子）。消失四分項共變數統計分析之基本統計分析步驟有四（Hipp, Bauer, & Bollen, 2005）：

1. 界定指標與建構之理論模式，以便取得樣本共變數矩陣與隱含共變數矩陣；
2. 決定模式隱含的消失四分項；
3. 去除重複的消失四分項，僅保留非線性相依的四分項；
4. 進行所有獨立消失四分項的同時考驗。

　　依據定義，在反映性測量模式中，此種共變量乘積的差異量 τ_{ghij}、τ_{gijh}、τ_{gjhi} 應等於 0，但在形成性測量模式中，則通常並非如此，而會出現顯著性的考驗結果。因此，拒絕虛無假設 H_0：$\tau = 0$ 時（例如：$p < 0.05$），意指形成性指標測量模式可能為真；而無法拒絕時（例如：$p > 0.05$），意指反應性指標測量模式可能為真，亦即反應性指標所隱含的非重複四分項之值接近於 0。不過，研究者仍須進行以下兩種驗證：第一、指標間之相關係數是否顯著相關；第二、進行反映性指標模式的考驗，確認是否大部分的徑路係數或潛在變項的變異量是否顯著地大於 0，不能通過這兩種考驗時，形成性指標的測量模式較可能為真（Bollen & Ting, 2000），第三、樣本大小不可過大或過小，以利正確決定指標的特質。當變項數較多時，本統計考驗過程非常繁複，Hipp、Bauer 與 Bollen（2005）乃設計了一 SAS 模組：「CTANEST1」，大大地簡化了四分項共變數統計分析的時程，其操作步驟請參見本書附錄六說明。有需要的讀者，可以逕行前往他們的網站下載該 SAS 模組。至於應用實例解說，請參閱 Hadaya、Lege 與 Croteau（2005）；Glanville 與 Paxton（2007）與 Wilson、Callaghan 與 Stainforth（2007）的論文。

參、形成性測量的爭議

　　因為形成性測量（formative measurement）容易導致構念在不同模式上解釋上的困惑（interpretational confounding），Howell、Breivik 與 Wilcox（2007a）在心理學方法期刊（Psychological Methods）上，首先主張研究者最好使用反映性測量（reflective measurement），因而引發了此一議題的論戰。（Burt, 1976）定義解釋上的困惑為：研究者在參數估計後，發現所賦予形成性建構的實徵意涵（empirical meaning）與該建構的原先定義之名義意涵（nominal meaning）出現分歧現象，而導致對於該建構之推論與解讀產生疑義。事實上，此種解釋分歧的現象不僅出現 SEM 上，也常出現在因素分析的解釋上。例如，過去因素分析之使用者，就常發現相同的資料在不同的結構模式上，建構相關之因素負荷量卻出現顯著之差異，此即該因素負荷量不具有測量不變性（measurement invariance），此時研究者之首要任務就是改善測量模式。在 SEM 分析中，假如一個建構的參數估計值（如因素負荷量、測量誤差與建構之變異量）會因建構間徑路之增刪而顯著改變，此即解釋性困惑，因為結構模式的改變而影響了該建構的實徵意義。由此觀之，解釋上的困惑關心的不在於建構名稱是否相同，而在於模式參數估計後，其實徵意義是否改變。

Bollen（2007）在同期期刊上則撰文提出反駁，認為出現解釋性困惑並不是形成性指標本質上的限制所致，而是模式界定錯誤（如遺漏了重要的徑路與變項或包含了不必要的徑路與變項）所致。假如模式界定正確，不管研究者是使用形成性指標或反映性指標，都不會產生解釋性困惑。Bagozzi（2007）在同期期刊上亦加入論戰，除了有條件地同意 Howell、Breivik 與 Wilcox（2007a）的論點之外，亦認為系統偏差（如共同方法偏差）亦可能是釋性困惑的來源。接著，Howell、Breivik 與 Wilcox（2007b）則針對 Bollen 與 Bagozzi 的論點，一一加以澄清與辯駁，咸認為自己的主張仍是有效的。欲知上述精采論戰之幾個虛擬實例之詳細內容的讀者，請參閱英文原著或黃芳銘與李俊賢（2008）的文章。整合學者們的論點，筆者有以下幾點看法與心得：

1. 除了模式界定錯誤、系統偏差會形成解釋性困惑之外，組合變項本身是否單向度亦是困惑的來源。因為當形成模式中的測量指標與相關之建構間不一定須具有相同的前因與後果之要求，顯示出此建構並非單一特質之建構，硬將它組成一個潛在變項，會導致建構意涵的混淆。

2. 形成性指標的建構，本質上係一多向度之建構，係由一組固定的互為獨立指標所組成，研究者硬將它們組在一塊兒，委實有點不合乎邏輯，而當外部效標間相關性不高時，也易缺乏外部一致性（external consistency），這是形成性測量的一個困境，急待後續之深入研究。外部一致性的實例說明，請參看本章習題 10。

3. 研究者比較容易檢查出反映性測量模式是否有解釋性困惑，因此，可能的話研究者儘可能少用形成性測量模式。因為建構本身並無反映性或形成性之分，其具有之屬性會因測量的方法或內容而改變。換言之，雖然有些建構本質上是形成性，但在概念層次上，大部分的建構均可以透過反應性測量測得。

4. 誠如 Bagozzi（2007）所言，形成性測量的運用會受許多本質上之限制。例如，單獨存在的模式不可辨識的、其參數無法估計與信效度不易建立。因而，在使用的範疇上會比反映性測量來得狹隘。

肆、量表發展的過程

量表發展（Scale development）意旨反映性指標的編製，強調題目間的相關性：共同變異量、內部一致性與單向度，其信、效度的考驗過去學界已有良好的準則可資運用。測驗編製者一般都遵循量表發展的五個基本原則（Bollen & Lennox, 1991）：

1. 同一建構的外顯指標應具高度內部一致性；
2. 同一建構的外顯指標間之相關愈高愈好；
3. 單一維度建構中，信度相同的外顯指標，本質上是可以替換的；
4. 同一建構內的相關應高於建構間的相關；
5. 指標的線性組合可以取代潛在變項。

至於此種量表發展的具體編製步驟，一般測驗編製者須考慮以下五個面向：

一、內容面向的界定

內容面向的界定（Content specification）旨在構念向度的釐清，徹底的文獻探討、請教該領域專家、實地觀察是唯一可行之路。單一向度（unidimensionality）的檢驗是必要工作，常用的統計方法是探索式或驗證性因素分析。

二、觀察指標的界定

觀察指標的界定（Indicator specification）與內容面向的界定具有密不可分的關係。觀察指標的選擇須顧及指標的廣泛性（comprehensive）與周延性（inclusive），亦即觀察指標的選擇要能涵蓋該建構的所有面向、且題目間要具有一定的重複性，以增強內部一致性，亦即廣度與深度須兼具。

三、指標的量化

指標的量化的主要任務在於決定使用什麼量尺（thec rule），以分派數字給不同層次的指標。社會科學最常見的是 Likert-type 五點量尺，自然科學最常見的是攝氏或華氏溫度計。

四、指標間相關性的檢驗（indicator collinearity）與信度考驗

內部一致性分析（internal consistency）與信度考驗是傳統測驗編製者強調的重點工作，希望能藉由它來檢驗自己編製的測驗是否具有同質性。一般來說，研究者都會使用 Cronbach α 係數或題目與總分之相關，來進行項目分析選題；在 SEM 的分析體系下，則可利用題目的信度指標（item reliability, R^2），此信度指標即為各標準化徑路係數的平方值，作為選題的依據，一般都希望他能大於 0.50。在選題的過程中，須特別注意題目內容的適切性（adequacy of a measure），不要一味追求統計特質的完美而忽視內容的適切性。換言之，利用統計指標盲目地刪除題目以追求一個同質性的測驗，可能毀及測驗的內容效度。

此外，根據 Bollen（1989, p. 216）與 Graham（2006）的理論說明，Cronbach α 係數植基於平行測驗（單向度、負荷量相等、誤差變異數相等）或 tau 等值測驗（單向度、負荷量相等、誤差變異數不等）的基本假設，如有違反則易導致低估內部一致性信度，尤其當測驗之題數不大、題目之標準差變異大及題目間使用不同量尺時。一般來說，平行測驗的基本假設相當嚴苛，要求每一指標來自於因素建構的負荷量與誤差變異量均相等，很難達到這些基本要求。Graham（2006）因而主張在計算 Cronbach α 係數之前，宜先利用 SEM 考驗測量模式，以進行相關基本假設之檢驗。如果發現該驗測量模式僅能符合同質性（congeneric）測驗（除單向度之外、負荷量與變異數均不等）的基本假設，研究者最好使用 SEM 來估計 Cronbach α 係數或使用建構信度（Construct/Composite reliability），以免低估內部一致性信度。圖 10-3 係一數常識測驗包括四個分測驗（form1～form4）之描述統計與相關矩陣，其中 form1～form4 之量尺為八點量尺，form5 係 form4 量尺轉換後之四點量尺分數。以下將以此資料比較說明 Cronbach α 在違反平行測驗假設下的低估現象。

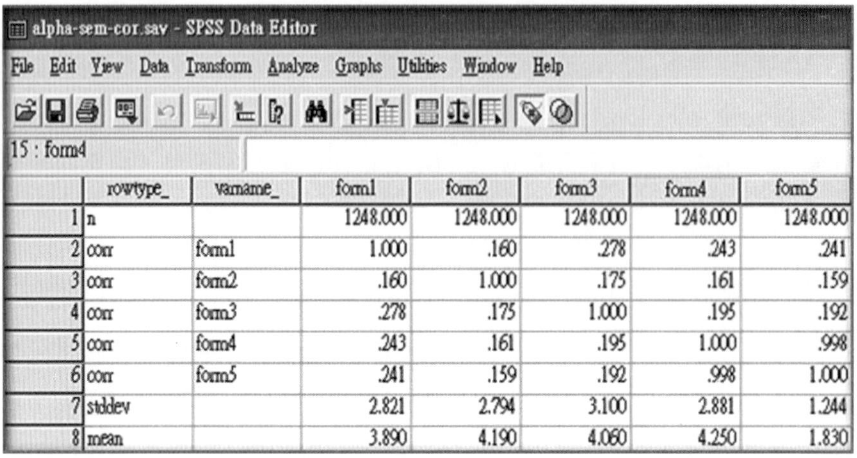

	rowtype_	varname_	form1	form2	form3	form4	form5
1	n		1248.000	1248.000	1248.000	1248.000	1248.000
2	corr	form1	1.000	.160	.278	.243	.241
3	corr	form2	.160	1.000	.175	.161	.159
4	corr	form3	.278	.175	1.000	.195	.192
5	corr	form4	.243	.161	.195	1.000	.998
6	corr	form5	.241	.159	.192	.998	1.000
7	stddev		2.821	2.794	3.100	2.881	1.244
8	mean		3.890	4.190	4.060	4.250	1.830

圖 10-3　**數常識之 SPSS 相關矩陣**

內部一致性，事實上與相關係數據有密切關係，研究者須知道標準化的 Cronbach α係數，適用於當各題目的變異量差異不大時，或使用各題的標準分數計算總分時（Cortina, 1993）。因此，標準化 Cronbach α係數，就可利用相關係數估計之，其計算公式如下：

$$\rho_\alpha = \left[\frac{k}{k-1}\right]\left[\frac{2\sum_{i=1}^{n}\sum_{j\neq i}^{n} r_{ij}}{\sum_{i=1}^{n}\sum_{j=i}^{n} r_{ij} + 2\sum_{i=1}^{n}\sum_{j\neq i}^{n} r_{ij}}\right]$$

$$= \left[\frac{k\bar{r}}{1+(k-1)\bar{r}}\right]$$

利用這四個題目（form1～form4）之測驗的相關矩陣，帶入上述之公式可求得 Cronbach α係數為 0.503。根據原始資料，利用 SPSS 之 Reliability 副程式求得的Cronbach α係數亦為 0.503，因為 form1～form4 的標準差甚為接近，其未標準化與標準化之 Cronbach α係數均相同。

表10-1	SPSS Cronbach α係數報表	
Cronbach's Alpha	Cronbach's Alpha Based on Standardized Items	N of Items
0.503	0.503	4

　　當研究者建立如圖 10-3 之資料檔案後，就可根據平行測驗之基本假設繪製如圖 10-4 之徑路圖，因為負荷量與誤差變異量均相等，在此徑路圖中之相關徑路係數均標註為相同之名稱（w1 & v1）。圖中 T 建構代表真分數之潛在特質，用以估計真分數之變異量，X 代表觀察分數之組合變項（徑路係數全部設定為 1），用以估計觀察分數之變異量。在 SEM 的分析架構中，欲估計 Cronbach α 係數，只要將 T 與 X 的隱含相關係數平方即可（Graham, 2006）。欲知細節請參見 Allen 與 Yen（1979）與 Miller（1995）之信度係數（ρ^2_{XT}）定義：$\rho^2_{XT} = \left(\dfrac{\sigma_{XT}}{\sigma_x \sigma_T}\right)^2 = \dfrac{\sigma^2_T}{\sigma^2_X}$ 亦即信度是觀察分數變異量與真分數變異量的比值。這是傳統測驗理論的主要依據，詳細公式推演過程請參見 Allen 與 Yen（1979）的專書第 62 及 66 頁公式四的說明。

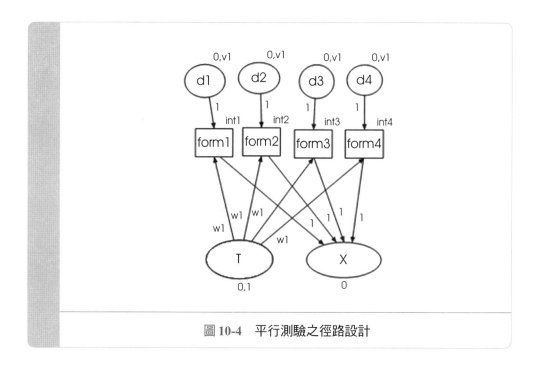

圖 10-4　平行測驗之徑路設計

由圖 10-5 Tau 等值測驗模式之參數限制可知，四個徑路係數均標註為相同之名稱（w1），代表欲進行徑路係數等同之限制，而圖 10-6 同質性測驗模式之參數均未限制可知，負荷量與誤差變異量均開放估計。前述三個測量模式分開設計與

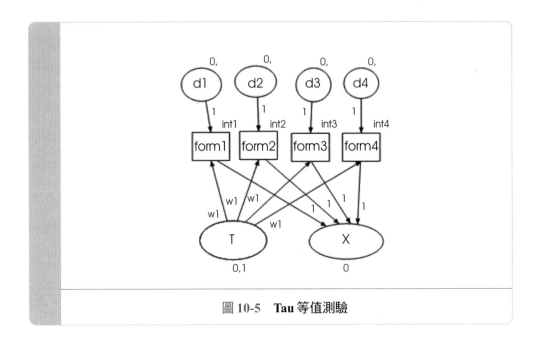

圖 10-5　**Tau 等值測驗**

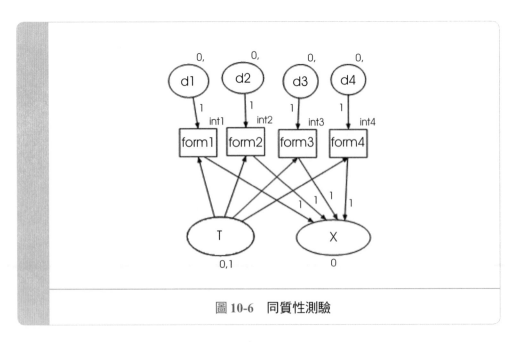

圖 10-6　**同質性測驗**

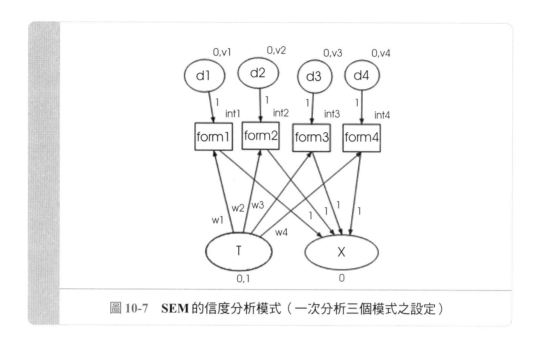

圖 10-7　**SEM** 的信度分析模式（一次分析三個模式之設定）

估計，稍嫌麻煩。研究者亦可更簡便地設計在同一徑路圖中（參見圖 10-7），再利用 Amos 的模式管理視窗，進行模式中參數之等同限制。此種分析途徑除了省時省力之外，尚可進行三個模式間之適配度統計考驗，可說一舉數得。具體的操作步驟，茲說明如下：首先建立如圖 10-7 SEM 的信度分析模式（請使用平均數結構之設定）。

　　接著，研究者須點開模式管理視窗，訂定三個測量模式的名稱與相關參數之限制，參見圖 10-8～10-11。

　　三個測量模式中參數之等同限制，逐一列舉如下。圖 10-9 係平行測驗模式，負荷量與誤差變異量均設定為相等，注意在此四個徑路圖中之相關徑路係數，均設定為相等（v1=v2=v3=v4；w1=w2=w3=w4）。

　　圖 10-10 係 Tau-equivalent 測驗模式，負荷量設定為相等，注意在此四個徑路圖中之相關徑路係數，均設定為相等（w1=w2=w3=w4）。

　　圖 10-11 係同質性測驗模式，本測驗模式之參數均未等同限制，負荷量與誤差變異量均開放估計，因此在「Parameter Constraints」的視窗中，未做任何設定。

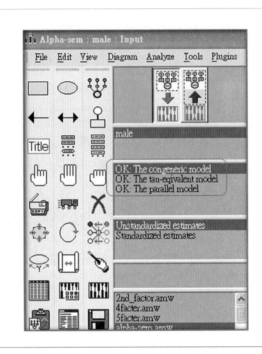

圖 10-8 模式管理視窗之模式管理設定

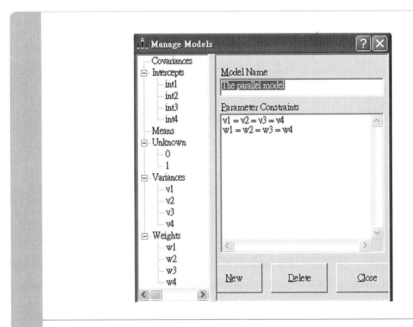

圖 10-9 平行測驗模式之參數等同限制

圖 10-10　　**Tau-equivalent** 模式之參數等同限制

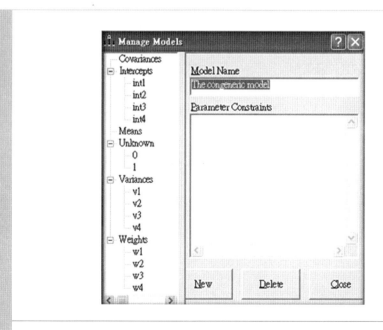

圖 10-11　　同質性測驗模式之參數等同限制

　　由以上三個測量模式之設定可知，這些測量模式為隔宿設計（nested design），因此可以進行卡方差異之統計考驗，以比較模式間之適配性。研究者須打開分析如圖 10-12 之屬性視窗，進行「Standardized estimates」、「Squared multiple correlations」、「All implied moments」等相關參數之勾選，以便 Amos 能輸出這些分析結果：題目信度指標（R^2）與隱含相關矩陣（Implied correlations）。

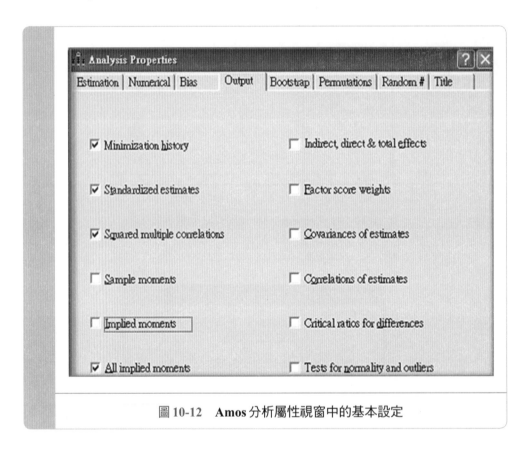

圖 10-12　**Amos** 分析屬性視窗中的基本設定

　　最後，利用於原始資料檔（檔名 alpha-sem.sav）連接至 Amos 後，執行 Amos 完之後，打開表 10-2 中各測量模式之 Amos 適配度分析比較表。

表10-2 三個測量模式之適配度分析比較表

CMIN

Model	NPAR	CMIN	DF	P	CMIN/DF
The congeneric model	12	2.6156	2	0.2704	1.3078
The tau-equivalent model	9	19.5065	5	0.0015	3.9013
The parallel model	6	34.0253	8	0.0000	4.2532
Saturated model	14	0.0000	0		
Independence model	8	270.8184	6	0.0000	45.1364

ECVI

Model	ECVI	LO 90	HI 90	MECVI
The congeneric model	0.0213	0.0209	0.0282	0.0214
The tau-equivalent model	0.0301	0.0221	0.0441	0.0301
The parallel model	0.0369	0.0254	0.0545	0.0369
Saturated model	0.0225	0.0225	0.0225	0.0225
Independence model	0.2300	0.1898	0.2762	0.2301

RMSEA

Model	RMSEA	LO 90	HI 90	PCLOSE
The congeneric model	0.0157	0.0000	0.0607	0.8727
The tau-equivalent model	0.0482	0.0269	0.0717	0.5057
The parallel model	0.0511	0.0341	0.0693	0.4253
Independence model	0.1881	0.1694	0.2076	0.0000

　　由表10-2中P值、RMSEA與ECVI等SEM適配度統計量觀之，同質性測量模式（The congeneric model）之適配度均最佳（p = 0.2704, RMSEA = 0.0157, ECVI = 0.0213）。再由表10-3的隔宿模式之比較結果知，三個測量模式間之差異均達0.05之顯著水準，再度地確定了同質性測量模式之優越性。因此，要計算本測驗之Cronbach α係數，應在同質性測量模式下進行，才是最佳之選擇。

　　接著，點選圖10-13中，Amos Output視窗的左側之「Estimates」下之「Matrices」，接著點選「The congeneric model」，打開同質性測驗模式之隱含相關係數矩陣表。

表10-3 三個測量模式間之隔宿模式之比較

Nested Model Comparisons

Assuming model The congeneric model to be correct:

Model	DF	CMIN	P	NFI Delta-1	IFI Delta-2	RFI rho-1	TLI rho2
The tau-equivalent model	3	16.8910	0.0007	0.0624	0.0628	0.0575	0.0588
The parallel model	6	31.4097	0.0000	0.1160	0.1168	0.0653	0.0667

Assuming model The tau-equivalent model to be correct:

Model	DF	CMIN	P	NFI Delta-1	IFI Delta-2	RFI rho-1	TLI rho2
The parallel model	3	14.5187	0.0023	0.0536	0.0546	0.0078	0.0080

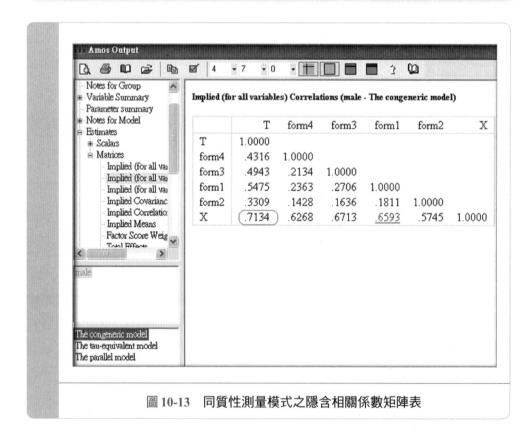

圖 10-13 同質性測量模式之隱含相關係數矩陣表

由上述之統計結果知，同質性測量模式之適配度最佳，因此本測驗之信度（ρ^2_{XT}）之最佳估計值為 $0.7134^2 = 0.5089$，參見圖 10-13 右側視窗內容，否則會低估測驗之信度（請比較表 10-1 中之 α 係數）。其次，打開「tau-equivalent」等質測驗模式之隱含相關係數矩陣表，參見圖 10-14 右側視窗內容，其測驗之信度之估計值為 $0.7079^2 = 0.5011$。

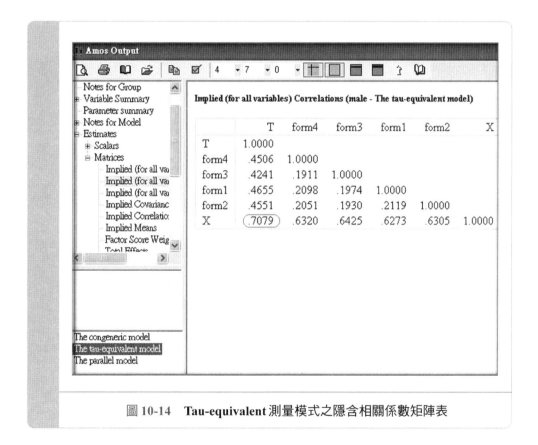

圖 10-14　**Tau-equivalent** 測量模式之隱含相關係數矩陣表

其次，再打開平行測驗模式之隱含相關係數矩陣表，參見圖 10-15 右側視窗內容。在此測驗模式下，測驗之信度（ρ^2_{XT}）值為 $0.7095^2 = 0.5034$。

值得一提的是，在 SEM 的架構中，研究者尚可建立建構信度（Construct reliability/Composite reliability）。除了筆者（2006）過去所設計之程式外，Amos VB 之程式設計亦是另一途徑（參見附錄四）。以數常識測驗中的一個分測驗為例，直接利用 Amos 的 ProgramEditorCLI，在下列圖 10-16 之視窗中撰寫 Amos VB

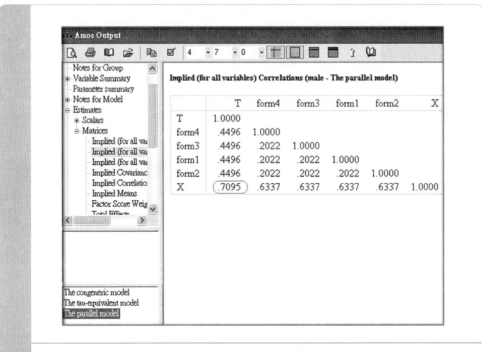

圖 10-15　平行測量模式之隱含相關係數矩陣表

圖 10-16　**Amos Vb** 之程式設計視窗

程式（請參見 ConRel.vb），可獲得該測驗之建構信度為 0.6936。當然，使用此程式研究者需要一些基本之 Basic 語言運用能力。

按下圖 10-16 中右下角之「Run」後，就會顯示如圖 10-17 中之建構信度。

圖 10-17　建構信度視窗

另外，研究者如欲建立建構信度的信賴區間，可利用 Amos Bayesian SEM 程式獲取此統計量。首先，以數常識測驗中的一個分測驗為例，建立理論模式如圖 10-18，並設定所需參數之名稱，以便程式中呼叫。接著，連接資料檔案（如檔名 NS94.sav）。

其次，當研究者於執行 Bayesian SEM 後，就會出現圖 10-19 之 Bayesian SEM 的參數顯示視窗，當笑臉出現後，即可按下自訂參數估計鈕，在圖 10-20 視窗中撰寫建構信度之程式，以取得建構信度之信賴區間。圖 10-19 之 Bayesian SEM 視窗中，(500 + 71501)*4 表 Amos 曾產製了 72001*4 個樣本，但只保留了 71,501 個樣本，*4 表 Amos 已瘦身兩次，因而只保留了 1/4，500 係 Amos 之內定 burn-in 樣本數。

按下圖 10-20 右下角「Run」之後，圖 10-21 之自訂參數估計值視窗，顯示了 MCMC 之額外參數估計值：真分數變異數（VarT）、誤差分數變異數（VarE）與建構信度（ConRel）。這三者的關係說明如下：設有一潛在因素 T，其觀察變項為 X_i，未標準化迴歸係數為 b_i，則其觀察變項 X_i 的變異數為 $Var(X_i) = b_i*Var(T)*b_i + var(\varepsilon_i)$。建構信度經由此關係可搭起與傳統信度係數的橋樑。依照 Reuterberg 與 Gustafsson（1992）的定義：建構信度可利用未標準化的徑路係數與潛在變異數、測量誤差變異數求得。其公式定義如下：

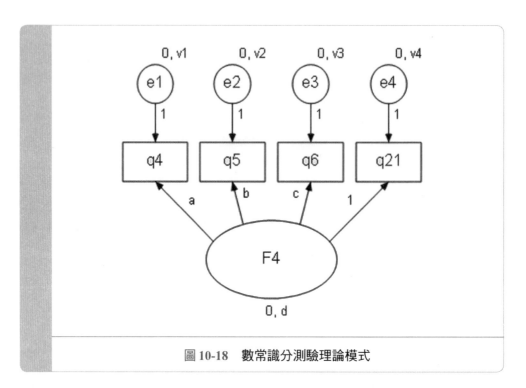

圖 10-18　數常識分測驗理論模式

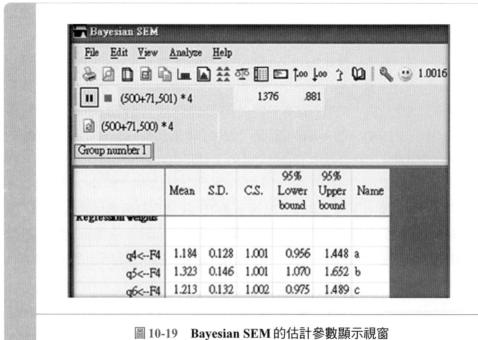

圖 10-19　Bayesian SEM 的估計參數顯示視窗

圖 10-20　**Amos VB 程式撰寫視窗**

$$r_{TX} = \frac{Var(T)\left(\sum_i^m b_i\right)^2}{Var(T)\left(\sum_i^m b_i\right)^2 + \sum_i^m Var(\varepsilon_i)}$$

　　圖 10-20 視窗內之程式設計，即依此公式撰寫的，程式中 VarT 代表潛在變項之變異數，VarE 代表各指標之誤差變異數之和，Cov 代表指標徑路係數平方和與潛在變項變異數之乘積。

　　在自訂參數估計值圖 10-21 視窗中，顯示此分測驗的 0.95 信賴區間為 0.6472～0.7280，71,501 個 MCMC 樣本建構信度之平均值為 0.6900，標準誤為 0.0206，聚斂水準為 1.0009，前述之建構信度之點估計值（0.6936）亦落在此信賴區間內。

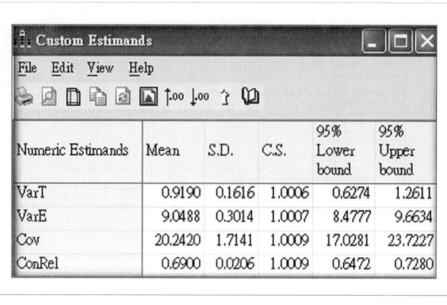

圖 10-21　　自訂參數估計值顯示視窗

　　另外，在 SEM 的架構中，結構係數或相關係數會因測量誤差而利用 Gulliksen（1950）的校正公式加以調整，研究者可善用此機制控制測量誤差，但當指標信度過低時，會過度校正。例如，圖 10-22 中，q1～q3 為第一個分測驗之分數，q4～q6 為第二個分測驗之分數，這兩個分測驗總分的 Pearson 積差相關係數為 0.330（使用 NS55.sav 的原始資料檔案），其 Cronbach 係數分別為 0.373 與 0.496。但是如果利用 Amos 建構下之模式設計，這兩個分測驗總分的相關係數（標準化徑路係數）為 0.767（=0.330/($\sqrt{0.373}\sqrt{0.496}$)），與圖 10-22 中 Factor 1 與 Factor 2 之相關係數相同。

　　不過此種測量誤差對於徑路係數的校正，並無法考慮及評分者間或因測量時間等所產生的測量誤差，除非研究者將這些干擾因素納入模式設計中；例如，圖 10-23 中的評分者 SEM 徑路模式即可控制評分者間之評定誤差，更多細節請參閱本章第五節共同方法變異的檢驗。

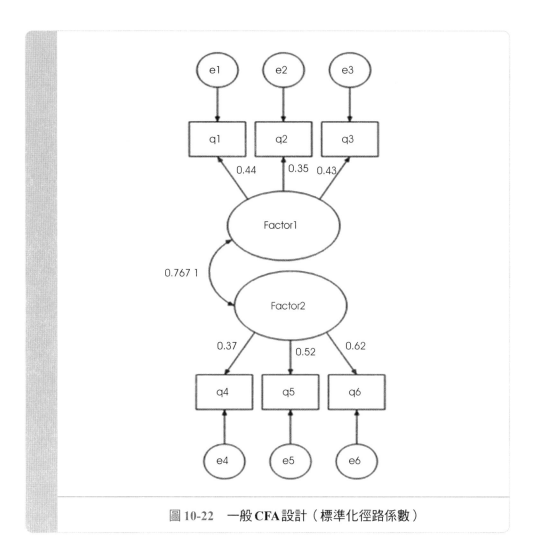

圖 10-22　一般 **CFA** 設計（標準化徑路係數）

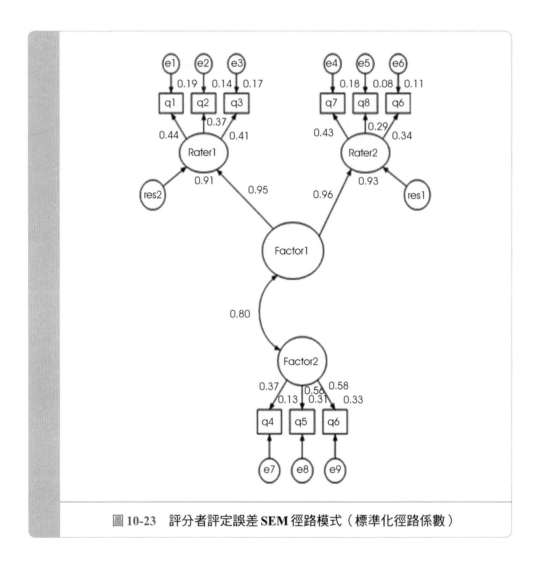

圖 10-23　評分者評定誤差 SEM 徑路模式（標準化徑路係數）

　　研究者如欲將研究人員（屬於方法因子）納入 SEM 的模式設計中，以檢驗測量方式的系統誤差，可參考 Bollen（1993）探究自由民主的工具效度檢驗之作法，其徑路圖設計如圖 10-24。圖中政治自由與民主規範係潛在特質變項，其下各有四個觀察指標，係來自不同研究者的觀察指標。因此，圖 10-24 下方的三個研究人員係觀察指標的評分者：Sussman、Gastil 與 Banks，在此模式中被視為方法因子（method factor）。在此模式中，每一指標的變異量，可分割成三個部分：

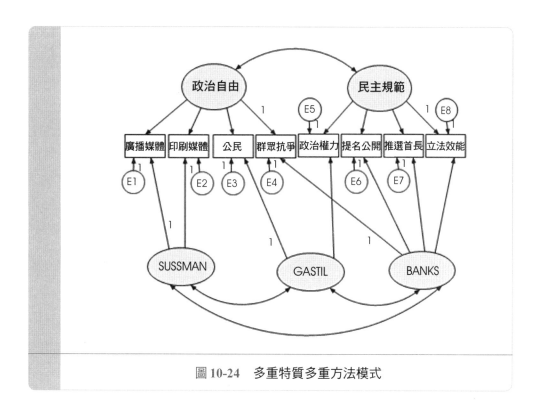

圖 10-24　多重特質多重方法模式

1. 指標效度變異比：$\lambda_{ij}^2 \text{Var}(L_j)$；
2. 方法因子誤差比：$\lambda_{ik}^2 \text{Var}(M_k)$；
3. 隨機測量誤差比：$\text{Var}(\delta_i)$。

其數學公式定義如下：

$$\text{Var}(X) = \lambda_{ij}^2 \text{Var}(L_j) + \lambda_{ik}^2 \text{Var}(M_k) + \text{Var}(\delta_i)$$

例如，Var（群眾抗爭）= 1^2 · Var（政治自由）+ 1^2 · Var（Banks）+ E4

　　利用上述之 SEM 模式，可以探究測量誤差的不同來源（如評定人員特質、量尺類別、測量時間、資料取得方式等）及不同測量誤差的大小，此種處理方式類似推論力理論（generalizability theory），可以將不同之變異源分開來估計。假如上述之評分者效果的確存在而您卻將評分者因子拿掉的話，通常會使得觀察指標間的隨機測量誤差產生高度相關。

　　此外，過去有些研究者認為題目間具有高度相關就是同質性測驗及 Cronbach

α 係數是單向度測量的指標，其實這種說法不完全正確。Hulin 與 Cudeck（2001 c & d）曾撰文就相關係數、Cronbach α 與因素分析間之關係，做一詳盡之比較與解析，值得量表的編製者參考。他們認為：(1)無論測驗題目之多寡，最好報告 Cronbach α 而非相關係數；(2)欲提高 Cronbach α 時，題目的品質比題數更重要；(3)Cronbach α 並非單向度（unidimensionality）之指標，因為題目間具有高度相關並不一定是同質性題目，他受到測驗長度、題目間之相關、題目措辭的重複性與測驗向度等因素之影響；(4)假如該測驗是多向度的測驗或研究者一味追求題目措辭的重複性，Cronbach α 就可能偏高；(5)先進行因素分析後再報告 Cronbach α；(6)非單向度的量表有時亦很有用處，不要一味追求單向度的測驗，例如組合性建構的量表。

五、效度（validity）的檢驗

傳統常用的效度的方法有：內容效度、效標關聯效度、平均變異解釋百分比與建構效度，較適合於單一維度建構且此建構又是原因建構之測量上。常用的統計方法有積差相關、探索式與驗證性因素分析。更多的細節會在本章末第陸節量表效度考驗之內涵與方法中做說明。至於具體的應用實例分析請參考李茂能（2006）在另一 Amos 專書中討論過有關量表信、效度考驗之方法與實例，不在此另加贅述。

伍、指標建構的過程

指標建構（index construction）乃指形成性指標的編製，編製時強調題目的獨特性（特殊變異量）、降低多元共線性與多向度（Diamantopoulos & Winklhofer, 2001; Diamantopoulos & Siguaw, 2006）。由於指標建構的理論與實務到目前為止尚未非常成熟，目前只能就目前各家的理論與相關的編製步驟，分階段逐一整理後論述如下（Helm, 2005; Mackenzie, & Podsakoff, Jarvis, 2005; Petter, Straub, & Rai, 2007）：

階段一：資料蒐集前

步驟 1：內容面向的界定及觀察指標的界定

內容面向的界定（Content specification）就是構念範疇與向度的釐清，端賴徹底的文獻探討、利用焦點團體請教該領域專家或實務人員、實地觀察仍是唯

一可行之路。內容面向的界定亦需要廣泛與周延，以確立內容效度。形成性指標的建構，其內容效度是指標建構效度最重要的內涵。這個核心步驟與前述量表發展的步驟並無二致。觀察指標的界定（Indicator specification）與內容面向的界定密不可分，測驗編製者須根據建構的每一內容面向，逐一據以編擬題目作為指標變項，漏掉某一面向即會改變潛在建構的組成。因此，指標的廣泛性（comprehensive）與周延性（inclusive）仍須遵守。每一面向的觀察指標之界定，亦賴徹底的文獻探討、請教該領域專家與實地觀察，廣度重於深度，以免遺漏該建構中的重要層面而毀及內容效度。評估內容效度的方法有二：

1. 根據理論建構的層面或向度，評估該套指標是否完整地列述了該建構的領域或範疇。

2. 評估每一指標是否可作為理論建構的預測指標。研究者可邀請領域專家，將每一測量指標的卡片進行形成性建構或反映性建構之分類（Q-sorting or Expert Validation）。假如分類結果與事先界定之理論建構與指標間之關係具高度一致性，即顯示了內容效度之證據（Straub, Boudreau, & Gefen, 2004）。

步驟 2：辨識建構的屬性

研究者可以使用下列之標準，決定您的建構是否為形成性指標的建構：

1. 利用指標預測建構嗎？（Diamantopoulos & Winklhofer, 2001; Jarvis et al., 2003）。

2. 刪除一個指標之後，會改變建構所測的內容嗎？（Diamantopoulos & Winklhofer, 2001; Jarvis et al. 2003）。

3. 一個指標中的值改變，該建構下其他指標的值不會預期改變嗎？（Diamantopoulos & Winklhofer, 2001; Jarvis et al., 2003）。

4. 建構中的指標有不同的前因與後果（different antecedents and consequences）嗎？（Diamantopoulos & Winklhofer, 2001; Jarvis et al., 2003）

假如上述四個標準皆為真的話，那麼您的建構肯定是形成性指標的建構；假如上述大部分的標準皆為真的話而且又有理論依據的話，那麼您的建構大概就是形成性建構。不過,當您的建構如尚未很妥善定義的話,研究者可能一時亦無法回答前述的所有問題。此時,研究者的首要任務是再度檢查界定該建構的領域或範疇,評估一下所有的指標在特定該建構下的適切性(Jarvis et al., 2003)。

步驟3:評估測量及結構模式

除了利用重測信度或徑路係數評估題目之信度之外,研究者須檢查結構模式是否可辨識(Model Identification)(Jarvis et al., 2003; MacCallum & Browne, 1993; MacKenzie et al., 2005)。由於潛在建構及其誤差項的測量量尺之未確定性,單獨存在的形成性指標的建構的 SEM 模式(如圖10-25-1),除非將構念層次的誤差項設定為0或1,在統計上常是無法辨識的(underidentified)。當使用共變數導向的 SEM 分析時,為了可以辨識,具體解決模式不可辨識的方法,常見的有五種(Petter, Straub, & Rai, 2007):

1. 將一個(或一個以上)之結構徑路係數或建構的誤差項設定為0。不過此種做法在理論上可能行不通(不可能沒有測量誤差),因此研究者只好改弦更張了,不能為了辨識而辨識。

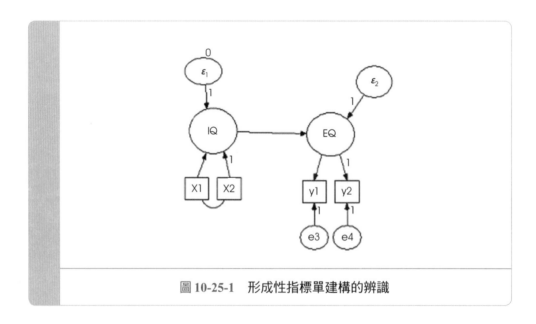

圖10-25-1　形成性指標單建構的辨識

2. 假如只有一條徑路連接到一個反映性指標的建構時,將形成性指標的建構

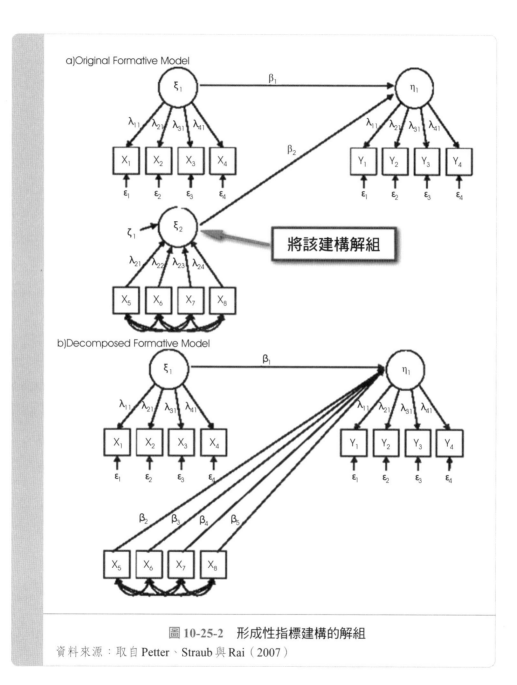

圖 10-25-2　形成性指標建構的解組

資料來源：取自 Petter、Straub 與 Rai（2007）

加以解組（Decompose the formative construct），參見圖 10-25-2 中的 (b)。

3. 確保該形成性建構至少有兩個以上結構徑路係數，連結到反映性指標的建構，如圖 10-26A。雖然內部一致性（internal consistency）並不適用於形成性指標上，但此時，研究者仍須確認此一形成性建構是否具有外部一致性（external consistency），亦即反映此一形成性建構是否具有單一向度之特質而不具有點變項（point variable）之功能，如果不是則易導致解釋性之困惑，造成此一形成性建構無法完全調節形成性指標與外衍建構間之關係（Howell, Breivik & Wilcox, 2007a & b）。

4. 假如概念上可行的話，在該形成性指標的建構內，包含假定沒有測量誤差的兩個反映性指標：V4 與 V5（此即 MIMIC 模式：multiple indicators and multiple causes of a single latent trait），本質上這是反映性與形成性指標的混合模式（A hybrid model，參見圖 10-26C），Jarvis 等人（2003）認為這是最佳解決方案，主要理由為：(1)該建構就可以是內衍建構或外衍建構，運用自如；(2)可將該建構納入驗證性因素分析模式中，評估其區別效度及測量的信度；與(3)測量參數的估計值會更穩定。理想上，V4 與 V5 應選自最能代表形成性建構的標竿變項。

5. 在該形成性指標的建構內，包含一個反映性指標，且連接一個結構徑路到一個反映性指標的建構（圖 10-26B）。假如圖 10-26B 中 V4 反映性指標係一標竿變項（marker variable）的話，研究者即可評估各形成性指標與標竿變項的間接效果，作為題目效度（item validity）的指標。

當上述方法均無法解決時，請改用 VPLS 軟體（成分導向的 SEM）進行分析。

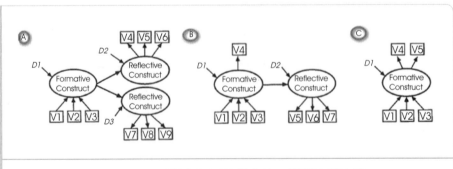

圖 10-26　形成性指標測量模式的可辨識途徑範例

資料來源：取自 MacKenzie、Podsakoff 與 Jarvis（2005）

階段二：資料蒐集後

步驟 1：進行形成性指標的信、效度與指標間共線性的檢驗（indicator collinearity）

一個優良的形成性指標應具有以下幾個特色：非常精簡、顯著的負荷量、能獲致較佳之模式適配度與獲得較高的解釋變異量。準此，評估形成性建構指標之效度時，為了保留測量指標的獨特變異量，研究者須使用主成分分析而非共同因素分析，檢查各指標的因素負荷量，以進行指標之篩選，研究者可以刪除不顯著的指標（Diamantopoulos & Winklhofer, 2001），但當危及到建構內涵的廣度或模式的適配度時，亦可保留不顯著的指標，以確保內容效度（Bollen & Lennox, 1991），端視研究者之專業裁定。

至於指標間共線性的檢驗，則是形成性指標必須通得過的考驗，因為指標建構內指標係原因指標（causal indicators），通常為了精簡與容易解釋，並不希望指標間具有高度相關，以免造成不必要的重複性，而造成迴歸分析時多元共線性的問題，只要該指標對於潛在建構具有獨特的重要影響力就會被留下來。因此，指標間的多元共線性分析是指標建構的必經歷程，研究者可以透過 VIF（variance inflation factor）的分析（例如，採取較嚴苛的標準：VIF < 3.3, Diamantopoulos & Siguaw, 2006；較寬鬆的標準可定為 < 10, Helm, 2005）。這與要求指標間須具有高度相關的量表發展是截然不同的。假如多元共線性的問題存在，常見的解決之道有：

1. 同時包含形成性指標與反映性指標；
2. 假如內容效度不受影響，刪除具有相關的指標；
3. 合併相關的指標作為單一的組合指標；
4. 轉化成多向度的建構（multidimensional construct），參見圖 10-27(a) 與 (b) 的做法。

前述「量表發展」著重各指標間之內部一致性，而「指標建構」則著重檢驗「重測信度」以評估各指標的穩定性，及觀察指標與標竿指標（marker variable）或共通性題目（a global item）間的關係，以檢驗指標的外在效度（External validity）及建構的外部一致性（external consistency）。例如，各觀察指標須與標竿變項或共通性題目間具有顯著相關，即為指標的外在效度證據之

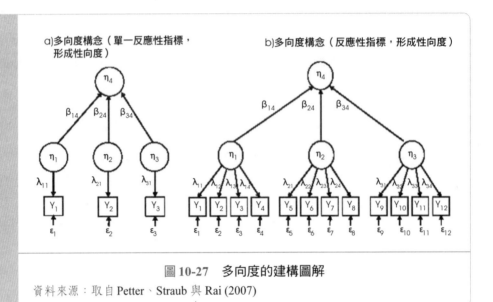

a)多向度構念（單一反應性指標，形成性向度）

b)多向度構念（反應性指標，形成性向度）

圖 10-27　　多向度的建構圖解

資料來源：取自 Petter、Straub 與 Rai (2007)

一。所謂標竿變項或共通性題目係指與某一特定建構具有明確相關的變項，且其屬性已在先前被確認過，能概括地反映待測建構特質的通則性變項。舉例來說，研究者如已新編製好一個四點量尺（幾乎完全不會、有一點、經常、幾乎完全會）的夜間睡眠品質的問卷。其問卷的五個題目內容如下：請就以下幾個問題評估一下在過去一個月以來，您夜間睡眠的困擾程度。

1. 上床後，您有無法入睡的困擾嗎？
2. 夜間睡覺時，您經常會驚醒嗎？
3. 夜間睡覺時，您感覺常躺在床上而睡不著嗎？
4. 您感覺常太早醒來嗎？
5. 您感覺夜間睡眠太少嗎？

研究者此時就可編擬一共通性題目「整體而言，在過去一個月以來，您夜間睡眠的品質如何？」，以檢驗指標的外在效度。而此一共通性題目的量尺，可採用以下之七點量尺：非常好、很好、尚好、不好不壞、有點差、很差、非常差。假如將此一共通性題目亦納入因素分析中，它即為一標竿指標，可標定其他五個題目在因素空間上的位置，以確認新因素。

步驟 2：進行形成性指標建構的效度評估

形成性指標的建構效度評估，主要途徑有三：

第一，可以透過共變數導向的 SEM（Covariance-based SEM；例如，Amos, LISREL 或 Tetrad SEM: CTANEST1），分析形成性指標的建構模式在以下模式 A、B、C 間的適配性（Jarvis et al., 2003）；亦即進行以下模式 A、B 與 C 間卡方差異性考驗，以決定使用哪一模式。

1. 模式 A：外衍形成性指標之建構內的指標間具有共變關係，且這些指標又與其他外衍建構具有共變關係。
2. 模式 B：外衍形成性指標之建構內的指標間具有共變關係，但這些指標與其他外衍建構沒有共變關係。
3. 模式 C：外衍形成性指標之建構內的指標間沒有共變關係，且這些指標也與其他外衍建構沒有共變關係。

此外，在 SEM 的分析架構下，亦須評估各指標之徑路係數之大小與方向性，是否合理。

第二，可以透過成分導向的 SEM（Component-based SEM）分析軟體（例如，PLS），分析形成性建構模式，PLS 較不易產生模式不可辨識的問題。

共變數導向的 SEM 分析與成分導向的 SEM 分析的關係，如同共同因素分析與主成分分析，兩者最大不同在於前者追求模式的適配度，而後者追求解釋變異量的極大化且不會有模式辨識性的問題（Chin, 1998; Petter, Straub, & Rai, 2007）。評估成分導向的 SEM 模式適配性，其步驟為（Chin, 1998）：

1. 在研究模式中，界定形成性指標的建構（全部為形成性指標或混合式指標模式）；
2. 檢查形成性指標的徑路加權值或（與）反映性指標的因素負荷量；
3. 評估結構模式中內衍變項（endogenous variables）的 R^2。

第三，研究者亦可以透過多重指標—多重原因模式（即 MIMIC 分析），進行建構網絡效度分析。具體的實例，讀者可以參閱 Diamantopoulos 與 Winklhofer（2001）、Diamantopoulos 與 Siguaw（2006）的論文。研究者透過此類 MIMIC 模式之適配度與徑路係數，就可評估觀察指標的貢獻力與顯著性，以挑選最適切的題目。另外，研究者亦可透過建構網絡效度（nomological validity）分析（請參見本章第六節構念網絡效度），此種建構網絡效度是指待研究的建構在相關建構系統內，應有表現之程度（Cronbach & Meehl, 1955），這或可說是效標關聯效度的變形，亦為外在效度的證據。因此，進行建構網絡效度的分析，至少要有以下幾個要素：至少要有兩個建構、提出建構間的理論假說、能夠加以測量的實徵指標、與指標變項與建構間之連接關係。研究者可根據理論，或相關研究假設，建立出構念與構念及構念與外顯行為間之系統網絡關係，並繪出其相關之徑路圖，以便透過 SEM 進行建構網絡效度之分析。其考驗步驟為：(1)檢驗建構指標間之相關，以避免多元共線性問題；(2)評估形成性建構之測量模式是否可以辨識；(3)評估結構模式之適配度；(4)檢查每一指標到組合變項的徑路係數之強度與顯著性。

綜上所述，當建構是原因建構時，其指標必然為效果指標，當建構是效果建構時，其指標必然為原因指標。這兩種測量模式，測驗編製的方法與過程並不完全相同。因此，Bollen 與 Lennox（1991）認為傳統的測驗編製原則與理念應修正如下：

1. 同一建構的外顯指標應具高度內部一致性的原則只適用於效果指標，不適用於原因指標（Cause indicators），各原因指標間不一定需要具有同質性（因為該建構可能為多維度的構念）。
2. 同一建構的外顯指標間之相關愈高愈好原則只適用於效果指標，不適用於原因指標，因為原因指標間具有高相關易導致多元共線性的問題。
3. 單一維度建構中，信度相同的外顯指標，本質上是可以替換的，不適用於原因指標，各原因指標本質上可能不同，刪去任何一個原因指標都會破壞該建構之架構。
4. 不管是效果指標或原因指標，建構內指標的相關不一定會高於建構間指標的相關（除非潛在變項間之相關為 0）。
5. 不管是效果指標或原因指標，指標的線性組合都不等於潛在變項。

緣此，測驗編製者在界定測驗之建構時，首先須釐清該建構是原因建構（Causal construct），還是效果建構（Effect construct），亦即先根據實徵之理論釐清建構與指標間之因果關係，才能選擇出最適切的觀察指標。

陸、量表效度考驗之內涵與方法

量表之效度考驗旨在確認研究中：(1)待測的特質是真實的、是可靠的；與(2)待用的工具是否能真正測到所預測量的特質，係量表編製的核心任務。Cote 與 Buckley（1987）檢驗過去研究的 70 個 MTMM 矩陣資料，發現有 26.3% 的變異量來自於共同方法變異（Common method variance），32% 的變異量來自於測量誤差；Doty 與 Glick（1998）檢視 1980～1992 年間六大社會科學期刊中的 MTMM 矩陣資料，發現有 32% 的變異量來自於共同方法變異，22% 的變異量來自於測量誤差。由此觀之，這些心理建構的測量工具僅能測到約 40% 幾的真正特質變異量，其餘都是測量誤差，不是系統性誤差（如社會期許、方法／月量效應、反應傾向），就是隨機誤差。為此，特闢此一專節深入論述，以利研究者編製出更有效的測量工具，進而提升量化研究的品質。雖然不同形式的效度證據不應視為不同種類的效度，過去許多研究者（如 Gronlund, 1985; Crocker, Algina, 1986）將效度考驗的策略，大致分為內容效度策略、效標關聯效度策略、建構效度策略等三種，近來不少研究者（如 Straub, Boudreau, & Gefen, 2004; Lewis, Templeton, & Byrd, 2005）又增加了因素結構效度（factorial validity）與構念網絡效度（nomological validity）。有些研究者甚至認為效度乃是單一的概念（a unitary concept），因而將內容效度、效標關聯效度、因素結構效度（factorial validity）與構念網絡效度均視為建構效度（Gronlund, 1985; Straub, Boudreau, & Gefen, 2004）的內涵。綜合各家效度考驗的策略（Churchill, 1979; Bagozzi, 1981; Grant & Davis, 1997; Malhotra, Grover, 1998; Straub, Boudreau, & Gefen, 2004; Lewis, Templeton, & Byrd, 2005; Garson, 2008）。具體言之，仍可細分為五類：內容效度、效標關聯效度、區辨效度、聚斂效度與構念網絡效度。研究者於選用這些效度證據時，亦應考慮到其在不同特性指標上之適用性。例如，內部一致性效之聚斂證據就不適合於形成性指標上。茲依序說明這五類效度如下：

一、內容效度

內容效度（content validity）係指一個測驗能均勻測到他所欲測量內容領域的程度。內容效度包括三個重要的面向：(1)領域定義（domain definition）；(2)領域代表性（domain representation）；與(3)領域關聯性（content relevance），後兩個面向的評估通常均端視第一個面向的定義內容而定（Sireci, 1998）。領域定義是指內容領域的操作性界定，通常認知測驗可透過雙向細目表為之，情意測驗則須透過文獻分析為之；內容關聯性係指測驗中的每一題目應與建構範疇中的面向具有密切關聯性或測驗內容與測驗目的之一致性，內容代表性係指量表能包含該建構所有面向的程度或測驗能夠涵蓋該內容領域定義之所有面向的程度，亦即建構的每一向度均編有代表性的題目，審查者可根據領域定義之內涵逐題評審之。內容效度是其他效度的必要條件，他的檢驗應先於關聯效度與建構效度，內容效度在成就測驗上尤其重要；例如，研究者如欲利用成就測驗來評估課程之學習效果，那麼成就測驗內涵與課程內容之間的適配性就是關鍵，否則測驗的結果就可能是偏頗而毫無意義可言。內容效度不管是經統計考驗的分析或利用邏輯分析，一般均須先透過文獻探討、工作分析及該領域之理論或實務專家審定之。Grant與 Davis（1997）認為專家的「遴選及運用」關係著內容效度分析的效度，他們認為應該延聘富有經驗的實務人員或理論專家至少二人以上，參與內容效度的分析前亦應提供相關構念的理論架構或向度、告知該工具的測量模式：標準參照（強調構念的精熟度）或常模參照（強調題目的變異量）與清楚說明評審的三個要素：(1)題目的代表性（內容領域能充分反映構念的所有向度）；(2)題目敘述的清晰性（題目的遣辭用字明確、讀者易懂）；與(3)題目內容領域的完整性（全部的測量題目能反映所有的領域內涵）。

內容效度分析可為邏輯的或統計的分析，常用的題目內容效度的統計分析有：(1)評分者間之一致性百分比指標；(2)Kappa 係數；(3)題目—目標一致性指標；(4)Aiken 效度指標；(5)Aiken 和諧係數；(6)Krippendorff's α；(7)Lawshe 內容效度比；與(8)Q 分類法（Crocker, Miller, & Franks, 1989；李茂能，1997）。茲依序簡述如下：

(一) 評分者間之一致性百分比指標

評分者間之一致性評估，通常研究者會邀請二或三位以上該內容領域之理論專家或實務人員，透過 e-mail 或問卷（含 Delphi 技術）就測驗或量表題目內容的適當性、代表性、題目陳述的清晰性或選項的適切性，利用二分法加以評定，之後即可計算各題的評分者間之一致性百分比；或利用多點計分法計算各題之平均量尺值。一般來說，評分者間之一致性百分比應達 0.80 以上（Davis, 1992），各題的平均量尺值則至少應在PR_{70}以上。圖10-28係看護工作負荷量表之內容效度分析的審查問卷，Grant與Davis（1997）用來說明內容領域專家如何就題目的代表性、題目敘述的清晰性與題目內容領域的相關性或完整性，進行內容效度審查。圖中第一欄位上半部係看護工作負荷的主、客觀定義，下半部係看護工作負荷量表的樣本題目，第二欄位下半部係對於題目是否具有代表性的評估，第三欄位下半部係對於題目歸屬向度的評估；圖10-28底部的陳述則係對於題目敘述清晰性之評估。

看護負荷題目	代表性	負荷向度
概念界定： 看護負荷： 對於在家看護的要求與反應 看護負荷的客觀定義：看護工作對於看護者家庭生活的改變或破壞程度 看護負荷的主觀定義：看護者對於看護經驗的態度或心理反應	1 = 該題對於看護負荷工作不具有代表性 2 = 該題需要大修對於看護負荷工作才能具有代表性 3 = 該題只需小修對於看護負荷工作就能具有代表性 4 = 該題對於看護負荷工作具有充分代表性	1=　　　　主 2=　　　　客 3=　　　無法分類
1.提供我的家人個人看護(如洗照,餵食) 2.與我家人成員溝通 3.處理我家人的金錢與帳單等問題	1　　2　　3　　4 評論 1　　2　　3　　4 評論 1　　2　　3　　4 評論	1　　2　　3 評論 1　　2　　3 評論 1　　2　　3 評論
	清晰度：上述這些題目書寫清晰，各題皆具獨特性，且為看護者所能理解嗎？ ——是的，以下這些題目文意清晰 ——不是，以下這些題目文意不清晰 建議：	

圖10-28　看護工作負荷量表內容效度的審查問卷

資料來源：取自Grant與Davis（1997）

在本例中，各題的代表性的平均量尺值應在 3.0 以上，評分者對於題目預定向度的歸屬之一致性百分比應達 0.80 以上；否則該題目即應考慮加以修正或刪除。

圖 10-29 則係另一檢驗題目與內容領域相關性的查帳員（auditor）檢核表，評鑑時可邀請一些相關領域之專家評估各題目與內容領域之相關性。請評分者利用以下之十點量尺，針對各測驗題在四個內容領域之相關性予以評分。

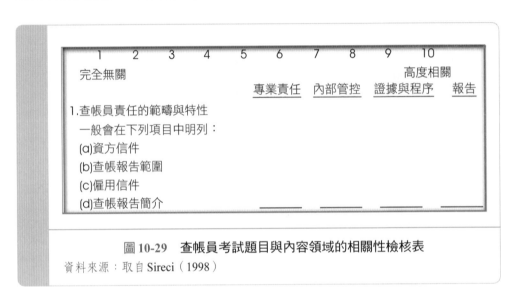

圖 10-29　查帳員考試題目與內容領域的相關性檢核表

資料來源：取自 Sireci（1998）

本例之內容領域的相關性評估採十點量尺，相關領域之專家利用此量尺評估各題目在四個內容領域上之相關性程度。各題目與預定所歸屬的內容領域相關性的平均量尺值應在 7.0 以上，否則該題目即應考慮加以修正或刪除。

(二) Kappa 係數法

Kappa 係數法適合於歸類一致性的分析，它是評分者實際評定一致性之百分比與理論上評定一致性之百分比的比值。在 SPSS 功能表單「Analyze」之下 SPSS CrossTab 副程式可以計算 Kappa 係數，但僅適用於兩位評分員。圖 10-30 中的資料檔案，係 SPSS CrossTab 建檔格式，研究者須在 SPSS Data Editor 中建立三個變項：rater1、rater2 與 freq，其中 freq 變項係用來做資料加權用。

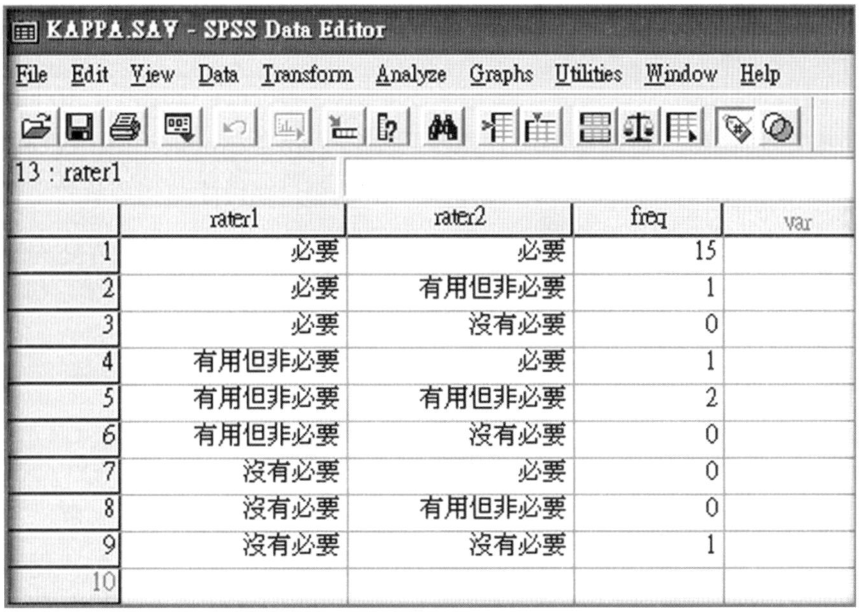

	rater1	rater2	freq	var
1	必要	必要	15	
2	必要	有用但非必要	1	
3	必要	沒有必要	0	
4	有用但非必要	必要	1	
5	有用但非必要	有用但非必要	2	
6	有用但非必要	沒有必要	0	
7	沒有必要	必要	0	
8	沒有必要	有用但非必要	0	
9	沒有必要	沒有必要	1	
10				

圖 10-30　**SPSS CrossTab 資料輸入格式範例**

由圖 10-30 中之次數分配可看出，整體而言，這兩位評分者在這 20 道題目上，認為有必要納入量表的比值滿高的（$p = 15/20 = 0.75$），但亦有一題落入「沒有必要」可以刪除。注意，研究者假如使用原始資料而非如上表之整理過之資料時，就不需要在進行 CROSSTAB 分析前進行加權。此時，原始資料就會有 20 筆資料。

表10-4　**SPSS CrossTab 報表**

	Value	Asymp. Std Error[a]	Appox. T[b]	Approx. Sig.
Measure of Agreement Kappa	0.701	0.200	3.807	0.000
N of Valid Cases	20			

a. Not assuming the null hypothesis.

b. Using the asymptotic standard error assuming the null hypothesis.

由表10-4知，排除掉機遇後，評分者間信度為 0.701（$p = 0.000$）。很可惜，目前 SPSS 無法分析兩位以上的評分者間信度。

(三) 題目—目標一致性指標

題目—目標一致性指標（item-objective congruence index），係 Hambleton（1980）所創用，特別適用於效標參照測驗（取自 Crocker, Miller, & Franks, 1989）。通常使用 +1，0，−1 三點量尺，評估每一題目能測到各個教學目標的程度，其中 +1 表該題目確定能測到該教學目標，其中 0 表該題目不確定能測到該教學目標，而 −1 表該題目確定不能測到該教學目標。題目 i 與教學目標 k 間的一致性指標的計算公式為：

$$I_{ik} = \frac{N}{2N-2}(\mu_{ik} - \mu_{i..})$$

式中，N 表教學目標個數，$\mu_{i.k}$ 表評分者對於題目 i 與某教學目標 k 間一致性評定的平均值；$\mu_{i..}$ 表評分者對於題目 i 與所有教學目標間一致性評定的平均值。注意本指標假設每一題目只在測量單一目標。以表 10-5 中第一題與第二個教學目標間之一致性評定為例，$\mu_{1.2} = 6/6 = 1$（表 item 1 在 object 2 的一致性），表示所有評分者均一致認為第一題係在測量第二個教學目標，而：

$$\mu_{1..} = (18\text{-}9)/30 = 3/10 = 0.30$$

代表評分者對於題目 1 與所有教學目標間的一致性平均值。因此，第一題與第二個教學目標的一致性指標等於：

$$I_{1,2} = \frac{5}{8}(1 - 0.30) = 0.44$$

該指標值似乎偏低，因為該題被認為亦在測量其他目標（如 #3 & #4 教學目標）。

題目—目標一致性指標的值介於 ±1 之間，+1 表所有的評分者均同意該題目 i 僅在測某一教學目標 k，假如某一題目被評定在測一個以上之教學目標，其題目—目標一致性指標的值就會小於 1。一般來說，題目—目標一致性指標的值大於 0.70 以上，始可視為一致性佳（Sireci, 1998）。

表10-5 題目─目標一致性指標之資料檔

Item	Judge	Objective				
		1	2	3	4	5
1	J-1	−	+	+	+	0
	J-2	−	+	+	+	0
	J-3	−	+	+	+	−
	J-4	−	+	+	+	0
	J-5	−	+	+	+	−
	J-6	−	+	+	+	−
2	J-1	+	−	−	−	−
	J-2	+	−	−	−	−
	J-3	+	−	−	−	−
	J-4	+	−	−	0	−
	J-5	+	−	−	−	−
	J-6	+	−	−	−	0
3	J-1	−	−	0	0	0
	J-2	−	0	−	0	0
	J-3	0	−	−	0	+
	J-4	−	−	0	−	0
	J-5	−	0	−	−	0
	J-6	0	−	−	0	−

(四) Aiken 效度指標

Aiken（1980）提出一個題目適當性或關聯性的指標，亦可作為內容效度指標，其計算公式如下：

$$V = \frac{\sum\limits_{i=0}^{c-1} i n_i}{N(c-1)}$$

式中，N 表評分者人數，c 表評定量尺之類別數，i 表各類別的加權量（最低類別之加權量為 0，次類別給予加權量 1，以此類推，最高類別之加權量為 c−1），n_i 表將某一題目放入某一類別 i 的評分者人數。假設研究者請來六位評分者，利用使用三點量尺：0 表不相關，1 表不確定，2 表確定有相關，在 0, 1, 2 三個類別上得到 1, 3, 2 的次數分配，其 Aiken 效度指標為：

$$V = \frac{1(3) + 2(2)}{6(2)} = .58$$

V值的隨機機率值計算公式為：

$$p = \frac{N!/c^N}{n_0!\ n_1!\cdots n_{c-1}!}$$

$$p = \frac{6!/3^6}{1!\ 3!\ 2!} = .01$$

表假如評分者只是隨機評定的話，獲得0.58的效度值之機率為0.01。

(五) Aiken 和諧係數

筆者（1997）所介紹的Aiken和諧係數，亦可用來評估及考驗每一題目的評分者之一致性，以作為選題之依據，文中亦附有SAS程式可資運用。使用此方法時，建議邀請數位專家評分者，針對以下問題：

「本題目測到待測建構的重要性」，根據以下之評定量尺，逐一針對每一問題做重要性同意程度之判斷：

Aiken's H係數亦適用於評分者之一致性分析，而且又有顯著性考驗方法，可以檢驗其機遇之發生機率。它可計算N位評分者對題目j之信度指標（interrater reliability）。Aiken氏評分者間信度（H係數）之計算公式為：

$$H_j = 1 - \frac{4S_j}{(c-1)(n^2-k)}$$

$$S_j = \sum_{i'=1}^{n-1} \sum_{i=i'+1}^{n} |r_{ij} - r_{i'j}|$$

上式中 j = 1…, m 個題目，r_{ij} 為評分者 i 在題目 j 上之評定結果，n 表評分者人數，c 為量尺類別數，k 為虛擬變項，當 n 為偶數時，k = 0；當 n 為奇數時，k = 1。從公式一得知，每一評定問題均可求得一Aiken H係數，參見表10-6的最後欄位 H 上的 Aiken H 係數。該係數介於0–1之間，當評分者均給與相同評分時，該題評分者信度為1，當評分者間之評分差距愈大時，該題評分者信度便會趨近於0。所求得之信度尚可透過統計方法加以檢定，檢定公式如下：

$$z = \frac{\overline{H} - \mu_H}{\dfrac{\delta_H}{\sqrt{m}}}$$

式中 $\overline{H}$ 表整體 Aiken H 平均係數。

　　表10-6係7位評分者對於15題有關電腦軟體之評定結果，在5、11、14題上之評分者間信度似乎偏低，需考慮加以修正或刪除。表10-6之底部，列出全量表 Aiken H 之平均係數，與及 Aiken H 係數之 Z 考驗值。一般來說，Z 考驗值都希望能大於1.9645以上。

表10-6 第一套電腦軟體評定結果之信度分析

題目	R1	R2	R3	R4	R5	R6	R7	X（總分）	H
1	3	4	4	4	4	5	5	29	0.667
2	4	4	4	4	4	5	5	30	0.792
3	4	4	4	4	4	5	5	30	0.792
4	3	3	3	3	4	5	5	26	0.542
5	2	3	2	3	4	4	5	23	0.417
6	4	3	4	3	4	5	5	28	0.583
7	1	1	1	1	2	1	1	8	0.875
8	1	1	1	1	2	1	1	8	0.875
9	1	1	1	1	3	1	1	9	0.750
10	1	1	1	1	3	1	1	9	0.750
11	2	2	2	2	4	4	1	17	0.458
12	3	2	3	3	4	4	5	24	0.500
13	2	2	2	2	4	2	1	15	0.625
14	2	2	2	2	4	4	5	21	0.375
15	4	3	3	4	5	4	5	28	0.583
$r_{i.x}$	0.924	0.924	0.933	0.958	0.775	0.938	0.865		

$\overline{H}=0.64$, $\mu_H=0.3$, $\delta_H=0.15$, $Z_H=8.59$

(六) Krippendorff's alpha

Krippendorff's alpha(α) 係數係由 Krippendorff 所創用（Hayes & Krippendorff, 2007），適合於各種測量層次的評分者間信度之評估，本係數不受評分者人數、評定類別數或量尺分數多寡之限制，又可計算信賴區間，可說是多才多藝，在內容效度的評估上，Krippendorff's α 可謂後起之秀。其計算公式：$\alpha = 1 - \dfrac{D_o}{D_e}$，式中 D_o 表不一致的觀察值，De 表不一致的期望值。由於計算的過程較繁複，研究者可以下載 Hayes 與 Krippendorff（2007）所研發的 SPSS 巨集（網址：http://www.comm.ohio-state.edu/ahayes/macros），研究者於執行此巨集之後，仍以表 10-6 資料為例（建檔格式亦同），在 SPSS 的 Syntax 視窗中輸入以下程式語法：

KALPHA JUDGES = R1 R2 R3 R4 R5 R6 R7/LEVEL = 2/DETAIL = 1/BOOT = 1000.

此行指令中，KALPHA 係巨集之名稱，JUDGES 之後需要界定評分者之變項名稱，LEVEL 之後需要界定測量層次：1 表名義變項、2 表次序變項、3 表等距變項、4 表比率變項，DETAIL=1 則係要求輸出 coincidence 與 delta 矩陣，BOOT=1000 則係要求 Bootstrap 樣本數，以便計算 Krippendorff's α 之信賴區間。接著，按下 SPSS 語法執行按鈕，即可獲得表 10-7 之統計結果。

表10-7 **SPSS Krippendorff's α 報表**

Krippendorff's Alpha Reliability Estimate

	Aplha	LL95%CI	UL95%CI	Units	Observrs	Pairs
Ordinal	0.6392	0.5805	0.6963	15.0000	7.0000	315.0000

Number of bootstrap samples:
1000

Judges used in these computations:

R1	R2	R3	R4	R5	R6	R7

由表 10-7 知，Krippendorff's α 為 0.6392，其 0.95 信賴區間為 0.5805～0.6963，與 Aiken H 平均係數（0.64）相當接近。

(七) Lawshe **內容效度比**

對於內容效度的評估，Lawshe（1975）建議邀請數位專家評分者，針對以下問題，逐一針對每一問題做判斷：

本題目測到待測的知識或技巧之必要性。

1. 必要（Essential）；
2. 有用但不必要（Useful but not essential）；
3. 沒有必要（Not necessary）。

假如有一半以上的評分者認為該題很必要或有用（如採較寬鬆標準），該題即被視為具有內容效度，能反應該領域範疇的題目。Lawshe（1975）的內容效度比（Content validity ratio，簡稱CVR）公式：

$$CVR = (n_e - N/2)/(N/2)$$

式中 n_e = 認為該題很重要的評分者人數，N = 全部評分者人數。為了確保評分者間一致性而將機遇性納入考慮，請參照表 10-8 之評分者人數及 CVR 的隨機最低值（$\alpha = 0.05$），進行觀察指標的解釋。

表10-8　評分者人數及 CVR 的最低標準

評分者	CVR 最低值
5	0.99
6	0.99
7	0.99
8	0.78
9	0.75
10	0.62
11	0.59
12	0.56
13	0.54
14	0.51
15	0.49
20	0.42
25	0.37
30	0.33
35	0.31
40	0.29

計算出來的 CVR（介於 –0.99～+0.99），會出現以下幾種結果：

負值 CVR：少於一半的評分者認為該題有必要或有用；

零：剛好有一半的評分者認為該題有必要或有用；

正值 CVR：多於一半的評分者認為該題有必要或有用。

例如，有六位評審專家中僅有三位認為某一題目是必要的，則該題的 CVR = (3–6/2)/(6/2) = 0，亦即剛好有一半的評分者認為該題有必要，如有五位認為必要，則該題的 CVR = (5–6/2)/(6/2) = 0.67，亦即多於一半的評分者認為該題有必要。

　　由表 10-8 之最低指標之隨機值來看，當評分者人數小於 8 人時，只有當所有評分者均肯定該題的重要性時，該題才能存活下來。當評分者人數愈多時，愈有可能降低 CVR 的機遇性；因此一般來說，評分者人數介於 8～12 人，可能是比較切合實際的選擇。

　　※實例應用

　　　　Lewis 等人（1995）利用 Lawshe 內容效度比，評估他們的測量工具（information resource management, IRM）的題目內容。在該研究中，評分者逐題評估各題的必要性或有用性，研究者可據以計算各題的 CVR，以作為題目去留的指標。

(八) Q 分類法

　　Q 分類（Q-sort）法，係由英國學者 Stephenson（1953）所創用，旨在針對個體的意見或知覺進行分類。通常涉及三個階段：Q 樣本題目的建立、Q 分類的實施與因素分析 Q 分類。Q 分類乃利用個體的知覺與意見之辨識與分類，檢視個體間的衝突、摩擦或共識之所在，因素分析則在於根據相似想法或意見，進行分組。目前已有免費的統計軟體 PQMethod 可資運用，深具效力與便利。下載網址：http://www.lrz-muenchen.de/～schmolck/qmethod/downpqx.htm

　　不過，一般在使用 Q 分類驗證內容效度時，通常僅在簡單計算分類之一致性。因此，Q 分類的複雜統計細節在此不贅述。

　　※實例應用

　　　　Segars 與 Grover（1998）使用 Q 分類檢視「strategic information

systems planning, SISP）的內容建構。經過文獻探討，他們發現 SISP 含有四個向度：(1)alignment；(2)analysis；(3)cooperation；(4)improvement capabilities 與 28 個相關的計畫目標。他們將 SISP 的 28 個計畫目標分別隨機地寫在紙條上，請專家將這些目標分類到四個相關的向度中。整體的分類正確百分比為 82%，研究者決定各題的分類正確百分比須超過 90%，才會被保留下來。結果共有 23 個計畫目標被接納作為四個向度的測量指標。

二、效標關聯效度

效標關聯效度包含同時效度（concurrent validity）、預測效度（predictive validity）與處方效度（prescriptive validity）。同時效度、預測效度與處方效度均為構念網絡效度（Nomological validity）的一部分；同時效度係指單一變項與同時存在的外在效標間的關係程度；而預測效度係指單一變項與其前因或後果變項間的關係程度；俗稱的處方效度係指該量表具有診斷身心功能的程度。至於，效標關聯效度的統計分析實例，請參見聚斂效度與構念網絡效度之相關章節說明。

三、區辨效度

區辨效度（discriminant validity）係指不同構念內的指標間不應具有高相關或不同構念或建構間之相關要低。合乎此要求，才不會讓人覺得這些在不同構念的指標在測相同的構念或這些不同的構念之重疊性過高。Ping（2005）提議區辨效度的評估，可以透過：(一)相關法（如來自兩個不同構念的指標間相關大於 0.85，即為刪題的可能對象，不同構念間相關應小於 0.70），(二)AVE 方法（average variance extracted），(三)因素分析，(四)SEM 方法與(五)MTMM 方法（multitrait-multimethod）。茲依序將相關分析方法說明如下：

(一) 相關法

以一般經驗法則來說，兩個構念間的相關係數如小於 0.70，即視為具有區辨性。Bagozzi 與 Yi（1988）；Anderson 與 Gerbing（1988）則主張利用 $\Phi \pm 2SE$ 的信賴區間來判斷兩個建構的相關係數之 CI 是否包含 1，假如未包含 1 即表示這兩個建構具區辨效度；亦即兩個建構的相關係數顯著小於 1。相關實例，請參見表 10-16 之正文說明。

(二) AVE方法

　　雖然 AVE（average variance extracted）常作為聚斂效度的指標，Fornell 與 Larcker（1981）提議檢查各構念內的 AVE 是否大於各構念間的決定係數，以檢驗區辨效度。假如構念間的決定係數（r^2）（i.e., 共同分享變異量）小於個別構念的 AVE（扣除獨特誤差的變異量），即顯示出個別構念所抽取的變異量大於他們所共同分享的變異量（r^2）。換言之，假如個別構念內部的相關大於個別構念間之決定係數（較嚴苛）或相關係數，構念間就具有區辨性。參看表 10-9 中，Goo、Kim 與 Cho（2006）之應用實例：「Structure of Service Level Agreements（SLA）in IT Outsourcing: The Construct and Its Measurement」。表 10-9 中，對角線元素之外的元素係各個構念間的相關係數。

表10-9　個別構念內部的相關與個別構念間的相關矩陣

	SLO	POP	SLC	ACP	FDMP	IP	FP	CP	MC	CAC	EP
SLO	0.83										
POP	0.52	0.89									
SLC	0.60	0.60	0.87								
ACP	0.35	0.55	0.51	0.90							
FDMP	0.39	0.61	0.61	0.65	0.90						
IP	0.37	0.41	0.45	0.66	0.67	0.86					
FP	0.44	0.48	0.54	0.56	0.69	0.61	0.91				
CP	0.48	0.58	0.64	0.47	0.56	0.46	0.63	0.90			
MC	0.53	0.57	0.70	0.40	0.62	0.50	0.64	0.69	0.91		
CAC	0.42	0.38	0.45	0.50	0.55	0.56	0.64	0.54	0.59	0.85	
EP	0.25	0.43	0.44	0.21	0.34	0.28	0.29	0.43	0.31	0.32	0.87

註：Bolded diagonal elements are square root of average variance extracted (AVE). These values should exceed the inter-construct correlations (off-diagonal elements) for adequate discriminant validity.

SLO=Service Level Objectives: POP=Process Ownership Plan; SLC=Service Level Content; ACP=Anticipated Change Plan; FDMP=Future Demand Mgmt Plan; IP=Innovation Plan; FP=Feedback Plan; CP=Communication Plan; MC=Measurement Charter.

CAC=Conflict Arbitration Charter; EP=Enforcement Plan

　　表 10-9 中，對角線元素係各個構念內的 AVE，AVE 的定義（Fornell and Larker, 1981）如下：

$$AVE = \frac{(\Sigma \lambda_i^2)Var(X)}{(\Sigma \lambda_i^2)Var(X) + \Sigma Var(e_i)}$$

式中 λ_i 係指未標準化徑路係數，$Var(X)$ 係指之變異數，$Var(e_i)$ 係指測量指標 i 之誤差變異數。根據表 10-9 之結果，很顯然的各構念內的 AVE（對角線係數）均大於各構念間的相關係數，因此構念間具有區辨效度。

(三) 因素分析

透過探索式因素分析，檢查各構念內的指標是否無橫跨因子的現象，亦即不僅每一測量指標是否僅顯著地落在單一因素上，通常希望該因素負荷量大於 0.60，而且在其他因素上每一測量指標的因素負荷量是否小於 0.30 以下。

(四) SEM途徑

設有兩個構念 IQ 與 ACH，其相關之徑路如圖 10-31，如欲利用 AMOS 來

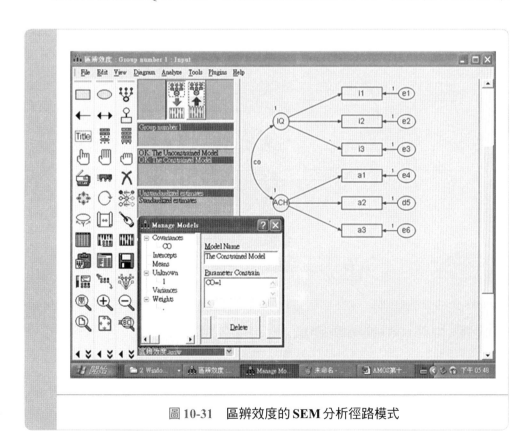

圖 10-31　區辨效度的 SEM 分析徑路模式

考驗這兩個建構或構念間的區辨性,可在模式的管理視窗中建立一個開放模式（The Unconstrained Model）:變異數設定為 1（V1 = V2 = 1）,但共變數未限制,與建立一個限制模式（The Constrained Model）:構念間的相關設定為 1（共變數與變異數均限制為 1,亦即 V1 = V2 = CO = 1）,相關之參數限制參見下圖 10-31 內部小視窗之說明。假如這兩個模式的卡方差異值未達顯著差異,即表示這兩個構念未具區辨效度;亦即無法拒絕 H_0: $\Phi = 1$ 的假設。此種區辨效度的 SEM 分析,研究者一次僅能進行一對構念的考驗。

圖 10-32 中 IQ 與 ACH 間之標準化徑路係數（亦即相關係數）知,其值與表 10-10 之估計值甚為接近,假如圖 10-32 中的小數位數增到四位時,兩個估計值就會相等。

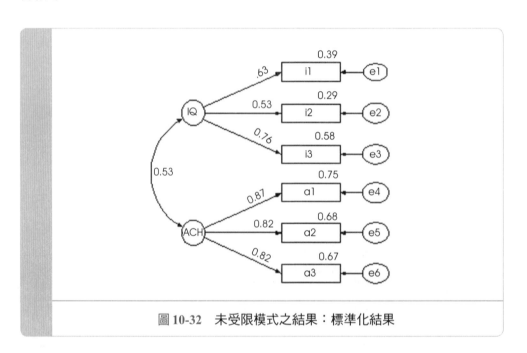

圖 10-32　未受限模式之結果:標準化結果

表10-10　**IQ 與 ACH 相關係數估計值**

			Estimate
IQ	<-->	ACH	0.5263

圖 10-33 中 IQ 與 ACH 之徑路係數設定為 1,其餘參數係受限模式下之分析結果。

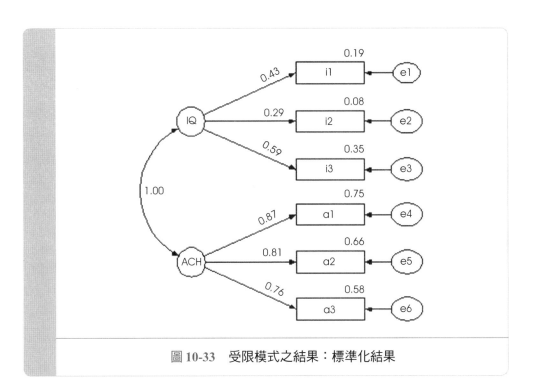

圖 10-33　受限模式之結果：標準化結果

　　由表 10-11 中之 *"Par Change"*（即 Expected parameter change）知：IO &
ACH間之參數釋放估計時，其實際之參數值預估為：1 + (−0.3951) = 0.6049，與
實際之參數值（0.5263）略有差異。實際之新參數估計值約等於舊有的徑路係
數 + Par Change，通常假如舊有的徑路係數設定為 0 時，實際之參數值略等於Par
Change；本例舊有的徑路係數設定為 1，所以實際之相關係數參數值預估約等
於：1 + (−0.3951) = 0.6049。前述非受限與受限模式之 χ^2 差異考驗結果摘要如表
10-12所示。

表10-11　IQ 與 ACH 間相關係數預估之改變值

	M.I.	Par Change
IQ　<-->　ACH	34.6067	−0.3951

　　根據表 10-12 隔宿模式間之比較知，這兩個受限與非受限模式間的卡方差異
值（578.8768−3.9181 = 53.9587）達顯著差異（df = 1, P<0.001, TLI = 0.2621），
表示這兩個構念間具區辨性。

表10-12　Amos 隔宿模式間之比較分析報表

Model	NPAR	CMIN	DF	P	CMIN/DF
The Unconstrained Model	12	3.9181	9	0.9167	0.4353
The Constrained Model	11	57.8768	10	0.0000	5.7877

Assuming model The Unconstrained Model to be correct:

Model	DF	CMIN	P	NFI Delta-1	IFI Delta-2	RFI rho-1	TLI rho2
The Constrained Model	1	53.9587	0.0000	0.1679	0.1728	0.2499	0.2621

※實例應用

　　表 10-13 係另一區辨效度之研究實例，取自 Mesquita、Anand 與 Brush（2005）的「Knowledge Transfer in Vertical Alliances: Advantages for Whom?」之論文。因為區辨效度的 SEM 分析，研究者一次僅能進行一對構念的考驗，故表 10-13 中共進行了五次的 SEM 區辨效度分析。由表 10-13 中最後一欄位之卡方差異值均大於 $\alpha = 0.05$ 之顯著水準 3.85（df = 1）知，「Supplier knowledge acquisition effect」與其他潛在變項間均具有區辨效度。

(五) 多項特質—多項方法

　　多項特質—多項方法（multitrait-multimethod approach，簡稱 MTMM 方法）。此種方法係 Campbell 與 Fiske（1959）所創用，其考驗較繁瑣，研究者必須使用多重構念與多種方法去蒐集資料，但它可同時取得區辨效度（discriminant validity 與聚斂效度（convergent validity）的證據，並可檢驗「方法因素」的干擾程度。以表 10-14 中之「知識經濟指標之建構效度研究」為例（陳智凱，2005），就研究設計來看，本研究同時涉及特質因素及方法因素。其中，特質因素包含知識經濟的五大指標：企業經營環境、創新系統、人力資源發展、資訊通訊科技與績效指標；方法因素包含三個經濟發展的研究機構：經濟合作暨發展組織（OECD）、亞太經濟合作組織（APEC）與世界銀行（WB）。在表10-14 MTMM 矩陣之主斜對角線中，相同方法—相同特質的相關係數均為1，研究者可以信度係數替代之，理論上此對角線之係數在 MTMM 矩陣中應為最高。其次，在不同方法—相同特質的對角線效度係數（0.488～0.967），此係數為聚斂

表10-13　隔宿模式間之卡方差異考驗

共變項	潛在變項		x^2		差異值（df=1）大於3.85即表示達顯著水準（α=0.05）
			限制模式（df=81）	非限制模式（df=80）	
CF1F2	Supplier Knowledge Acquisition Efforts	Joint Buyer Supplier Knowledge Acquisition Efforts	289.4	233.9	55.5
CF1F3	Supplier Knowledge Acquisition Efforts	Supplier Dyadic-Specific Assets & Capabilities	290.4	233.9	56.9
CF1F4	Supplier Knowledge Acquisition Efforts	Buyer-Supplier Relational Governance	297.5	233.9	63.6
CF1F5	Supplier Knowledge Acquisition Efforts	Re-deployable Performance	238.6	233.9	4.7
CF1F6	Supplier Knowledge Acquisition Efforts	Relational Performance	242.1	233.9	8.2

效度之指標，因此對角線之效度係數均應顯著大於 0，故知識經濟衡量指標在不同方法上具有良好的聚斂效度。至於在不同方法—相同特質的對角線效度係數（0.488～0.967），應顯著高於在不同方法—不同特質的相關係數，在本例中只有「創新系統」測量指標之係數：A2W2（0.496）、O2W2（0.488）之外，其餘測量指標均具有良好的區辨效度。最後值得一提的是，在不同方法—不同特質的對角線效度係數，理論上來說，其相關係數應最低，在本例中有些異常案例。至於相同方法—不同特質的區塊中的相關係數上，假如偏高及可能反映出測量結果受到「方法因素」之干擾，或特質間之區辨效度不佳所致，例如：在相同方法—不同特質的區塊中的相關係數上：A3－A4 = 0.816，O3－O4 = 0.619，W3－W4 = 0.809，這些相關係數似乎偏高，可能係使用相同方法所致，或特質間之區辨效度不佳所致。

表10-14 知識經濟衡量指標之 MTMM 矩陣（N＝100）

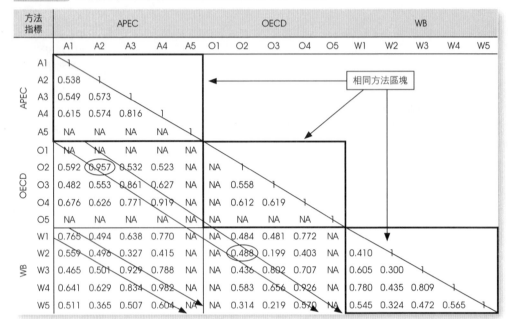

方法指標	APEC					OECD					WB				
	A1	A2	A3	A4	A5	O1	O2	O3	O4	O5	W1	W2	W3	W4	W5
A1	1														
A2	0.538	1													
A3	0.549	0.573	1												
A4	0.615	0.574	0.816	1											
A5	NA	NA	NA	NA	1										
O1	NA	NA	NA	NA	NA	NA									
O2	0.592	0.957	0.532	0.523	NA	NA	1								
O3	0.482	0.553	0.861	0.627	NA	NA	0.558	1							
O4	0.676	0.626	0.771	0.919	NA	NA	0.612	0.619	1						
O5	NA	NA	NA	NA	NA	NA	NA	NA	NA	1					
W1	0.765	0.494	0.638	0.770	NA	NA	0.484	0.481	0.772	NA	1				
W2	0.559	0.496	0.327	0.415	NA	NA	0.488	0.199	0.403	NA	0.410	1			
W3	0.465	0.501	0.929	0.788	NA	NA	0.436	0.802	0.707	NA	0.605	0.300	1		
W4	0.641	0.629	0.834	0.982	NA	NA	0.583	0.656	0.926	NA	0.780	0.435	0.809	1	
W5	0.511	0.365	0.507	0.604	NA	NA	0.314	0.219	0.570	NA	0.545	0.324	0.472	0.565	1

相同方法區塊

註：1. A 代表 APEC 方法，O 代表 OECD 方法，W 代表 WB 方法，1～5 代表衡量指標之
五大特質，NA 代表相關係數不可得。A1～A5 表示以 APEC 方法得到這衡量指標
（measures），然而 APEC 來納入第 1 項衡量指標，故 A1 不可得，O1～O5 表示以 OECD
方法得到之衡量指標，同樣 OECD 未納入第 1 及第 5 項衡量指標，故 O1 及 O5 不可得。

2. A1O1W1 表示企業經營環境衡量指標（Trait 1）：A2O2W2 表示創新系統衡量指標
（Trait 2）；A3O3W3 表示人力資源發展衡量指標（Trait 3）；A4O4W4 表示資訊通訊
科技衡量指標（Trait 4）；A5O5W5 表示績效衡量指標（Trait 5），惟 A5、O1、O5 不
可得。

※實例應用

　　前述之 MTMM 分析，因同時涉及特質因素及方法因素在實務上較難
實現，其實研究者亦可將方法因素捨去；而簡化如圖 10-34 中之「問題解
決構念」設計。理論上，我們假設「問題解決構念」與「事實知識構念」
兩者獨立無關，每一構念之下各擁有三個代表性題目反應該構念。經過資
料分析之後，實際上我們發現個構念之間的關係亦不高，亦即這兩個構念
間具有區辨效度（參見圖 10-34 下半部的右上角與左下角相關矩陣），而
且亦發現每一構念之下的題目間的相關矩陣，反映出這些同一建構的題目
均聚斂到同一構念，亦即具有聚斂效度（參見圖 10-34 下半部的左上角與
右下角相關矩陣）。研究者根據圖 10-34 中的區辨力與聚斂效度的證據，
即可支持「問題解決」具有建構效度。

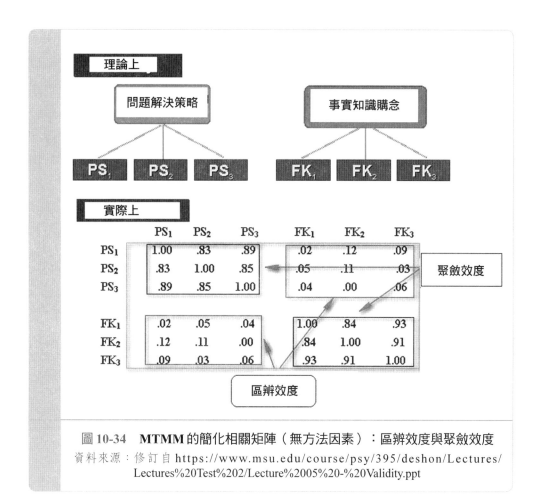

圖 10-34　MTMM 的簡化相關矩陣（無方法因素）：區辨效度與聚斂效度

資料來源：修訂自 https://www.msu.edu/course/psy/395/deshon/Lectures/
Lectures%20Test%202/Lecture%2005%20-%20Validity.ppt

四、聚斂效度

聚斂效度（convergent validity）的評估可以透過內部一致性（internal consistency）與效標關聯效度（criterion validity）進行分析。前者內部一致性係指各指標間應具有密切相關，或同因素內之各題目間之相關要高，常用統計指標有建構信度（composite reliability）、Cronbach α（通常須大於 0.80）、單因子結構分析（各指標無橫跨因子的現象）、AVE（average variance extracted，通常須大於 0.50）；後者效標關聯效度，係指相關構念間之密切關係，研究者尤其重視效標的表現，常用統計指標有同時效度（效標可同時取得）與預測效度指標（效標須在未來才能取得），通常都以相關係數檢驗之。例如，Goo、Kim 與 Cho

（2006）的論文：「Structure of service level agreements (SLA) in IT outsourcing: The construct and its measurement」中，為了提供各量表的聚斂效度的證據，將各量表的構念信度、AVE 與各題目的因素負荷量（含 t 統計量，Amos 中稱為 CR 值，用來考驗因素負荷量是否為 0）摘要如表 10-15 所示。因為各指標在各建構上的因素負荷量均滿高的，而能解釋大部分相關潛在構念的變異量、各建構信度均大於 0.87 以上、各建構之 AVE 均大於 0.69 以上，顯現出這些量表內部的題目均具有不錯的聚斂效度。

表10-15　聚斂效度考驗：建構信度、AVE 與因素負荷量

Constructs	#of Items	Composite Reliability**	Average Variance Extracted	Loading (t-Statistics)*
Service Level Objectives	3	0.87	0.69	0.83(19.01), 0.84(17.33), 0.81(12.47)
Process Ownership Plan	3	0.92	0.80	0.94(62.93), 0.89(32.61), 0.85(22.68)
Service Level Contents	3	0.91	0.77	0.90(50.49), 0.89(35.26), 0.83(20.31)
Future Demand Mgmt Plan	3	0.93	0.81	0.89(35.81), 0.90(37.28), 0.91(39.86)
Anticipated Change Plan	3	0.92	0.80	0.90(42.75), 0.89(29.37), 0.90(35.02)
Innovation Plan	3	0.90	0.75	0.75(8.94), 0.90(37.87), 0.92(52.41)
Feedback Plan	3	0.94	0.84	0.90(43.50), 0.91(19.15), 0.93(52.56)
Communication Plan	3	0.93	0.81	0.88(29.53), 0.91(29.34), 0.91(43.10)
Measurement charter	3	0.93	0.82	0.90(37.49), 0.89(33.16), 0.92(35.83)
Conflict Arbitration charter	3	0.89	0.73	0.82(14.18), 0.84(28.00), 0.90(28.37)
Enforcement Plan	3	0.91	0.76	0.87(28.70), 0.91(36.34), 0.84(14.77)

**The composite reliability scores were calculated with the formula prescribed by Fornell and Larcker (1981).

*p<0.001

　　至於利用同時效度分析進行效標關連效度考驗的實例，請參見 Bagozzi
（1981）的論文，該研究旨在利用捐血者的捐血態度，以比較透過語意區分法
（semantic differential measures）與預期價值法（expectancy-value measures）所
編製出來的工具效度。文中曾提考驗相關工具之同時效度與區辨效度，其相關
矩陣，如表 10-16 所示。由該表知，Aact（對於捐血的態度）與 EV1、EV2、
EV3（預期價值態度）的相關係數達到 0.05 以上之顯著水準，支持了同時效度；
而 Aact（對於捐血的態度）與 EV1、EV2、EV3（預期價值態度）的相關係數顯
著小於 1，或 EV1、EV2、Ev3 間之相關係數顯著小於 1（可利用 2xSE 考驗之，
$\alpha = 0.05$；例如：$0.559 \pm 2 \times 0.102$、$0.787 \pm 2 \times 0.073$，其信賴區間並未包含 1），亦
顯現出這些量表建構內的題目均具有不錯的區辨效度。

表10-16 同時效度與區辨效度的相關矩陣

Intercorrelation Matrices Among Attitudinal Constructs for Tests of
Concurrent and Discriminant Validity

A. *past donors*[a]	Aact	EV1	EV2	EV3
Aact	1.000			
EV1	0.605(0.088)[c]	1.000		
EV2	0.280(0.118)	0.559(0.102)	1.000	
EV3	0.354(0.114)	0.429(0.116)	0.787(0.078)	1.000
B. *Current donors*[b]	Aact	EV1	EV2	EV3
Aact	1.000			
EV1	0.413(0.085)	1.000		
EV2	0.527(0.074)	0.670(0.064)	1.000	
EV3	0.497(0.078)	0.786(0.052)	0.785(0.050)	1.000

註：The first column in each matrix represents the correlations between the semantic differential
attitude toward the act construst and the respective dimensions of the expectancy-value model.
[a]n=81　[b]n=127　[c] standard errors in parentheses

　　研究者亦可利用圖 10-35 之徑路模式，考驗相關之徑路係數（φ_{21}、φ_{31}、
φ_{41}）是否顯著大於 0（在 Amos 中可查看各參數估計值之 S. E.、C. R. 與 p 值）。
　　至於預測效度的分析，研究者亦可透過如表 10-17 的相關矩陣（取自 Bagozzi,
1981），進行迴歸係數之顯著性考驗（可利用 2xSE 考驗之，$\alpha = 0.05$ 或利
用 SPSS 的迴歸副程式進行顯著性的考驗），假如 0.95 之信賴區間未包含 0，即

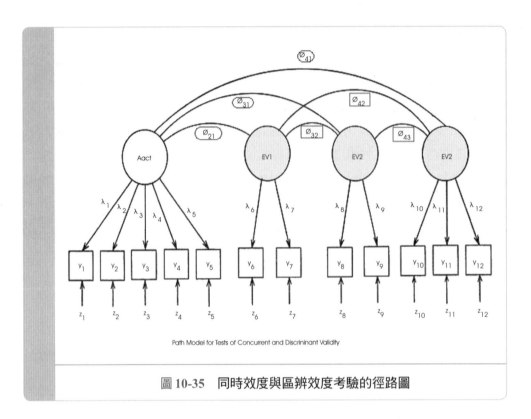

Path Model for Tests of Concurrent and Discriminant Validity

圖 10-35　同時效度與區辨效度考驗的徑路圖

表10-17　預測效度的考驗

Regression Weight	Predictive Validity of Expectancy-value Model: Attitude Predicting Behavioral Intentions	
	Past Donors[a]	Current Donors[b]
γ_1	0.301(0.117)[c]	0.374(0.092)
γ_2	0.447(0.114)	0.373(0.092)
γ_3	0.368(0.116)	0.536(0.088)

[a]n=81　[b]n=127　[c]standard errors in parentheses

顯示該迴歸係數之估計值達 0.05 顯著水準。表 10-17 的相關係數：0.301、0.447、
0.368 之 0.95 信賴區間分別為：0.067～0.535、0.219～0.675、0.136～0.60，其
信賴區間均未包含 0，反映出這些指標均具有良好的預測效度。當然，亦可透
過 SEM 之途徑（參見圖 10-36），考驗相關徑路係數之顯著性，Amos 會自動提
供各參數估計值之 CR 值及 p 值。

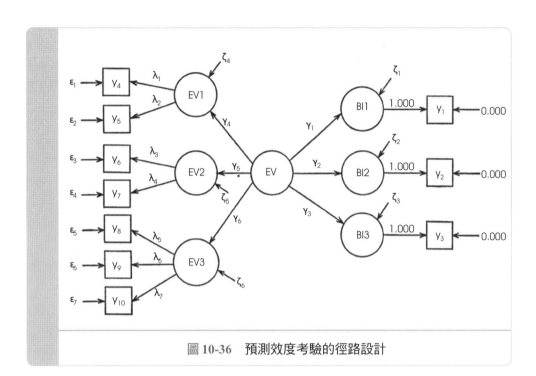

圖 10-36　預測效度考驗的徑路設計

五、共同方法變異（common method variance）的檢驗

在此值得一提的是，內部一致性高或聚斂效度佳，有時可能係導因於共同方法變異（common method variance，簡稱 CMV），亦即構念或指標間之相關係由於共同方法、相同測量情境、相同受試者所致，而非構念或指標特質所致（彭台光、高月慈、林鉦棽，2006），這是測驗編製者或研究者在解釋時，應謹慎或採較保守的地方。欲評估共同方法變異，研究者通常需要使用多重特質—多重方法（MTMM）的研究設計。圖 10-37 中 SheMale 係 GSR的聚斂效標；而 Neuroticism 係 GSR 的區辨效標。這三種特質分別用自陳法、同儕報告法與日記（Self-report、peer-report & diary behavior report）所測量。這些特值與方法的 MTMM 分析結果，摘要如圖 10-37 所示（Aspelmeier, 2007）。請注意圈起來的相關係數，似乎因為使用相同方法而得到較高的相關係數。例如，GSRsr 與 Nsr（區辨效標）之相關理應偏低，但因均使用 Self-report 方法而出現偏高的構念相關（=0.55）；當使用不同方法測量時，GSRsr 與 Npr 或 Ndr 間的相關就無此虛胖現象，致使研究者難以分辨到底是構念間的真正相關或是共同方法所致。

	GSR sr	GSR pr	GSR dr	SHeMale sr	SHeMale pr	SHeMale dr	N sr	N pr	N dr
GSR sr	1.00								
GSR pr	0.80	1.00							
GSR dr	0.83	0.88	1.00						
SHeMale sr	0.45	0.06	0.16	1.00					
SHeMale pr	0.20	0.40	0.06	0.86	1.00				
SHeMale dr	0.15	0.15	0.48	0.85	0.84	1.00			
N sr	0.55	0.01	0.03	0.45	0.11	0.08	1.00		
N pr	0.10	0.50	-0.03	0.05	0.43	-0.03	0.85	1.00	
N dr	-0.11	0.12	0.44	0.15	-0.09	0.55	0.86	0.90	1.00

圖 10-37　共同方法變異的檢驗：MTMM 矩陣分析方法

註：取自 www.runet.edu/～jaspelme/611/Spring-2006/Measurment%20Validity.pdf

此外，研究者亦可透過驗證性因素分析，針對 MTMM 矩陣加以考驗，基本上過去研究者常利用以下四個模式來決定特質或方法變異量的存在程度（Cote & Buckley, 1987）。

1. 虛無模式：模式中僅有誤差項，無特質或方法因素；
2. 特質模式：模式中僅有特質因素與誤差項，無方法因素；
3. 方法模式：模式中僅有方法因素與誤差項，無特質因素；
4. 特質與方法模式：模式中含有特質、方法因素與誤差項，無特質與方法的交互相關。

模式 1 & 模式 3 係作為卡方差異考驗之參照模式，假如模式 2 的適配度顯著優於模式 1 的適配度，且模式 4 的適配度顯著優於模式 3 的適配度，研究者即能確定「特質因素」的存在；假如模式 3 的適配度顯著優於模式 1 的適配度，且模式 4 的適配度顯著優於模式 2 的適配度，研究者即能確定「方法因素」的存在。

目前最常用處理 CMV 的考驗方法有二（Podsakoff et al., 2003; Meade, Watson, & Kroustalis, 2007）：一是 CTCM 模式，認為方法效果是值得探究之因素，乃將它納入模式中；二是 CTCU 模式，認為方法效果是無關變異量，乃將它排除於模式外。

(一) CTCM 模式

本模式為特質相關—方法相關模式（the correlated-trait correlated-method model），至少需要三個特質與方法模式才能辨識。它除了充分利用MTMM之所有資訊之外，尚可以直接估計特質與方法的相對大小。通常假定特質與方法間獨立無關。基本上，共同方法變異的評估是透過特質相關—方法相關模式與僅包含特質相關模式的適配度之差距考驗。假如兩隔模式間之適配度差異未達統計上之顯著水準，研究者即可宣稱無共同方法變異存在，而偏愛較精簡的特質相關之模式。在標準化的情境下，各指標在相關方法因素上的因素負荷量之平方值，可以解釋為方法變異的比率；而各指標在特質因素上的因素負荷量之平方值，可以解釋為實際特質變異的比率。本模式在參數的估計過程中，如遇因素間缺乏區辨效度或各因素下之因素負荷量相等時，常出現模式不可辨識或異常估計值的問題（如相關係數大於1或負的變異數）。遇到此現象，請改用CTCU模式試看看。

(二) CTCU 模式

本模式為特質相關—誤差相關模式（the correlated-trait correlated-uniqueness model），此法在同一方法因素內的指標誤差項允許具有相關，此模式比CTCM模式更容易收斂，而獲致正常解，但至少需要兩個特質與方法模式才能辨識。基本上，共同方法變異的評估是透過特質相關—誤差相關模式與僅包含特質相關模式的適配度之差距考驗。假如兩個模式間之適配度差異達統計上之顯著水準，研究者即可宣稱共同方法變異的存在。由於CTCU模式未包含方法因素，指標間的相關會反映在特質間相關係數及因素負荷量上，因而導致比CTCM模式中的特質間相關係數及因素負荷量來得高；但一般來說，CTCU模式會比僅包含特質相關模式的估計值來得低（Meade, Watson, & Kroustalis, 2007）。由此觀之，「共同方法變異」的存在通常會導致特質間相關係數及因素負荷量的虛胖。此種虛胖現象將在以下實例中加以說明。

※實例解說

Manson, Levine, & Brannic（2000）為探究工作評定量表的建構效度，乃要求現職工作人員與管理人員，利用相對性評估與絕對性評估方法，評定工作的四個重要面向：重要性、錯誤的嚴重性、學習難度與所需時間。因此，本研究涉及以下參種評估方法：

M1：現職人員相對性評估；

M2：現職人員絕對性評估；

M3：管理人員相對性評估；及涉及以下四個工作之特質：

IM：重要性；

CE：錯誤的嚴重性；

DL：學習難度；

DS：所需時間。

他們的研究所得之資料，摘述如圖 10-38 所示，此係工作分析量表分數之 MTMM 資料相關矩陣，建置於 SPSS 資料編輯器中。

rowtype_	varname_	M1IM	M1CE	M1DL	M1DS	M2IM	M2CE	M2DL	M2DS	M3IM	M3CE	M3DL	M3DS
1 N		80.00	80.00	80.00	80.00	80.00	80.00	80.00	80.00	80.00	80.00	80.00	80.00
2 CORR	M1IM	1.00											
3 CORR	M1CE	.90	1.00										
4 CORR	M1DL	.54	.43	1.00									
5 CORR	M1DS	.18	.18	.13	1.00								
6 CORR	M2IM	.81	.77	.57	.29	1.00							
7 CORR	M2CE	.74	.75	.27	.08	.75	1.00						
8 CORR	M2DL	.57	.47	.85	.11	.68	.44	1.00					
9 CORR	M2DS	.17	.17	.06	.66	.36	.36	.16	1.00				
10 CORR	M3IM	.84	.83	.48	.12	.85	.71	.54	.16	1.00			
11 CORR	M3CE	.86	.84	.48	.16	.75	.73	.50	.20	.88	1.00		
12 CORR	M3DL	.55	.44	.90	.01	.56	.33	.85	.05	.54	.52	1.00	
13 CORR	M3DS	.12	.15	.19	.78	.32	.08	.16	.60	.24	.17	.11	1.00
14 STDDEV		.88	.89	.99	.73	.98	1.20	1.15	.78	1.08	1.12	1.20	.88
15 MEAN		4.31	4.04	3.36	2.87	3.82	3.72	4.15	1.93	4.66	4.07	3.34	3.05

圖 10-38　工作分析量表分數之 MTMM 資料矩陣

資料來源：取自 Manson, T. M.、Levine, E. L. 與 Brannick, M. T.（2000）

以下為了檢驗「方法因素」（method factor），將透過 CFA 的 CTCM & CTCU 模式考驗之。

　　※ CTCM 模式

　　　　圖 10-39 係傳統 SEM 分析之 CT（Correlated traits）模式，假定誤差項間獨立無關，所得的參數估計值如圖 10-39 中的標準化徑路係數。

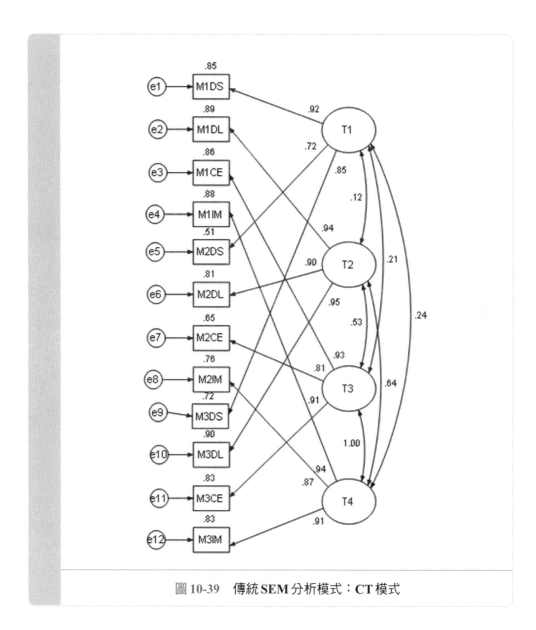

圖 10-39　傳統 **SEM** 分析模式：**CT** 模式

　　由圖 10-39 中的徑路設計知，此模式僅包含特質且誤差項間獨立無關，本 CT 模式之適配度並不佳（162.928, df = 48, P = 0.0000）。模式中，T1 表所需時間，T2 表學習難度，T3 表錯誤的嚴重性，T4 表重要性。在各個工作特質下的指標間，其聚斂效度均甚佳（解釋量均超過 50% 以上）：例如，T1 之 AVE = 0.66，T2 之 AVE = 0.87，T3 之 AVE = 0.78，T4 之 AVE = 0.82。但此高聚斂效度是否因「方法因素」所致，尚待以下 CTCM 模式之考驗分析，參見圖 10-40。

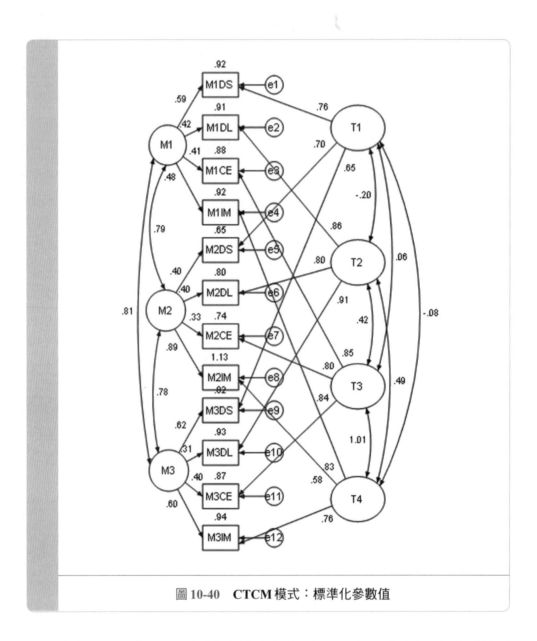

圖 10-40　CTCM 模式：標準化參數值

　　比較圖 10-39 與圖 10-40 中相對應之參數可知，CTCM 模式中參數估計值要比 CT 模式來得小。請注意圖 10-40 中 T3 與 T4 間的相關係數超過 1，這是不合理的參數估計值，似乎反應這兩個特質間缺乏區辨效度。CTCM 模式的分析結果如表 10-18 所示。

　　本模式雖然可以辨識而計算出 χ^2 值，但卻產生非正定矩陣的警訊：「This solution is not admissible」，反映出有些估計參數超出合理範圍，請參見

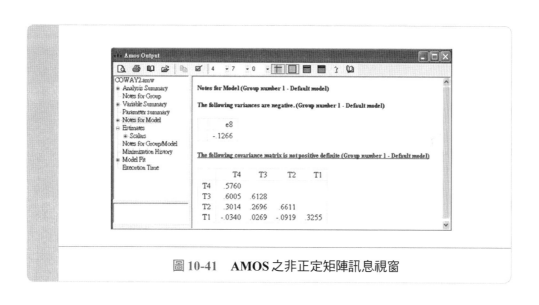

圖 10-41　AMOS 之非正定矩陣訊息視窗

表10-18　CTCM 模式的分析結果

Model	NPAR	CMIN	DF	P	CMIN/DF
Default model	45	62.5730	33	0.0014	1.8962

圖 10-41 內涵，該模式可能模式界定錯誤或線性相依。原本不應繼續分析下去，但為進行實例解說 CMV 之影響情形，筆者決定仍繼續進行統計分析下去。

　　表 10-19 中資料，係根據標準化的徑路參數平方值計算而得，就整體來看，真正特質的總平均變異源比率約在 0.62，方法的總平均變異源比率約在 0.26，而測量誤差的總平均變異源比率約在 0.12。CTCM 模式的適配度比 CT 模式更佳，χ^2 差異 (162.93-62.57, off = 48-33) 考驗結果達顯著水準（P = 0.000），反映出「共同方法變異」的存在。以下將以另一較不易導致模式無法收斂的 CTCU 模式，進行比較分析，模式設計如圖 10-42 所示。為了進行誤差項參數之限制，乃將誤差項加以命名：c1～c18。

表10-19 CTCM模式中各種變異源之分析

測量方法	方法變異源（A）	特質變異源（B）	測量誤差變異源 （1－(A＋B)）
M1	0.35	0.57	0.08
	0.17	0.74	0.09
	0.16	0.72	0.12
	0.23	0.69	0.08
M1 平均變異源	0.23	0.68	0.09
M2	0.16	0.49	0.35
	0.16	0.64	0.20
	0.10	0.64	0.26
	0.79	0.34	−0.13*
M2 平均變異源	0.30	0.53	0.17
M3	0.38	0.42	0.20
	0.10	0.83	0.07
	0.16	0.71	0.13
	0.36	0.58	0.06
M3 平均變異源	0.25	0.64	0.11
總平均變異源	0.26	0.62	0.12

*因非正定矩陣產生異常值。

※CTCU 模式

筆者為了比較 CTCM 與 CT 模式之適配性，乃利用模式管理視窗建立了兩個分析模式：Correlated model 與 Uncorrelated model。Uncorrelated uniqueness 模式（相當於 CT 模式）的參數限制如圖 10-43 所示。

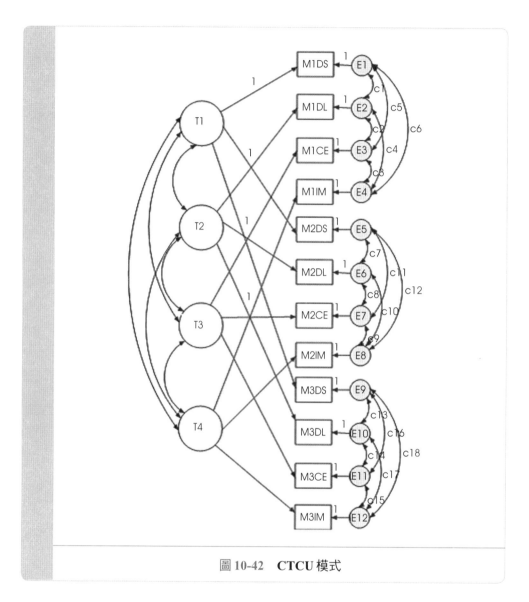

圖 10-42　CTCU 模式

　　由於 CTCU 模式未包含方法因素，指標間的相關會反映在特質間相關係數及因素負荷量上，因而導致比 CTCM 模式中的特質間相關係數及因素負荷量來得高。通常，誤差項間的高相關亦反映出「共同方法變異的存在」。請檢查圖 10-44 之 CTCU 模式中誤差項之標準化參數值的大小。注意圖 10-44 中 T3 與 T4 間的相關係數達 0.98，似乎亦反應出這兩個特質間缺乏區辨效度。

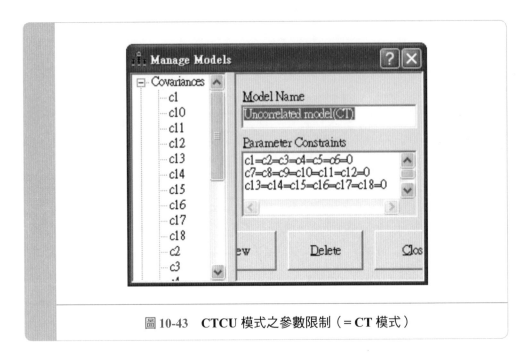

圖 10-43　CTCU 模式之參數限制（＝CT 模式）

在 Correlated uniqueness model 下的參數不必進行參數限制，因此圖 10-43-1 視窗中並無任何參數之限制設定。

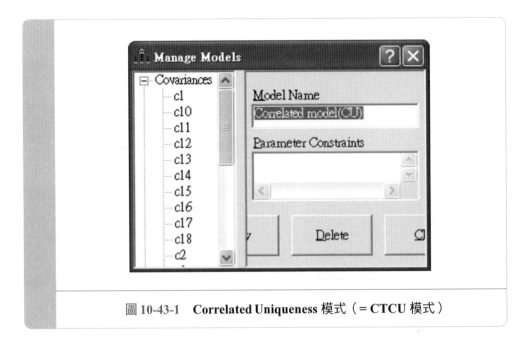

圖 10-43-1　Correlated Uniqueness 模式（＝CTCU 模式）

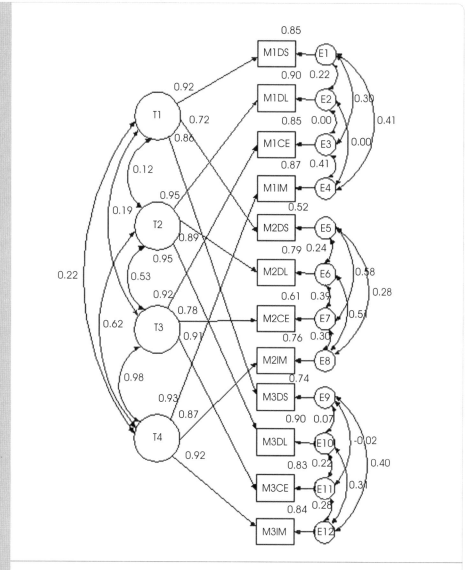

圖 **10-44**　CTCU 模式之標準化參數值

　　由表 10-20 知，CTCU 模式的適配度比誤差項獨立模式更佳，其 χ^2 差異（162.93-71.11）考驗結果如表 10-21 所示：

　　由表 10-21 之統計考驗結果，亦反應出 CTCU 模式的適配度比誤差項獨立模式更佳，達 $\alpha = 0.05$ 之顯著水準（ p = 0.0000），且 TLI & NFI 均大於 .05，因此「方法效應」的確存在。換言之，該研究的測量工具之效度已受到了威脅。

表10-20 CT 模式與 CTCU 模式之適配度考驗

Model	NPAR	CMIN	DF	P	CMIN/DF
Uncorrelated* model	30	162.9282	48	0.0000	3.3943
Correlated model	48	71.1144	30	0.0000	2.3705

* 係指誤差項間獨立無關。

表10-21 CT 模式與 CTCU 模式之比較（**Assuming model Correlated model to be correct**）

Model	DF	CMIN	P	TLI	NFI
Uncorrelated model	18	91.8138	0.0000	.065	.083

　　近年來，Lindell 與 Whitney（2001）在問卷中包含一與實質變項無關的標竿變項（marker variable），再利用淨相關技術進行共同方法變異量的估計。Hartman、Williams 與 Cavazotte（2002）列舉了 Lindell 與 Whitney 氏的八大應用步驟，並舉一實例加以說明，有興趣之讀者可以參考。運用本法簡單易行，而其最大的難題在於找出與理論建構無關的標竿變項。

六、構念網絡效度

　　構念網絡效度（Nomological Validity），它是預測效度的延伸，亦稱為「建構網絡效度」，是建構效度的另一種證據，指待研究建構在相關理論網絡系統內，待研究之構念與其他同時存在的外在效標，及與多個前因或後果變項間的關係程度（Cronbach & Meehl, 1955; Bagozzi, 1981; Churchill, 1995）。因此，構念網絡效度之建立至少要有以下幾個要素：兩個以上建構、建構間的理論假說、能夠加以測量的實徵指標、指標變項與建構間之連接關係。研究者可根據理論或測量研究假設，建立出構念與構念及構念與外顯行為間之預期的系統網絡關係，並繪出其相關之徑路圖，以便透過 SEM 進行構念網絡效度之分析，以檢驗各潛在變項的 R^2（或可解釋的 %，即內在效度）與預期徑路關係的關係方向與強度（即外在效度）。圖10-45 係美國顧客滿意度指標的建構網絡效度之考驗模式，其中顧客滿意度指標係由前導變項「期待品質」、「感受價值」與「感受品質」等三個潛在構念所組成，而「顧客抱怨」與「顧客忠誠」等兩個潛在構念係「顧客滿意」的結果變項。各潛在變項間的網絡關係，亦如此模式中的因果關係（單箭頭）或共變關係（雙箭頭）所示。由此預期的網絡關係可知，顧客期待品質與感受品質互為共變，顧客期待品質會影響感受價值與顧客滿意度，感受品質會影響

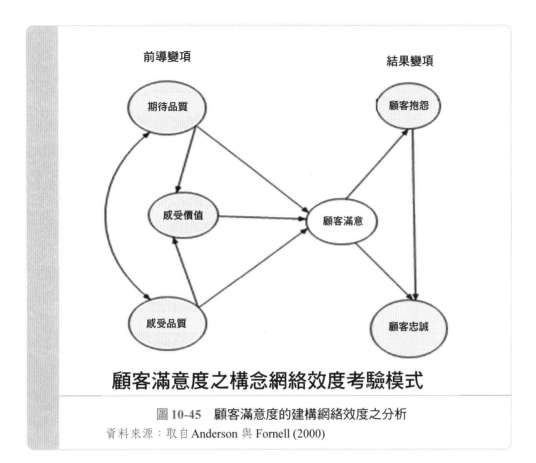

前導變項　　　　　　　　　　　　　結果變項

期待品質

顧客抱怨

感受價值

顧客滿意

感受品質

顧客忠誠

顧客滿意度之構念網絡效度考驗模式

圖 10-45　　顧客滿意度的建構網絡效度之分析

資料來源：取自 Anderson 與 Fornell (2000)

感受價值與顧客滿意度，而顧客滿意度則會影響顧客對管理與人事上的抱怨與顧客的再購意願與對價格的容忍，顧客的抱怨亦會直接影響顧客的忠誠度。

※實例解說

以 Bagozzi（1981）的捐血態度預期價值量表之效度研究為例，捐血的態度（EV）與個人的捐血動機（BI）、過去的捐血次數（PB）、社會看法（SNB）與個人看法（PNB）就具有密切關係，其考驗之 Amos 構念網絡如圖 10-46 所示：

經圖 10-46 之模式經 SEM 統計分析後，就過去或目前的捐血者（Past donors or Current donors）而言，該模式之適配度均甚佳（$\chi^2 = 51.05$, p = 0.51, df = 52；$\chi^2 = 57.79$, p = 0.30, df = 53）。表 10-22 係摘要該構念網絡效度模式中的相關參數估計值。

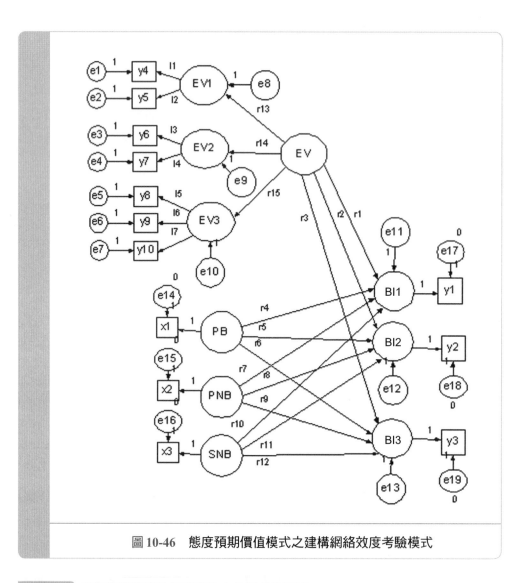

圖 10-46　態度預期價值模式之建構網絡效度考驗模式

表10-22　建構網絡效度的相關參數之估計值摘要表

Nomological Validity of the Expetancy-value Model of Attitude

	Past Donors[a]			Current Donors[b]		
	BI1	BI2	BI3	BI1	BI2	BI3
predictor	Parameter Value	Parameter Value	Parameter Value	Parameter Value	Parameter Value	Parameter Value
EV	0.102(0.110)[c]	0.180(0.098)	0.163(0.108)	0.341(0.099)	0.222(0.090)	0.424(0.089)
PB	0.409(0.111)	0.542(0.098)	0.492(0.108)	0.108(0.094)	0.393(0.086)	0.289(0.088)
PNB	0.162(0.104)	0.102(0.091)	−0.061(0.101)	0.018(0.089)	0.074(0.081)	0.050(0.078)
SNB	−0.052(0.107)	0.084(0.094)	0.098(0.104)	−0.090(0.087)	−0.027(0.080)	0.018(0.077)

資料來源：取自 Bagozzi，1981　[a]n=81　[b]n=127　[c]standard errors in parentheses

由表 10-22 之參數估計值及標準誤可知，就過去的 81 位捐血者（past donors）而言，預期價值變項（EV）與個人的捐血動機（BI1～BI3）具有正相關，但未達 0.05 之顯著水準；就目前的 127 位捐血者（current donors）而言，預期價值變項（EV）與個人的捐血動機（BI1～BI3）具有顯著正相關（達 0.05 之顯著水準），因為相關係數均落在兩個標準誤之信賴區間之外。另外，過去的捐血次數（PB）對於過去或目前之個人的捐血動機（BI1～BI3）具有顯著的預測力，而社會看法（SNB）與個人看法（PNB）則無顯著的預測力。因此，Bagozzi（1981）的構念網絡效度並未獲得完全支持。

七、建構效度

建構效度（construct validity）係用以檢驗所蒐集到之資料是否能支持所宣稱的理論假設。建構效度也譯為構念效度，有時又稱為因素效度（factorial validity），係由 Cronbach 與 Meehl（1955）所創用，依照 Cronbach 與 Meehl 的定義，建構效度旨在探究下列問題：

「有哪些構念可以說明測驗分數中的變異量」？

因此，最常用的探究途徑是進行維度分析或因素結構分析，以探索或驗證量表內容的因素結構，常用的統計方法為探索式（用在項目分析階段）與驗證性（用在效度考驗階段）的因素分析。近年來，一般研究者都認為效度乃是單一的概念（a unitary concept），因此內容效度、區辨效度、聚斂效度、效標關聯效度與構念網絡效度均視為建構效度（Shepard, 1993; Straub, Boudreau, & Gefen, 2004）的一員。因而學界乃出現效度只有一種，但求證方法是多元的呼聲。依此，建構效度的檢驗途徑當然很多元，例如：內部結構分析、群體平均數差異法、相關分析法、因素分析法與前述的 MTMM 與構念網絡效度。此外，Western 與 Rosenthal（2003）與 Taras & Kline（2007）又分別提出了建構效度係數的簡單統計方法：Western 與 Rosenthal 的 $R_{alerting-cv}$ 可以進行不同研究間或不同概念間之比較；Taras 的 Dh 係數，可以評估題目建構效度（item construct validity），以進行項目分析及建構效度分析。茲依因素結構分析與建構效度係數的研究實例，分別簡介如下：

※因素結構分析實例

Kane 與 Krenzer（2006）根據過去的成人 IQ 理論與文獻，提出兩個 IQ 競爭模式，以驗證測驗分數變異量的 IQ 構念因素。第一個提議模式為理論模式,係二階的因素模式,第一階因素為通用因素,第二階因素則包含有語文理解、工作記憶、知覺組織與處理速度。第二個提議模式為臨床應用模式,係三階的因素模式,第一階因素為通用因素,第二階因素則包含語文智商與操作智商,第三階因素則包含有語文理解、工作記憶、知覺組織與處理速度。研究者透過CFA驗證與比較這兩個競爭模式,分析結果如圖10-47與10-48所示。

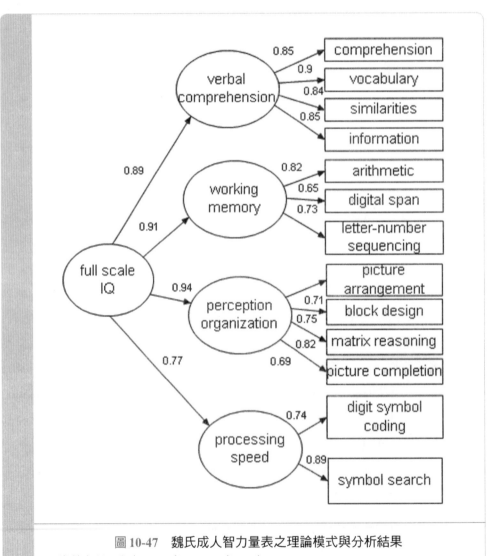

圖10-47　魏氏成人智力量表之理論模式與分析結果

資料來源:取自 Kane 與 Krenze(2006)

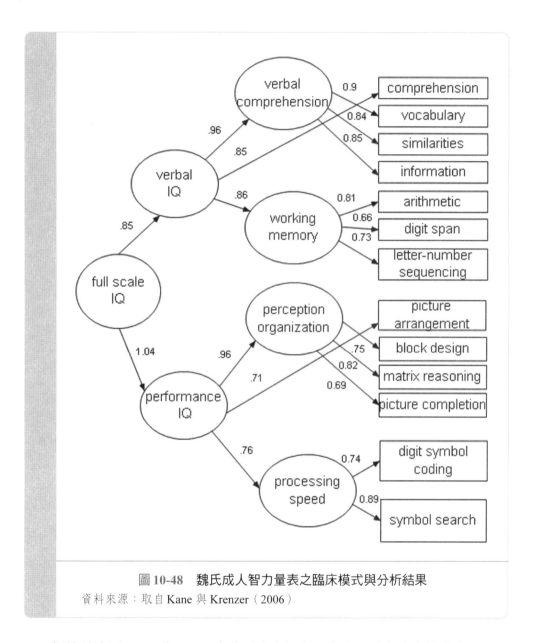

圖 10-48　魏氏成人智力量表之臨床模式與分析結果

資料來源：取自 Kane 與 Krenzer（2006）

　　根據前述圖 10-47 與 10-48 中魏氏成人智力量表之理論與臨床模式之比較分析，相關參數之估計值，摘要如表 10-23 所示：

表10-23 魏氏成人智力量表之理論與臨床模式之比較

模式	χ^2	df	p	AGFI	TLI	RMSEA
理論	65.01	61	0.34	0.93	1.0	0.02
臨床	75.21	60	0.09	0.92	0.99	0.04
$\Delta\chi^2=10.11^*$，$\Delta df = 1$						

*p<0.05

由表 10-23 中之適配度指標顯示，兩個提議模式之適配度均佳，但以理論模式之適配度較佳。亦即魏氏成人智力量表之理論模式的因素結構與實際資料較適配，也就是二階的因素結構較能說明測驗分數中的變異量。另外，研究者亦可計算理論模式中四個一階因素的建構信度：0.9193、0.7791、0.8317、0.8009，反映出指標間之聚斂效度甚佳。

※建構效度係數實例

1. 建構效度係數 $R_{alerting-CV}$

為了使用單一的指標來量化建構效度，Western 與 Rosenthal（2003）提出了兩個效果值指標：$R_{alerting-CV}$ 與 $R_{contrast}$。前者計算簡單且易於解釋，可作為建構效度的參考指標，筆者特引用文中之實例介紹如下。設有研究者開發了一個青少年人格異常診斷的新工具，其與 DIS-IV（Diagnostic and Statistical Manual of Mental Disorder, 4th ed.）中 10 個人格異常診斷的預測及實徵相關，摘要如表 10-24。

表 10-24 內第二欄位，係理論上的預測值，亦即研究者預期新量表分數與這 10 個人格異常診斷分析的相關係數；第三欄位，係新量表分數與十個人格異常評定結果間之實際相關，亦即研究者針對新量表分數與這十個人格異常評定結果的實徵相關係數。為了符合常態分配之基本假設，研究者亦可將表 10-20 內第三欄位的相關係數，進行自然對數的 Fisher 的 z 轉換（第四欄位）。接著，研究者即可利用第二、三或四欄位的數據計算積差相關，亦即建構效度係數 $R_{alerting-CV}$（=0.9036），反映出該新量表具有不錯的建構效度。本指標較適合於效標變項大於三個以上時使用，當只有兩個效標變項時，$R_{alerting-CV}$ 將只會出現 ±1，指標過於粗略用途不大。研究者如須計算該指標的 Excel 程式，可至右列網址索取：http://www.psychsystems.net/lab/。圖 10-49 係建構效度係數 $R_{alerting-CV}$ 之 Excel 程式之介面及相關之統計量。

表10-24　新量表與 **DIS-IV** 中 **10** 個人格異常診斷的理論相關及實徵關係

1	2	3	4
Personality Disorder	Predicted correlations	Ratings (r)	Ratings (Z_r)
Histrionic	0.60	0.55	0.62
Borderline	0.30	0.51	0.56
Dependent	0.10	0.20	0.20
Antisocial	0.00	−0.06	−0.06
Narcissistic	0.00	0.10	0.10
Paranoid	−0.10	−0.04	−0.04
Obsessive-compulsive	−0.40	−0.23	−0.23
Avoidant	−0.50	−0.20	−0.20
Schizoid	−0.50	−0.15	−0.15
Schizotvpal	−0.50	−0.02	−0.02

資料來源：修訂自 Western 與 Rosenthal（2003）

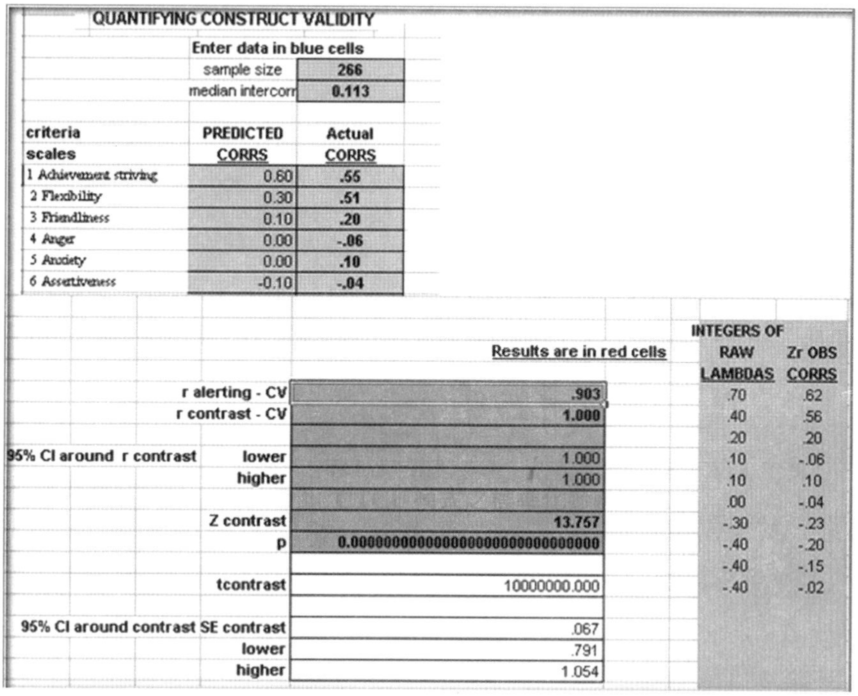

圖 10-49　建構效度係數 $R_{alerting-CV}$ 之 **Excel** 程式介面

2. 項目分析 Dh 係數

　　Taras 與 Kline（2007）的 D_h 係數，最適合於小樣本時進行建構效度分析，並可作為項目分析用。計算此係數，研究者亦須事先界定待研究構念與其他相關變項間之預期關係，以建立理論上之效標關聯係數。接著，研究者計算待研究構念與其他相關變項間之相關係數，以建立實徵之效標關聯係數。最後利用以下公式計算 Taras 的 D_h 係數。

$$D_h = 1 - \sqrt{\frac{\sum\limits_{1 \sim k} (r_h - r_o)^2}{k}}$$

　　式中 r_h 代表某一題目與效標之理論相關係數，r_o 代表某一題目與效標之實得相關係數，k 表效標變項數目。D_h 的最大限制乃是易受主觀性之影響而偏高，例如，當實得相關係數偏低時，研究者故意選用偏低的理論相關效標，D_h 值則會偏高，可改以 D_m 來計算：

$$D_m = 1 - \sqrt{\frac{\sum\limits_{1 \sim k} (0.5_{hd} - r_o)^2}{k}} \quad , \quad D_m = 1 - \sqrt{\frac{\sum\limits_{i=1}^{j} \sum\limits_{j=1}^{k} (0.5 - r_o)^2}{j*k}}$$

　　式中 0.5_{hd} 常數代表正向理論關係，如與效標之關係為負向則改為 -0.5_{hd}。以 0.5 作為檢驗之參照點，主要是植基於：(1)此值過高表示區辨效度不佳，而此值過低表示效標不良；(2)可以進行不同研究上之比較。表 10-25 中之資料，係研究者為了建立建構效度，乃邀請六位大學教授進行組織承諾量表中的四個題目的作答資料。

表10-25　六位教授在組織承諾量表中的反應資料

Respondents	Item1	Item2	Item3	Item4
Professor 1	5	6	6	5
Professor 2	5	4	6	4
Professor 3	4	5	7	5
Professor 4	5	5	4	3
Professor 5	5	5	6	4
Professor 6	3	6	5	5

資料來源：取自 Taras 與 Kline（2007）

由於樣本資料過少，不適於進行因素分析，研究者乃進一步取得表 10-26 中六位教授在八個效標變項上之的反應資料。

表10-26 六位教授在八個效標變項上之的反應資料

Respondents	Exogenous Theoretically Relevant Variables							
	UR	JS	PS	Coll	Age	Rel	SJ	SJS
Professor 1	5	9	8	9	40	1	2	5
Professor 2	4	8	9	6	35	1	1	1
Professor 3	3	7	7	9	30	2	1	1
Professor 4	3	4	5	3	45	4	2	8
Professor 5	2	3	5	2	45	3	2	9
Professor 6	2	2	4	3	50	3	3	7

資料來源：取自 Taras 與 Kline（2007）

研究者可以使用 Taras（2007）的 Dm-Index.Xls 計算該指標，所得結果如表 10-27。

表10-27 **Dm-index.xls** 程式的輸出結果

Correlations					
Hypothesized		Observed			
Commitment	Unwilling-ness to Move	Item 1	Item 2	Item 3	Item4
0.5	−0.5	0.51	−0.04	0.22	0.14
0.5	−0.5	0.46	−0.23	0.54	0.26
0.5	−0.5	0.49	−0.45	0.56	0.17
0.5	−0.5	0.08	0.06	0.66	0.57
−0.5	0.5	−0.24	0.51	−0.75	−0.22
−0.5	0.5	−0.20	0.15	−0.69	−0.54
−0.5	0.5	−0.48	0.76	−0.60	0.11
−0.5	0.5	0.03	0.44	−0.65	−0.37
	Dm for the total test	7.49	0.23	0.48	0.52
	Dm for the 1st item deleted	6.86	0.29	0.53	0.47
	Dm for the 2st item deleted	1.63	0.07	0.26	0.74
	Dm for the 3st item deleted	7.25	0.30	0.55	0.45
	Dm for the 4st item deleted	6.72	0.28	0.53	0.47

根據前述表 10-26 之原始資料與表 10-27 底部之相關係數，研究者就可以整理出各題目與八個效標間之效度係數，請參見表 10-28 所示底部。

表10-28　四個題目與八個效標間之理論與實得相關大小與相關方向

Exogenous Theoretically Relevant Variables	Correlations				
	Hypothesized direction of the relationships	Observed Correlations			
	Commiment	Item 1	Item 2	Item 3	Item 4
UR	0.5	0.51	−0.04	0.22	0.14
JS	0.5	0.46	−0.23	0.54	0.26
PS	0.5	0.49	−0.45	0.56	0.17
Coll	0.5	0.08	0.06	0.66	0.57
Age	−0.5	−0.24	0.51	−0.75	−0.22
Rel	−0.5	−0.2	0.15	−0.69	−0.54
SJ	−0.5	−0.48	0.76	−0.60	0.11
SJS	−0.5	0.03	0.44	−0.65	−0.37
刪除某題之後的 Dm 指標		0.47	0.74	0.45	0.47
總測驗之 Dm 指標		0.52			

資料來源：修訂自 Taras 與 Kline（2007）

表 10-26 及表 10-28 中最左側中 UR 代表教授位階，JS 代表工作滿意度，PS 代表薪水滿意度，COLL 代表合作機會，AGE 代表年齡，REL 代表親戚人數，SJ 代表家庭成員的工作數，SJS 代表家庭成員的工作滿意度。根據表 10-28 的理論與實得相關係數數據，研究者除了可以計算整體的效度係數（= 0.52）之外，尚可以計算某一題被刪去後的效度係數，以進行項目分析。刪除某題的 Dm 效度係數分別為：0.47、0.74、0.45、0.47。很明顯的，第二題關聯效度不佳，可考慮刪除，刪除後整個測驗的 Dm 指標會顯著提升（= 0.74）。

柒、後記

誠如王文中（1997）所言：研究者編製測量工具主要目的在於「測量這個建構，而不是用工具來探索建構」。因此，不管是量表發展或指標建構，理論建構應先於題目之編製，建構效度之考驗應是驗證性而非探索式。其次，就測量特性而言，原始分數通常並非線性，無法達到有意義測量（meaningful measurement）的基本要求：單向度、線性、不變性、客觀性（Wright, 1999）。過去在苦於無助的情況下，研究者在運用多變量統計分析方法，例如：一般線性模式、因素分析、結構方程模式，均假定其依變項的測量具有線性與等距性。目前，研究者已可利用 Rasch 模式將原始分數轉換為線性與等距性的測量，而使後續的統計分析及推論更具有效力。Rasch 分析的量尺，業經丹麥數學家 Rasch（1960）證明不僅具有等距性，而且測量結果具有相對客觀性：個人能力之估計不會隨測量工具之不同而變動（item-free person measurement）、與題目難度之估計不會隨不同受試群體而變動（person-free item calibration），測驗編製者似乎可以善加以應用，以奠定科學化的測量分析的基礎。另外，由於題目的好壞取決於受試者是否認真作答，在做項目分析之前，應先利用 Rasch 分析軟體（如 Winsteps、Bilog、Conquest）取得 person fit 之指標，將異常作答的受試者剔除之後，再進行項目分析，才不至於將好的題目刪除掉（因異常作答受試者存在而變成不良題目）。當然受試者的 misfit 亦可能來自於不佳的題目，因此 item misfit 與 person misfit 的檢查應是連續性的交替分析，一直到適配為止。由此觀之，IRT（item response theory）理論在測驗編製上的運用，似乎已開啟了另一次測驗統計的工業革命，量表編製的心理計量學將邁入嶄新的境界。

本章習題

1. MacKenzie、Podsakoff 與 Jarvis（2005）認為轉型領導內的指標，本質上是無法互換的，因此轉型領導係一組合型的潛在建構，如圖 10-50 所示，而非如圖 10-51 的原因建構。您同意嗎？為什麼？

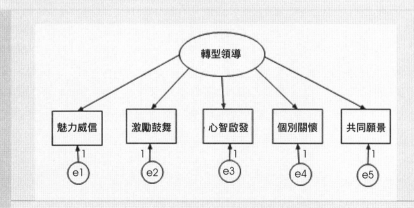

圖 10-50　反映性的原因建構

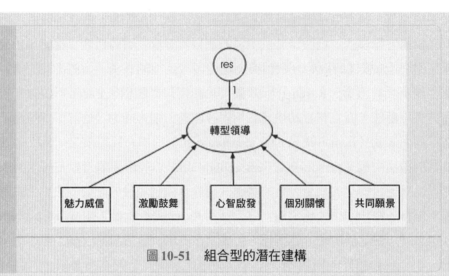

圖 10-51 組合型的潛在建構

2. 圖 10-52 係負向情緒的 CFA 模式，此測量模式界定正確嗎？為什麼？假如
   負向情緒是一組合變項，要做如何限制才能使得該模式可辨識？

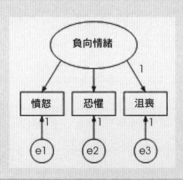

圖 10-52 負向情緒的 CFA 模式

3. 圖 10-53 係二階的原因建構與效果建構之混合模式，式中第一階的薪水、
   同事、上司與升遷的滿意度為效果建構，而第二階的工作滿意度則為原因
   建構，此種測量模式的界定可以成立嗎？

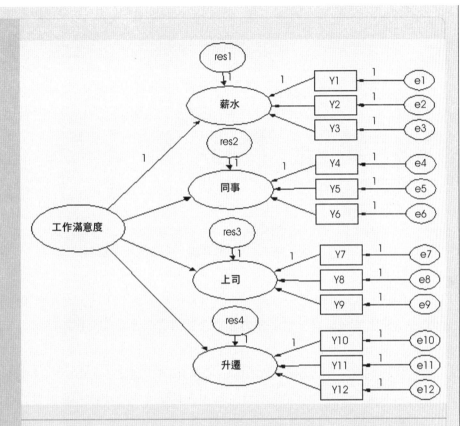

圖 10-53　二階的原因建構與效果建構之混合模式

4. 根據過去的文獻，數常識（number sense）包含有四個因素，請利用
圖 10-54 之相關矩陣資料的資訊，先繪製如圖 10-4 徑路圖之後，再考
驗 Form1、Form2、Form3、Form5 等四個數常識分測驗的測量模式，以
決定該測量模式之最佳測量模式，到底是平行測驗或同質性測驗？接著，
利用 Amos 估計 Form1、Form2、Form3、Form5 之內部一致性信度，並與
標準化之 Cronbach α 係數做一比較。請特別注意 Form5 為 4 點量尺（係經
Form4 量尺之線性轉換），其餘為 8 點量尺。在同一測驗中使用不同量
尺，會影響測驗之信度嗎？

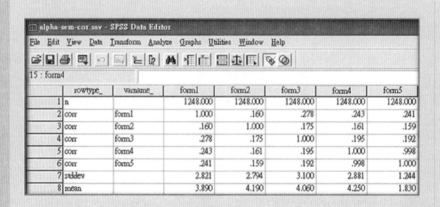

圖 10-54　五個數常識分測驗的相關資料矩陣

5. Cronbach α 並不是反映一個測驗是否單向度的好指標，為何仍有很多的研究者依賴它，來檢驗一個量表的內部同質性？探索式因素分析可補其不足嗎？

6. 請根據圖 10-55 中，Lewis、Templeton 與 Byrd（2005）的論述，評述量表發展的三階段：範疇之界定、編擬題目與測量屬性之評估，及說明其相關之具體做法。

7. 探討量表的效度檢驗，首推 Bagozzi（1981）與 Straub、Boudreau 與 Gefen（2004）之經典論文，文中針對態度量表效度考驗的過程與方法，做了具體而微的示範與說明，請詳加研讀並做心得摘要。

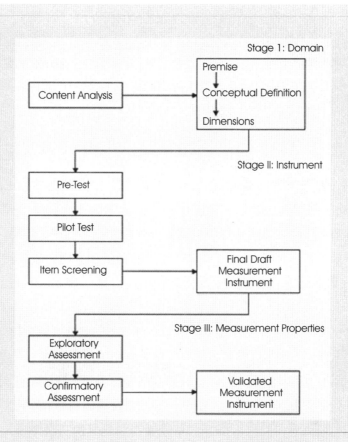

圖 10-55　**Lewis、Templeton 與 Byrd（2005）的量表發展三階段**

8. 為了檢驗提議模式是否界定錯誤（model misspecification），Glanville 與 Paxton（2007）利用驗證性四分項共變數（CTA）分析，探究人與人之間的信任感，提出如圖 10-56 中的兩個信任感模式：心理習性模式與社會學習模式，心理習性模式是效果指標模式，社會學習模式乃是一種混合模式，包含效果指標與原因指標。驗證性四分項共變數分析結果，摘要如表 10-29。

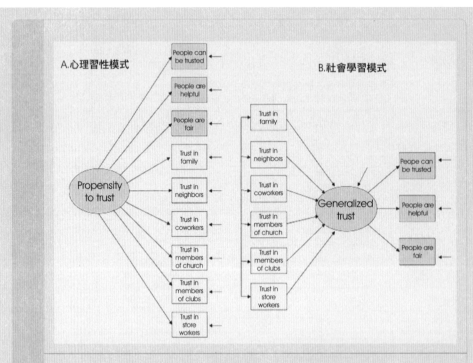

圖 10-56　心理習性模式與社會學習模式

表10-29　驗證性 Tetrad 共變數分析摘要表

CTA, Listwise results	Psychological Propensiy Model			Social Learning Model			Nested Test		
	x^2	df	p-value	x^2	df	p-value	x^2	df	p-value
STS, National Sample (N=719)	73.55	27	0.000	8.59	12	0.737	64.95	15	0.000
STS, Phihdelphia Sample 1 (N=575)[2]	25.39	20	0.187	5.66	5	0.340	19.73	15	0.183
STS, Phihdelphia Sample 2 (N=584)[2]	33.47	20	0.029	3.33	5	0.650	30.15	15	0.011
SCBS (N=1927)[2]	16.89	5	0.005	NA	NA	NA	16.89	5	0.005

73.55 − 8.59 = 64.95　　　27 − 12 = 15

請根據表10-29的統計分析結果，回答下列問題：

(1)傳統的 SEM 分析可以考驗兩個非隔宿設計的心理習性模式與社會學習模式嗎？

(2)為何社會學習模式是心理習性模式的「tetrad-nested」模式？

　　Note：只有「tetrad-nested」的模式才能直接考驗模式間的適配度差異。

(3)驗證性 Tetrad 共變數分析的結果，顯示出哪一模式較適配?反應性測量模式或形成性測量模式？

(4)表 10-29 中的 nested test 統計量，旨在考驗什麼?所反應的意義是什麼？

9. Helm（2005）曾以發展「公司聲譽」（Corporate Reputation）量表為例，分四個步驟逐一說明如何編製一份形成性量表。該論文係一經典之作，請詳加閱讀之後，說明這四個步驟如何具體實行？

10. Howell、Breivik 與 Wilcox（2007a）指出，因為形成性建構具有形成性指標的完全中介功能，它與各個外衍潛在變項的關係須具有一致性，亦即須具有外部一致性（external consistency）。以下將以他們論文中表4的資料為例（參見圖 10-57），該筆資料包含三個潛在變項：ses、eta2 與 eta3 與八個觀察變項，其中 x1～x4 為形成性指標，y1～y8 為反應性指標。相關之徑路圖與分析結果如圖 10-58 所示。

圖 10-58 各變項間之相關係數觀之，x1 & x2 與 y1～y4（eta2）的關係顯著高於 x3 & x4 與 y1～y4（eta2）的關係（0.99 > 0.70），此種跡象可由圖 10-59 之未標準化係數（0.52 > 0.39）及表 10-30(A) 之標準化係數反映出來，x3 & x4 的未標準化係數與標準化係數顯著的低於 X1 & X2。另外，值得注意的是，外衍潛在變項 eta2 與 eta3 所屬的觀察指標間之相關亦偏低（＝0.25），顯示出 eta2 與 eta3 的內部一致性不高（因為他們是 SES 的反映性建構）。理論上，他們之間的相關不可過低，否則會造成形成性建構失去單一解釋性（unitary interpretability）的功能，而導致解釋性之困惑（interpretational confounding）。換言之，SES 無法完全中介形成性指標與外衍建構（endogenous constructs，亦即 eta2 與 eta3）間之關係，而失去作為點變項（point variable）的功能，以致缺乏外部一致性（external consistency）。

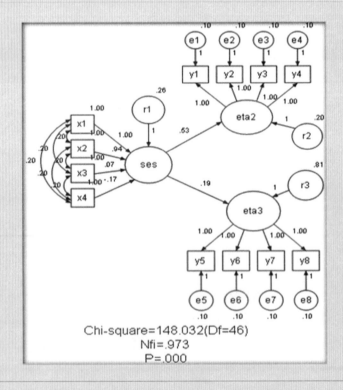

圖 10-57   SPSS 8 個變項的相關矩陣

圖 10-58   單向度形成性建構模式與分析結果

表10-30 形成性指標的標準化徑路係數：摘錄自 **Amos** 的輸出結果

單向度 ses				雙向度 ses		
ses	<---	x1	0.6344	ses1	<---	x1	0.5564
ses	<---	x2	0.5981	ses1	<---	x2	0.5165
ses	<---	x3	0.0463	ses2	<---	x3	0.5802
ses	<---	x4	−0.1070	ses2	<---	x4	0.4679
eta2	<---	ses	0.8792	eta2	<---	ses	0.9907
eta3	<---	ses	0.3159	eta3	<---	ses	0.7040
Ⓐ				Ⓑ			

上述之解釋性之困惑，Howell、Breivik 與 Wilcox（2007a）認為係出自於 SES 失去單一解釋性功能所致，亦即 SES 可能含有兩個不同的建構，筆者將此構念繪製如圖 10-59 之雙向度形成性建構模式，利用 Amos 進行資料分析，得到 χ^2 值 37.448，p 值為 0.864（df = 46），x1～x4 的標準化係數如表 10-30(B) 所示，顯然其模式之適配度大為提升。根據前述之論證，請問形成性建構的向度及外衍建構間之關係，對於形成性測量有何重大影響？

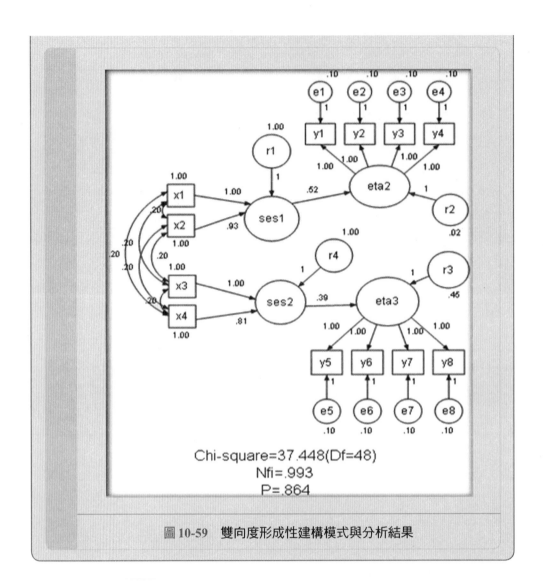

圖 **10-59** 雙向度形成性建構模式與分析結果

11

混合模式

壹、意義

混合模式（Mixture modeling）結合了以「人」為導向的潛在類別（latent class）模式與以「變項」為導向的潛在特質（latent trait）模式，旨在從觀察資料辨識事先無法根據觀察變項加以分組的潛在類別或次群體（subgroups）。此類潛在分組變項具有多峰的聯合分配，例如圖 11-1 之常態分配的混合模式，有別於可以根據觀察變項加以分組的顯性多群組分析。此種混合模式在統計上稱為有限混合模式（finite mixture modeling, McLachlan & Peel, 2000）。混合模式的特例就是潛在類別分析（latent class analysis），類似於因素分析，旨在利用個體之分類闡釋觀察依變項間之潛在類別身分。混合模式可運用到任何的統計方法及測驗理論上，例如，回歸分析、徑路分析、驗證性因素分析、SEM、成長模式、與多層次模式、IRT 模式。混合模式最佳使用時機為當您的理論模式不適用於全部母群體（population），但卻適用於可分割的次群體時。很顯然地，混合模式目的在發掘母群之潛在異質性，以進行隱性的調節作用（交互作用）分析。例如，教育、心理學者欲了解這些隱性的母群潛在異質性，以提供適切之輔導，經濟學者欲了解這些隱性的母群潛在異質性，以提供適切之商品（市場區隔）。由此觀之，混合模式分析可以使您的研究結果更深入與精確。

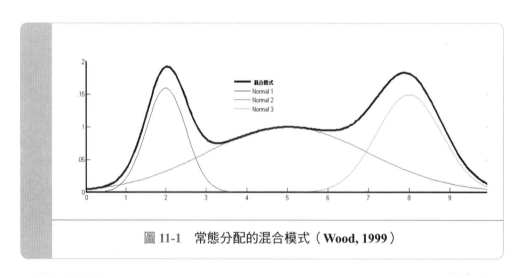

圖 11-1　常態分配的混合模式（Wood, 1999）

圖 11-1 頂部曲線係混合模式之 pdf，為其他三個潛在類別之 pdf 的累積和，此混合模式之 pdf 可定義如下：

$$P(y_i|\vec{\pi}, \Theta) = \sum_{k=1}^{K} \pi_k P(y_i|\mu_k, \Sigma_k)$$

式中 y_i 係觀察值，K 表有限類別數，$\Theta = \{\theta_k\}_{k=1}^{k}$，係所有類別參數之集合，$\theta_k = \{\mu_k, \Sigma_k\}$ 係類別 k 的平均數與共變數矩陣 （每一混合組成，均含有各自的平均數與共變數矩陣），$\vec{\pi} = \{\pi_k\}_{k=1}^{K}$，$\pi_k = p(C_i = k)$係類別 k 的 prior 機率。

貳、混合模式分析的主要用途與必要性

混合模式分析的主要用途在於潛在次群體的辨識與個案分派，分派的目標是類別間差異愈異質，而類別內的個案愈類似。母群之異質性（population heterogeneity）會造成統計結論的偏差，異質性可以是顯性或隱性。假如異質性屬於隱性，本質上無法觀察的到，必須靠資料來推估，研究者可以運用潛在類別模式（latent class models）來分析類別性資料或利用潛在側面圖模式（latent profile models）來分析連續性資料；假如異質性屬於顯性（如性別），可以運用 Amos 多群組分析資料。傳統的 SEM、LGM、CFA、Regression 等等分析，基本上均假設研究結果，在群體間（不管是顯性或隱性）具有不變性。如果忽視這些顯性或隱性的異質性問題，即可能會導致模式不適配、研究結論不一致、或甚至扭曲真相。傳統處理顯性群體異質性問題，乃是運用調節變項進行交互作用之分析，而混合模式分析則在處理隱性群體異質性問題（類似於尋找隱性的調節變項），以檢驗所提出的特定提議模式是否可以一體適用到所有母群體。因此，在國外各學術領域上（如市場行銷、教育研究、心理學、青少年犯罪）均有不少混合模式分析的應用實例（例如：Hansen, Deitz, & Morgan, 2010; Pianta, Belsky, Vandergrift, Houts, & Morrison, 2008;Muthen & Asparouhov, 2006; Eaves, Silberg, Hewitt, Meyer, Rutter, Simonoff, Neale, & Pickles,1993; Rasmussen, Neuman, Heath, Levy, Hay, & Todd, 2002; Schaeffer, Petras, Ialongo, Poduska, & Kellam, 2003; Kuo, Aggen, Prescott, Kendler, & Neale, 2008）。

至於國內，潛在類別模式之應用實例以在數學教育應用上出現最多，例如：吳毓瑩與呂玉琴（1997）透過潛在類別分析（混合模式）對兒童等值分數概念結構之解析；洪藹鈺與林原宏（2007）以及張育綾與林原宏（2007）分別藉由潛在類別分析（混合模式），探討國小五年級學童四則運算解題表現與小數概念結構；蔡嘉豪（2008）應用潛在類別分析（LCA）分析國小學童於比例理解與機率理解的測驗資料；劉若男與林原宏（2008）透過潛在類別分析法探究國小六年級原住民和非原住民學生在數學閱讀測驗上的表現；陳霈頡（2010）以數常識測驗為例，利用 AMOS Bayesian SEM 混合模式探究學生於數常識測驗上之潛在作答型態。在其他領域則有：曾玟富、戴政、陳建仁（1991）臺灣地區雙胞胎嬰兒家庭心臟血管疾病危險因子的分離分析；施佩君、關秉宗（1998）之肥效應之統計分析與探討——以扁柏苗木施肥為例；關秉寅（1999）之臺灣社會民眾處理人際糾紛態度之研究；丁熒（2001）之臺灣小學教師角色知覺差距因應方式之探討——調查、內容分析、及潛在類別分析；林靖惠、關秉宗、林世宗、俞秋豐（2003）之棲蘭山臺灣檫樹繁殖枝條葉部性狀之研究；周玉慧、黃宗堅、謝雨生（2004）之家人關係中社會支持獲取策略之運用及其影響；羅淑娟、蔡佳璋（2005），應用層級貝氏法於線上消費行為管制之探索研究；周玉慧、謝雨生（2009）之夫妻間支持授受及其影響；關秉寅（2006）之 Class Identification in Taiwan: A Latent Class Analysis；林惠雅（2008）之國小學童母親信念、教養目標和教養行為之類型初探：兼論其與子女學業表現之關聯；周玉慧（2009）之夫妻間衝突因應策略類型及其影響；邱皓政、周怡君、林碧芳（2010）之「工作設計量表」信效度衡鑑與工作結構潛在類別分析。足見在教育研究、醫學研究、農學研究、市場行銷、心理學研究等等研究領域的研究者已逐漸採用混合模式分析進行學術研究，因而學習混合模式分析乃是當代研究者的學習新課題。Amos 的混合模式分析，乃是因應此時空環境下需求的產物。

參、貝氏混合模式的必備要件

Amos 的混合模式分析乃是透過貝氏 SEM 估計法，貝氏混合模式（Bayesian mixture modeling），常是利用 MCMC 抽樣進行貝氏估計。貝氏估計法將模式參數值視為未知隨機值，因此必須分派給每一參數一個聯合機率分配（a joint distribution）；此聯合機率分配含有一個事前機率分配（a prior distribution）與一個事後機率分配（a posterior distribution）。因此，貝氏估計法涉及兩大要素：

1. 貝氏模式參數的事前機率分配（priors）

貝氏混合模式參數的事前機率分配涉及類別分派「class assignments」的 prior 與類別分配參數「class distribution parameters」的 prior。通常類別分派為多類別分配（multinomial），而類別分配為多變項常態分配（multivariate normal）。Amos 選擇 Dirichlet prior 為類別分派的 prior；而 Normal inverse-Wishart（g_0）為類別分配參數的 prior，係多變項常態分配共變數矩陣的 conjugate prior（事前與事後之機率分配會同屬一個家族）。研究者常利用 MCMC 進行抽樣，經過長時間之樣本點的拋棄（burn-in）與保留，抽樣最終會聚斂於一個穩定的平衡分配（equilibrium distribution），而獲得以下之貝氏混合模式的事後機率分配（Wood, 1999; Wood & Black, 2008）。

$$P(c, \Theta, \vec{\pi}, \alpha | y) \propto P(y|c, \Theta) \, P(\Theta|g_0) \prod_{i=1}^{N} P(c_i|\vec{\pi}) P(\vec{\pi}|\alpha) \, P(\alpha)$$

式中 c 係潛在變項，$\Theta = \{\theta_k\}_{k=1}^{k}$，係所有類別參數之集合，$\theta_k = \{\vec{\mu}_k, \Sigma_k\}$ 係類別 k 的平均數與共變數矩陣，$\vec{\pi} = \{\pi_k\}_{k=1}^{K}$，$\pi_k = p(C_i = k)$ 係類別 k 的 prior 機率，α 係 prior 樣本機率（$\Sigma \alpha_i = 1$），係 Dirichlet prior 之強度參數（strength parameter）或集中參數（concentration parameter），常以準樣本大小（pseudo-observations=mα，m 表 a prior overall sample size）加以測量，當 α 值愈大時，變異數愈小，Dirichlet process 將更集中於 Dirichlet prior 平均數附近。因此，Dirichlet prior 分派的參數愈小，對於事後機率之影響力愈大，而 prior 分派的參數愈大，對於事後機率之影響力愈小。公式中含有成比率的符號 $\propto$，隱藏了資料的邊緣機率（marginal probability，又稱為 evidence，上列公式中並未顯示出來）之運算，常無法使用數值分析加以計算，因為涉及高維度的概似值積分（over the prior distribution）。而 MCMC（Markov chain Monte Carlo）技術可以不用計算邊緣機率，而取得事後機率分配（Wood & Black, 2008）。

2. 從事後機率分配（posterior）的抽樣方法（Sampler）

   從事後機率分配（posterior）的抽樣，通常採二階段循環抽樣：(1)就各類別中的分派個案，抽出常態分配的平均數與共變數，(2)就目前之常態分配的平均數與共變數，抽取個案分派到類別中。這兩個階段如此循環不已，直到合乎收斂標準，才終止抽樣。抽樣方法則有 Gibbs、Random Walk Metropolis、Hamiltonian 等 MCMC 演算法。

肆、潛在類別的分派與資料檔建檔方法

對於潛在類別的分派，Amos 除允許事先分派類別的訓練資料（Training

Data）之外，無事先分派類別的 Data，亦可進行潛在類別的分派。以下簡單說明這兩類資料之 Amos 建檔、檔案連接方法與 Dirichlet prior 參數的分派。

1. 利用事先分派的訓練資料，收斂較快

事先須先設定個案分派的 Training Data 如圖 11-2 所示，Amos 會根據這些已分派的個案資料點學習，再去進行其他個案的分類。注意分組變數（如 Species）須設定為字串，Amos 才能讓您進行 Group Value 的設定。

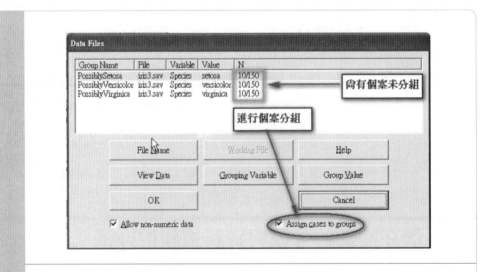

圖 11-2　含訓練資料的資料建檔格式

圖 11-3　含訓練資料的資料檔連結與相關設定

　　資料準備妥當及各組名稱設定好之後，即可進行各組資料的連結設定（如圖 11-3 所示），首先點選「File Name」進行各組資料的連結，連結之後進行「Grouping Variable」與「Group Value 之設定（設定細節，請參考本章實例）。由圖 11-3 可知，三組的資料檔案均為「iris3.sav」，共有 150 筆資料等待分派，其中有 10 筆為身分已知的訓練資料。請勿忘記勾選「Assign cases to groups」，因為我們要進行混合模式分析，過程當中會進行個案組別之分派。

2. 無任何事先分派的訓練資料，有時可能無法收斂，甚至會出現組別辨識錯亂現象！注意分組變數（如 Species）須設定為字串（參見圖 11-4），Amos 才能讓您進行 Group Value 的設定，雖然無任何事先分派的 Training Data，但分組變數仍必須設定。

	SepalLength	SepalWidth	PetalLength	PetalWidth	Species
1	5.1	3.5	1.4	.2	
2	4.9	3.0	1.4	.2	
3	4.7	3.2	1.3	.2	
4	4.6	3.1	1.5	.2	
5	5.0	3.6	1.4	.2	
6	5.4	3.9	1.7	.4	
7	4.6	3.4	1.4	.3	
8	5.0	3.4	1.5	.2	
9	4.4	2.9	1.4	.2	
10	4.9	3.1	1.5	.1	
11	5.4	3.7	1.5	.2	
12	4.8	3.4	1.6	.2	

（Species 欄標示：必須設定為字串）

圖 11-4　未含訓練資料的資料建檔格式

　　接著，進行各組資料檔連結與相關設定（細節已如前述），參見圖 11-5之設定結果，圖上方 N 顯示等待分派之總數 150 筆資料中，均無訓練資料（0/150）。

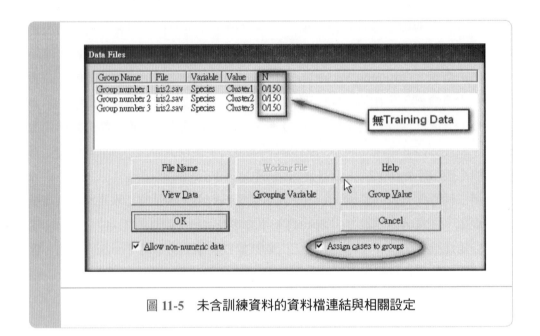

圖 11-5　未含訓練資料的資料檔連結與相關設定

3. Dirichlet prior 觀察次數之分派

　　在 Amos 中進行 Dirichlet prior 觀察次數（observation counts）之分派，首先須在 Bayesian SEM 視窗中，點選圖 11-6 的底部之「proportion」，按滑鼠右鍵，在出現的小視窗中點選「Show Prior」，即會出現如圖 11-7 的 prior 設定視窗。

　　圖 11-7 係 Dirichlet prior 觀察次數分派之設定視窗，決定各組分派之比重，prior 分派的參數愈小影響力愈大，而 prior 分派的參數愈大影響力愈小（參見本章第三節之說明）。假如您確知 Group A 佔母群體的 0.25，Group B 佔母群體的 0.25，Group C 佔母群體的 0.50，為了保持 0.25-0.25-0.50 的比率，研究者可以設定這三個次群體擁有較大的 Prior 觀察次數：10000，10000，20000。

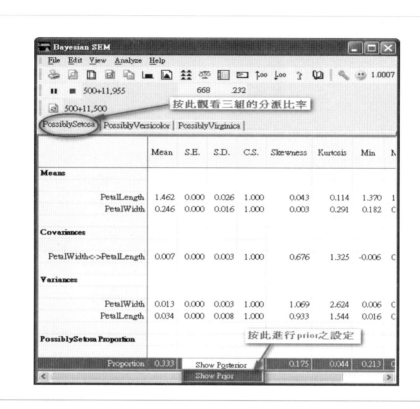

圖 11-6　Bayesian SEM 操作視窗

圖 11-7　Amos Bayesian SEM 的 Prior 設定視窗

Group	Prior observation count
Group A	10000
Group B	10000
Group C	20000

當 MCMC 的樣本點產製過程中，分別分派了 41，45，64 個案到 Group A、Group B & Group C，這三組的比率係根據參數為（10000+41，10000+45，20000+64）的事後 Dirichlet 分配中抽取。因為 prior 觀察次數值主宰了事後分配，各組的抽出比率將很接近於 0.25，0.25 與 0.50。通常，假如研究者擁有較多的 prior 資訊時，可將 prior 觀察次數設定大一點，假如研究者對於 prior 的資訊較模糊時，可將 prior 觀察次數設定小一點。

伍、Amos 混合模式的參數估計過程

Amos 的混合模式（mixture modeling）估計過程含有兩個階段：EM 估計迴圈與 Bayesian SEM 估計階段（參見圖 11-8）。EM 估計迴圈（Dempster, Laird, & Rubin, 1977）可分為三階段：

1. 以參數起始估計值（合理猜測）開始估計，
2. Estep：就已知之參數，估計類別身分，
3. Mstep：就已知之類別身分，估計參數值。

重複以上 2 & 3 之步驟，一直到所選擇的估計參數值能極大化概似函數值為止。

Estep 與 Mstep 也可類推至帶有 priors 的之事後最大概似值之估計。

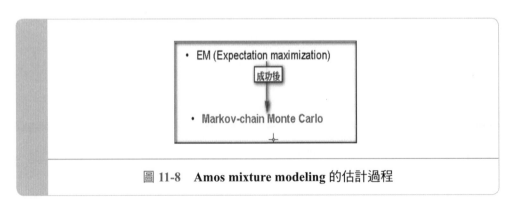

圖 11-8　**Amos mixture modeling** 的估計過程

　　Amos 為了進行母群參數的事後機率分配的推估，會先利用 EM 估計迴圈（最大概似法，參見圖 11-9）取得參數的初步估計值，再運用 MCMC Bayesian SEM 估計法，模擬模式參數估計值的抽樣分配。值得一提的是：EM 演算邏輯常易導致 a local maximum，因此為了參數能找到 a global maximum，研究者常須提供不同起始值，MPLUS 即採此策略。例如，MPLUS 的指令（Starts=20 2），亦即要求程式在最初階段，提供 20 套隨機起始值，在最後階段進行 2 次最佳化處理。

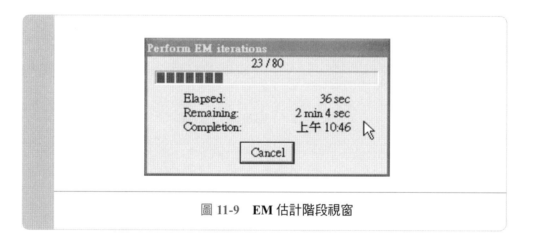

圖 11-9　EM 估計階段視窗

　　Bayesian SEM 估計結果摘要如圖 11-10，顯示 MCMC 的模式參數之平均估計值與各類別之所佔比率（參見圖 11-10 之底部）。

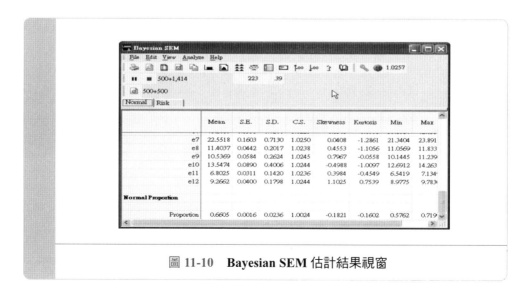

圖 11-10　Bayesian SEM 估計結果視窗

為利於讀者理解 MCMC（Markov chain Monte Carlo）的演算過程，茲以 Amos 線上協助中之實例，在此具體說明 Amos 是如何進行 Metropolis 演算法（MCMC 演算法的一種）。設有一回歸模式如圖 11-11-1：該模式利用 age 預測訓練後記憶力改善（recall）之程度。

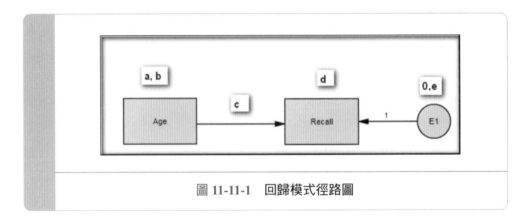

圖 11-11-1　回歸模式徑路圖

本模式含有五個參數：一個平均數（a），兩個變異數（b & e），一個回歸係數（c）與一個截距（d）。因此，θ 向量含有五個元素：

$$\theta = \begin{bmatrix} a \\ b \\ c \\ d \\ e \end{bmatrix}$$

如將最大概似參數估計值顯示於徑路圖 11-11-1 中，即如圖 11-1-2 所示。

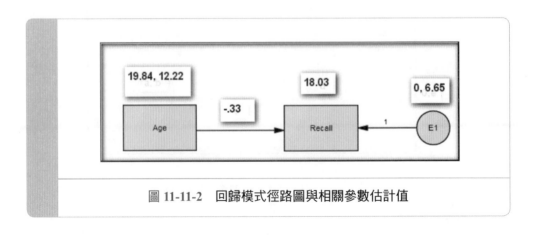

圖 11-11-2　回歸模式徑路圖與相關參數估計值

因而，這些參數估計值的向量可以下式表示之：

$$\hat{\theta}_{ML} = \begin{bmatrix} 19.84 \\ 12.22 \\ -.33 \\ 18.03 \\ 6.65 \end{bmatrix}$$

其次，說明如何由參數之事後機率分配中進行抽樣。MCMC 演算法（例如：Metropolis algorithm）會從 θ 的事後機率分配產製一系列的參數向量：$\theta^{(1)}$，$\theta^{(2)}$，$\theta^{(3)}$，…，$\theta^{(N)}$通常會模擬產製數千以上之向量）。以下係 Amos 根據上述回歸模式時，一系列參數向量的部分實例：

$$\theta^{(501)} = \begin{bmatrix} 19.74 \\ 13.36 \\ -0.38 \\ 19.35 \\ 9.18 \end{bmatrix}, \theta^{(502)} = \begin{bmatrix} 20.02 \\ 16.01 \\ -0.44 \\ 20.54 \\ 8.48 \end{bmatrix}, \theta^{(503)} = \begin{bmatrix} 20.02 \\ 16.01 \\ -0.44 \\ 20.54 \\ 8.48 \end{bmatrix}, \theta^{(504)} = \begin{bmatrix} 20.02 \\ 16.01 \\ -0.44 \\ 20.54 \\ 8.48 \end{bmatrix}, \theta^{(505)} = \begin{bmatrix} 20.54 \\ 16.65 \\ -0.36 \\ 19.04 \\ 7.58 \end{bmatrix}$$

到目前為止，已有數種 MCMC 演算法提出來產製這一系列之參數向量：$\theta^{(1)}$，$\theta^{(2)}$，$\theta^{(3)}$，…，$\theta^{(N)}$。Amos 採取 Metropolis 演算法，Amos 會將第一個參數向量：$\theta^{(1)}$設定為 $\hat{\theta}_{ML}$。利用 $\theta^{(1)}$當起始點，Amos 接著產製第二個參數向量 $\theta^{(2)}$，接著產製第三個參數向量 $\theta^{(3)}$，以此類推。Metropolis 演算法係採取二階段的系列流動過程（從 $\theta^{(t)}$移動到 $\theta^{(t+1)}$）。在第一階段時，會產製一個待選參數向量 $\theta_{candidate}^{(t+1)}$。這些 MCMC 候選參數向量的產生，是依據 $\theta^{t+1}_{candidate} = \theta^t + \alpha x$ 的函數依序所產製出來的，其中 x 是常態分配的隨機向量（平均數為 0，而共變數矩陣是利用最大概似法所估計來的），而 α 是 MCMC 的微調參數（tuning parameter），α 值內定值為 0.7，當 α 值愈大時，從 $\theta_{candidate}^{(t)}$ 移動 $\theta_{candidate}^{(t+1)}$ 的步伐會愈大。

在第二階段時，該候選參數向量不是被接納，要不然就是被拋棄。被接納時，$\theta^{(t+1)}$將等於 $\theta_{candidate}^{(t+1)}$；被拋棄時，$\theta^{(t+1)}$ 將等於 $\theta^{(t)}$。由前述一系列參數向量的部分實例來看，$\theta_{candidate}^{(2)}$ 將被接納，因為 $\theta^{(502)}$ 與 $\theta^{(501)}$ 向量中之參數具有差異性。另一方面，$\theta_{candidate}^{(503)}$ 與 $\theta_{candidate}^{(504)}$ 將被拋棄，因為 $\theta^{(503)}$ 與 $\theta^{(504)}$ 向量中

之參數與 $\theta^{(502)}$ 相同。候選參數向量的接納與拋棄端視他的事後機率而定。假設 p(θ|data)代表 θ 的事後機率，Amos 依照下列規則，判定 $\theta^{(t+1)}$ 會被接納或拋棄。

1. 拒絕 $\theta^{(t+1)}_{candidate}$ 假如 $p(\theta^{(t+1)}_{candidate}|data)=0$ 。
2. 接納 $\theta^{(t+1)}_{candidate}$ 假如 $p(\theta^{(t+1)}_{candidate}|data)>p(\theta^{(t)}|data)$ 。
3. 假如 $0<p(\theta^{(t+1)}_{candidate}|data)<p(\theta^{(t)}|data)$ ，接納 $\theta^{(t+1)}_{candidate}$ 之機率為

$$\frac{p(\theta^{(t+1)}_{candidate}|data)}{p(\theta^{(t)}|data)} 。$$

因為 $\theta^{(1)}$（ML 估計值）並非從 θ 的事後機率分配中抽樣而來，依照慣例會拋棄早期產製的參數向量：$\theta^{(1)}$，$\theta^{(2)}$，$\theta^{(3)}$，…，$\theta^{(N)}$。因此，Amos 內定最早的 500 個向量 $\theta^{(1)}$，$\theta^{(2)}$，$\theta^{(3)}$，…，$\theta^{(500)}$ 會被拋棄，稱為拋棄樣本（burn-in sample），僅使用 $\theta^{(501)}$，$\theta^{(502)}$，$\theta^{(503)}$，…的參數向量作為分析樣本。

有時可能出現 $p(\theta^{(1)}|data) = 0$（如 $\hat\theta_{ML}$ 為一不合理估計值時），Metropolis 演算過程中，會拋棄許許多多的候選參數向量（Pre-burn-in），一直到可以接納一個候選參數向量為止。此時，第一個被接納的候選參數向量會被重新賦予新編號：$\theta^{(1)}$。在此早期樣本拋棄的過程中，Bayesian SEM 視窗的右下角，會出現「Waiting to accept a transition before beginning burn-in」的資訊，研究者請耐心等候。

Waiting to accept a transition
before beginning burn-in.

陸、評估 Cluster 個數的指標

在混合模式分析的情境下，並無法進行整體適配度之考驗，也無法利用傳統的概似比考驗（likelihood ratio test）進行潛在類別正確個數的評估。這是因為在混合模式分析的情境下，概似比考驗值並不成 χ^2 分配。因此，混合模式分析最大難題在於 Cluster 個數的決定，通常 Cluster 個數的事先擬定，可以依據理論或

實徵探索決定之；不確定時，可以多設定幾個較佳合理值，執行分析後再根據以下之訊息量統計指標（Information Criteria）與概似比差異考驗判定之。

1. Akaike AIC（$= -2\log L + 2p$，p 為參數個數），Bayesian BIC（$= -2\log L + p\log(n)$），Sample-Size Adjusted BIC（$= -2\log L + p\log((n+2)/24)$），CAIC（$= -2\log L + p(\log(n)+1)$），這幾個指標 MPLUS，WINMIRA，LatentGOLD 都有提供，這些 Information 統計指標值愈小愈好。根據（Nylund, Asparouhov, & Muthen, 2007）的類別個數決定之模擬研究發現，這類指標中以 BIC 指標的效能最佳。

2. Posterior predictive p，係 Meng (1994) 首次引介，p 值接近於 0.50 愈好，當 p 值接近於 0 或 1 時，表示實際觀察資料在提議之理論模式之下，出現之機率甚微。到目前為止，我們尚無法確定到底 p 值要低到多小時，該理論模式為顯著不適配；但通常我們都希望 p 值之合理範圍應在 0.05～0.95 之間（Gelman, Meng, & Stern, 1996）。因此，Muthén & Asparouhov (2010) 認為 Posterior predictive p 更像 SEM 適配度指標，而非 χ^2 考驗統計指標。Bayesian p-values 的基本假設：假如提議模式與資料很適配，那麼從該模式模擬出來的資料將與觀察資料應該相類似。此貝氏 posterior predictive p-value 係指複製資料比實際觀察資料更極端的機率，此機率界定為：$P_B = \Pr((D(y^{rep}, \theta_t) > D(y, \theta_t)|y))$，式中 θ_t 代表模式中第 t 個 MCMC 迴圈的未知的參數向量，y 係觀察變項向量。y^{rep} 係與原始資料樣本大小相同之複製資料，D(y) 係一差異統計量（a discrepancy measure）。就 MCMC 而言，在這些複製 N 個資料集中，$D(y^{rep})$ 大於 D(y) 的比率即是 posterior predictive P-value（參見圖 11-12-1）。當該機率值接近於 0 或 1，該提議模式可能係一不適配模式。設有一貝氏 p-value 為 0.84，即反映出 20 次中大約有 17 次該提議模式將產製出一個預測樣本（a predictive sample）χ^2 值與實際觀察 χ^2 值具有差異性（Scollnik, 2000）。換言之，當實際觀察值的差異函數值遠遠偏離了複製資料之預測分配（p 值接近於 0 或 1）時，即表示模式與資料可能不適配。在混合模式中，Amos 僅提供此評估統計量。

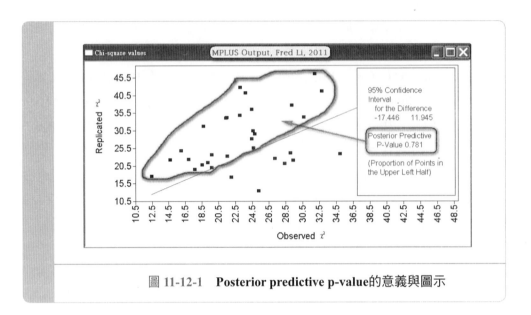

圖 **11-12-1** **Posterior predictive p-value** 的意義與圖示

3. Entropy 指標，用來評估分類的品質，此值介於 0～1 之間，值愈高代表分類愈清晰，通常大於 0.80 表示分類良好（MPLUS 提供，惜 Amos 目前尚未提供此指標）。依據 Muthen（2004）的定義：$Entropy = 1 - \dfrac{\sum\limits_{i} \sum\limits_{k} - \hat{p}_{ik} \ln(\hat{p}_{ik})}{n \ln(K)}$

式中 $\hat{p}_{ik}$ 代表個體 i 落在類別 k 的 posterior predictive 機率。

為便利 Amos 使用者的需要，筆者利用 Excel VBA 設計了一個程式集放在附錄五中，讓 Amos 讀者需要時就可以輕鬆取得 Muthen's Entropy 指標。

4. LMR（Lo-Mendell-Rubin Likelihood ratio test）：MPLUS 4 的 Tech11 已提供此統計量。LMR 考驗會提供 p 值，解釋是否可以拒絕 k−1 個類別的模式而支持 k 個類別的模式。其統計考驗之虛無假設與對立假設為：

H_0: # of latent classes = k−1，

H_1: # of latent classes = k。

此 p 值代表 k−1 個類別模式可以衍生該觀察資料的估計機率。因此，低的 p 值反映出 k−1 個類別模式會被拒絕，而接納 k 個類別的模式。通常假如 p 值小於 0.05，研究者會支持 k 個類別的模式，表示增加一個類別可以顯著改善模式之適配度。

5. BLRT(bootstrapped likelihood ratio test): MPLUS 4 的 Tech14 已提供此統計

量。BLRT 亦會提供 p 值,解釋方法如同 LMR。

6. 所分派的類別成員至少大於 2,否則 Amos Bayesian SEM 將無法計算 Posterior Predictive probability(參見圖 11-12-2)。遇到所分派的類別成員小於 2 時,應考慮降低預設之組別數。

圖 11-12-2　類別成員小於 2 警告視窗

　　根據(Nylund, Asparouhov, & Muthen, 2007)的類別個數決定之模擬研究,發現 BLRT 指標的效能比 LMR 還正確,也比 BIC 指標效能還好。因此,BLRT 是決定類別個數的最佳選擇,BLRT 唯一的缺點是費時、費力。不過這些適配度指標不可視為金科玉律(golden rules),研究者於進行潛在類別個數的決定時,仍須參考相關之理論與實質差異的意義。因此,混合模式個數的適切性,須有理論或實徵經驗上的依據之外,這些分割出來的次群體有明顯的區隔嗎?他們之間的區隔具有實質的意義嗎?也是研究者須深思的重點。

柒、Amos 混合模式之操作步驟

　　Amos 混合模式分析必須透過「Bayesian Estimation」執行之,操作的步驟首先要先分辨清楚有無 Training Data,才能正確輸入資料與檔案連結。茲就此兩類資料,分述 Amos 之操作方法如下:

一、事先分派的 Training Data

　　由於事先對於分成幾組已具部分資訊,研究者須先設定群組個數與名稱,或者研究者可以利用散佈圖的分析，暫時規劃模式型態的組別數。以 Amos 操作手冊例子 34 作說明，由圖 11-13 散佈圖型態可知，花瓣寬度與花瓣長度關係的組態有三種。

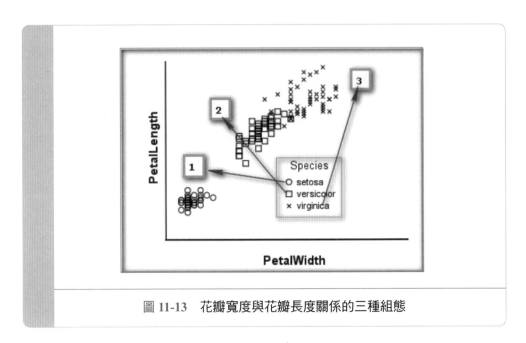

圖 11-13　花瓣寬度與花瓣長度關係的三種組態

　　首先，須打開 Amos 的功能表單「Analyze」，點選其下之「Manage Groups」進行三個組別的設定。因此須在圖 11-14 之「Manage Groups」視窗內鍵入第一組名稱「PossiblySetosa」。

圖 11-14　Amos 的管理視窗

接著，利用 Amos 組別管理視窗，設定另一組別名稱，按下「New」以增加新組別。接著利用 Amos 的「Data File」的視窗（參見圖 11-16），進行資料檔案之連接（資料檔之建立格式如本章第肆節所述），並進行分組變數「Grouping Variable」與分組值「Group Value」的設定（參見圖 11-15-1 &圖 11-15-2），這個步驟要重複三次。

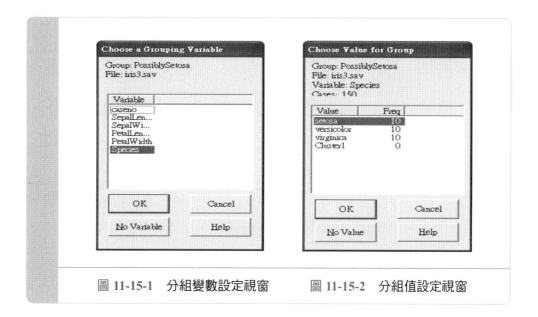

圖 11-15-1　分組變數設定視窗　　圖 11-15-2　分組值設定視窗

三組全部設定完成之後，即可按下圖 11-15-1 & 圖 11-15-2 視窗中的「OK」。其次，在 Amos 功能表單「File」下，點選「Data Files」，出現「Data Files」視窗後，再勾選圖 11-16 視窗內「Allow non-numeric data」，「Assign cases to groups」，之後即可按下圖 11-16 視窗中的「OK」。接著，在 Amos 徑路圖編輯視窗中，進行理論模式徑路圖的設計（參見圖 11-18 右下角）。由圖 11-16 內容知，三組的資料檔案均為「iris3.sav」，共有 150 筆資料等待分派，其中各組均有 10 筆為身分已知的訓練資料（10/150）。

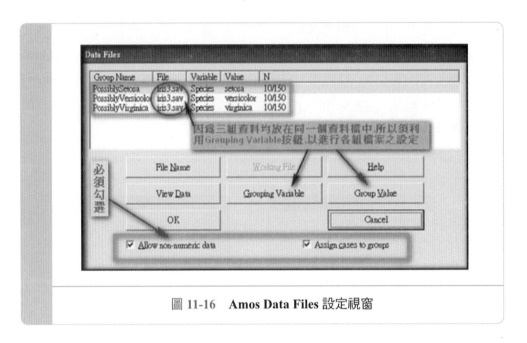

圖 11-16　**Amos Data Files 設定視窗**

　　因為在 Amos 貝氏 SEM 中必須使用原始資料,進行觀察變項的平均數與截距之估計,所以須在分析屬性視窗中,勾選圖 11-17 內之「Estimate means & intercepts」選項。

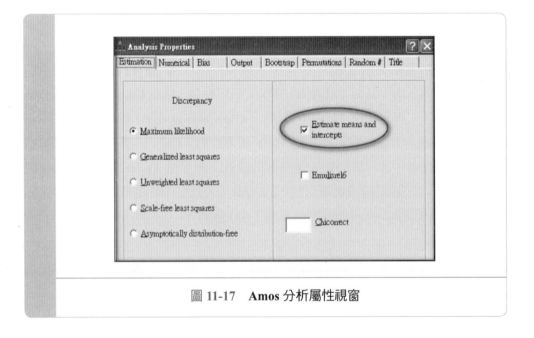

圖 11-17　**Amos 分析屬性視窗**

最後，打開圖 11-18 中 Amos 的功能表單「Analyze」，點選其下之「Bayesian Estimation」，即可進行貝氏混合模式的統計分析。

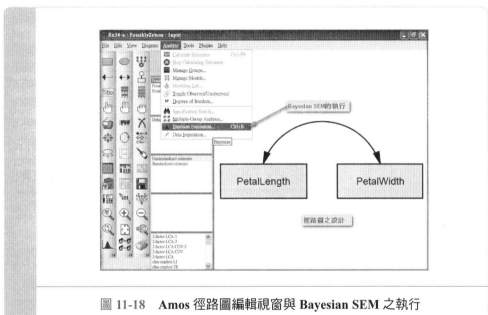

圖 11-18 **Amos 徑路圖編輯視窗與 Bayesian SEM 之執行**

二、事先未分派的 Training Data

沒有 training data 的混合模式分析，亦須利用 Amos 的「Data File」的視窗進行資料連接，但不需須界定「Group Value」，其餘 Amos 的操作步驟跟前述含有 training data 的混合模式分析大致雷同，在此不再贅述。另外，當您不確定到底潛在類別有幾組時，您可以多跑幾次混合模式分析。例如，第一次跑一個僅含一組的非混合模式分析，其次跑一個兩組的混合模式分析，或再跑一個三組的混合模式分析，以此類推評估看看哪一個模式較具有實質意義與適配性。

捌、常用混合模式之實例解說

混合模式的分析，主要含有以下幾大工作：1.界定模式，2.檢驗模式是否可以辨識，3.估計各類別中之模式參數，4.確定潛在類別個數與5.考驗模式參數是否達到統計上之顯著水準，並且確認是否具有實質意義。這些工作是研究者在進行以下相關之統計分析時，都必須面對的主要工作。以下將以常用的潛在側面圖分析、CFA 混合模式、SEM 混合模式、混合回歸模式、與成長混合模式為例，進行 Amos 之實例操作解說與結果之剖析。

一、潛在側面圖分析

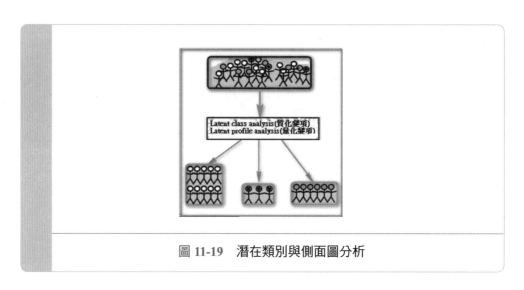

圖 11-19　潛在類別與側面圖分析

潛在側面圖分析（Latent profile analysis，簡稱 LPA），與潛在類別分析（Latent class analysis）相似，但處理指標是連續屬性的變項（參見圖 11-19）。LPA 分析的對象是人（person-center），目的在將類似的個體歸入同一類，統計方法類似群聚分析與區別分析，唯一差異之處是分類變項事先並未知悉。LPA 最早由 Lazarsfeld 與 Henry（1968）所創用。如同 K-means 群聚分析，潛在類別的數目通常並非預先設定好的。類別的數目可透過事後適配度指標決定之，各類別的屬性亦是事後才決定的。就每一類別，LPA 須估計每一觀察值落在該類別的機率。每一觀察值橫跨各類別的機率和等於 1。因為 LPA 分析的對象是連續屬性的變項，LPA 分析須符合以下兩個基本假設：

(1)每一類別內的觀察變項獨立無關（local independence），

(2)觀察變項成常態分配。

設有一個 LPA 含有 p 個觀察變項（i = 1，…，p）且成常態分配，K 類別（j = 1，…，K），這 p 個觀察變項的聯合密度函數為：

$$f(\mathbf{X}_i) = \sum_{j=1}^{K} \eta_j \prod_{i=1}^{p} \frac{1}{\sqrt{2\pi\,\sigma_{ij}^2}} \exp\left(\frac{-(x_i - \mu_{ij})^2}{\sigma_{ij}^2}\right)$$

η_j 個體在類別 j 之機率（總合需為 1），

x_i 觀察變項 i 的反應值，

μ_{ij} 類別 j 之觀察變項 i 的平均值，

$\pi = 3.14159$，

σ_{ij} 類別 j 之觀察變項 i 的變異數。

以下將以 MPLUS 的實例 7.9 中的資料，進行 Amos 的潛在側面圖分析，接著者再比較兩個軟體的分析結果。本徑路圖之設計如圖 11-20 所示，四個觀察變項間無關聯性，預定類別數為 2（C1 & C2）。

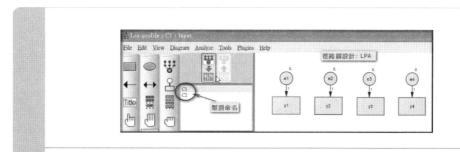

圖 11-20　潛在側面圖分析的組別設定與徑路圖設計

接著，必須進行組別設定、資料連接（LCA-Profile.sav）、分析屬性之設定等之工作，這些固定之步驟已如前述，不在此贅述。以下將針對 Amos & MPLUS 兩個軟體的分析結果，進行比較分析。由圖 11-21 Amos Bayesian SEM 的視窗頂部笑臉知，MCMC 的聚斂統計量（CS）已達滿意水準（<1.002），顯示不須再進行抽樣了。

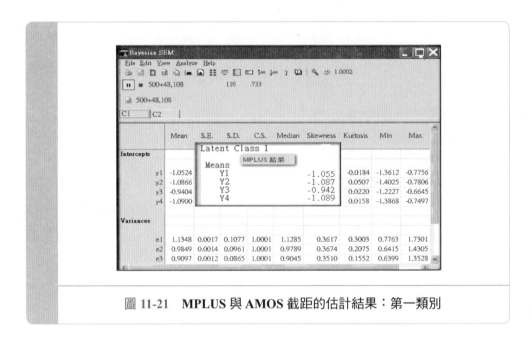

圖 11-21　MPLUS 與 AMOS 截距的估計結果：第一類別

圖 11-21 內容係對於第一類別之分析結果，MPLUS（參見內部小視窗，Y1~Y4）與 AMOS（y1~y4）對於截距的估計結果稍有出入（差異<0.01），係因使用不同估計方法所致（MPLUS 使用 ML）。注意，在 Amos 的輸出表單中，所稱的截距（Intercepts）就是 MPLUS 報表中的平均數（Means）。

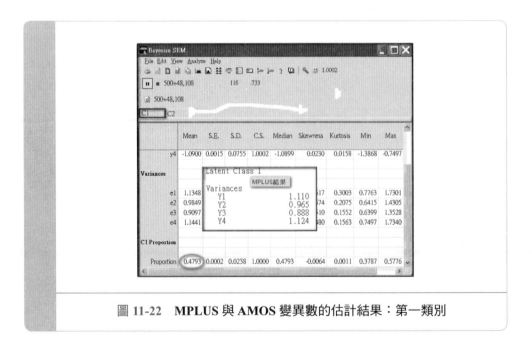

圖 11-22　MPLUS 與 AMOS 變異數的估計結果：第一類別

由圖 11-22 知，MPLUS（參見內部小視窗，Y1～Y4）與 AMOS（e1～e4）的各變異數估計結果亦稍有出入，係因使用不同估計方法所致（MPLUS 使用 ML）。另外，由圖 11-22 亦知，個體在第一個類別所佔的比率為 0.4793（比較圖 11-25 的 MPLUS 機率值）。

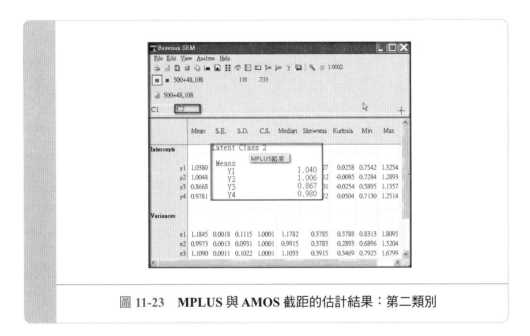

圖 11-23　**MPLUS 與 AMOS 截距的估計結果：第二類別**

圖 11-23 內容係對於第二類別的分析結果，MPLUS（參見內部小視窗，Y1～Y4）與 AMOS（y1～y4）分析結果稍有出入，係因使用不同估計方法所致（MPLUS 使用 ML）。在 Amos 的輸出表單中，所稱的截距（Intercepts）就是 MPLUS 報表中的平均數（Means）。請注意類別一與類別二之平均數具有很大之區隔（一為負值，一為正值）

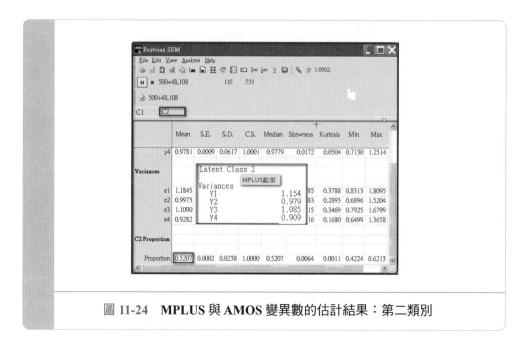

圖 11-24　MPLUS 與 AMOS 變異數的估計結果：第二類別

　　由圖 11-24 知，MPLUS（參見內部小視窗，Y1～Y4）與 AMOS（e1～e4）的各變異數估計結果亦稍有出入，係因使用不同估計方法所致（MPLUS 使用 ML）。另外，由圖 11-25 亦知，個體在第二個類別所佔的比率為 0.5207。個體分派在第一、二個類別所佔的比率，Amos 與 MPLUS 的分析結果似乎並無顯著差異（比較圖 11-25 的 MPLUS 機率值）。

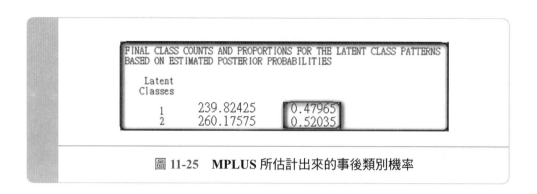

圖 11-25　MPLUS 所估計出來的事後類別機率

　　研究者在 LPA 分析後，可以將各類別的變項平均數估計值，繪製成如圖 11-26 的側面圖，以了解各觀察變項在各類別上是否有顯著的區隔。圖 11-26 的側面圖可以利用 SPSS 或 MPLUS 繪製之。

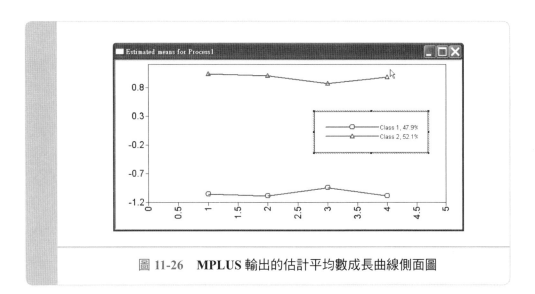

圖 11-26　MPLUS 輸出的估計平均數成長曲線側面圖

至於模式適配度之評估，在 Amos 中僅有 Posterior predictive p 值，本例的 p 值為 0.60（參見圖 11-27），很接近理想值 0.50。研究者如有需要，可以利用圖 11-31 中的類別估計機率（P(Cluster 1) & P(Cluster 2)），計算 Muthen's Entropy 指標。

圖 11-27　Amos 的適配度指標輸出視窗

模式適配度之評估，在 MPLUS 報表中含有較多之適配度指標可用，其中 Entropy 指標值為 0.909（參見圖 11-28），亦顯示分類的品質甚佳。研究者亦可利用筆者設計之程式計算 Muthen's Entropy 指標（參見圖 11-29）。

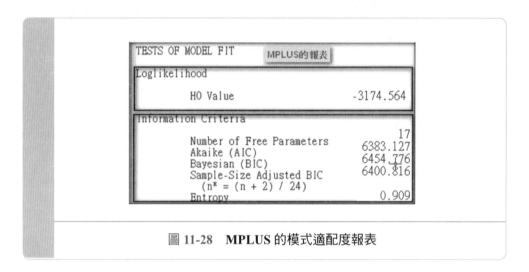

圖 11-28　**MPLUS** 的模式適配度報表

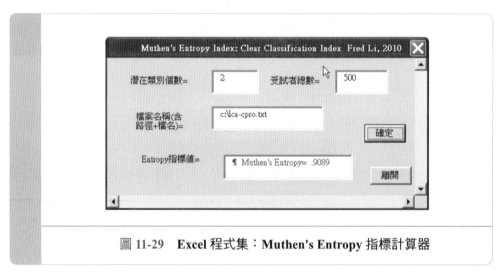

圖 11-29　**Excel** 程式集：**Muthen's Entropy** 指標計算器

Amos 也可以輸出個體在各類別上之機率（點選圖 11-30 視窗中查看機率的圖像），點選後，就會跳出「Posterior Predictive Distributions」的視窗，由圖 11-31 知，個體 1 在 Cluster 1 的機率為 1.00，而在 Cluster 2 上之機率為 0.00。

圖 11-30　Amos 的貝氏 SEM 輸出視窗

	y1	y2	y3	y4	P(Cluster1)	P(Cluster2)
1	-0.723313	-1.590425	-1.997867	-0.361506	**1.00**	0.00
2	2.231216	-0.310479	-1.175523	2.15354	0.00	**1.00**
3	-1.291729	0.614144	-0.74046	0.234121	**0.81**	0.19
4	0.011013	-1.608493	0.679075	-0.834998	**0.97**	0.03
5	-0.045636	0.767698	-2.29254	-2.523112	**1.00**	0.00
6	-4.053969	-2.266273	-0.677409	0.20499	**1.00**	0.00

圖 11-31　Amos 的 PPD 報表

　　注意，Amos 在此「Posterior Predictive Distributions」視窗中，並未提供拷貝與輸出之功能。因此，請研究者使用「Ctrl+C」→「Ctrl+V」將個案在各組之機率輸出，以便後續之統計分析；例如，計算 Muthen's Entropy 指標。筆者建議您先標註欲輸出之欄位，再利用「Ctrl+C」拷貝之，接著打開一份 Word 的空白檔案，利用「Ctrl+V」複製到 Word 檔案中。最後，請以純文字檔存檔，以便計算 Muthen's Entropy 指標。

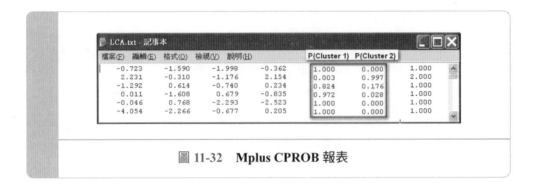

圖 11-32　**Mplus CPROB 報表**

　　為便利讀者之實地操作與分析，MPLUS 的語法程式亦摘要如圖 11-33 所示，程式中的「save is cprob」表示要輸出個別的 Posterior Predictive Distributions（參見圖 11-32），而程式中的「PLOT」指令，表示要輸出如圖 11-26 的成長曲線側面圖。比較圖 11-31 與圖 11-32 中之兩組 p 值知，兩個統計軟體（AMOS & MPLUS）所估計的個案在各類別的分派機率相當類似。

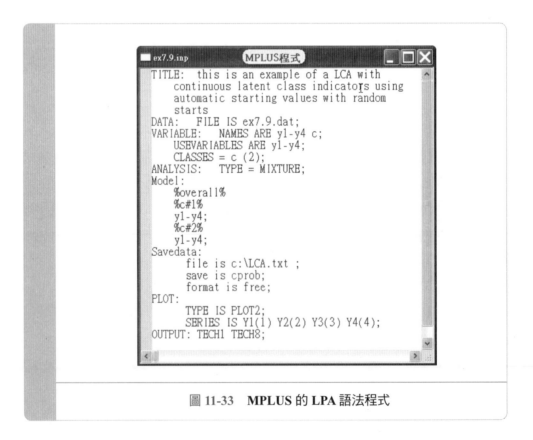

圖 11-33　**MPLUS 的 LPA 語法程式**

二、CFA 混合模式

　　母群之異質性（population heterogeneity）可以是顯性或隱性的變項，如果是顯性常稱為 Groups，例如性別，研究者常運用多群組分析資料；假如異質性屬於隱性變項，研究者可以運用潛在類別模式（latent class models）來分析資料。近年來，因子混合模式（Factor mixture models，簡稱 FMM）漸受研究者的重視與使用，它結合了 Latent class（主在進行受試者的分類）與 common factor 模式（適用於單一同質性群體，因子係連續變項，主在題目的分類），旨在用來探索隱性之母群異質性（質或量具有差異性）問題（Lubke & Muthen, 2005）。而顯性的異質性變項可作為分析模式之共變項或調節變項，以進行多群組分析。理論上，FA 模式與 LCA 是 FMM 的特例。假如類別內的變異量設定為 0，而類別內之觀察變項互為獨立（i.e., local independence 假設成立），FMM 即會簡化為 latent class 模式，因為 factors 已從模式中消失了。

　　另外，假如設定為一個類別，FMM 即會簡化為共同因素模式，因為 latent class 已從模式中消失了。從圖 11-34 中知，潛在別變項(C)，代表潛在次群體，會影響測量模式之參數（截距&斜率）與因素變異數。量表測量不變性檢驗亦可透過多個 FMM 分析之，假如單一類別 FMM 模式（亦即傳統因素分析模式）與多類別 FMM 模式的適配度相似，即是顯示該測量模式具測量不變性（Lau, & Pastor, 2007）。

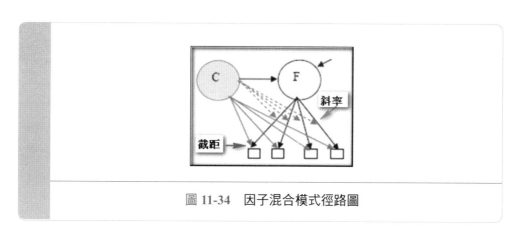

圖 11-34　因子混合模式徑路圖

　　含有 k 個類別的因子混合模式可界定如下：

$$y_{ik} = \tau_k + \Lambda_k \eta_{ik} + \varepsilon_{ik}$$

$$\eta_{ik} = \alpha_k + \zeta$$

式中 y_{ik} 代表個體 i 在第 k 個類別上，對 p 個變項上之反應向量，Λ_k 代表 p 個變項在各因素上之因素負荷量矩陣，τ_k 代表 p 個變項的截距向量，ε_{ik} 代表 p 個變項的誤差向量；α_k 代表第 k 個類別上個因素截距的向量，η_{ik} 代表個體 i 在第 k 個類別上，在各個因素上的因素分數向量。

為檢驗單因子混合模式之功能，筆者利用 ConQuest 測驗分析軟體模擬產製高、低能力組在四個 Likert-type 題目上之資料，程式設計如圖 11-35 內容所示。高、低能力組之資料，共產製 500 筆資料，高能力組 300 筆，低能力組 200 筆。本模擬資料（M-CFA.sav）之 Amos 單因子徑路設計，參見圖 11-36 所示。

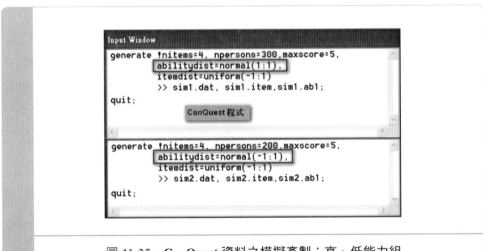

圖 11-35　ConQuest 資料之模擬產製：高、低能力組

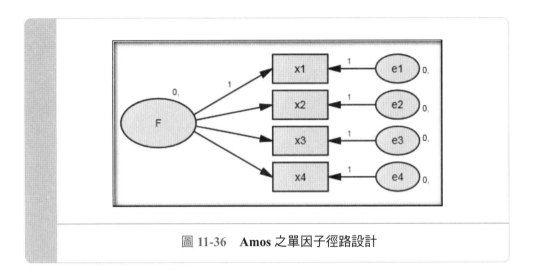

圖 11-36　Amos 之單因子徑路設計

各組資料檔案之連結方法已如前述,不再贅述。由圖 11-37 知,單組之 Bayesian SEM 適配度指標 p=0.00,很顯然地理論模式與資料並不適配。請比較此 p 值與圖 11-41 中雙組之 Bayesian SEM 適配度指標之 p 值,看看模式之適配度是否有顯著改善。就數字資料而言,Amos 亦會計算 DIC(Deviance information criterion)指標,本指標乃是 AIC 與 BIC(這兩個指標在 MCMC 中不易求得)之延伸,最適合於事後分配呈現多變項常態分配時,可用來進行模式間之選擇或比較,以決定哪一模式之適配度與精簡性較佳。最低 DIC 值的模式乃係最能預測與目前資料集相同結構的模式。本指標亦適用於非隔宿的模式(non-nested models)間之比較,是其一大特色。一般來說,DIC 大於 10 以上,意謂著兩個模式間具有明確之差異性,如在 10 以下則表示兩個模式間沒有明確之差異性。在貝氏 SEM toolbar 視窗中,按 Fit Measures 鈕 即可獲得此適配度指標。至於「Effective number of parameters」則可用來評估一個模式的複雜度,此值愈大該模式愈能與資料相適配,但卻愈不精簡。

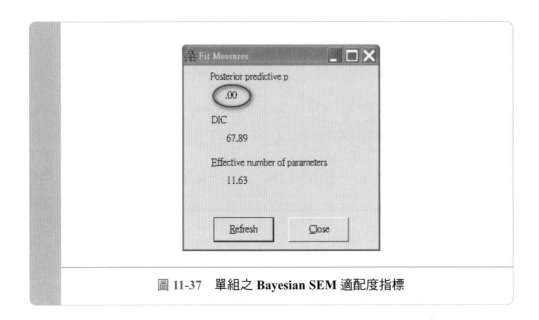

圖 11-37　單組之 **Bayesian SEM** 適配度指標

　　圖 11-38　係單組之 Bayesian SEM 之 MCMC 估計參數，含有回歸係數、截距與因子之變異數。

圖 11-38　單組之 Bayesian SEM 之 MCMC 估計參數

為進行單因子混合模式分析，首先需要進行高、低能力組之組別設定（參見圖 11-39）。

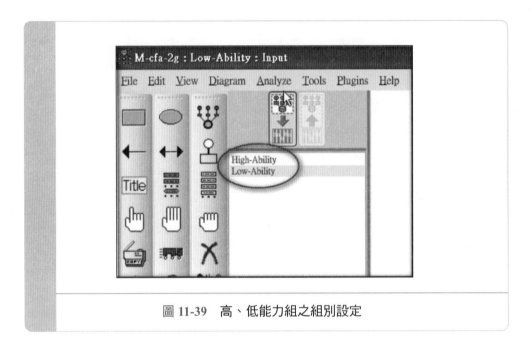

圖 11-39　高、低能力組之組別設定

　　接著，進行高、低能力組之資料連結與個案分派之選定（參見圖 11-40），
注意兩組中各含有一些 training data，以避免組別標籤錯亂現象。

圖 11-40　高、低能力組之資料連結

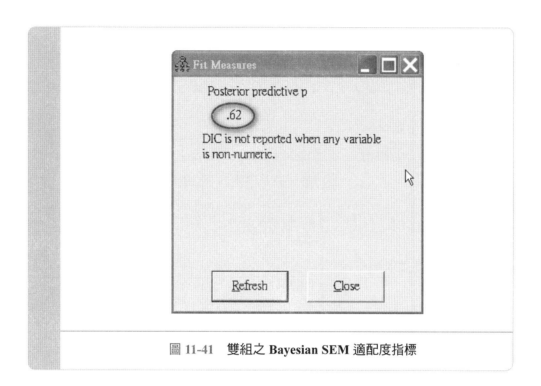

圖 11-41　雙組之 **Bayesian SEM** 適配度指標

　　圖 11-41 中雙組之 Bayesian SEM 適配度指標之 p 值為 0.62（較接近理想值 0.50），模式之適配度已比單組之適配度指標之 p 值（=0.00），顯著改善許多。注意，Amos 對於涉及潛在類別變項的混合模式之分析，並不報告 DIC。由此觀之，SEM 理論模式之不適配，有時可能與母群之異質性具有密切關聯。研究者如能找到構成異質性的類別，有助於改善理論模式之適配度，這正是混合模式的重要用途之一。

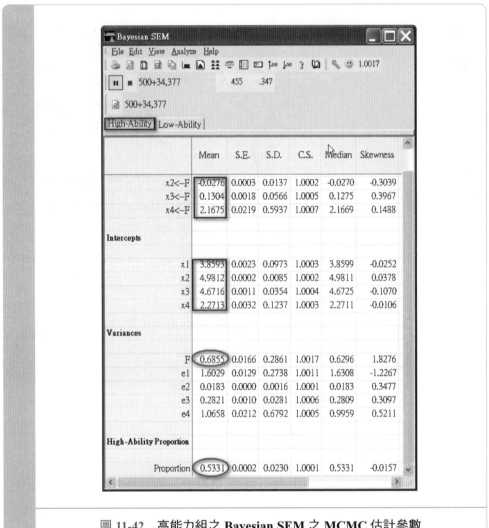

圖 11-42　高能力組之 Bayesian SEM 之 MCMC 估計參數

　　由圖 11-42 底端可知，高能力組佔了約 53%。由於 Bayesian SEM 視窗中並未提供標準化回歸係數，研究者如需報告高能力組之標準化回歸係數，可以利用下列公式求得。以 x4 變項為例：

$$\lambda_{x4} = \sqrt{1 - \frac{\text{var}(e4)}{b_{x4}{}^2 Var(F) + Var(e4)}}$$，將 x4 的未標準化回歸係數 2.1675，F 的變異數 0.6855，e4 誤差變異數 1.0658 帶入公式中，可以得到其標準化回歸係數

（$\lambda_{x4} = \sqrt{1 - \frac{1.0658}{2.1675^2 \times 0.6855 + 1.0658}} = .867$）。同理，x1～x3 的標準化回歸係

數，分別為 0.319、0.167 與 0.199。

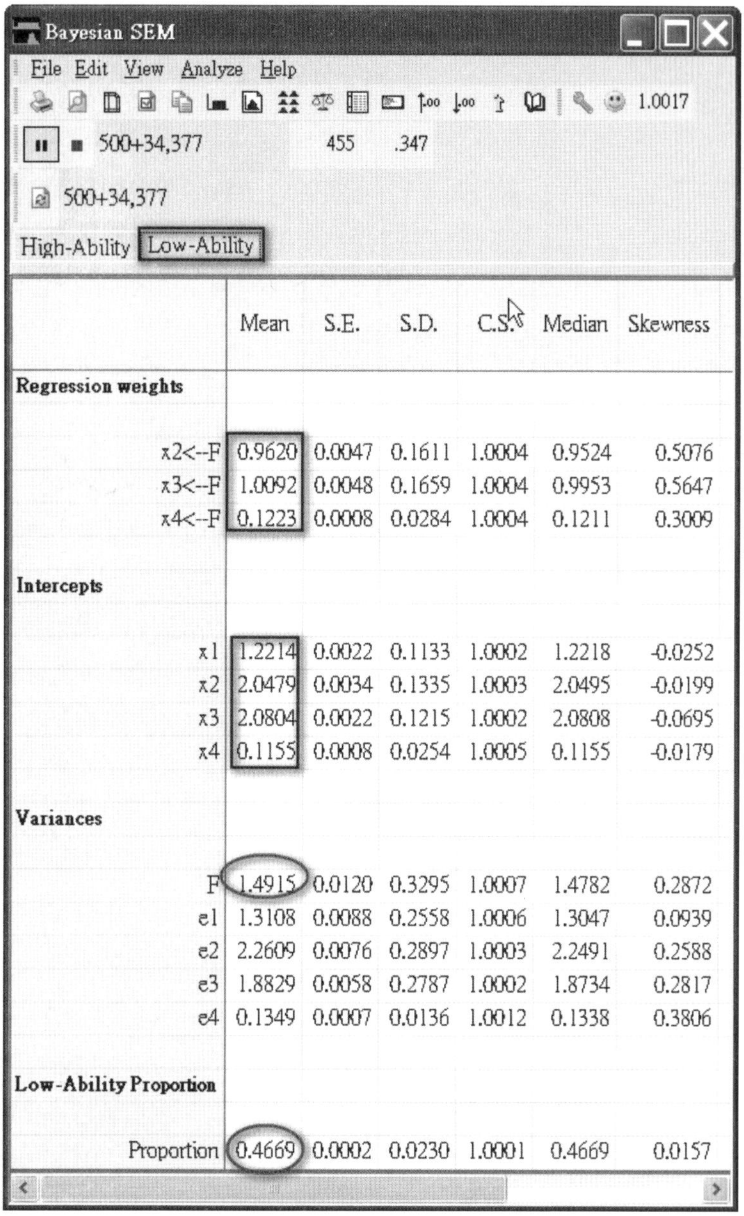

	Mean	S.E.	S.D.	C.S.	Median	Skewness
Regression weights						
x2<--F	0.9620	0.0047	0.1611	1.0004	0.9524	0.5076
x3<--F	1.0092	0.0048	0.1659	1.0004	0.9953	0.5647
x4<--F	0.1223	0.0008	0.0284	1.0004	0.1211	0.3009
Intercepts						
x1	1.2214	0.0022	0.1133	1.0002	1.2218	-0.0252
x2	2.0479	0.0034	0.1335	1.0003	2.0495	-0.0199
x3	2.0804	0.0022	0.1215	1.0002	2.0808	-0.0695
x4	0.1155	0.0008	0.0254	1.0005	0.1155	-0.0179
Variances						
F	1.4915	0.0120	0.3295	1.0007	1.4782	0.2872
e1	1.3108	0.0088	0.2558	1.0006	1.3047	0.0939
e2	2.2609	0.0076	0.2897	1.0003	2.2491	0.2588
e3	1.8829	0.0058	0.2787	1.0002	1.8734	0.2817
e4	0.1349	0.0007	0.0136	1.0012	0.1338	0.3806
Low-Ability Proportion						
Proportion	0.4669	0.0002	0.0230	1.0001	0.4669	0.0157

圖 11-43　低能力組之 **Bayesian SEM** 之 **MCMC** 估計參數

另外，由圖 11-43 底端可知，高能力組佔了約 47%。讀者如欲知低能力組之標準化回歸係數，請參照前述公式自行計算之。

	x1	x2	x3	x4	P(high)	P(low)
1	5	5	4	5	1.00	0.00
2	5	5	5	4	1.00	0.00
3	5	5	5	1	0.99	0.01
4	5	5	4	3	1.00	0.00
5	2	5	4	2	1.00	0.00
6	5	5	4	1	0.99	0.01
7	3	1	4	2	0.00	1.00
8	5	5	5	5	1.00	0.00
9	2	5	5	0	0.96	0.04

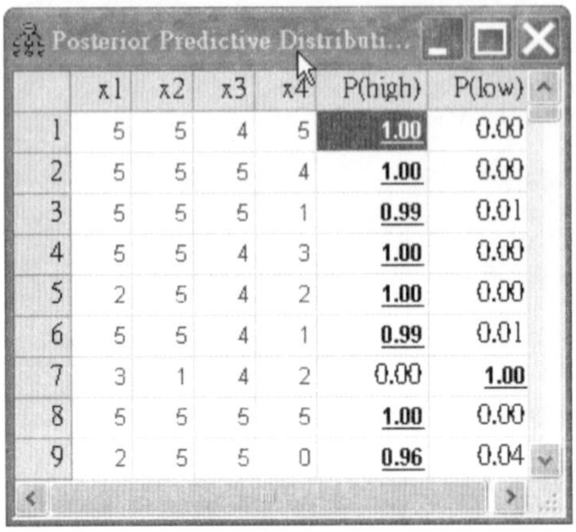

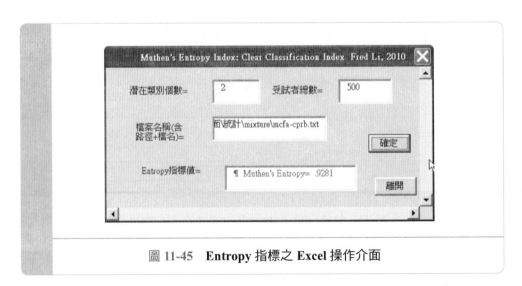

圖 11-44 高、低能力組之事後類別分派機率

研究者如欲拷貝圖 11-44 中之資料，筆者建議您先標註欲輸出之欄位，再利用「Ctrl+C」拷貝之，接著打開一份 Word 的空白檔案，利用「Ctrl+V」複製到 Word 檔案中。最後，請以純文字檔存檔，以便計算 Muhen's Entropy 指標，參見圖 11-45 之操作內容與結果。

圖 11-45 Entropy 指標之 Excel 操作介面

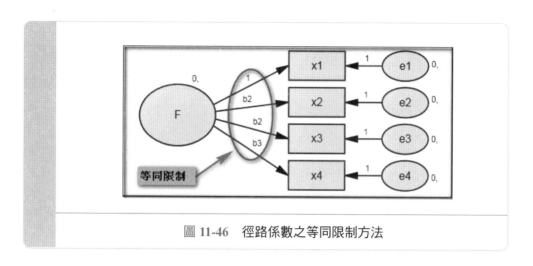

圖 11-46　徑路係數之等同限制方法

　　研究者可以利用圖 11-46 中徑路係數之等同限制方法，進行徑路參數之命名（賦予 b2，b3，b4，即表示兩組之徑路係數相同），亦即進行潛在組別間之徑路參數等同限制（因為兩組共用一個徑路圖），以檢驗這些徑路參數在潛在類別間是否具有參數不變性。考驗結果如圖 11-47 所示，似乎反應出這些徑路參數，在潛在類別間具有參數不變性（p=0.75）。

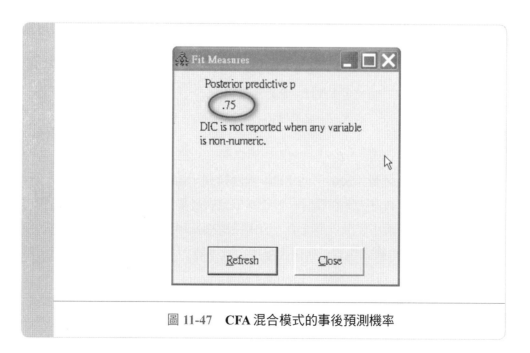

圖 11-47　**CFA** 混合模式的事後預測機率

三、SEM 混合模式

　　SEM 混合模式（簡稱 SEMM），假定各類別組成係一多變項常態分配，而各類別有各自的 SEM 模式，亦即有各自的平均數向量與共變數矩陣。SEMM 的聯合密度函數可界定如下：

$$f(y) = \sum_{k=1}^{K} \pi_k \phi_k(y | \mu_k, \Sigma_k)$$

　　式中 y 代表 p 個連續性觀察變項向量，K 表類別數，π_k 表類別比率，ϕ_k 代表各類別的多變項常態 PDF 函數（其平均數向量&共變數矩陣分別為 μ_k，Σ_k）。只含測量模式（CFA）的各類別的平均數向量&共變數矩陣，分別界定如下：

$$\mu_k = v_k + \Lambda_k \alpha_k$$
$$\Sigma_k = \Lambda_k \Psi_k \Lambda'_k + \Theta_k$$

　　式中 v_k 代表類別內 p 個變項的截距，Λ_k 代表類別內因素負荷量矩陣，α_k 代表類別內因素平均數向量，Ψ_k 代表類別內因素共變數矩陣，Θ_k 代表類別內測量誤差共變數矩陣。

　　如果包含測量模式與結構模式的各類別的平均數向量&共變數矩陣，可從 CFA 延伸界定如下：

$$\mu_k = v_k + \Lambda_k (I - B_k)^{-1} \alpha_k$$
$$= \Lambda_k (I - B_k)^{-1} \Psi_k [(I - B_k)^{-1}] \Lambda'_k + \Theta_k$$

　　式中 I 代表單元矩陣，B_k 代表類別內因素間之回歸係數矩陣。

　　以下將利用王慧豐（2009）的 SEM 理論模式，比較傳統 SEM 模式與混合模式之研究結果。該研究旨在探討一般正常學童與高風險學童之理論模式是否有差異，乃建構一個國小學童抗逆能力、因應策略與其學習適應表現的理論模式徑路圖如圖 11-48。本模式包含三個研究變項：抗逆能力（Resilience）、因應策略（Coping strategy）與學習適應（Learning adjustment）。該研究採用結構方程模式（Structural Equation Modeling，SEM）之方法考驗變項間的測量與結構關係。

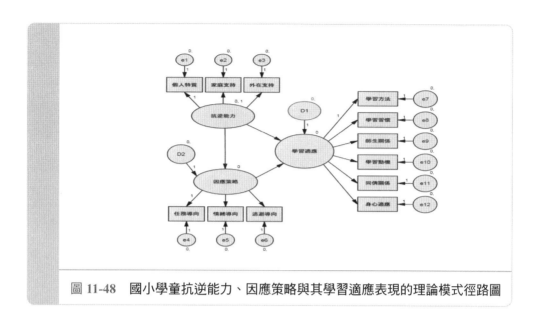

圖 11-48　國小學童抗逆能力、因應策略與其學習適應表現的理論模式徑路圖

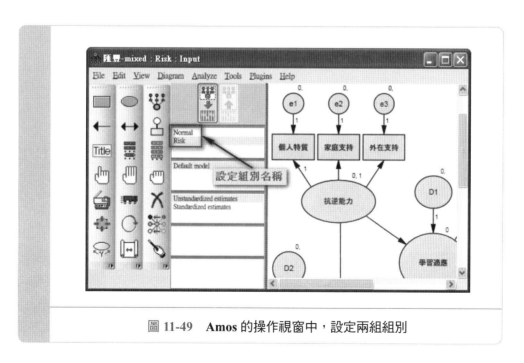

圖 11-49　**Amos** 的操作視窗中，設定兩組組別

　　首先，在圖 11-49 的 Amos 的視窗中，繪製徑路圖之後設定兩組組別名稱
（Normal & Risk）。接著，進行兩組資料的連結、「Grouping Variable」的選擇
與「Group Value」的設定，併勾選「Assign cases to groups」，如圖 11-50 所示，

以便進行混合模式之分析。詳細操作細節已如前述，在此不再贅述。

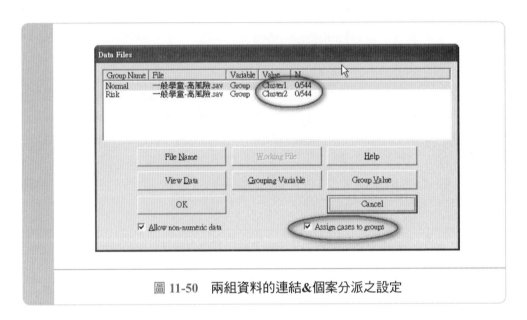

圖 11-50 兩組資料的連結&個案分派之設定

其次在圖 11-51 的分析屬性視窗中，研究者必須勾選「Estimate means &
intercepts」，才能進行混合模式分析。

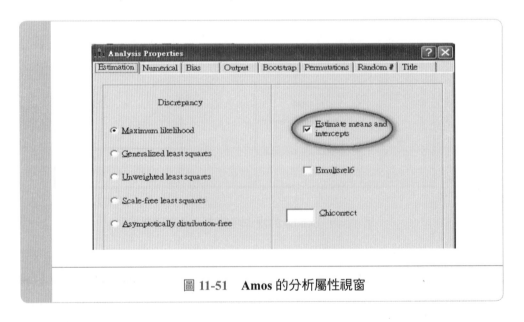

圖 11-51 Amos 的分析屬性視窗

最後，打開 Amos 的功能表單「Analyze」，點選其下之「Bayesian Estimation」進行統計分析。接著，就會出現如圖 11-52 之 Bayesian SEM 視窗，該視窗含有 MCMC 的統計量。當視窗的右上角出現笑臉 ☺，即表示抽樣分配已聚斂（1.0019 小於內定 1.002），意指分析之樣本已夠大而能獲得正確的事後摘要統計量。當推論不再依賴最初樣本起始估計值時，即表示獲得聚斂，亦即我們終於獲得一個不偏事後機率分配了，研究者即可停止抽樣。聚斂統計量（CS）小於內定 1.002 時（此標準研究者可以自調），Bayesian SEM 視窗會出現笑臉，否則會出現紅色的哭臉 ☹。圖 11-52 右上角之笑臉右邊的 CS 值表示所有參數估計之最大 CS 值（本例為 1.0019）。

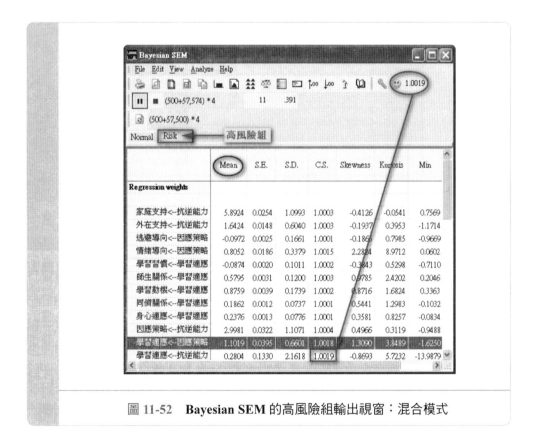

圖 11-52　**Bayesian SEM** 的高風險組輸出視窗：混合模式

另外，本混合模式分析因含有兩個類別，因此在圖 11-52 的左上方會出現兩個按鈕：「Normal」&「Risk」，假如按下「Risk」按鈕就會出現高風險組學生

的相關參數估計值；假如按下「Normal」按鈕就會出現正常學生的相關參數估計
值，參見圖 11-53。

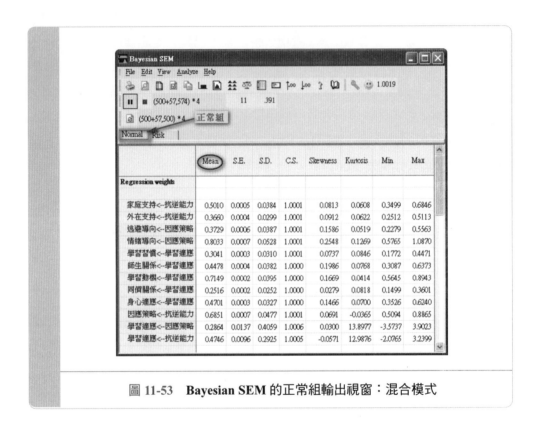

圖 11-53　**Bayesian SEM** 的正常組輸出視窗：混合模式

如果想改變 MCMC 估計法，請先在 Bayesian SEM 視窗中，點選「View」
下的功能表單「Options」，即會出現 Bayesian Options 視窗，參見圖 11-54。
Amos 除了提供 Random Walk Metropolis 演算法（又稱醉漢漫步法，因為每一步
的大小及方向均為隨機）之外，尚提供 Hamiltonian MCMC 演算法（是 Gibbs
與 Metropolis 漫步法之交替運用，試圖修正隨機漫步之行徑）。就數字資料而
言，Hamiltonian MCMC 法的演算速度比 Random Walk Metropolis 法快，因為
Hamiltonian MCMC 法會加大在樣本空間的移動步伐，促使樣本間之相關較小而
導致聚斂到目標母群的速度加快。

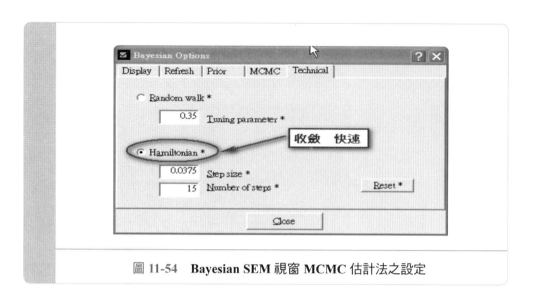

圖 11-54　Bayesian SEM 視窗 MCMC 估計法之設定

　　圖 11-55 為個案被分派到兩組之機率,係剪自圖 11-52 & 圖 11-53 的底部:
AMOS 報表中摘要出來的資訊,正常組的學生佔 0.76,高風險的學生佔 0.24。

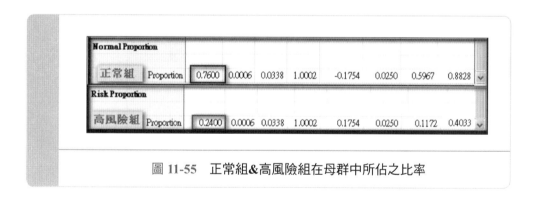

圖 11-55　正常組&高風險組在母群中所佔之比率

　　圖 11-56　係 Amos Bayesian SEM 的適配度指標:Posterior predictive p,本研
究之 p 值為 0.91,很顯然的並不是一個很適配的理論模式,距離理想值 0.50 甚
遠。根據王慧豐(2009)的理論修正模式,將圖 11-48 中 e6 & e8,e3 & e11 的共
變數參數進行釋放估計之,其 Posterior predictive P 將更趨近於理想值 0.50。

圖 11-56　**Bayesian SEM** 的適配度指標

研究者如欲查看個體在各類別的事後預測機率，請按下圖 11-57 中的 的圖像，就可出現如圖 11-58 之個體在各類別的事後預測機率。

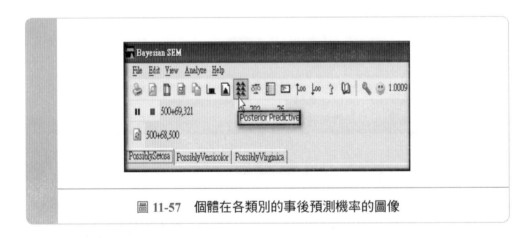

圖 11-57　個體在各類別的事後預測機率的圖像

個體在各類別的事後預測機率，可以用來計算 Entropy 指標，該指標的計算細節，參見前節 Entropy 的計算公式，在此不再贅述。

Posterior Predictive Distributions

	學習動機	同儕關係	身心適應	P(Cluster1)	P(Cluster2)
1	23	11	16	**0.93**	0.07
2	21	10	10	**0.99**	0.01
3	35	15	23	**1.00**	0.00
4	35	9	22	**0.72**	0.28
5	29	10	18	**0.95**	0.05
6	28	10	20	**0.99**	0.01
7	26	14	21	0.00	**1.00**
8	33	14	20	0.02	**0.98**
9	35	13	17	0.00	**1.00**
10	24	12	17	**0.99**	0.01

圖 11-58　個體在各類別的事後預測機率

本研究之「國小高風險學童」，係指九十六學年度全國公立國小高年級的學生中，因其個人生理、心理、家庭、學校、社會或文化等不利因素，以致有些面臨教育或學業失敗，亦或難以發展出健全的自尊與勤勉的習慣來因應生活的挑戰，無法發揮自我潛能的高危險群學生。其範圍包含各類型弱勢學生（王慧豐，2009, p.12）。

(一)身心障礙兒童。

(二)單親、隔代教養或低收入戶等學童。

(三)家中成員患有精神疾病、藥酒癮或自殺紀錄者。

(四)家中成員有犯罪紀錄者。

(五)父母婚姻關係複雜（離婚、分居、與人同居）。

以上這五類的分類暫稱為可觀察性之「顯性分類」，如利用 Amos 之混合模式加以分類者，可稱為不可觀察之「隱性分類」。這兩類的分派一致性，統計分析如下表 11-1。由此表知，利用前述五點分類法共有 366 位正常兒童，當中有 66 位被混合模式界定為高風險兒童（18.03%）；利用前述五點分類法共有 178 位高風險學生，當中有 125 位被混合模式界定為正常兒童（70.22%）。很明顯地，利用前述五點分類法的高風險學生，有高達 70%被誤判；而正常兒童亦有 18%被誤判。如能再利用混合模式進行驗證，研究結論應更具說服力。

表 11-1　「顯性分類」&「隱性分類」的一致性分析

	不一致	一致	合計
一般正常	66 (18.03%)	300 (81.97%)	366
高風險	125 (70.22%)	53 (29.78%)	178
合計	191	353	544

　　由圖 11-59 所示，隱性的高風險學生其在各個分量表上之題平均數均屬最低，而其隱性的正常兒童在各個分量表上之題平均數均屬最高。「顯性分類」的正常兒童與高風險學生的相對曲線則被「隱性分類」的正常兒童與高風險學生的曲線上下所包圍。此項分析結果亦顯示不管是顯性或隱性的側面圖型態頗為類似，但混合模式的分析結果更具區辨力，可以更有效區辨出高風險學生。

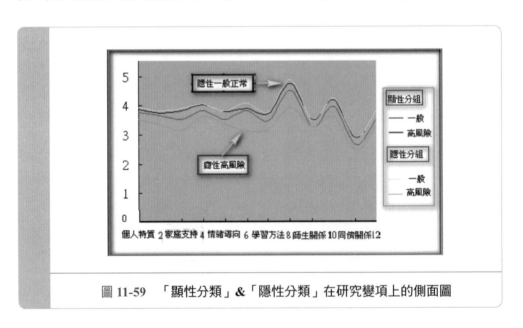

圖 11-59　「顯性分類」&「隱性分類」在研究變項上的側面圖

　　注意研究者可以使用「Ctrl+C」→「Ctrl+V」可將個案在各組之機率輸出，以便後續之統計分析。

四、混合回歸模式

　　混合回歸模式（Mixture regression modeling）適用於當您的提議回歸模

式不適用於全部母群體，而須使用不同回歸模式去適配不同次群體時（Ding, 2006），參見圖 11-60 & 圖 11-61。

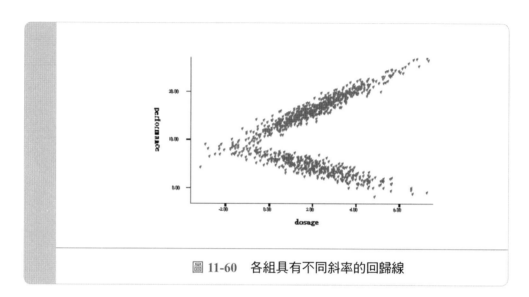

圖 11-60　各組具有不同斜率的回歸線

利用散佈圖的型態資訊可知，不同次群體有各自的回歸模式（參見圖 11-60），很顯然的兩組的斜率一正一負，兩變項（dosage & performance）的關聯性完全相反；而由圖 11-61 的散佈圖的型態可知，各組斜率雖然相同，但卻具有不同截距的回歸線。

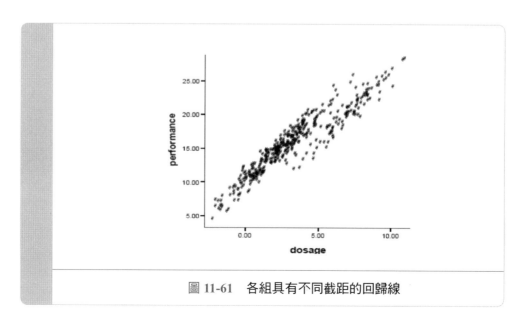

圖 11-61　各組具有不同截距的回歸線

今設有一簡單線性回歸混合模式：$yi|(C_i = c) = \beta_{0c} + \beta_{1c}\, xi + \varepsilon_i$，其截距與斜率會隨著潛在類別（C）的不同而變化，參見圖 11-62。

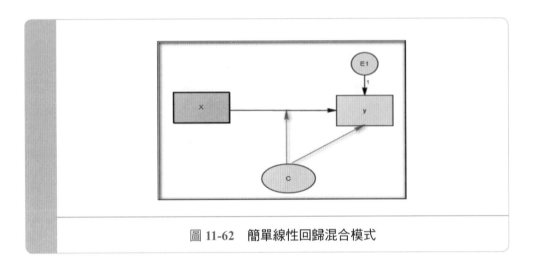

圖 11-62　簡單線性回歸混合模式

圖中較黑實線箭頭代表回歸關係（x→y）。C→y 的右斜灰色線代表 y 的截距（平均數）會因潛在類別不同而改變。另一條垂直灰色線代表斜率會因潛在類別不同而改變。

前述線性回歸混合模式的密度函數可界定如下：

$$f(y|X,\phi) = \sum_{k=1}^{K} \alpha_k f_k(y|X,\beta_k,\sigma_k)$$

式中 $0<\alpha_k\leq 1$，$\sum_{k=1}^{K} \alpha_k = 1$，$f_k(y|X, \beta_k, \sigma_k)$ 係以平均數 $X'\beta_k$，變異數為 σ_k^{2} 的常態分配密度函數，X 為 p 個預測變項的 px1 向量，β_k 為參數向量，$\phi = (\alpha_k, \beta_k, \sigma_k)$。

以下將以 Amos 手冊中第 36 個例子，說明簡單線性回歸混合模式的操作步驟。首先，建立一簡單回歸模式如圖 11-63 所示，假設「dosage」係心身性疾病的用藥量，「performance」係個案之行為表現。

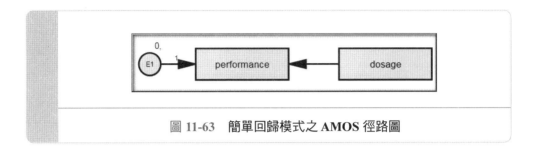

圖 11-63　簡單回歸模式之 AMOS 徑路圖

　　根據前述圖 11-60 散佈圖的分部狀態可知，兩個不同次群體有各自的回歸模式，很明顯的各組也具有不同的斜率。其中一組隨著用藥量的增加，其成員的表現亦逐漸改善；另外一組隨著用藥量的增加，其成員的表現卻逐漸下降。此種變項間不一致之關係，最適合於混合回歸模式的分析。

圖 11-64　兩組檔案的銜接與相關之個體分派之設定

　　接著，須打開 Amos 的功能表單「Analyze」，點選其下之「Manage Groups」進行二個組別的設定，並進行兩組檔案的銜接與相關之個體分派之設定（參見圖 11-64）。因為在 Amos 貝氏 SEM 中必須使用原始資料，進行觀察變項的平均數與截距之估計，所以須在分析屬性視窗中，勾選「Estimate means & intercepts」選項。最後，打開 Amos 的功能表單「Analyze」，點選其下之

「Bayesian Estimation」進行貝氏混合模式的統計分析。

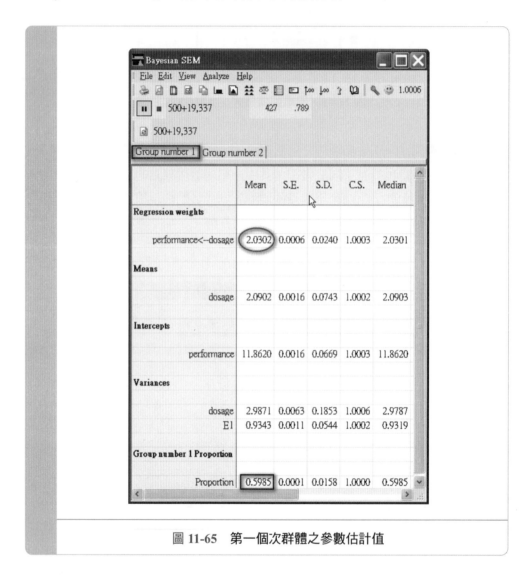

圖 11-65 第一個次群體之參數估計值

由圖 11-65 & 圖 11-66 底部知，第一個次群體在母群中佔了約六成左右，而第二個次群體在母群中佔了約四成左右。

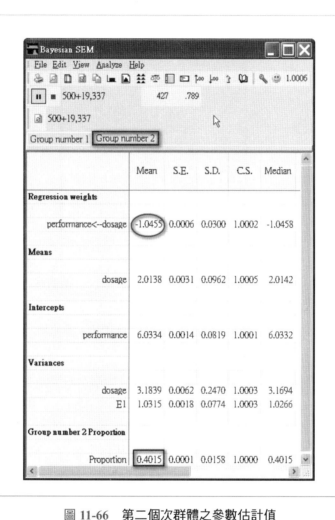

圖 11-66　第二個次群體之參數估計值

　　比較上述圖 11-65 & 圖 11-66 可知，兩組之回歸係數與截距均有顯著差異，尤以回歸係數差異最明顯，第一個次群體之回歸係數為正值（2.0302），第二個次群體之回歸係數為負值（-1.04550，兩組之藥效完全相反，雖然兩組之起點行為亦有差異（11.8620 vs 6.0334）。

圖 11-67 個案在兩個次群體之分派機率

　　個體在各類別的事後預測機率（參見圖 11-67），可以用來計算 Entropy 指標，參見前節 Entropy 的計算公式。欲將 Amos 的 Bayesian SEM 視窗中的事後預測機率存在文字檔中，研究者需使用「Ctrl+C」→「Ctrl+V」將個案在各組之機率存在文字檔中，以便後續 Muthen's Entropy 指標之統計分析，參見圖 11-68。

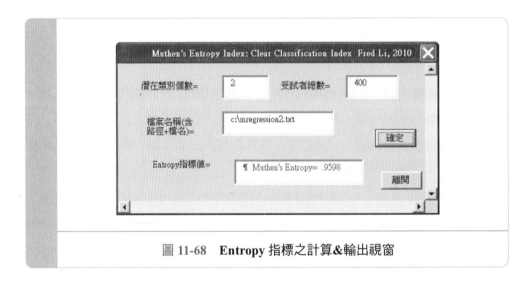

圖 11-68 **Entropy** 指標之計算&輸出視窗

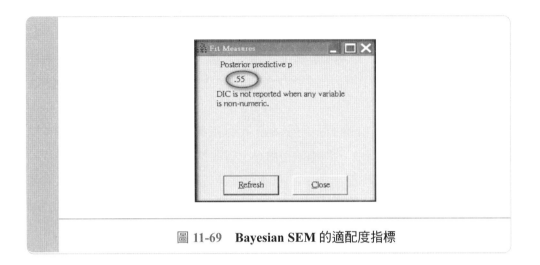

圖 11-69　**Bayesian SEM** 的適配度指標

根據 p 值（=0.55）與 Entropy 值（=0.9598）之結果（參見圖 11-68 & 圖 11-69），兩組之混合回歸模式甚為適配，個體之分派亦甚為明確。足見該資料需要兩組回歸模式才能正確解釋「用藥量」與「行為表現」間之關係。

五、Growth 混合模式

在傳統的成長模式，基本上都假設單一的同質母群模式可以詮釋所有類別的個別差異。傳統的成長模式分析，使用單一的截距平均數與單一的斜率平均數來詮釋全體受試者的成長起點與改變速率，因此受試者在成長型態上的任何差異均視為隨機效果。但此種同質母群的基本假設不一定成立，傳統的成長模式就不適合用來分析成長的起始狀態與變化的型態，因為不同的潛在類別可能有全然不同的成長型態。反觀成長混合模式（Growth Mixture Modeling，簡稱 GMM）雖也是一種縱貫性分析，但旨在探索在成長軌跡上之質化差異，亦即在探究成長參數截距（起點行為）與斜率（改變速率）的異質性。換言之，成長混合模式中，每一潛在類別 c 都有不同的截距（η_{0i}）與斜率（η_{1i}），請參見下列成長模式方程式。

$$y_{ti}|(C_i = c) = \eta_{0i} + \eta_{1i}\alpha_t + \varepsilon_i$$
$$\eta_{0i} = \alpha_{c0} + \zeta_{c0i}$$
$$\eta_{1i} = \alpha_{c1} + \zeta_{c1i}$$

GMM 的混合密度函數（PDF）可界定為：$f(y)=\sum_{k=1}^{K}P_k f_k(y)$，其中 P_k 係次群體 k 在母群中所佔之比率，f_k 為次群體 k 的密度函數。由此觀之，GMM 的參數估計涉及次群體 k 在母群中所佔比率之估計與一般成長模式參數之估計（如截距&斜率）。

經由不同軌跡類別（trajectory classes）可以捕捉到成長的連續性變化的差異情形（不同的截距與斜率），併檢驗在概念上這些潛在類別是否具有明顯區隔。

茲以 2005～2009 年亞太地區、非洲與歐洲等地的實際國民生產總值成長率（Real GDP growth rates）資料為例（Statistical Annex, IMF World Economic Outlook, 2009; Economic and Social Survey of Asia and the Pacific, 2009; IMF, 2010），演示如何利用 Amos 之 Bayesian SEM 進行經濟成長混合模式分析。為了進行成長混合模式分析，Amos 使用者須於圖 11-70 的資料檔案中，增加一個 Group 的組別分派變項。圖中 data 係筆者上網共蒐集了 131 個國家或地區在 2005～2009 年之實際國民生產總值成長率之資料。

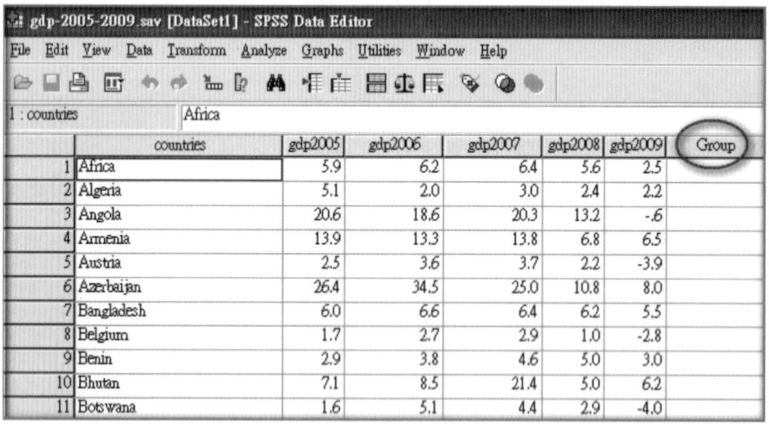

	countries	gdp2005	gdp2006	gdp2007	gdp2008	gdp2009	Group
1	Africa	5.9	6.2	6.4	5.6	2.5	
2	Algeria	5.1	2.0	3.0	2.4	2.2	
3	Angola	20.6	18.6	20.3	13.2	-.6	
4	Armenia	13.9	13.3	13.8	6.8	6.5	
5	Austria	2.5	3.6	3.7	2.2	-3.9	
6	Azerbaijan	26.4	34.5	25.0	10.8	8.0	
7	Bangladesh	6.0	6.6	6.4	6.2	5.5	
8	Belgium	1.7	2.7	2.9	1.0	-2.8	
9	Benin	2.9	3.8	4.6	5.0	3.0	
10	Bhutan	7.1	8.5	21.4	5.0	6.2	
11	Botswana	1.6	5.1	4.4	2.9	-4.0	

圖 11-70　亞太地區、非洲與歐洲在 2005～2009 年之實際國民生產總值成長率。

圖 11-71　係 2005～2009 年之各國 GDP 經濟成長率之非線性成長模式設計圖。

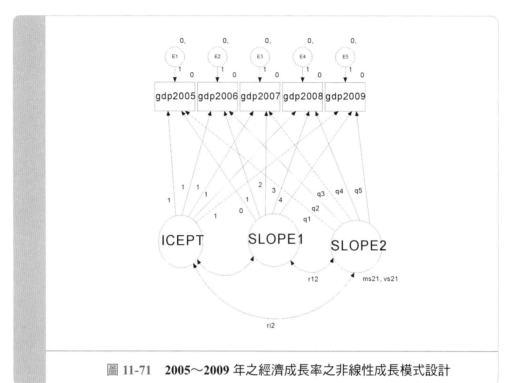

圖 11-71　2005～2009 年之經濟成長率之非線性成長模式設計

此成長徑路圖 11-71 之設計，請參照以下步驟操作之：

1. 打開 Amos Plugins 表單，點選「Growth Curve Model」。

2. 在「Growth Curve Modeling」視窗中（參見圖 11-72），輸入重複測量的數目之後，按下 OK。

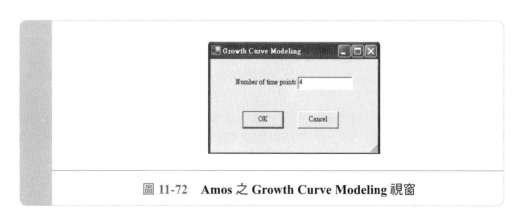

圖 11-72　Amos 之 Growth Curve Modeling 視窗

3. 在出現的預設徑路圖（圖 11-73），進行指標變項名稱、徑路係數、潛
   在變項名稱等之輸入與編修，在本例中，ICEPT 代表 Intercept，接著，
   利用物件屬性（Object Properties）視窗將 x1～x4 修正為，gdp2005～
   gdp2009，Slope 修正為 Slope1，代表線性斜率。並增加非線性（二次式）
   之徑路設計之潛在變項 Slope2，並將其他的參數徑路予以命名。研究者為
   了探究在各年（2005～2009）經濟成長率之平均改變量，Shape 相關之時
   間編碼線性需設定為：0，1，2，3，4（詳見圖 11-71）。

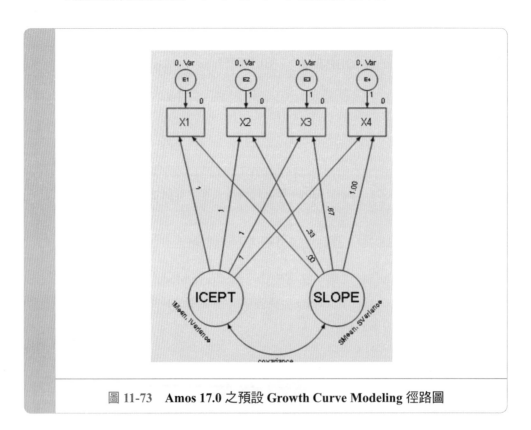

圖 11-73　**Amos 17.0 之預設 Growth Curve Modeling 徑路圖**

4. 在 Amos 的分析屬性視窗中（如圖 11-74），點選「Estimate means and
   intercepts」。

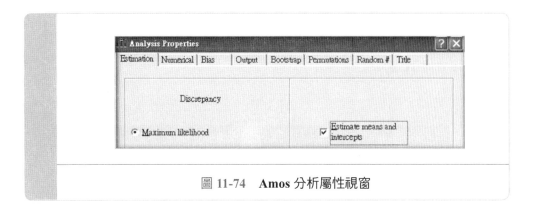

圖 11-74　**Amos 分析屬性視窗**

5. 連接資料檔案。

6. 執行「Bayesian Estimation」，進行資料分析。

　　其次，須建立如圖 11-76 之「單組」線性與非線性成長模式，以分析本理論模式是否適用於全部母群體。對於線性與非線性成長模式（Linear model & Quadratic model）之參數限制，須利用 Amos 管理視窗（如圖 11-75），進行相關參數之限制。

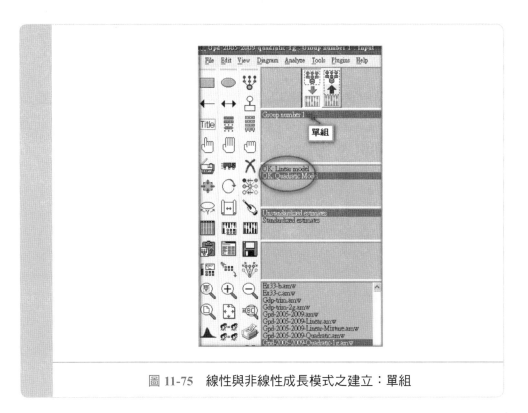

圖 11-75　**線性與非線性成長模式之建立：單組**

　　「Linear Model」部分，須把無關的參數設定為 0，而「Quadratic Model」部分，須將線性徑路係數取平方值，因此二次曲線的徑路係數分別為 0，1，4，9，16，參見圖 11-76。

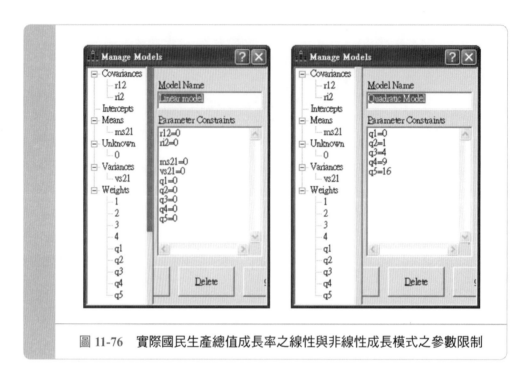

圖 11-76　實際國民生產總值成長率之線性與非線性成長模式之參數限制

　　接著，進行檔案連結，如圖 11-77 所示，樣本大小為 131，檔名為「gdp-2005-2009.sav」。注意，本次之成長模式分析係傳統之成長模式，在圖 11-77 視窗中並不需勾選「Assign cases to groups」。

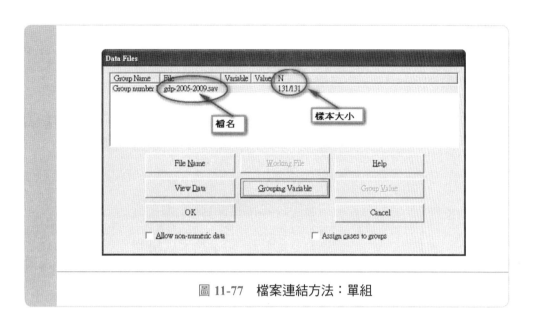

圖 11-77　檔案連結方法：單組

　　最後，先點選圖 11-75 中「OK: Linear model」之後，再執行「Bayesian Estimation」，進行貝氏資料分析，即可獲得如圖 11-78 之單組線性貝氏估計結果。

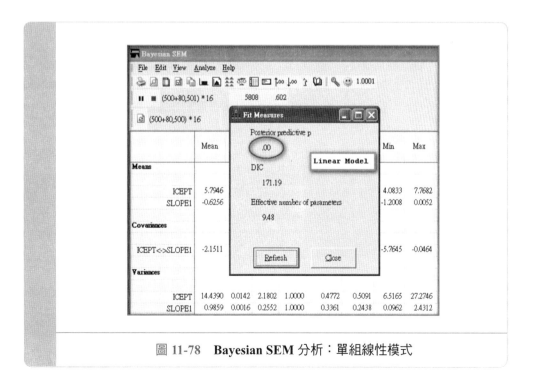

圖 11-78　**Bayesian SEM** 分析：單組線性模式

其次，點選圖 11-75 中「OK: Quadratic model」之後，再執行「Bayesian Estimation」，進行非線性之貝氏資料分析，即可獲得如圖 11-79 之單組非線性貝氏估計結果。

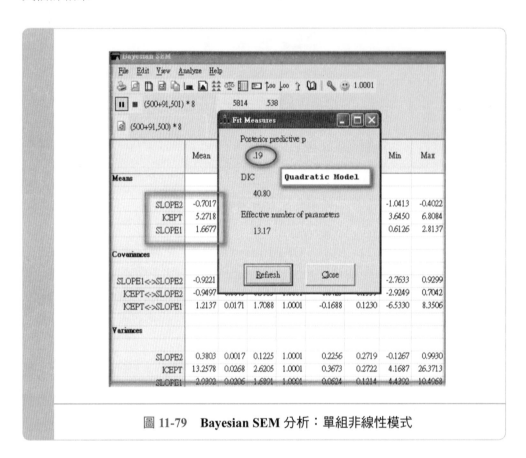

圖 11-79　**Bayesian SEM 分析：單組非線性模式**

不管是單組線性或非線性模式，Bayesian SEM 分析結果均不是非常令人滿意，p 值距離理想值 0.50 尚有一段距離。因此，圖 11-71 所建立之理論模式，可能並不適用於所有成員，有需要進行混合模式分析，以了解母群是否具有潛在之異質性。

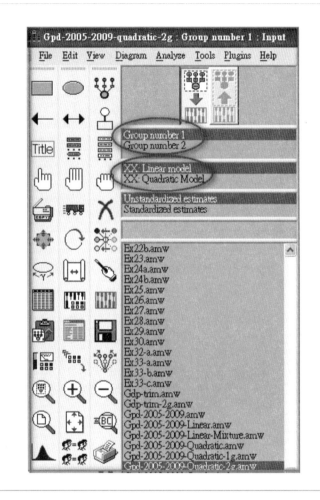

圖 11-80　線性與非線性成長混合模式之建立：雙組

　　由於傳統之成長理論模式並不適配，於是進行成長混合模式之分析，看看是否會改善模式之適配度。Amos 在成長混合理論模式上之操作方法大致與前節成長模式所述相同，以下僅說明兩者相異之處。

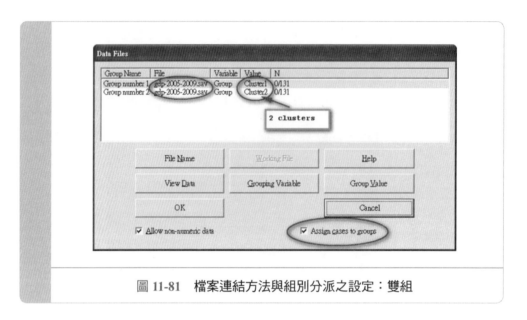

圖 11-81　檔案連結方法與組別分派之設定：雙組

　　因為本次係成長混合模式之分析，研究者需在圖 11-81 視窗中勾選「Assign cases to groups」與勾選「Estimate means & intercepts」，才能順利進行成長混合模式分析。在貝氏 SEM 之估計上，研究者須針對線性與非線性成長模式，個別分兩次執行之。因此，以下先執行線性之貝氏 SEM 分析之後，再執行非線性之貝氏 SEM 分析。

圖 11-82　成長混合模式之貝氏估計

執行圖 11-82 之「Bayesian Estimation」之後，由圖 11-83 線性成長混合模式之貝氏估計結果知，雙組線性模式之 Bayesian SEM 分析結果，已有顯著改善，p 值（=0.64）距離理想值 0.50 不遠。

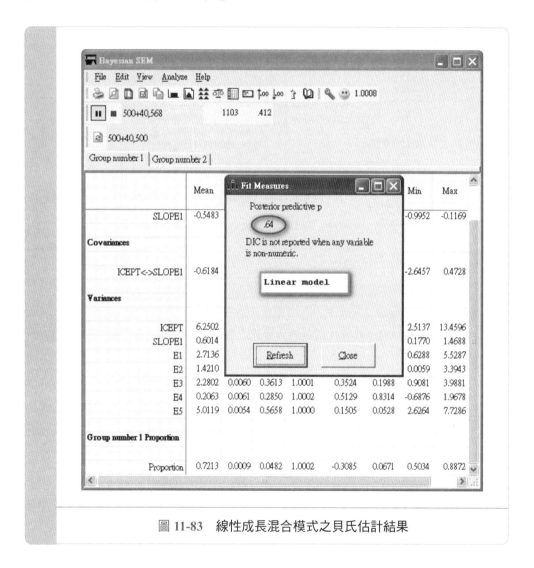

圖 11-83　線性成長混合模式之貝氏估計結果

由圖 11-84 非線性成長混合模式之貝氏估計結果知，此非線性理論模式的 Bayesian SEM 分析結果已有顯著改善，p 值（=0.48）距離理想值 0.50 更近。因此，非線性成長混合模式乃是我們最終的理想模式。以下將進一步剖析兩組潛在類別在非線性成長混合模式之下，其參數估計值的差異情形。

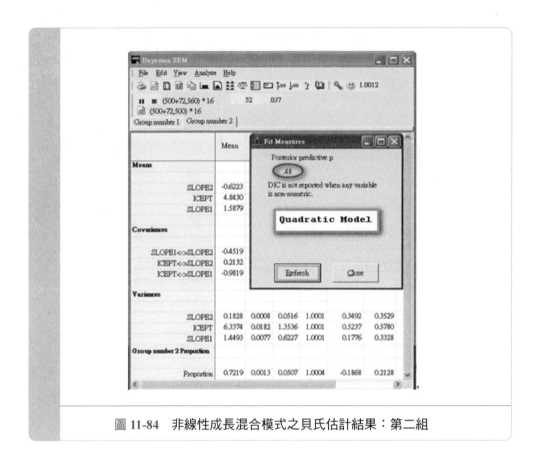

圖 11-84　非線性成長混合模式之貝氏估計結果：第二組

　　由圖 11-84 底部知，個案被分派到第二組（Group number 2）的比率為 0.7219。另外，這些國家或地區在 2005 年的平均 GDP 成長率為 4.8430，其成長變異量為 6.3374。在非線性成長混合模式的線性估計值（Slope1）係代表在 2005 年時曲線陡度改變的比率，而其非線性估計值（Slope2）係代表在 2005 年以後每年曲線陡度的改變比率。此即反映出圖 11-83 中第二個 cluster 在 2005～2006 年間，其拋物線係向上揚升的（Slope1=1.5879），但以後每年間的改變比率就呈現逐年下滑的現象（Slope2=−0.6223）。

　　由圖 11-85 底部知，個案被分派到第一組（Group number 1）的比率為 0.1781（1−0.7219）。另外，這群國家或地區在 2005 年的平均 GDP 成長率為 6.4078，其成長變異量為 53.1941，反映出各個國家間之 GDP 成長率個別差異很大。如同前述，在非線性成長混合模式的線性估計值（Slope1）係代表在 2005 年時曲線陡度改變的比率，而其非線性估計值（Slope2）係代表在 2005 年以後每年曲線陡度的改變比率。此即反映出圖 11-86 中，第一個 cluster 在 2005～2006 年間，其拋物線也是向上揚升的（Slope1=2.2332），但以後每年間的改變比率就呈現逐年下滑的現象（Slope2=−1.0073），而且下滑的速度比第二組快。

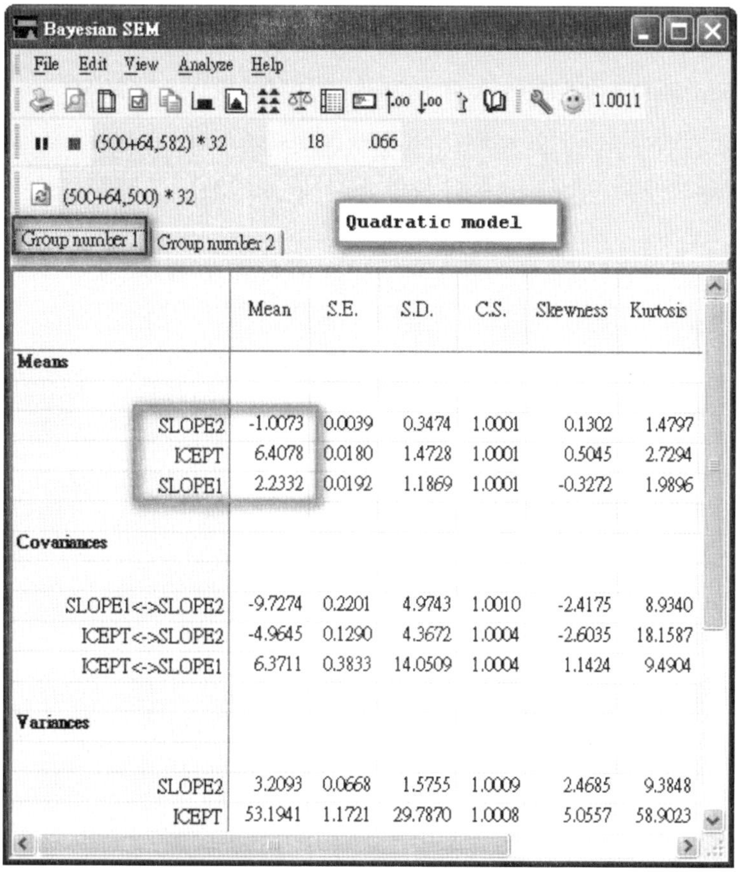

	Mean	S.E.	S.D.	C.S.	Skewness	Kurtosis
Means						
SLOPE2	-1.0073	0.0039	0.3474	1.0001	0.1302	1.4797
ICEPT	6.4078	0.0180	1.4728	1.0001	0.5045	2.7294
SLOPE1	2.2332	0.0192	1.1869	1.0001	-0.3272	1.9896
Covariances						
SLOPE1<->SLOPE2	-9.7274	0.2201	4.9743	1.0010	-2.4175	8.9340
ICEPT<->SLOPE2	-4.9645	0.1290	4.3672	1.0004	-2.6035	18.1587
ICEPT<->SLOPE1	6.3711	0.3833	14.0509	1.0004	1.1424	9.4904
Variances						
SLOPE2	3.2093	0.0668	1.5755	1.0009	2.4685	9.3848
ICEPT	53.1941	1.1721	29.7870	1.0008	5.0557	58.9023

圖 11-85　非線性成長混合模式之貝氏估計結果：第一組

研究者可以根據圖 11-84 & 圖 11-85 內之 ICEPT、SLOPE1 & SLOPE2，繪製非線性之成長曲線圖（如圖 11-86 所示），詳細計算公式請參照本書第五章。

第一組之非線性期望值的計算條列如下：

$E(Gdp2005) = 6.4078 + 0x(2.2332) + 0^2x(-1.0073) = 6.4078$

$E(Gdp2006) = 6.4078 + 1x(2.2332) + 1^2x(-1.0073) = 7.6337$

$E(Gdp2007) = 6.4078 + 2x(2.2332) + 2^2x(-1.0073) = 6.845$

$E(Gdp2008) = 6.4078 + 3x(2.2332) + 3^2x(-1.0073) = 4.4017$

$E(Gdp2009) = 6.4078 + 4x(2.2332) + 4^2x(-1.0073) = -0.7762$

第二組之非線性期望值的計算條列如下：

$E(Gdp2005) = 4.8430 + 0x(1.5878) + 0^2x(-0.6223) = 4.8430$

$E(Gdp2006) = 4.8430 + 1x(1.5878) + 1^2x(-0.6223) = 5.8085$

$E(Gdp2007) = 4.8430 + 2x(1.5878) + 2^2x(-0.6223) = 5.5294$

$E(Gdp2008) = 4.8430 + 3x(1.5878) + 3^2x(-0.6223) = 4.40057$

$E(Gdp2009) = 4.8430 + 4x(1.5878) + 4^2x(-0.6223) = 1.2374$

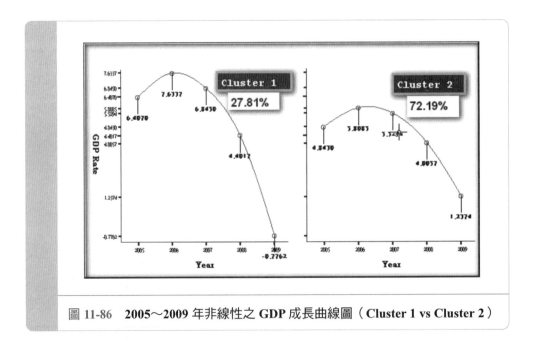

圖 11-86　2005～2009 年非線性之 GDP 成長曲線圖（Cluster 1 vs Cluster 2）

由圖 11-86 之成長曲線可以輕易發現，這兩組的 real GDP 成長率型態似乎很類似，都是先升後降，惟第一組 GDP 成長起先較猛，但 2007 年之後的降幅較深，甚至於負成長（2008 年金融海嘯的結果），這類的國家或地區約佔 27.81%；第二組的 GDP 也從 2007 年開始下降，但降幅較淺，這類的國家或地區約佔 72.19%。台灣、泰國等被歸類為第二組，Estonia & Ireland 等被歸類為第一組。這兩種潛在類型的經濟成長模式，如果未使用混合模式分析，常易被忽略而未察覺出來。

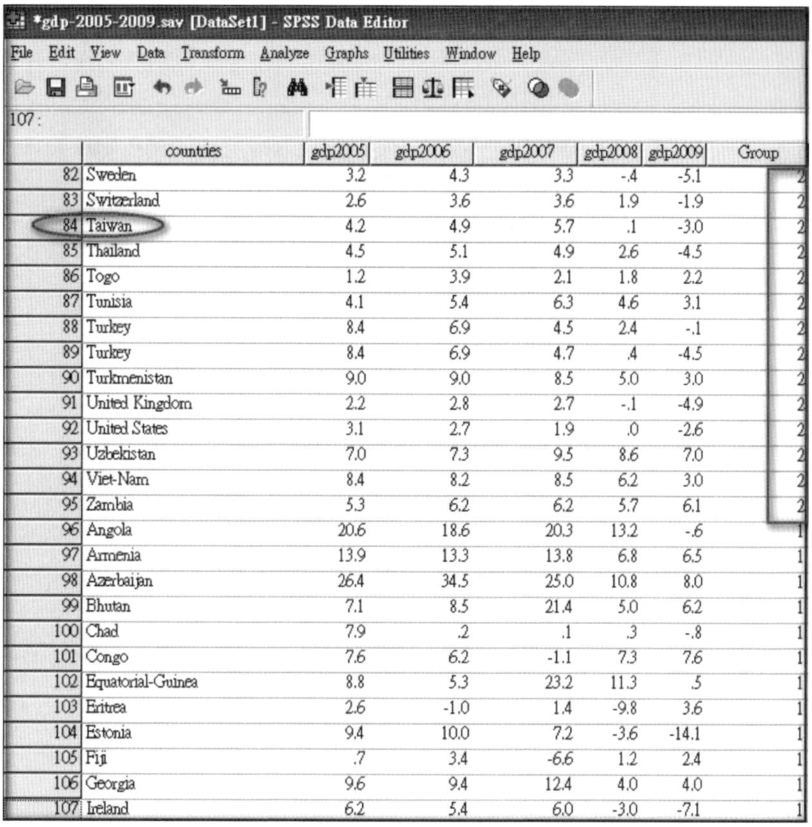
*gdp-2005-2009.sav [DataSet1] - SPSS Data Editor

File Edit View Data Transform Analyze Graphs Utilities Window Help

107 :

	countries	gdp2005	gdp2006	gdp2007	gdp2008	gdp2009	Group
82	Sweden	3.2	4.3	3.3	-.4	-5.1	2
83	Switzerland	2.6	3.6	3.6	1.9	-1.9	2
84	Taiwan	4.2	4.9	5.7	.1	-3.0	2
85	Thailand	4.5	5.1	4.9	2.6	-4.5	2
86	Togo	1.2	3.9	2.1	1.8	2.2	2
87	Tunisia	4.1	5.4	6.3	4.6	3.1	2
88	Turkey	8.4	6.9	4.5	2.4	-.1	2
89	Turkey	8.4	6.9	4.7	.4	-4.5	2
90	Turkmenistan	9.0	9.0	8.5	5.0	3.0	2
91	United Kingdom	2.2	2.8	2.7	-.1	-4.9	2
92	United States	3.1	2.7	1.9	.0	-2.6	2
93	Uzbekistan	7.0	7.3	9.5	8.6	7.0	2
94	Viet-Nam	8.4	8.2	8.5	6.2	3.0	2
95	Zambia	5.3	6.2	6.2	5.7	6.1	2
96	Angola	20.6	18.6	20.3	13.2	-.6	1
97	Armenia	13.9	13.3	13.8	6.8	6.5	1
98	Azerbaijan	26.4	34.5	25.0	10.8	8.0	1
99	Bhutan	7.1	8.5	21.4	5.0	6.2	1
100	Chad	7.9	.2	.1	.3	-.8	1
101	Congo	7.6	6.2	-1.1	7.3	7.6	1
102	Equatorial-Guinea	8.8	5.3	23.2	11.3	.5	1
103	Eritrea	2.6	-1.0	1.4	-9.8	3.6	1
104	Estonia	9.4	10.0	7.2	-3.6	-14.1	1
105	Fiji	.7	3.4	-6.6	1.2	2.4	1
106	Georgia	9.6	9.4	12.4	4.0	4.0	1
107	Ireland	6.2	5.4	6.0	-3.0	-7.1	1

圖 11-87　亞太地區、非洲與歐洲之成長型態之混合模式分析的分派結果

從圖 11-87 內容分析之，讀者不難發現第一類組的國家大都屬於未開發或開發中國家，第二類組的國家大都屬於已開發國家。由此觀之，金融風暴與能源危機對於未開發或開發中國家的殺傷力，遠甚於已開發國家。

Posterior Predictive Distributions

	gdp2005	gdp2006	gdp2007	gdp2008	gdp2009	P(Cluster1)	P(Cluster2)
1	5.9	6.2	6.4	5.6	2.5	**1.00**	0.00
2	5.1	2	3	2.4	2.2	**0.98**	0.02
3	20.6	18.6	20.3	13.2	-0.6	0.00	**1.00**
4	13.9	13.3	13.8	6.8	6.5	0.04	**0.96**
5	2.5	3.6	3.7	2.2	-3.9	**1.00**	0.00
6	26.4	34.5	25	10.8	8	0.00	**1.00**
7	6	6.6	6.4	6.2	5.5	**1.00**	0.00
8	1.7	2.7	2.9	1	-2.8	**1.00**	0.00
9	2.9	3.8	4.6	5	3	**1.00**	0.00
10	7.1	8.5	21.4	5	6.2	0.00	**1.00**
11	1.6	5.1	4.4	2.9	-4	**0.99**	0.01
12	6.2	6.3	6.2	6	-5	0.10	**0.90**
13	7.1	5.5	3.6	5.2	3	**0.98**	0.02
14	0.9	5.2	3.2	4.3	3.3	**0.97**	0.03
15	13.2	10.8	10.2	7	5.5	**0.88**	0.12
16	2.3	3.2	3.3	2.9	2	**1.00**	0.00
17	6.5	10.8	7.8	5.9	3.9	**0.97**	0.03
18	2	5.1	3.8	2.8	2	**1.00**	0.00

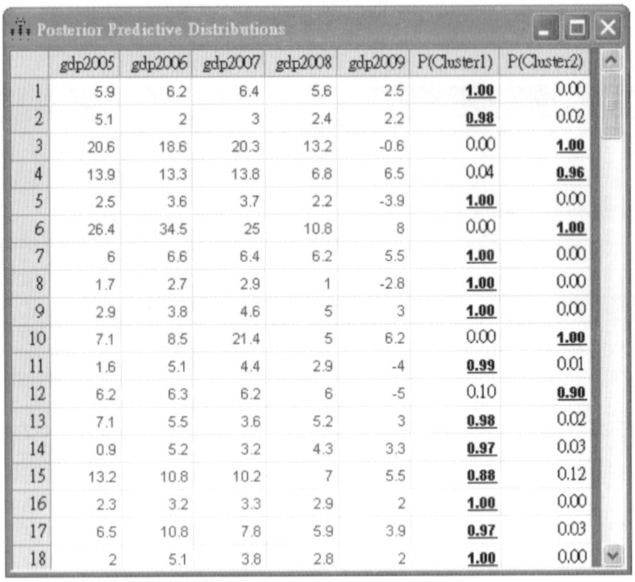

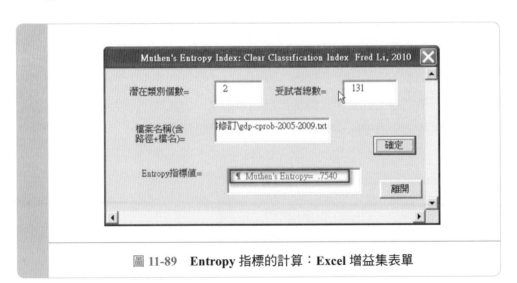

圖 11-88　成長型態之混合模式分析的個體分派機率：Amos 報表

研究者如欲拷貝圖 11-88 中之資料，筆者建議您先標註欲輸出之圖 11-88 中欄位，再利用「Ctrl+C」拷貝之，接著打開一份 Word 的空白檔案，利用「Ctrl+V」複製到 Word 檔案中。最後，請以純文字檔存檔，以便計算 Muhen's Entropy 指標，參見圖 11-89。

圖 11-89　**Entropy 指標的計算：Excel 增益集表單**

由圖 11-89 之 Entropy 指標值（0.754）觀之（未大於 0.80），個體的事後機率分派並非很清晰，尚有一些個案可能不是很容判斷是歸屬哪一組。

玖、分組辨識錯亂

在沒有 Training Data 時，假如重新跑一次 Bayesian SEM 混合模式分析，Amos 可能產生組別標籤互換（Label Switching）的現象。假如只有兩組，那麼兩組的分析結果可能會互換，而造成組別之辨識錯亂（Chung, Loken, & Schafer, 2004）。當組別標籤互換出現時，通常可以從個別參數的軌跡圖（trace plots）看出來。在 Bayesian 參數估計過程中，欲展示軌跡圖請在 Bayesian SEM 視窗中，利用滑鼠右鍵點選一個參數，在出現的視窗中點選「Show Posterior」。在出現的 Posterior 視窗中點選「Trace」。下圖 11-90 是來自兩個 cluster 的軌跡圖，cluster 1 中有一變項 X 的平均數大約為 4，另一個 cluster 中該變項 X 的平均數大約為 17。本軌跡圖顯示，大部份時間上 Group number 1 的 X 平均數大約保持在 4 左右，但到了 MCMC 的 5,000 迴圈左右時，抽樣的平均值突然跳躍到 17 左右。此種突然跳躍的軌跡圖即是組別標籤互換的證據。另外，這個軌跡圖亦顯示出，組別標籤的互換了好幾次：大約出現在 MCMC 第 5000、10000、&15000 迴圈時，因為在這三個點上 X 的平均數突然從 4 驟升為 17。

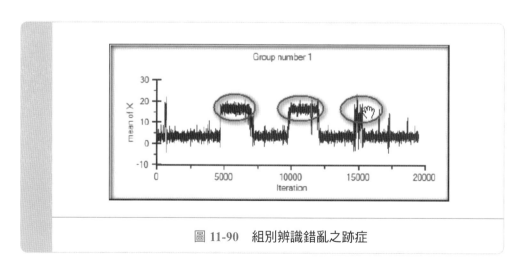

圖 11-90　組別辨識錯亂之跡症

欲解決辨識組別標籤錯亂（label switching），Chung, Loken, and Schafer（2004）建議使用預先分派少數幾個身分已知個案到各群組中，就可以有效排除辨識錯亂問題。為此，Amos 允許研究者預先分派個案（training data）到各群組中，但未提供其他避免辨識錯亂方法（如限制參數法、群聚法，Stephens, 2000）。

拾、結語

跑 Amos 貝氏 SEM 經常需要許多時間才能收斂，使用者須有耐性等待其收斂，跑數小時 Amos 才收斂是正常的現象。注意，Amos 的混合模式分析目前僅處理連續性的觀察變項，類別性的觀察變項請利用 MPLUS、SAS、WinMIRA 或 LatentGOLD 等其他統計軟體進行分析。另外，混合模式分析的樣本規劃，須視待研究變項的屬性、混合模式的類型與潛在類別間之區隔要多大而定。一般來說，規劃樣本不可過小，否則易產生非正定矩陣及分組所估計之參數估計值不太穩定或無法收斂的現象。欲規劃較精確估計混合模式的樣本大小，因涉及特定統計方法及個案之組別分派，考慮層面較為複雜，目前唯有使用 Muthen & Muthen（2002）的 Monte Carlo 方法了。

本章習題

一、根據圖 11-91Amos 混合模式的分析結果，試回答以下三個問題。

(1)請列出這兩個潛在類別的回歸方程式。

(2)這兩個回歸方程式最大差異何在？

(3)個體在這兩個潛在類別上的所佔比率為多少？

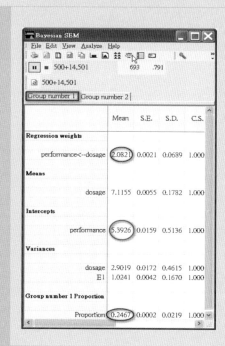
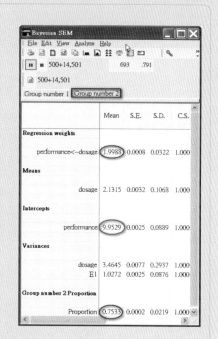

圖 11-91　不同潛在類別的參數估計結果

二、請以王慧豐（2009）之實例，利用筆者所設計之 Excel VBA 軟體，計算一般正常學童與高風險學童之分類清晰度之 Entropy 指標。

三、請簡述 AMOS 混合模式參數的估計過程。

四、有哪些統計指標可用來評估潛在類別之個數？

結語：繼往開來

Amos 從第 7 版之後，為了與 SPSS 的出版序號一致，Amos 的序號從第 7 版直接跳至第 16 版。Amos 隨著版次的增加，亦逐次增加了一些嶄新功能，改版至今，以 6、7 版的變動較為顯著，變動內容已在本書前三章中敘述，而第 16 版與第 17 版的新增功能，及第 18 版的徑路圖繪製方法異動之處，分別說明如下，以利各版本 Amos 使用者之操作：

壹、Amos 16.0 的新功能

Amos 16.0 在 Bayesian SEM 中新增了混合模式（Mixture modeling）的統計分析功能，混合模式適用於當理論模式不適用於全體母群，但適用於次群體時。例如，研究者假如發現所提議之迴歸模式不適用於全體母群，但卻適用於次群體時，就可進行混合迴歸模式分析（Mixture regression modeling）。此外，混合模型亦可作為市場區隔研究（Market segmentation studies），取代 k-means 群聚分析，不用 "距離" 作為分類標準，而採用先驗機率，計算個案屬於某一特定團體的機率，將有共同特質的人或物歸類在一塊兒。Amos 可以利用事先歸類的個案，訓練 Amos 的分類機制，進行更有效的分群或歸類分析。混合模式分析已在本書第 11 章中介紹過，有興趣的讀者請前往參閱。

貳、Amos 17.0 的新功能

Amos 17.0 的主要新增功能：

1. 在工具列「Tools」下之「Write a Program」，可將徑路圖轉換成 Visual Basic 語法程式，但反之不然（參見圖 12-1）。對於 Basic 程式之撰寫學習與模式擴充之運用有莫大幫助。

由圖 12-1 知，Amos 可將徑路圖轉換成三種程式：使用「方程式」界定線性關係、使用「箭頭」界定線性關係、使用「徑路圖編輯器」界定線性關係。圖 12-2 係此三類轉換後之程式語法範例。

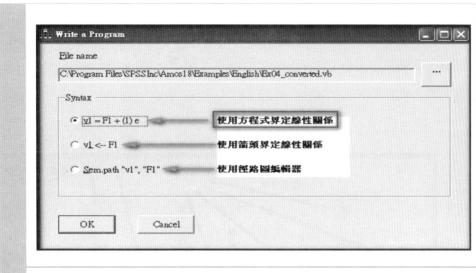

圖 12-1　Amos「**Write a program**」之操作視窗

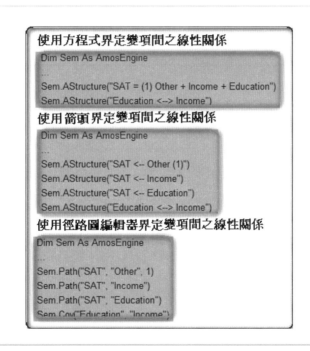

圖 12-2　Amos「**Write a program**」所輸出的程式範例

2. 進行線性的成長曲線分析時，參數的限制可以自動進行限制。

3. 徑路圖之間可以互拷與剪貼。

新統計方法的發展未曾停歇過，由圖 12-3 知，Amos 適時反映了當代統計學發展的整合軌跡（Grace, 2008）。

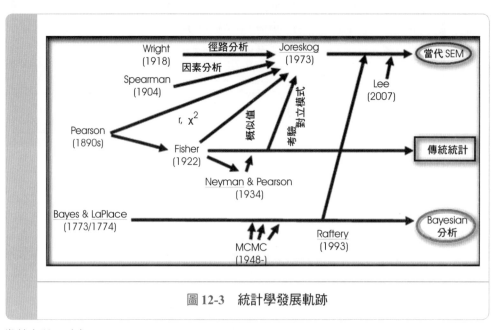

圖 12-3　統計學發展軌跡

資料來源：引自 http://www.structuralequations.com/resources/SEM+Essentials.pps

此軌跡顯示出傳統統計與貝氏統計的結合（Lee, 2007），Bayesian SEM 因而誕生，因此 Amos 6.0 率先提供 Bayesian SEM 的統計分析。

參、Amos 18.0 徑路圖繪製的新功能與新操作方法

1. 改善徑路圖之外觀，

2. 徑路圖繪製反應更快，

3. 徑路圖上之物件可調為半透明，

4. 當徑路圖上之物件移除之後，所有連結之箭頭會自動移除，

5. 改善放大鏡功能，

6. 可利用雙擊徑路圖內之物件，開啟物件屬性視窗（回復 Amos 5.0 原有操

作方法）。

　　未來的統計方法亦可能從資料中「自我學習」，從資料中主動進行「區別分析」或搜尋「因果結構」。深信，其後各版的 Amos 仍將承先啟後，在整體的統計分析脈絡上繼往開來，追求卓越，而成為智慧型的統計分析軟體。

References

參考文獻

參考文獻

中文部分

王文中（1997）。測驗的建構：因素分析還是 Rasch 分析？。**調查研究**，3，129-166。

王慧豐（2008）。國小高年級不同背景學童抗逆能力、因應策略與其學習適應表現關係之研究。未出版博士，國立嘉義大學國民教育研究所，嘉義市。

余民寧（2006）。**潛在變項模式：Simplis 的應用**。台北：高等。

吳毓瑩、呂玉琴（1997）。**潛在類別分析對兒童等值分數概念結構之解析**（國科會專題研究計畫成果報告編號：NSC85-2511-S-152-007）。台北：中華民國行政院國家科學委員會。

吳麗華（2007）。**國小級任教師內外控信念與社會支持對身心健康影響之研究：以教師工作壓力為中介變項**。未出版之碩士論文，國立嘉義大學教育行政與政策發展研究所。

李茂能（1997）。評分者信度：Aiken 和諧係數之應用。**嘉義師院學報**，11，77-88。

李茂能（2006）。結構方程模式軟體 Amos 之簡介及其在測驗編製上之運用：Graphics & Basic。台北：心理。

周玉慧、謝雨生（2009）。夫妻間支持授受及其影響，**中華心理學刊**，51(2)，215-234。

周玉慧、黃宗堅、謝雨生（2004）。家人關係中社會支持獲取策略之運用及其影響，**中華心理學刊**，46(4)，329-347。

林姿飴（2005）。**電腦化數常識量表之編製及其發展之研究：以九年一貫數學領域第二階段學童為例**。未出版碩士論文，國立嘉義大學數學教育研究所，嘉義。

林惠雅（2008）。國小學童母親信念、教養目標和教養行為之類型初探：兼論其與子女學業表現之關聯，**應用心理研究**，37, 181-213。

林靖惠、關秉宗、林世宗、俞秋豐（2003）。棲蘭山臺灣檫樹繁殖枝條葉部性狀之研究，**國立臺灣大學生物資源暨農學院實驗林研究報告**，17(1)，25-32。

邱皓政（2004）。**結構方程模式：LISREL 的理論、技術與應用**。台北：雙葉。

邱皓政（2008）。**結構方程模式的檢定力分析與樣本數決定。$\alpha\beta\gamma$ 量化研究學刊**，2, 139-173。

邱皓政、周怡君、林碧芳（2010）。「工作設計量表」信效度衡鑑與工作結構潛在類別分析，**測驗學刊**，57(1)，139-179。

施佩君、關秉宗（1998）。施肥效應之統計分析與探討──以扁柏苗木施肥為例，**中華林學季刊**，31(4)，349-359。

洪藹鈺、林原宏（2007）。**國小五年級學童小數概念結構之潛在類別分析**。論文發表於 2007 第四屆測量統計方法學學術研討會暨臺灣統計方法學學會年會，臺北。

張育綾、林原宏（2007，9 月）。**國小五年級學童四則運算解題表現探討及其潛在類別分析**。論文發表於 2007 第四屆測量統計方法學學術研討會暨臺灣統計方法學學會年會，臺北。

郭丁熒（2001）。臺灣小學教師角色知覺差距因應方式之探討──調查、內容分析、及潛在類別分析，Proceedings of the National Science Council. Part C, Humanities and Social Sciences，11(1)，93-112。

彭台光、高月慈、林鉦棽（2006）。**管理研究中的共同方法變異：問題本質、影響、測試和補救。管理學報**，23, 1, 77-98。

曾玟富、戴政、陳建仁（1991）。臺灣地區雙胞胎嬰兒家庭心臟血管疾病危險因子的分離分析，**中華民國公共衛生學會雜誌**，10(5)，321-330。

陳智凱（2005）。**知識經濟指標之構念效度研究。長榮大學學報**，

9(1)，105-134。

陳順宇（2007）。**結構方程模式：Amos 操作**。台北：心理。

陳霈頡（2009）。國小四年級學生數常識反應類型共同性錯誤分析與迷思概念成因之探究。未出版博士，國立嘉義大學國民教育研究所，嘉義市。

黃芳銘（2004）。**社會科學統計方法學：結構方程模式**。台北：五南。

黃芳銘、李俊賢（2008）。形成性與反映性潛在變項的對話。*αβγ* **量化研究期刊**，2(1)，69-97。

楊志堅、劉心筠、楊志強（2004）。縱貫研究以潛在成長模式分析之樣本數與檢定力研究，**教育與心理研究**，27(3), 603-626。

劉若男、林原宏（2008）。**原住民學生在數學閱讀表現之潛在類別探討**。論文發表於 2008 年原住民學生數理教育學術研討會，臺東市。

蔡嘉豪（96）。國小學童比例及機率理解之解題規則探討—潛在類別及混合 Rasch 模式分析。未出版碩士，國立臺中教育大學數學教育學系碩士班，台中。

羅淑娟、蔡佳璋（2005）。應用層級貝氏法於線上消費行為管制之探索研究，**商管科技季刊**，6(2)，237-251。

關秉寅（1999）。臺灣社會民眾處理人際糾紛態度之研究，臺灣社會學刊，22, 127-171。

關秉寅（2006）。Class Identification in Taiwan: A Latent Class Analysis，**臺灣社會學刊**，37, 169-206。

外文部分

Aiken, L. R. (1980). Content validity and reliability of single items or questionnaires. *Educational and Psychological Measurement, 40*, 955-959.

Allen, M. J., & Yen, W. M. (1979). *Introduction to measurement theory*. Belmont, California: Wadsworth.

Anderson, E. W. and Fornell, C.(2000). Foundations of the american customer satisfaction index. *Total Quality Management, 11* (6), S869-S82.

Anderson, J C., and Gerbing,.W.(1988). Structural equation modeling in practice: A review and recommended Two-Step Approach. *Psychological Bulletin* , 3:411-423.

Arhonditsis, G. B.; Stow, C. A.; Steinberg, L. J.; Kenney, M. A.; Lathrop, R. C.; McBride, S. J. ; Reckhow, K. H. (2006). Exploring ecological patterns with structural equation modeling and Bayesian analysis. *Ecological Modelling, 192*, 385-409.

Aspelmeier, J. (2007). Measurement validity. Retrieved Nov. 12, 2007 from the World Wide Web:

http://www.runet.edu/~jaspelme/611/Spring-2006/Measurment%20Validity.pdf

Bagozzi, R. P. (1981). An examination of the validity of two models of attitude. *Multivariate Behavioral research, 16*, 323-359.

Bagozzi, R. P. (2007). On the meaning of formative measurement and how it differs from reflective measurement: Comment on Howell, Breivik, and Wilconx (2007). *Psychological Methods, 12*, 229-237.

Bagozzi, R. P., & Yi, Y. (1988). On the evaluation of structural equation models. *Journal of the Academy of Marketing Science, 16*(1), 74-94.

Bandalos, D. L. (2002). The effects of item parceling on goodness-of-fit and parameter estimate bias in structural equation modeling. *Structural Equation Modeling, 9*(1), 78-102.

Baron, R. M., & Kenny, D. A. (1986). The moderator-mediator variable distinction in social psychological research: Conceptual, strategic, and statistical considerations. *Journal of Personality and Social Psychology, 51*, 1173-1182.

Berzruczko, N. (2004). Raw score nonlinearity obscures growth. *Rasch Measurement Transaction, 18*(2), 973-974.

Biesanz, J. C., Deeb-Sossa, N., Papadakis, A. A., Bollen, K. A., & Curran, P. J. (2004). The role of coding time in estimating and interpreting growth curve models. *Psychological Methods, 9*(1), 30-52.

Bollen, K. A. (1989). *Structural equations with latent variables*. New York: John Wiley & Sons.

Bollen, K. A. (1993). *Liberal democracy: Validity and method factors in cross-national measures. American Journal of Political Sciences, 37*(4), 1207-1230.

Bollen, K. A. (2007). Interpretational confounding is due to misspecification, not to type of indicator: Comment on Howell, Breivik, and Wilcox (2007). *Psychological Methods, 12*, 219-228.

Bollen, K. A., & Curran, P. J. (2006). *Latent curve models: A structural equation perspective*. New Jersey: John Wiley & Sons.

Bollen, K. A., & Lennox, R. (1991). Conventional wisdom on measurement: A structural equation perspective. *Psychological Bulletin, 110*(2), 305-314.

Bollen, K. A., & Ting, K. F.(2000). A Tetrad test for causal indicators. *Psychological Methods, 5*(1), 3-22.

Boscardin, C., Muthen, B., Francis, D. & Baker, E. (2008). Early identification of reading difficulties using heterogeneous developmental trajectories. *Journal of Educational Psychology, 100*, 192-208.

Browne, M. W., & Cudeck, R. (1989). Single sample cross-validation indices for covariance structures. *Multivariate Behavioral Research, 24*, 445-455.

Burt, R. S. (1976). Interpretational confounding of unobserved variables in structural equation models. *Sociological Methods and Research, 5*, 3-51.

Campbell, D. T., & Fiske, D.W. (1959). Convergent and discriminant validity by the multitrait-multimethod matrix. *Psychological Bulletin, 56*, 81-105.

Chan, D. (1998). The conceptualization and analysis of change over time: An integrative approach incorporating longitudinal mean and covariance structures analysis (LMACS) and multiple indicator latent growth modeling

485

(MLGM). *Organizational Research Methods,1*, 421-483.

Cheung, M. W. L. (2007). Comparison of approaches to constructing confidence intervals for mediating effects using structural equation models. *Structural Equation Modeling, 14*, 227-246.

Chin, W. W. (1998). The partial least squares approach to structural equation modeling, In *Modern Business Research Methods,* G. A. Marcoulides (ed.), Lawrence Erlbaum Associates, Mahwah, NJ.

Chung, H., E. Loken, and J. L. Schafer. (2004). Difficulties in drawing inferences with finite mixture models: A simple example with a simple solution. *American Statistician*, 58:2, 152-158.

Churchill, G. A. (1979). A paradigm for developing better measures of marketing constructs. *Journal of Marketing Research, 16*, 64-73.

Churchill, G. A. Jr. (1995). *Marketing research: Methodological foundations*. (6th edition). Chicago: Dryen Press.

Cohen, J. (1988). *Statistical power analysis for the behavioral sciences* (2nd ed.). Mahwah, NJ: Lawrence Erlbaum Associates, Inc.

Coltman, T., Devinney, T. M., Midgley, D. F. and Venaik, S. (2008). Formative versus reflective measurement models: Two applications of formative measurement. *Journal of Business Research*, 61(12), 1250-1262.

Conway, J. M. (1998). Understanding method variance in multitrait-multirater performance appraisal matrices: Examples using general impressions and interpersonal affect as measured method factors. *Human Performance, 11*, 29-55.

Cortina, J. M. (1993). What is coefficient alpha? An examination of theory and applications. *Journal of Applied Psychology, 78*, 98-104.

Cote, J. A., & Buckley, R. (1987). Estimating trait, method, and error variance: Generalizing across 70 construct validation studies. *Journal of Marketing Research, 24*, 315-318.

Crocker, L. M., Miller, M. D., & Franks, E. A. (1989). Quantitative methods for assessing the fit between test and curriculum. *Applied Measurement in Education, 2*(2), 179-194.

Crocker, L., & Algina, J. (1986). *Introduction to classical & modern test theory.* New York: Holt, Rinehart & Winston.

Cronbach, L. J. & Meehl, P. E. (1955). Construct validity in psychological tests, *Psychological Bulletin, 52*, 281-302.

Cudeck, R., & M. W. Browne. (1983). Cross-validation of covariance structures. *Multivariate Behavioral Research, 18*, 147-167.

Curran, P. J. (1997). *Comparing three modern approaches to longitudinal data analysis: An examination of a single developmental sample.* Retrieved Jan. 1, 2009 from the World Wide Web: from http://www.unc.edu/?curran/srcd-docs/srcdmeth.pdf

Curran, P. J., & Hussong, A. M. (2003). The use of latent trajectory models in psychopathology research. *Journal of Abnormal Psychology, 112*(4), 526-544.

Davis, L. (1992). Instrument review: Getting the most from your panel of experts. *Applied Nursing Research, 5*, 104-107.

Dempster, A., Laird, N., & Rubin, D. (1977). Maximum likelihood from incomplete data via the EM algorithm. *Journal of the Royal Statistical Society, Series B*, 39(1):1-38.

Diamantopoulos, A. (1999). Export performance measurement: Reflective versus formative indicators. *International Marketing Review, 16(6)*, 444-457.

Diamantopoulos, A., & H. Winklhofer (2001). Index construction with formative indicators: An alternative to scale development, *Journal of Marketing Research, 37*, 269-277.

Diamantopoulos, A., & Siguaw, J. A.(2006). Formative versus reflective indicators in organizational measure development: A comparison and empirical illustration. *British Journal of Management, 17*, 263-282.

Ding, C. S. (2006). Using regression mixture analysis in educational research. *Practical Assessment Research and Evaluation*, 11:11. Available online: *http://pareonline.net/getvn.asp?v=11&n=11.*

Ding. C. G. (1992). Computing the non-central χ^2 distribution function. *Journal of the Royal Statistical Society, 41(2)*, 478-482.

Doty, D. H., & Glick, W. H. (1998). Common method bias: Does common method variance really bias results? *Organizational Research Methods, 1*: 374-406.

Driessen, G., Langen, A. & Vierke, H. (2000). Basisonderwijs: veldwerkverslag, leerlinggegevens en oudervragenlijst. Basisrapportage PRIMA-cohortonderzoek. Derde meting 1998/99[Primary education: research report, pupil's data and parent's questionary. Base report PRIMA cohort study. Third wave 1998/99]. Nijmegen: ITS, University of Nijmegen.

Duncan, S. C., & Duncan, T. E. (1994). Modeling incomplete longitudinal substance use data using latent variable growth curve methodology. *Multivariate Behavioral Research, 29*, 313-338.

Eaves, L. J., Silberg, J. L., Hewitt, J. K., Rurrer, M., Meyer, J. M., Neale, M. C. & Pickled, A. (1993) Analyzing twin resemblance in multisymptom data:genetic applications of a latent class model for symptoms of conduct disorder in juvenile boys. *Behavior Genetics*, 23, 5-19.

Fornell, C., & Larcker, D. F. (1981). Evaluating structural equation models with unobservable variables and measurement error. *Journal of Marketing Research, 18*(1), 39-50.

Freedman, L. S., & Schatzkin, A. (1992). Sample size for studying intermediate endpoints within intervention trials of observational studies. *American Journal of Epidemiology, 136*, 1148-1159.

Freeze, R. D., & Raschke, R. L. (2007). *An assessment of formative and reflective constructs in IS research.* Retrieved Feb. 12, 2008 from from http://isz.lse.ac.uk/aspecis/20070055.pdf

Garson, G. D. (2008). Validity. Retrieved Feb. 22, 2008 from http://www2.chass.ncsu.edu/garson/pa765/validity.htm

Gelman, A. and Meng, X. L. and Stern, H. (1996). Posterior predictive assessment of model fitness via realized discrepancies. *Statistica Sinica, 6,* 733-807.

Gelman, A., & Meng, X. L. (1996). Model checking and model improvement. In *markov chain monte carlo in practice* (W. R. Gilks, S. Richardson and D. J. Spiegelhalter, eds.). Chapman and Hall, London.

Gelman, A. Carlin, J. B., Stern, H. S. & Rubin, D. B. (2004). *Bayesian data analysis.* (2nd ed.). Boca Raton: Chapman and Hall/CRC.

Gill, J. (2004). Introduction to the special issue. *Political Analysis, 12*(4), 323-337.

Glanville, J. L., & Paxton, P. (2007). How do we learn to trust? A confirmatory tetrad analysis of the sources of generalized trust. *Social Psychology Quarterly, 70*(3), 230-242.

Goo, J., Kim, D. J., and Cho, B. (2006). Structure of service level agreements (SLA) in IT outsourcing: The construct and its measurement, 2006 Americas Conference on Information Systems (AMCIS), Acapulco , Mexico August 4-6.

Grace, J. (2008). SEM Essentials. Retrieved Dec. 12, 2008 from the World Wide Web: http://www.structuralequations.com/resources/SEM+Essentials.pps

Graham, J. M. (2006). Congeneric and (essentially) Tau-equivalent estimates of score reliability: What they are and how to use them. *Educational and Psychological Measurement, 66,* 930-944.

Grant, J. S., & Davis, L. L. (1997). Selection and use of content experts for instrument development. *Research in Nursing & Health, 20,* 269-274.

489

Greene, M., & Way, N. (2005, June). Self-Esteem trajectories among ethnic minority adolescents: A growth curve analysis of the patterns and predictors of change. *Journal of Research on Adolescence (Blackwell Publishing Limited),15*(2), 151-177. Retrieved November 23, 2007 from Academic Search Premier database.

Gronlund, N. E. (1985). *Measurement and evaluation in teaching(5th ed.)*. New York: MacMillan.

Gulliksen, H. (1950). *Theory of mental tests*. New York: Wiley.

Hadaya, P., Lége, P. M, Croteau, A. M. (2005). *Starting with the end in mind: Building capabilities to integrate electronic commerce*: *Applications with internal information systems*. HEC Montréal.

Hancock, G. R., Kuo, W., & Lawrence, F. R. (2001). An illustration of second-order latent growth models. *Structural Equation Modeling: A Multidisciplinary Journal, 8*, 470-489.

Hansen, J. D.; Deitz, G. D.; Morgan, R. M. (2010).Taxonomy of service-based loyalty program members. *The Journal of Services Marketing, 24*(4), 271.

Hartman, N. S., Williams, L. J., & Cavazotte, F.(2002). Common method variance: A demonstration of analysis with marker variables via partial correlations. *The Academy of Management 17, 2, 5, & 20-22.*

Hayes, A. F., & Krippendorff, K. (2007). Answering the call for a standard reliability measure for coding data. *Communication Methods and Measures 1*: 77-89.

Helm, S. (2005). Designing a formative measure for corporate reputation. *Corporate Reputation Review, 8*, 2, 95-109.

Hipp, J. R., Bauer, D. J., & Bollen, K. A. (2005). Conducting tetrad tests of model fit and contrasts of tetrad-nested models: A new SAS macro. *Structural Equation Modeling, 12*(1), 76-93.

Hipp, J. R., Bauer, D. J., Curran, P. J, & Bollen, K. A. (2004). Crimes of opportunity or crimes of emotion: testing two explanations of season change in crime. *Social Forces, 82*(4), 1333-1372.

Holbert, R. L., & Stephenson, M. T. (2002). Structural equation modeling in the communication sciences, 1995-2000. *Human Communication Research, 28*, 531-551.

Howell, R. D., Breivik, E., & Wilcox, J. B. (2007a). Reconsidering formative measurement. *Psychological Methods, 12*, 205-218.

Howell, R. D., Breivik, E., & Wilcox, J. B. (2007b). Is formative measurement really measurement? Reply to Bollen (2007) and Bagozzi (2007) *Psychological Methods, 12*, 238-245.

Hoyle, R. H., & Panter, A. T. (1995). Writing about structural equation models. In Hoyle, R. H. (Ed.), *Structural equation modeling: Concepts, issues, and applications.* Thousand Oaks, CA: Sage.

Hulin, C., & Cudeck, R. (2001a). Cronbach's alpha on two-item scales. *Journal of Consumer Psychology, 10*(1&2), 55.

Hulin, C., & Cudeck, R. (2001b). Can a reliability coefficient be too high? *Journal of Consumer Psychology, 10*(1&2), 55-58.

Hulin, C., & Cudeck, R. (2001c). Why conduct a factor analysis and then compute an alpha? *Journal of Consumer Psychology, 10*(1&2), 58-59.

Hulin, C., & Cudeck, R. (2001d). Why use alpha if it is not a good measure of unidimensionality? *Journal of Consumer Psychology, 10*(1&2), 59-62.

IMF(2010). World economic and financial surveys: World economic outlook database. Retrieved August 26, 2010, from http://www.imf.org/external/pubs/ft/weo/2010/01/weodata/index.aspx

Jackman, S. (2000). Estimation and inference via Bayesian simulation: An introduction to Markov chain Monte Carlo. *American Journal of Political Science, 44*(2), 375-404.

James, L. R., Mulaik, S. A., & Brett, J. M. (2006). A tale of two methods.

Organizational Research Methods, 9, 233-244.

Jarvis,C. B., Mackenzie, S. B., & Podsakoff, P. H. (2003). A critical review of construct indicators and measurement model misspecification in marketing and consumer research. *Journal of Consumer Research, 30*, 199-218.

Johnson, N. L., Kotz, S., & Balakrishnan, N., (1995). *Distributions in statistics: Continuous univariate distributions* (Vol. 2, 2nd ed.)., New York: Wiley.

Jonsson, F. Y. (1998). Modeling interaction and nonlinear effects: A step-by-step Lisrel example, in *Interaction and Nonlinear Effects in Structural Equation Modeling* (pp. 17-42), R. E. Schumaker and G. A. Marcoulides eds., Mahwah, NJ: Lawrence Erlbaum.

Joreskog, K. G. (1998). Interaction and nonlinear modeling: Issues and approaches. In R. E. Schumacker & G. A. Marcoulides (Eds), *Interaction and nonlinear effects in structural equation modeling*. New Jersey: Lawrence Erlabum Associates.

Kane, H. D. & Krenzer, D. (2006). A confirmatory analysis of the WAIS-III: Using data from standardization and independent samples. *Counseling and Clinical Psychology Journal*, 2006, *3(3)*, 113-136.

Kenny, D. A., & Judd, C. M. (1984). Estimating the nonlinear and interactive effects of latent variables. *Psychological Bulletin, 96*(1), 201-210.

Kim, S., Murry, V., & Brody, G. (2001, April 1). *Studying the relationship between children's self-control and academic achievement: An application of second-order growth curve model analysis*. (ERIC Document Reproduction Service No. ED452236)

Kline, R. B. (2004). *Principles and practice of structural equation modeling(2nd ed.)*. New York: Guilford.

Kreuter,F., Yan, T., Tourangeau, R. (2008). Good item or bad-can latent class analysis tell?: The utility of latent class analysis for the evaluation of survey questions. *Journal of the Royal Statistical Society: Series A (Statistics in*

Society). 171(3), 723-738.

Kuo, P.H., Aggen, S., Prescott, C.A., Kendler, K.S., Neale, M.C. (2008). Using a factor mixture modeling approach in alcohol dependence in a general population sample. *Drug and Alcohol Dependence*. 98:105-114.

Lau, A. R., & Pastor , D. A.(2007, October). Factor mixture models: Mixture modeling as a tool for studying measurement invariance. Paper presented at the annual conference of the Northeastern Educational Research Association, Rocky Hill, CT.

Law, K. S., & Wong, C. S. (1999). Multidimensional constructs in structural equation analysis: An illustration using the job perception and job satisfaction constructs. *Journal of Management, 25*, 143-160.

Lawshe, C. H. (1975). A quantitative approach to content validity. *Personnel Psychology, 28*(4), 563-57.

Lazarsfeld, P.F., and Henry, N.W. (1968). *Latent structure analysis*. Boston: Houghton Mill.

Lee, S. Y. (2007). *Structural equation modeling: A Bayesian approach*. Chichester, England: Wiley.

Lee, S. Y., & X. Y. Song. (2004). Evaluation of the Bayesian and maximum likelihood approaches in analyzing structural equation models with small sample sizes. *Multivariate Behavioral Research, 39*(4), 653-686.

Lewis, B. R., Snyder, C. A. and Rainer, R. K. (1995). An emprical assessment of the information resource management construct. *Journal of Management Information Systems, 12* (1), 199-223.

Lewis, B. R., Templeton, G. R., & Byrd, T. A. (2005). A methodology for construct development in MIS research. *European Journal of Information Systems, 14*, 388-400.

Li, B., & Martin, E. B. (2002). An approximation to the F distribution using the chi-square distribution. *Computational Statistics & Data Analysis, 40*,

21-26.

Li, F. (1999). *Latent curve analysis: A manual for research data analysis.* Retrieved October 10, 2007 from the World Wide Web: *http://osu.orst.edu/dept/hdfs/papers/paper.htm*

Lindell, M. K., & Whitney, D. J. (2001). Accounting for common method variance in cross-sectional research designs. *Journal of Applied Psychology, 86*, 114-121.

Linhart, H., & W. Zucchini. (1986). *Model selection.* New York: John Wiley and Sons.

Little, T. D. (1997). Mean and covariance structures (MACS) analyses of cross-cultural data: Practical and theoretical issues. *Multivariate Behavioral Research, 32*, 53-76.

Louis, V., & Jacqueline, H. (1997). A method for quantifying content validity of health-related questionnaires. *American Journal of Health Behavior, 21*(1), 67-72.

Lubke, G. H., & Muthen, B. O. (2005). Investigating population heterogeneity with factor mixture models. *Psychological Methods, 10*, 21-39.

MacCallum, R. C., & Browne, M. W. (1993). The use of causal indicators in covariance structure models: Some practical issues. *Psychological Bulletin, 114*(2), 533-541.

MacCallum, R. C., Browne, M. W., & Sugawara, H. M. (1996). Power analysis and determination of sample size for covariance structure modeling. *Psychological Methods, 1*, 130-149.

MacCallum, R. C, & Browne, M. W., & Cai, L. (2006). Testing differences between nested covariance structure models: power analysis and null hypotheses. *Psychological Methods*, 11(1), 19-35.

MacCallum, R. C., Roznowski, M., & Necowitz, L. B. (1992). Model modifications in covariance structure analysis: The problem of capitalization on chance. *Psychological Bulletin, 111*, 490-504.

MacCallum, R. C., Roznowski, M., Mar, C. M., & Reith, J. V. (1994). Alternative strategies for cross-validation of covariance structure analysis. *Psychological Bulletin, 114*, 185-199.

MacKenzie, S. B., and Spreng, R. A. (1992). How does motivation moderate the impact of central and peripheral processing on brand attitudes and intentions?" *Journal of Consumer Research, 18 (March)*, 519-529.

MacKenzie, S. B., Podsakoff, P. M., & Jarvis, C. B. (2005). The problem of measurement model misspecification in behavioral and organizational research and some recommended solutions. *Journal of Applied Psychology, 90*(4), 710-730.

MacKinnon, D. P., Lockwood, C. M., Hoffman, J. M., West, S. G. & Sheets, V. (2002). A comparison of methods to test mediation and other intervening variable effects. *Psychological Methods, 7*, 83-104.

MacKinnon, D. P., Lockwood, C., & Hoffman, J. (1998, June). *A new method to test for mediation*. Paper presented at the annual meeting of the Society for Prevention Research, Park City, UT.

MacKinnon, Fairchild, & Fritz (2007). Mediation analysis. *The Annual Review of Psychology, 58*, 593-614.

Malhotra, M. K., & Grover, V. (1998). An assessment of survey research in POM: from constructs to theory. *Journal of Operation Management, 16*, 407-425.

Manson, T. M., Levine, E. L., & Brannick, M. T. (2000). The construct validity of task inventory ratings: A multitrait-multimethod analysis. *Human Performance, 13*(1), 1-22.

Marcoulides, G. A., & Schumacker, R. E. (1996). *Advanced structural equation modeling: Issues and techniques*. New Jersey: Lawrence Erlbaum Associates.

McArdle, J. J. (1988). Dynamic but structural equation modeling of repeated measures data. In J. R. Nesselroade & R. B. Cattell (Eds.), *Handbook of multivariate experimental psychology* (2nd ed., pp. 561-614). New York: Plenum.

McLachlan, G. J., & Peel, D. (2000) *Finite Mixture Models*. New York: Wiley

Meade, A. W., Watson, A. M., & Kroustalis, C. M. (2007, April). *Assessing common methods bias in organizational research*. Paper presented at the 22nd Annual Meeting of the Society for Industrial and Organizational Psychology, New York.

Meng, X. L. (1994). Posterior predictive p-values. *Annals of Statistics, 22,* 1142-1160.

Mesquita, L. F., Anand, J. & Brush, T. (2005) Knowledge transfer in vertical alliances: Advantages for whom? *ACCA - Atlanta Conference for Competitive Advantage*. Atlanta, GA. June 24th.

Miller, M. B. (1995). Coefficient alpha: A basic introduction from the perspectives of classical test theory and structural equation modeling. *Structural Equation Modeling, 2* (3), 255-273.

Milligan, G. W. (1979). A computer program for calculating power of the chi-square test. *Educational and psychological Measurement, 39,* 681-684.

Muller, D., Judd, C. M., & Yzerbyt, V. Y. (2005). When moderation is mediated and mediation is moderated. *Journal of Personality and Social Psychology, 89,* 852-863.

Muthen, B. & Asparouhov, T. (2010). Bayesian SEM: A more flexible representation of substantive theory. Submitted for publication.

Muthen, B. & Asparouhov, T. (2009). Multilevel regression mixture analysis. *Journal of the Royal Statistical Society, Series A, 172,* 639-657.

Muthen, B. & Asparouhov, T. (2006). Item response mixture modeling: Application to tobacco dependence criteria. *Addictive Behaviors, 31,*

1050-1066.

Muthen, B. (2004). *Mplus: Statistical analysis with latent variables*, technical appendices. Los Angeles: Muthen and Muthen.

Muthén, B. & Asparouhov, T. (2010). Bayesian SEM: A more flexible representation of substantive theory. Submitted for publication.

Muthen, L. K., & Muthen, B. O. (2002). How to use a monte carlo study to decide on sample size and determine power, *Structural Equation Modeling: A Multidisciplinary Journal*, 9(4), 599-620。

Myung, J. I., Karabatsos, G., & Iverson, G. J. (2005). A Bayesian approach to testing decision making axioms. *Journal of Mathematical Psychology, 49*, 205-225.

Nikolov, M.C., Coull, B.A., Catalano, P. J., and Godleski, J. J. (2006). An informative Bayesian structural equation model to assess source-specific health effects of air pollution. *Biostatistics* 8(3): 609-624

Nylund, K. L., Asparouhov, T.,& Muthen, B. O. (2007). Deciding on the number of classes in latent class analysis and growth mixture modeling: A monte carlosimulation study, *Structural Equation Modeling, 14*(4), 535-569

Patterson, G. R. (1993). Orderly change in a stable world: The antisocial trait as a chimera. *Journal of Consulting and Clinical Psychology, 61*, 911-919.

Petter, S., Straub, D., & Rai, A. (2007). Specifying formative constructs in information systems research1. MIS Quarterly, *31*(4), pp. 623-665.

Pianta, R. C., Belsky, J., Vandergrift, N., Houts, R., & Morrison, F. J. (2008). Classroom effects on children's achievement trajectories in elementary school. *American Educational Research Journal, 45*(2), 365-397.

Ping, R. A. (1995). A parsimonious estimating technique for interaction and quadratic latent variables. *Journal of Marketing Research, 32* (August), 336-347.

Ping, R. A. (1996). Latent variable interaction and quadratic effect estimation

A two-step technique using structural equation analysis. *Psychological Bulletin, 119*, 166-175.

Ping, R. A. (2003). *Latent variable interactions and quadratics in survey data: A source book for theoretical model testing, 2nd edition.* [on-line monograph]. http://home.att.net/ ~ rpingjr/intquad2/toc2.htm .

Ping, R. A. (2005). "What is the average variance extracted for a latent variable interaction (or quadratic)?" [on-line paper]. Retrieved March 3, 2008 from the World Wide Web: http://home.att.net/ ~ rpingjr/ave1.doc)

Podsakoff, P. M., MacKenzie, S. B., Lee, J-Y, & Podsakoff, N. P. (2003). Common method biases in behavioral research: A critical review of the literature and recommended remedies. *Journal of Applied Psychology, 88* (5), 879-903.

Preacher, K. J. & Leonardelli, G. J. (2010). *Calculation for the sobel test: An interactive calculation tool for mediation tests.* Retrieved June 5, 2007 from the World Wide Web: *http://www.people.ku.edu/preacher/sobel/sobel.htm*

Preacher, K. J., Rucker, D. D., & Hayes, A. F. (2007). Addressing moderated mediation hypotheses: theory, methods, and prescriptions. *Multivariate Behavioral Research, 42*(1), 185-227.

Raftery, A. (1993). *Bayesian model selection in structural equation models.* In K. Bollen & J. Long (Eds.), Testing structural equation

Rasch, G. (1960). *Probabilistic models for some intelligence and attainment tests.* Copenhagen: Danish Institute for Educational Research (The University of Chicago Press).

Rasmussen, E.R., Neuman, R.J., Heath, A.C., Levy, F., Hay, D.A., Todd, R.D. (2004).Familial clustering of latent class and DSM-IV defined attentiondeficit/hyperactivity disorder (ADHD) subtypes. *Journal of Child Psychol Psychiatry, 45(3)*:589-98.

Raykov, T., & Marcoulides, G. A. (2006). *A first course in structural equation modeling* (Second Edition). Mahwah, NJ: Lawrence Erlbaum *Associates*.

Reuterber, S. E., & Gustafsson, J. E. (1992). Confirmatory factor analysis and reliability: Testing measurement model assumptions. *Educational and Psychological Measurement, 52*, 795-811.

Rindskopf, D. (1984). Using phantom and imaginary latent variables to parameterize constraints in linear structural models. *Psychometrika, 49*, 37-47.

Schaeffer, C. M; Petras, H., Ialongo, N., Poduska, J., Kellam, S. (2003). Modeling growth in boys' aggressive behavior across elementary school: Links to later criminal involvement, conduct disorder, and antisocial personality disorder. *Developmental Psychology, 39*(6), 1020-1035.

Schafer, J. L. (2000). *NORM 2.03 for Windows 95/98/NT: Multiple imputation of incomplete multivariate data under a normal model*. http://www.stat.psu.edu/ ~ kls/misoftwa.html

Schafer, J. L., & J. W. Graham. (2002). Missing data: Our view of the state of the art. *Psychological Methods, 7*(2), 147-177.

Schafer, J. L., & M. K. Olsen. (1998). Multiple imputation for multivariate missing-data problems: A data analyst's perspective. *Multivariate Behavioral Research, 33*(4), 545-571.

Scheines, R., Hoijtink, H., & Boomsma, A. (1999). Bayesian estimation and testing of structural equation models. *Psychometrika, 64*, 37-52.

Schumacker, R. E., & Marcoulides, G. A. (1998). *Interaction and nonlinear effects in structural equation modeling*. New Jersey: Lawrence Erlabum Associates.

Scollnik, D.P.M. (2000). Actuarial modeling with MCMC and BUGS: Additional worked examples. *Actuarial Research Clearing House*, 433-585.

Segars; A. H., & Grover, V. (1998). Strategic information systems planning success: An investigation of the construct and its measurement. *MIS*

Quarterly, 22, 2, 139-163.

Shay, S., & Gomez, J. (2002, April 1). *Privatization in education: A growth curve analysis of achievement*. (ERIC Document Reproduction Service No. ED464115)

Shepard, L. A. (1993). Evaluating test validity. In L. Darling-Hammond, ed., *Review of research in education, Vol. 19*, pp. 405-450. Washington, DC: American Educational Research Association

Shrout, P. E., & Bolger, N. (2002). Mediation in experimental and nonexperimental studies: New procedures and recommendations. *Psychological Methods, 7*, 422-445.

Sireci, S. G. (1998). Gathering and analyzing content validity data. *Educational Assessment, 5*(4), 299-311.

Sobel, M. E. (1982). Asymptotic intervals for indirect effects in structural equations models. In S. Leinhart (Ed.), *Sociological methodology 1982* (pp. 290-312). San Francisco: Jossey-Bass.

Song, X.Y., & Lee, S.Y. (2006). Bayesian analysis of structural equation models with nonlinear covariates and latent variables. *Multivariate Behavioral Research, 41*, 337-365.

Steiger, J. H. (1998). A note on multiple sample extensions of the MSEA fit index. *Structural Equation Modeling, 5*, 411-419.

Stephens, M. (2000). Dealing with label switching in mixture models. *Journal of the Royal Statistical Society*, Series B, 62:4, 795-809.

Stephenson, W. (1953). *The study of behavior: Q-technique and its methodology*. Chicago: University of Chicago Press.

Stoel, R. D., Wittenboer, G. Van den & Hox, J. (2004). Including time-invariant covariates in the latent growth curve model. *Structural Equation Modeling, 11*(2), 155-167.

Straub, D., Boudreau, M. C., & Gefen, D. (2004). Validation guidelines for IS positive research. *Communications of AIS, 13*, 380-427.

Taras, V., & Kline, T. (2007). *Quantifying item validity using the Dh index*. Paper presented at the Western Academy of Management Annual Conference, Missoula,

Tisak, J., & Meredith, W. (1990). Descriptive and associative development models. In A. Von Eye (Ed.), *Statistical methods in longitudinal research* (*Vol. 2*, pp. 387-406). Boston: Academic.

Tueller, S. & Lubke, G. (2010). Evaluation of structural equation mixture models: Parameter estimates and correct class assignment. *Structural Equation Modeling: A Multidisciplinary Journal, 17*(2), 165-192。

UNESCAP. (2009). Selected developing economies of the ESCAP region: rates of economic growth and inflation, 2005-2009. Retrieved July 26, 2010, from http://www.unescap.org/pdd/publications/survey2009/figures/gdp-inflation.pdf

Westen, D., & Rosenthal, R. (2003). Quantifying construct validity: Two simple measures. *Journal of Personality and Social Psychology, 84*(3), 608-618.

Whittaker ,T. A., & Stapleton, L. M. (2006). The performance of cross-validation indices used to select among competing covariance structure models under multivariate nonnormality conditions. *Multivariate Behavioral Research, 41*(3), 295-335.

Willett, J. B. (1989). Questions and answers in the measurement of change. In E. Z. Rothkopf (Ed.), *Review of Research in Education, 15*, 345-422. Washington, D. C.: AERA.

Willett, J. B., & Bub, K. L.(2005). Structural equation modeling: latent growth curve analysis. In Brian S. Everitt & David C. Howell (Ed.), *Encyclopedia of Statistics in Behavioral Science* (Vol. 4, pp. 1912-1922). Chichester: John Wiley & Sons.

Willett, J. B., & Sayer, A. G. (1994). Using covariance structure analysis

501

to detect correlates and predictors of individual change over time. *Psychological Bulletin, 116*, 363-381.

Willett, J. B., & Sayer, A. G. (1996). Cross-domain analyses of change over time: Combing growth modeling and covariance structure analysis. In G. A. Marcoulides, & R. E. Schumackerm(Ed.), *Advanced structural equation modeling: Issues and techniques*. New Jersey: Lawrence Erlbaum Associates.

Willett, J. B., Ayoub, C. C., & Robinson, D. (1991). Using growth modeling to examine systematic differences in growth: An example of change in the functioning of families at risk of maladaptive parenting, child abuse, or neglect. *Journal of Consulting and Clinical Psychology, 59*, 38-47.

Williams, L. J., Edwards, J. R., Vandenberg, R. J. (2003). Recent advances in causal modeling methods for organizational and management research. *Journal of Management, 29*(6), 903-936.

Wilson, B., Callaghan, W., & Stainforth, G. (2007). An application of vanishing TETRAD analysis to a brand mode. *International Review of Business Research Papers, 3* (2), 456-485.

Windle, M. (2000). A latent growth curve model of delinquent activity among adolescents. *Applied Developmental Science, 4*, 193-207.

Wood, F., & Black, M. (2008). A nonparametric Bayesian alternative to spike sorting. *Journal of Neuroscience Methods,173*,1-12。

Wood, F. (1999). Gentle introduction to infinite Gaussian mixture modeling. Retrieved June 26, 2010, from *http://www.cs.toronto.edu/~vnair/ciar/ frank_wood.ppt*

Wright, B. D. (1999). *Fundamental measurement for psychology*. In S. E. Embretson & S. L. Hershberger (Eds.), The new rules of measurement: What every educator and psychologist should know (pp. 65-104 [http:// www.rasch.org/memo64.htm]). Hillsdale, New Jersey: Lawrence Erlbaum

Associates.

Wuensch, K. L. (2007). *Statistical tests of models that include mediating variables*. Retrieved Dec. 5, 2007 from the World Wide Web: *http://core.ecu.edu/psyc/wuenschk/MultReg/MediationModel.doc.*

Appendix

01

二層次因素分析
VB.NET 程式：
Amos 6.0 程式設計

```
#Region "Header"
Imports  System
Import System.Diagnostics
Imports Microsoft.VisualBasic
Imports AmosEngineLib
#End Region
'2-level factor annalyis modelling by Fred Li, 2007
Module MainModule
    Public Sub Main()
    Dim sem As New amosengine
Try
    SEM.TextOutput
    SEM.Ml
    SEM.Iterations (100)
    sem.Standardized
    'SEM.ModelMeansAndIntercepts
    SEM.BeginGroup ("C:\Program Files\amos 6\examples\JSP-BETWEN.SAV")
    SEM.GroupName ("BETWEEN GROUP MODEL")
    'C = 18.359 Obtained from MPLUS
    SEM.AStructure ("MATH1 = (4.285)MA1 + (1)NABILITY + E1(1)")
    SEM.AStructure ("MATH2 = (4.285)MA2 + (M2)NABILITY + E2(1)")
    SEM.AStructure ("MATH3 = (4.285)MA3 + (M3)NABILITY + E3(1)")
    SEM.AStructure ("ENG1 = (4.285)EN1 + (1)VABILITY + E4(1)")
    SEM.AStructure ("ENG2 = (4.285)EN2 + (EV2)VABILITY + E5(1)")
    SEM.AStructure ("ENG3 = (4.285)EN3 + (EV3)VABILITY + E6(1)")
    SEM.AStructure ("MA1 = (1)NABILITYB + (1)EB1")
    SEM.AStructure ("MA2 = NABILITYB + (1)EB2")
    SEM.AStructure ("MA3 = NABILITYB + (1)EB3")
    SEM.AStructure ("EN1 = (1)VABILITYB + (1)EB4")
```

```
SEM.AStructure ("EN2 = VABILITYB + (1)EB5")

SEM.AStructure ("EN3 = VABILITYB + (1)EB6")

SEM.AStructure ("NABILITY(N1)")

SEM.AStructure ("VABILITY(V1)")

SEM.AStructure ("E1(ME1)")

SEM.AStructure ("E2(ME2)")

SEM.AStructure ("E3(ME3)")

SEM.AStructure ("E4(EE1)")

SEM.AStructure ("E5(EE2)")

SEM.AStructure ("E6(EE3)")

SEM.AStructure ("NABILITYB<->VABILITYB")

SEM.AStructure ("NABILITY<->VABILITY(CO)")

SEM.AStructure ("NABILITY<->VABILITYB(0)")

SEM.AStructure ("VABILITY<->NABILITYB(0)")

SEM.AStructure ("NABILITY<->NABILITYB(0)")

SEM.AStructure ("VABILITY<->VABILITYB(0)")

SEM.BeginGroup( "C:\Program Files\amos 6\examples\JSP-WITHIN.SAV")

SEM.GroupName ("WITHIN GROUP MODEL")

SEM.AStructure( "MATH1 = (1)NABILITY + E1(1)")

SEM.AStructure ("MATH2 = (M2)NABILITY + E2(1)")

SEM.AStructure ("MATH3 = (M3)NABILITY + E3(1)")

SEM.AStructure ("ENG1 = (1)VABILITY + E4(1)")

SEM.AStructure ("ENG2 = (EV2)VABILITY + E5(1)")

SEM.AStructure ("ENG3 = (EV3)VABILITY + E6(1)")

SEM.AStructure ("NABILITY(N1)")

SEM.AStructure ("VABILITY(V1)")

SEM.AStructure ("E1(ME1)")

SEM.AStructure ("E2(ME2)")

SEM.AStructure ("E3(ME3)")
```

```
    SEM.AStructure ("E4(EE1)")
    SEM.AStructure ("E5(EE2)")
    SEM.AStructure ("E6(EE3)")
    SEM.AStructure ("NABILITY<->VABILITY(CO)")
    Debug.WriteLine( "2-LEVEL FACTOR ANALYSIS" & vbcrlf & "Chi-square=
    " & FormatNumber (Sem.cmin,4))
    Debug.WriteLine( "DF= " & Sem.df)
    Debug.WriteLine( "P = " & FormatNumber(Sem.p,4)  &  vbcrlf & "Fred Li,
    2007")
Finally
    Sem.Dispose()
End Try
End Sub
End Module
```

　　為了避免與 VB.NET 的關鍵字相衝突，Amos 6.0 起已將 SEM. Structure 改名為 SEM.Astructure，而且其後之模式設計或字串均須放在(　)之內，這是使用者須特別留神之處。

Number Sense 四因素修正結構：Amos 6.0 程式

```
#Region "Header"

Imports System.Math

Imports System.Diagnostics

Imports Microsoft.VisualBasic

Imports AmosEngineLib

Imports AmosGraphics

Imports AmosEngineLib.AmosEngine.TMatrixID

Imports PBayes

#End Region

Module MainModule

    Public Sub Main()

    Dim Sem  As New  AmosEngine

    Try '除錯開始

    Sem.TextOutput

    Sem.Standardized

    Sem.Mods (20)

    Sem.Smc

    sem.Corest

    'The 2 lines below used to compute SRMR

    Sem.NeedEstimates (14)

    Sem.NeedEstimates (11)

    Sem.BeginGroup ( "c:\NS94.SAV")

    Sem.AStructure ("q13 = (1)F1 + (1)e1")

    Sem.AStructure ("q10 = F1 + (1)e2")

    Sem.AStructure ("q9 = F1 + (1)e4")

    Sem.AStructure ("q14 = F1 + (1)e5")

    Sem.AStructure("q55 = (1)F2 + (1)e7")

    Sem.AStructure ("q45 = F2 + (1)e8")

    Sem.AStructure ("q50 = F2 + e(1)10")
```

```
Sem.AStructure ("q43 = F2 + (1)e12")
Sem.AStructure ("q29 = (1)F3 + (1)e13")
Sem.AStructure ("q30 = F3 + (1)e14")
Sem.AStructure ("q32 = F3 + (1)e15")
Sem.AStructure ("q33 = F3 + (1)e16")
Sem.AStructure ("q6 = (1)F4 + (1)e19")
Sem.AStructure ("q5 = F4 + (1)e20")
Sem.AStructure ("q4 = F4 + (1)e21")
Sem.AStructure ("q21 = F4 + (1)e22")
'MI for Model Modification
SEM.AStructure ("E4<-->E20")
SEM.AStructure ("E2<-->E12")
SEM.AStructure ("E2<-->E13")
SEM.AStructure ("E5<-->E22")
SEM.AStructure ("E8<-->E22")
SEM.AStructure ("E16<-->E19")
SEM.AStructure ("E4<-->E7")
SEM.AStructure ("E5<-->E21")
SEM.AStructure ("E1<-->E21")
SEM.AStructure ("E1<-->E7")
SEM.AStructure ("E5<-->E12")
SEM.AStructure ("E5<-->E13")
'2nd CFA
Sem.AStructure ("F1 = NS + (1)res1")
Sem.AStructure ("F2 = NS + (1)res2")
Sem.AStructure ("F3 = NS + (1)res3")
Sem.AStructure ("F4 = NS + (1)res4")
Sem.AStructure ("NS(1)")
"Below are the lines used to compute Standardized root mean squared
```

```
    residual(SRMR)
    Dim N As Integer
    Dim i As Integer
    Dim j As Integer
    Dim DTemp
    Dim MESSAGE As String
    Dim STATUS As Double
    Dim MODELNAME As String
    Dim Sample(,) As Double
    Dim Implied(,) As Double
    message = message & vbCrLf & vbCrLf & ModelName
        If Status <> 0 Then
        message = message & vbCrLf & " The model was not successfully fitted."
        Exit Sub
    End If
        If Sem.AnyMissingValues Then
        message = message & vbCrLf & " The standardized RMR is not defined"
        message = message & vbCrLf & " when some data values are missing."
        Exit Sub
    End If
    Sem.GetEstimates (SampleCorrelations,sample)
    Sem.GetEstimates (ImpliedCorrelations,implied)
    N = UBound(Sample,1)
'System.Diagnostics.Debug.WriteLine(N)
    DTemp = 0
    For i = 1 To N
        For j = 0 To i - 1
            DTemp = DTemp + (Sample(i,j) - Implied(i, j)) ^ 2
        Next
```

```
    Next
    N = N + 1 ' Array's index begibs with 0, so we have to add 1 to get the total N
    DTemp = Sqrt( DTemp / (N * (N + 1) / 2))
    'Dtemp is the standardized RMR
    Message="   Produced by Amos 6.0"
    If Status = 0 Then
    Message = Message & vbCrLf & " Standardized RMR = " &
    FormatNumber(DTemp,4)
    Else
    Message = Message & vbCrLf & "   Sorry, the model was not successfully
    fitted."
    End If
    System.Diagnostics.Debug.WriteLine (Message & vbCrLf & " Fred Li, 2006
    嘉義大學 ")
    MsgBox (Message & vbCrLf & "   Fred Li, 2006   嘉義大學",," 標準化
    RMR")
    Finally
    SEM.Dispose()
    End Try
    End Sub
End Module
```

間接效果考驗之VB. NET 程式設計：Amos 6.0程式

```
#Region "Header"
Imports System
Imports System.Diagnostics
Imports Microsoft.VisualBasic
Imports AmosEngineLib
Imports AmosGraphics
Imports AmosEngineLib.AmosEngine.TMatrixID
Imports PBayes
#End Region
Module MainModule
    ' Example 6, Model C: Modified by Fred li, 2007
    ' Wheaton et al. (1977).
        Sub Main()
        Dim Sem As New AmosEngine
        Dim i As Integer
        Dim j As Integer
        Dim Ina As Double
        Dim Inb As Double
        Dim ind As Double
        Dim Indirect(,) As Double
        Dim Indirectse(,) As Double
        Dim Ztest(,) As Double
        Dim Pvalue(,) As Double
        Dim Addin As New Amosdebug.Amosdebug
        Try
            Sem.TextOutput()
            Sem.Standardized()
            Sem.Smc()
            Sem.MonteCarlo(True)
```

```
Sem.AllImpliedMoments ()

Sem.FactorScoreWeights ()

Sem.TotalEffects ()

Sem.NeedEstimates (Indirecteffects)

Sem.NeedStandarderrors (Indirecteffects)

Sem.BeginGroup (AmosEngine.AmosDir & "Examples\Wheaton.sav")

Sem.AStructure ("anomia67 <--- 67_alienation (1)")

Sem.AStructure ("anomia67 <--- eps1 (1)")

Sem.AStructure ("powles67 <--- 67_alienation (path_p)")

Sem.AStructure ("powles67 <--- eps2 (1)")

Sem.AStructure ("anomia71 <--- 71_alienation (1)")

Sem.AStructure ("anomia71 <--- eps3 (1)")

Sem.AStructure ("powles71 <--- 71_alienation (path_p)")

Sem.AStructure ("powles71 <--- eps4 (1)")

Sem.AStructure ("67_alienation <--- ses(a)")

Sem.AStructure ("67_alienation <--- zeta1 (1)")

Sem.AStructure ("71_alienation <--- 67_alienation(b)")

Sem.AStructure ("71_alienation <--- ses(c)")

Sem.AStructure ("71_alienation <--- zeta2 (1)")

Sem.AStructure ("educatio <--- ses (1)")

Sem.AStructure ("educatio <--- delta1 (1)")

Sem.AStructure ("SEI <--- ses")

Sem.AStructure ("SEI <--- delta2 (1)")

Sem.AStructure ("eps3 <--> eps1")

Sem.AStructure ("eps1 (var_a)")

Sem.AStructure ("eps2 (var_p)")

Sem.AStructure ("eps3 (var_a)")

Sem.AStructure ("eps4 (var_p)")

Sem.FitModel ()
```

```
Sem.GetEstimates (Indirecteffects,indirect)
Sem.GetStandardErrors (Indirecteffects,indirectse)
'To get a specific parameter estimate
'ina = Sem.ParameterValue ("a")
'inb = Sem.ParameterValue ("b")
'ind = ina*inb
MsgBox ("Indirect Effect = " & FormatNumber( ind,4),," 間接效果")
Dim RNames () As String
Dim CNames () As String
Dim NR As Integer, NC As Integer

'Get the row and column variable names
Sem.RowNames (indirecteffects, RNames)
Sem.ColumnNames (indirecteffects, CNames)
'Print the standard errors
AdDin.Scientific ()
ADdin.FieldWidth = 15
ADdin.DecimalPlaces = 5
Debug.WriteLine (Vbcrlf & "Written by Fred Li, 2007, 嘉義大學")
Addin.PrintX (indirect,"間接效果")
Addin.PrintX (indirectse,"間接效果SE")
System.diagnostics.Debug.WriteLine (vbCrLf & " Indirect Effects")
PrintMatrix (Indirect, CNames,RNames)
System.diagnostics.Debug.WriteLine (vbCrLf & "Standard errors for Indirect
Effects")
PrintMatrix (IndirectSE, CNames,RNames)
NR = UBound(RNames)
NC = UBound(CNames)
Dim r  As Integer
```

```
Dim c  As Integer
Dim Ab As Double
ReDim ztest(nr,nc)
ReDim pvalue(nr,nc)
'To avoid Object reference not set to an instance of an object, the last line is
required
For r = 0 To Nr
  For c= 0 To Nc
    If  indirectse(r,c)=0 Then
    ztest(r,c)=0
    Else
    ztest(r,c)=indirect(r,c) /  indirectse(r,c)
    If ztest(r,c) <0 Then ztest(r,c)=-(ztest(r,c))' 取絕對值
    pvalue(r,c)=AmosEngine.ChiSquareProbability(ztest(r,c),1)
    End If
  Next
Next
System.diagnostics.Debug.WriteLine (vbCrLf  &  "間接效果Z-test : CR")
PrintMatrix (Ztest, CNames,RNames)
System.diagnostics.Debug.WriteLine (vbCrLf & "P-values for 間接效果Z-tests ")
PrintMatrix (Pvalue, CNames,RNames)
Sem.Dispose ()
    Finally
      Sem.Dispose()
    End Try
   End Sub
   'Print a matrix in the debug window
Sub PrintMatrix (ByVal TheMatrix(,) As Double, ByVal CNames$(), ByVal
RNames$())
```

```
Dim NRows As Integer, NColumns As Integer
Dim i As Integer, j As Integer
NRows = UBound (RNames)
NColumns = UBound (CNames)
System.diagnostics.Debug.Write(" ")
For j = 0 To NColumns
System.diagnostics.Debug.Write (CNames(j).Padleft(20))
Next
System.diagnostics.Debug.WriteLine ("")
For i = 0 To NRows
System.Diagnostics.Debug.Write ( RNames(i). Padright (20) )
For j = 0 To NColumns
System.Diagnostics.Debug.Write (TheMatrix(i, j).ToString("0.0000").
PadLeft(10))
Next
System.Diagnostics.Debug.WriteLine ("")
Next
End Sub
End Module
```

建構信度之 Amos 語法程式

```
#Region "Header"
Imports System.Math '要求數學函數運算用如 (SQRT)
Imports System.Diagnostics
Imports Microsoft.VisualBasic
Imports AmosEngineLib
Imports AmosGraphics
Imports AmosEngineLib.AmosEngine.TMatrixID
Imports PBayes
#End Region
    Module MainModule
    Public Sub Main()
    Dim Sem  As New AmosEngine
    Dim CNames() As String, RNames() As String
    Dim prt As New amosdebug.amosdebug '列印子串用
Sem.NeedEstimates (AllImpliedCovariances) '呼叫參數估計值用
Sem.NeedEstimates (SampleCovariances)
'Sem.InputUnbiasedMoments()
Sem.FitUnbiasedMoments()
    Try '除錯開始
    Sem.TextOutput
    Sem.Standardized
    Sem.samplemoments
    sem.ResidualMoments
    Sem.Smc
    sem.Corest
    Sem.NeedEstimates (15)
    Sem.NeedEstimates (15)
    Sem.BeginGroup ( "F:\NS94.SAV")
    Sem.AStructure ("q4 = (a)F4 + (1)e1")
```

```
    Sem.AStructure("q5 = (b)F4 + (1)e2")
    Sem.AStructure("q6 = (c)F4 + (1)e3")
    Sem.AStructure("q21 = (1)F4 + (1)e4")
Dim N As Integer
Dim i As Integer
Dim j As Integer
Dim VarF(10) As Double
Dim VarE(10) As Double
Dim AllImplied(,) As Double
Dim MESSAGE As String
Dim loadtot As Double
Dim vartot As Double
Dim Conrel As Double
Dim reg(10) As Double
Dim SReg As Double
Dim Sample(,) As Double
reg(0) = 1
reg(1) = sem.ParameterValue ("c")
reg(2) = sem.ParameterValue ("b")
reg(3) = sem.ParameterValue ("a")
'必須與報表中的輸出位置相呼應
System.Diagnostics.Debug.WriteLine (sem.ParameterValue ("a") & "  a: q4 " ) '輸
出過程資料
System.Diagnostics.Debug.WriteLine (sem.ParameterValue ("b") & "  b: q5 " )
System.Diagnostics.Debug.WriteLine (sem.ParameterValue ("c") & "  c: q6 " )
For i = 0 To 3
prt.printx (FormatNumber (reg(i),4),"徑路係數" & i)
Next
Sem.GetEstimates (AllImpliedCovariances, AllImplied)' 取得估計值
```

```
Sem.GetEstimates(SampleCovariances, Sample)

N = UBound(AllImplied)

    'Get regression weights needed for Construct reliability for the 1st factor

For i = 0 To 1

    For j = 0 To 1

  If  i=j Then

    VarF(i) =AllImplied(i,j)

'Get implied variance for latent trait

End If

    Next

Next

System.Diagnostics.Debug.WriteLine ( varf(0) & "   Factor 4 Implied Var " )

Dim Evar As Double

Dim Sreg1 As Double

Dim SvarE(10) As Double

Dim path As Double

'累進標準化迴歸係數之計算

Sreg = 0:Evar = 0

  For i = 0 To 3

  For j = 0 To 3

  If  i=j Then

    VarE(i)=AllImplied (i + 1, j + 1)-(reg(i) ^2 )*VarF(0) 'Get  measurement
    errors

    prt.printx(FormatNumber(AllImplied(i + 1, j + 1),4), "指標變異數" & i) '列
    印參數估計值

    prt.printx (FormatNumber(VarE(i),4), "測量誤差變異量" & i)

    path = Sqrt (1-VarE(i)/((reg(i) ^2 )*VarF(0) + VarE(i )))

    prt.printx (FormatNumber(path,4),"標準化迴歸係數" & i)

    SReg = SReg + sqrt (1-VarE(i)/((reg(i) ^2 )*VarF(0) + VarE(i )))
```

```
        SVarE(i) = 1-path ^ 2  'Get standardized variance for residuals
        Evar = Evar + SVarE(i)
        prt.printx (FormatNumber (sreg,4), "累進標準化迴歸係數" & i)
      End If
    Next
  Next
    'System.Diagnostics.Debug.WriteLine (FormatNumber(Evar,4)  &  "累進測量
    誤差和" )
    prt.printx (FormatNumber(Evar,4),  "累進測量誤差和")
    ConRel = Sreg ^ 2 /(Sreg ^ 2 + Evar)
    '計算建構信度估計值
     message = vbCrLf & FormatNumber(ConRel, 4)
    'System.Diagnostics.Debug.WriteLine( ConRel  &  " ConRel" )
    prt.printx (FormatNumber(ConRel, 4), "建構信度")
    MsgBox (Message & vbCrLf  &  " Fred Li, 2008 嘉義大學",, "建構信度" ) '要
    求顯示訊息視窗
    Finally
    SEM.Dispose(   )
    End Try
    End Sub
End Module
```

Appendix

05

SEM-POWER 增益集：
SEM-POWER.XLA 之
操作步驟

本附錄之五個副程式旨在提供 SEM 中 Power 分析、Muthen's Entropy 指標與 MI 填補統計分析，以免去查表及手算之苦。SEM 中 Power 分析比其他統計方法更重要，因為不當的樣本大小可能會危及模式之適配性解釋與結論。統計考驗力是 SEM 模式適配度的評估與解釋的一環。資料蒐集前如能進行適切之樣本規劃，將能避免 power 過低或過高。另外，亦請注意模式大小（含指標多寡）與樣本大小要適當規劃，取得一最適平衡值，DF 勿大於 100，而 N 勿小於 100。就過大之模式而言（可能因指標過多），常會出現預估之「樣本大小」會不切實際的低。因此，自由度最好勿大於 100。為了穩定的參數估計，通常 N 小於 100 亦應該避免（McQuitty, 2004）。以下各節之樣本規劃均在沒有漏失值及常態假設下之估計結果，如果出現非常態之變項且又有漏失值，通常需要更多的樣本數（Muthen & Muthen, 2002）。

安裝本軟體，很簡單。首先，將隨書所附之軟體 SEM-POWER.xla 拷貝到 Microsoft 之 Addin 目錄下（通常在：C:\Documents and Settings 次目錄下），例如：

接著，再打開 EXCEL「工具」之下的「增益集」選單，在所出現的視窗內點選 SEM-POWER.xla 增益集，並按下「確定」（如圖 A5-1）。EXCEL 即會在主選單上出現「SEM-POWER」之選目（參看圖 A5-2）。打開此選單會出現五個統計功能選目供您點選：第一個副程式為單一模式 SEM 樣本規劃，第二個副程式為 Nested 模式單一配對之樣本規劃，第三個副程式為 Nested 模式之多元配對樣本規劃。以上三個副程式乃用以計算單一模式 SEM 與隔宿模式 SEM 研究的適切樣本數，而第四個副程式為 Muthen's Entropy 指標之計算，係混合模式中潛在類別清晰度指標；第五個副程式為 MI 統計分析，用以計算多元填補之後的整合統計量。注意，執行以上五個 SEM 副程式之前，請先開啟一個 EXCEL 的空白表單，以便分析結果之輸出。另外，輸入數字前，請注意 EXCEL 的輸入狀態是否已設定在數字輸入模式，可免去切換成英文模式的困擾。

圖 A5-1　**Excell** 增益集視窗

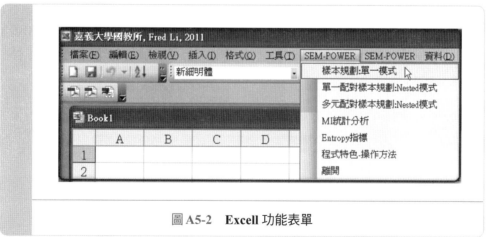

圖 A5-2　**Excell** 功能表單

　　以下，逐一說明這五個 SEM 研究或教學輔助模組的實際操作步驟：

一、單一模式 SEM 樣本規劃

　　邱皓政（2008）；MacCallum, Browne, & Sugawara（1996）與 MacCallum, & Browne, & Cai（2006）將 SEM 的樣本規劃區分為三類，如圖 A5-3 所示：

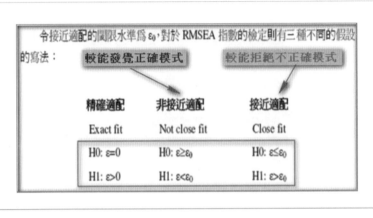

圖 A5-3　三種 SEM 適配模式

1. 精確適配（exact fit）

　　對於精確適配考驗而言，任何一個觀察到 RMSEA($\varepsilon1$) > 0（如 RMSEA=0.05）時，均適合進行精確適配的統計考驗力分析，此考驗過於理想化，現實中不易為真。常以 $\varepsilon1$=0.05（可視為大效果）去規劃樣本大小。利用此巨集之操作步驟如下：

　　(1)在以下圖 A5-4 的 SEM 樣本規劃視窗中輸入 α、自由度、RMSEA 值及預設之統計考驗力。在精確適配模式下，RMSEA0 通常設定為 0，RMSEA1 通常設定為 0.05。

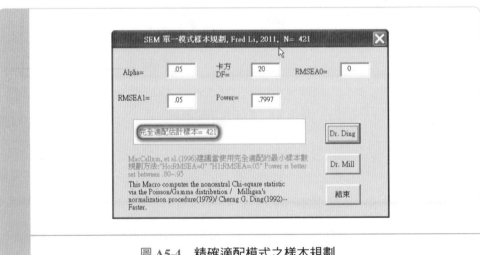

圖 A5-4　精確適配模式之樣本規劃

(2)執行結束後，會出現 SEM 研究所需之樣本數。

本巨集提供兩種估計方法，其中以 Dr. Ding 的 Non-central Chi-square 分配函數的演算速度較快，筆者推薦使用 Dr. Ding 的估計法。

2. 非接近適配（not close fit）

當研究者觀察到 $\varepsilon 1 < 0.05$（如 RMSEA=0.01）時，適合進行非接近適配的統計考驗力分析，以利於發現正確的理論模式。當 $\varepsilon 1=0.01$ 可視為大效果，當 $\varepsilon 1=0.02$ 可視為中效果，當 $\varepsilon 1=0.04$ 可視為小效果，而 RMSEA0 則設定為 0.05 去規劃樣本大小。本模式較能發現正確模式。

圖A5-5　非接近適配模式之樣本規劃

3. 接近適配（close fit）

當研究者觀察到 $\varepsilon 1 > 0.05$（如 RMSEA=0.08）時，適合進行接近適配的統計考驗力分析，以利於拒絕錯誤的模式。常以 $\varepsilon 1=0.08$（可視為中效果）、RMSEA0 設定為 0.05 去規劃樣本大小。本模式較能拒絕不正確模式。

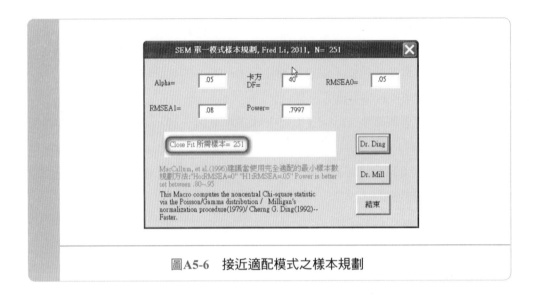

圖A5-6　接近適配模式之樣本規劃

附記：AMOS 的報表中會提供 RMSEA 的 PCLOSE 機率，可用來考驗理論模式
是否接近適配。例如，由圖 A5-7 知，RMSEA=0 且其 PCLOSE 的機率
=0.873，表示 RMSEA ≤ .05 的機率為 0.873。因此，我們可以很有信心的
接納 RMSEA ≤ .05 的虛無假設，該提議模式是一個適配的理論模式。

RMSEA<=.05之機率為 .873			
Model	RMSEA	LO 90	HI 90	PCLOSE
Default model	.000	.000	.063	.873
Independence model	.268	.242	.294	.000

圖A5-7　**AMOS 的 RMSEA 之 PCLOSE 機率**

二、隔宿模式 SEM 樣本規劃

1. 單一配對輸出

在 Excell 功能表單中點選「單一配對樣本規劃」，而後在圖 A5-8 的視
窗中，輸入所需之參數值，按下確定鈕，即可獲得所需之樣本大小。讀者可
以利用表 A5-1 內之數據（取自 MacCallum, Browne,& Cai, 2006），檢驗本

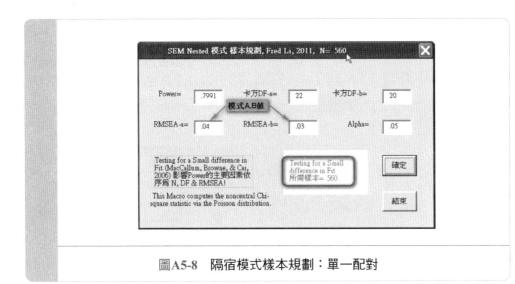

圖A5-8　隔宿模式樣本規劃：單一配對

程式輸出之樣本規劃的正確性。

表A5-1　最低樣本估計：RMSEA(ε_A: ε_B) 配對法 (power=0.80)

εA	εB					
	0.03	0.04	0.05	0.06	0.07	0.08
0.04	561					
0.05	261	420				
0.06	159	205	331			
0.07	108	128	168	270		
0.08	79	89	107	141	227	

註：模式 A 自由度=22，模式 B 自由度=20，α=0.05（本表摘錄自 MacCallum, Browne,& Cai, 2006）。

2. 多元配對輸出法

　　如欲一次就輸出多個配對之樣本大小，請在 Excell 功能表單中點選「多元配對樣本規劃」，而後在圖 A5-9 的視窗中，輸入所需之參數值，按下確定鈕，即可拉下圖 A5-9 右下角的小視窗拉桿，查看所有配對之樣本大小。讀者也可以利用表 A5-1 內之數據，檢驗本程式輸出之樣本規劃。

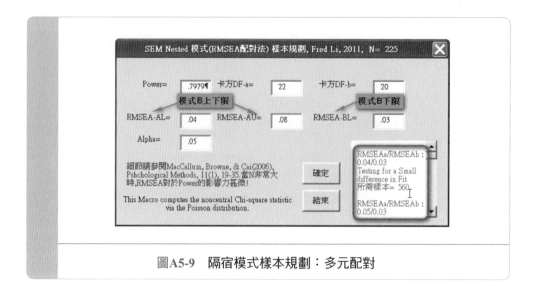

圖A5-9　隔宿模式樣本規劃：多元配對

　　下拉圖 A5-9 右下角的輸出視窗之拉桿，可以查看所有指定 RMSEA 範圍之配對的樣本大小。另外，本程式因係使用近似估計法，當 DF 較小時會稍微低估樣本數，參見圖 A5-10 的說明。

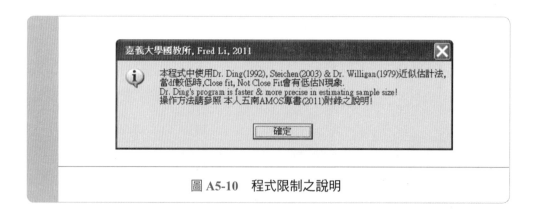

圖 A5-10　程式限制之說明

三、Muthen Entropy 指標

　　使用者須先將混合模式中個體在各潛在類別的機率，存在純文字檔中（如 C:\LPA-ENTROPY.DAT），以供 Excel 程式之呼叫。操作時，只要在圖 A5-12 視窗中輸入潛在類別的個數、受試者人數與存檔名稱（須包含路徑、檔名與延伸檔名）後，按下「確定鍵」即可獲得 Entropy 指標值（參見圖 A5-12）。

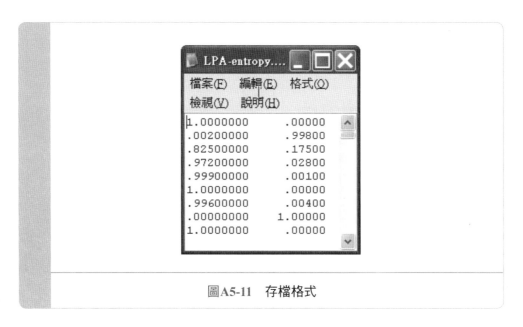

圖A5-11 存檔格式

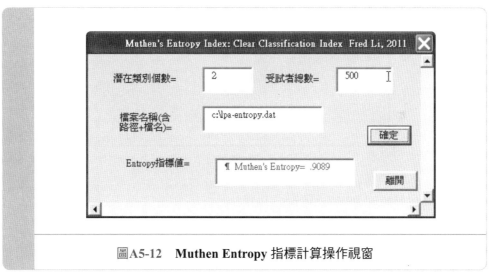

圖A5-12 **Muthen Entropy** 指標計算操作視窗

四、資料多元填補統計程式

茲以下列資料集為例，說明多元填補（MI）分析副程式之操作步驟：

MI 估計值	MI 標準誤
1.106	0.16
1.08	0.16
1.118	0.151
1.273	0.155
1.102	0.154
1.286	0.152
1.121	0.139
1.283	0.14
1.27	0.156
1.081	0.157

1. 輸入 MI 多元填補的資料集個數

2. 輸入單一參數的 MI 多元填補估計值

3. 輸入單一參數的 MI 多元填補標準誤

4. 輸出結果會在 Excel 表單上呈現

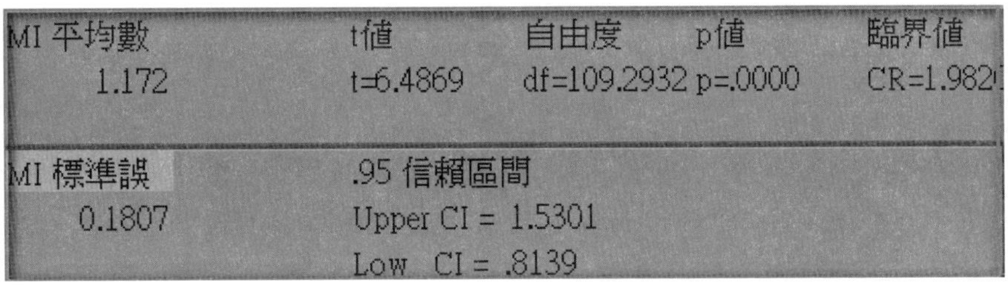

圖 A5-13　**MI** 多元填補統計 **Excell** 輸出報表

　　本副程式所輸出的 MI 多元填補統計，涵蓋 MI 平均數、t 考驗值、p 值及其 0.95 之信賴區間、MI 標準誤、臨界值等統計量，如圖 A5-13 所示。

Vanishing Tetrad
統計考驗的步驟

一、Amos 的操作步驟

1. 如遇非等距以上變項時，請先利用 MPLUS 與 LISREL 等統計分析軟體，取得多分相關共變數矩陣（polychoric covariance matrix），以獲得相關的共變數矩陣（asymptotic covariance matrix，簡稱 ACM）；目前 Amos 無法處理此類型之資料。

2. 利用 Amos 統計分析軟體估計第一個提議模式，以取得樣本共變數矩陣與隱含共變數矩陣。請先點選分析屬性視窗「analysis properties」下的「output」， 在出現的視窗中勾選「Sample moments」與「Implied moments」。執行完畢後，在輸出視窗中，點選「Sample Covariances」以獲得樣本共變數矩陣；至於隱含共變數矩陣，則須點選「Implied Covariances」。

3. 欲進行隔宿模式考驗（a nested test）時，須再利用 Amos 估計第二個提議模式，以取得隱含共變數矩陣，操作方法如同前述。

4. 拷貝前述 2 與 3 項之資料矩陣，整合進 CTANEST1.sas 程式中。

二、SAS CTANEST1 的操作步驟：SAS macro 實例解說

```
%include 'c:\ctanest1.mac';
%ctanest1(SAMPMAT1 =
1.44259240    0.32902571    0.24459959    0.18183673
0.32902571    1.53881889    0.40056103    0.29777936
0.24459959    0.40056103    1.58300286    0.43340765
0.18183673    0.29777936    0.43340765    1.60742121,
IMPMAT1B =
1.87624000    0.64992459    0.70311279    0.61217355
0.64992459    2.25867360    1.02575409    0.89308504
0.70311279    1.02575409    2.60323110    0.96617289
0.61217355    0.89308504    0.96617289    2.92354791,
IMPMAT2B =
```
假如有第二個提議模式，請在此輸入資料。

....,

N = 360, vars = 4, nesttest = 1, pchor = 0, lisrel = 0, mplus = 0, lowdiag = 0, reps = 1);

run;

上一行控制敘述中的選項設定須用「，」加以隔開。各項指令之用法說明如下：

SAMPMAT = 在此輸入樣本共變數矩陣（或多分相關矩陣）；各元素間須有空隔，亦可以向量方式輸入。

IMPMAT1B = 在此輸入第一個隱含共變數矩陣（或 vanishing tetrads 較多者，為一受限較多的模式）。

IMPMAT2B = 在此輸入第二個隱含共變數矩陣（或 vanishing tetrads 較少者，為一受限較少的模式）。

N = 樣本大小.

vars = 觀察變項數.

nesttest = 當研究者想比較兩個隔宿模式時，設定為 1；假如僅有單一模式，設定為 0。假如兩個隔宿模式的比較未達顯著差異，研究者會保留隱含四分項較多的模式。

pchor = 當輸入的多分相關矩陣為檔案，其讀取格式設定為 1，0 則為其他資料輸入格式。

lisrel = 當利用 LISREL 輸入的 ACM 相關矩陣時，設定為 1，0 則為其他輸入格式。

mplus = 當利用 MPLUS 輸入的 ACM 相關矩陣時，設定為 1，0 則為其他輸入格式。

lowdiag = 當輸入的共變數矩陣或相關矩陣為下參角矩陣時，設定為 1，0 則為其他輸入格式。

三、使用限制

本程式遇到自由度為 0 或卡方差異值為 0 時，將無法進行統計考驗。其次，樣本之大小亦要適中（請參閱附錄五），以免造成不當的統計考驗力。另外，本程式尚無法正確考驗非隔宿模式的統計分析；遇到此種狀況，研究者須分別針對每一模式進行獨立的分析（nesttest = 0），以獲得正確的卡方值。之後，再進行卡方差異值的統計顯著性考驗。

※非隔宿模式統計分析的 SAS 報表

Model implied matrices are in correct order!!

ERROR: These models are NOT tetrad nested. Nested test is INAPPROPRIATE

Tetrad Test for Model with more vanishing tetrades

Chi-Square	df	p-value
31.862452	14	0.0041903

Tetrad Test for Model with fewer Vanishing tetrads

Chi-Square	df	p-value
22.113589	12	0.0362663

Nested Tetrad Test for two models

Chi-Square	df	p-value

Index

索 引

索 引

547

國家圖書館出版品預行編目資料

圖解AMOS在學術研究之應用／李茂能著．－－
二版．－－臺北市：五南，2011.05
面；　公分
ISBN 978-957-11-6190-7 (平裝)
1.統計套裝軟體　2.統計分析
512.4　　　　　　　　　　　99025399

1H60

圖解AMOS在學術研究之應用

作　　　者 — 李茂能

發 行 人 — 楊榮川

總 編 輯 — 龐君豪

主　　　編 — 張毓芬

責任編輯 — 侯家嵐

文字編輯 — 李蓮雅

封面設計 — 盧盈良、童安安

出 版 者 — 五南圖書出版股份有限公司

地　　　址：106台北市大安區和平東路二段339號4樓

電　　　話：(02)2705-5066　　傳　　　真：(02)2706-6100

網　　　址：http://www.wunan.com.tw

電子郵件：wunan@wunan.com.tw

劃撥帳號：01068953

戶　　　名：五南圖書出版股份有限公司

台中市駐區辦公室/台中市中區中山路6號

電　　　話：(04)2223-0891　　傳　　　真：(04)2223-3549

高雄市駐區辦公室/高雄市新興區中山一路290號

電　　　話：(07)2358-702　　傳　　　真：(07)2350-236

法律顧問　元貞聯合法律事務所　張澤平律師

出版日期　2009年3月初版一刷
　　　　　2011年5月二版一刷

定　　　價　新臺幣620元

※版權所有·欲利用本書內容，必須徵求本公司同意※